Die Brandenburgischen Provinziallandtage von 1841, 1843 und 1845
anhand ausgewählter Verhandlungsgegenstände

Rechtshistorische Reihe

Band 263

Peter Lang
Frankfurt am Main · Berlin · Bern · Bruxelles · New York · Oxford · Wien

Thomas Hildebrandt

Die Brandenburgischen Provinziallandtage von 1841, 1843 und 1845 anhand ausgewählter Verhandlungsgegenstände

Peter Lang
Europäischer Verlag der Wissenschaften

Die Deutsche Bibliothek - CIP-Einheitsaufnahme

Hildebrandt, Thomas:

Die Brandenburgischen Provinziallandtage von 1841, 1843 und 1845 anhand ausgewählter Verhandlungsgegenstände / Thomas Hildebrandt. - Frankfurt am Main ; Berlin ; Bern ; Bruxelles ; New York ; Oxford ; Wien : Lang, 2002
(Rechtshistorische Reihe ; Bd. 263)
Zugl.: Kiel, Univ., Diss., 2002
ISBN 3-631-39839-5

Diese Arbeit wurde von Prof. Dr. Werner Schubert
zur Aufnahme in die Reihe empfohlen.

D 8
ISSN 0344-290X
ISBN 3-631-39839-5

www.peterlang.de

Meiner lieben Frau

Vorwort

Die vorliegende Arbeit wurde im Sommersemester 2002 von der Juristischen Fakultät der Christian-Albrechts-Universität zu Kiel als Dissertation angenommen.

Mein großer Dank gebührt Herrn Prof. Dr. Werner Schubert für die Überlassung des Themas und die umfassende Betreuung der Arbeit. In langen und konstruktiven Gesprächen habe ich wertvolle Anregungen und Hinweise bekommen, die maßgeblich zur Erstellung dieser Arbeit beitrugen. Durch seine stete Gesprächsbereitschaft und seine richtungsweisenden Denkanstöße, erneuerte er immer wieder meine Motivation die Arbeit voranzutreiben.

Herzlich danken möchte ich auch Herrn Prof. Dr. Jörn Eckert für die zügige Erstellung seines Zweitgutachtens.

Schließlich liegt es mir am Herzen mich bei all jenen zu bedanken, die mir in der Zeit der Arbeit mit ihrem Verständnis, ihrer Geduld und Aufmunterung zu Seite standen. Dies gilt insbesondere für meine liebe Frau. Ohne ihre großartige Unterstützung zu jeder Zeit und in allen Belangen wäre diese Arbeit sicher nicht möglich gewesen.

Kiel, im Juli 2002 Thomas Hildebrandt

Inhaltsverzeichnis

Abkürzungsverzeichnis

Abthl.	Abteilung
Alt.	Alternative
ALR.	Allgemeines Landrecht
AZJ.	Allgemeine Zeitung des Judentums
Bd.	Band
BGB.	Bürgerliches Gesetzbuch
BGBl.	Bundesgesetzblatt
BStG.	Brandenburgisches Ständegesetz
DHWG.	Gesetzesentwurf den Diebstahl von Holz und anderen Waldprodukten betreffend
DWG.	Gesetzesentwurf über das Deichwesen
E-StGB	Gesetzesentwurf zur Einführung eines Strafgesetzbuches
Feuer-VO	Entwurf einer Feuer-und Löschordnung für das platte Land in dem Bereiche der Land-Feuer-Sozietäten der Kurmark und der Neumark ausschließlich der Niederlausitz
FSR	Verordnung wegen Abänderung des städtischen Feuersozietätsreglement
Fisch-O.	Allgemeine Fischereiordnung für die Provinz Brandenburg
FuJPO.	Entwurf einer allgemeinen Forst- und Jagd-Polizei-Ordnung
GE-AbdeckZ.	Gesetz wegen der Aufhebung des Abdeckereizwangs
GE-FeldPO	Gesetzesentwurf wegen der Einführung einer Feldpolizeiordnung
GS.	Gesetzessammlung für Preußische Staaten
J-VO	Entwurf einer Verordnung über die Jagdvergehen
m.w.N.	mit weiteren Nachweisen
P.	Protokolle
P-VO	Entwurf einer Verordnung wegen der Wiedereinführung von Legitimationsattesten beim Pferdehandel
Rep.	Reposituren
resp.	respektive
RGBl.	Reichsgesetzblatt
Rthl.	Reichstaler
StUPG.	Gesetzesentwurf über die Strom- und Uferpolizei der öffentliche Flüsse
Thl.	Teil
Tit.	Titel
V.	Verhandlungen
GE-VererbP.	Gesetzentwurf Vererbpachtung von Lehnen u. Fideikommissen
VO	Verordnung
VO-GDienstB.	Verordnung wegen der Einführung von Gesindedienstbüchern
VO-GrundB	VO wegen des Erfordernisses des fünfjährigen Grundbesitzes
VO-PolzV.	VO das polizeiliche Verfahren gegen das Gesinde betreffend
WegeO	Entwurf einer allgemeinen Wegeordnung

A. Einleitung

Mit der im Jahre 1815 auf dem Wiener Kongreß festgelegten politischen, gesellschaftlichen und wirtschaftlichen Umgestaltung Europas wurde *Preußen* auch mit dem Problem der Auflösung bzw. Umwandlung der ständischen Verhältnisse, eine der Grundfragen deutscher Geschichte in der ersten Hälfte des 19. Jahrhunderts am Vorabend der industriellen Revolution, konfrontiert[1]. Seit der Monographie von *Obenaus*[2] ist allgemein anerkannt, daß die Verhandlungen der preußischen Provinziallandtage von 1824-1845 eine wichtige verfassungs-, sozial- und auch rechtsgeschichtliche Quelle darstellen[3]. Dabei kommt den Provinziallandtagen des Vormärz in der preußischen Geschichte, als Vorstufe der Parlamentarisierung durch die Revolution von 1848/49, eine besondere Bedeutung zu, während die ersten sechs Landtage von 1824 bis 1838 in der Öffentlichkeit kaum Beachtung fanden und im gesamtstaatlichen Lebens *Preußen* nur eine untergeordnete Rolle spielten. Für die Provinz *Brandenburg* sind die Forderungen von Obenaus[4] noch nicht vollständig erfüllt worden. Eine Detailuntersuchung für die brandenburgischen Landtage der Vormärzzeit liegt bislang nicht vor. Einzig die ersten sechs brandenburgischen Provinziallandtage von 1824 bis 1838 sind – allerdings nur unter Berücksichtigung des politischen Lebens – genauer untersucht worden[5].

Die vorliegende Arbeit will die brandenburgischen Provinziallandtage bis zum vereinigten Landtag 1847 erschließen. Was die vom nachreformerischen *Preußen* verwirklichten Verfassungskonzepte in ihrer Übertragung auf die Provinz *Brandenburg* bedeuteten, ist Gegenstand dieser Darstellung.

Es geht zunächst um die Entstehung der Provinzialstände im allgemeinen und für *Brandenburg* im besonderen. Untersucht werden soll die Arbeitsweise, die jeweilige innere Struktur und Organisation der Landtage und Ausschüsse sowie die Durchführung des Gesetzes zur Anordnung der Provinzialstände vom 05.06.1823[6] für *Preußen* allgemein und vom 01.07.1823[7] für *Brandenburg* im besonderen.

Besonderes Augenmerk liegt jedoch bei den Beratungen der Provinziallandtage von 1841, 1843 und 1845. Den Schwerpunkt der dargestellten Beratungen bilden dabei u.a. das Deichwesengesetz, die Strom- und Ufer-Polizei, das Holz-

---

[1] *Joachim Stephan*, S. 9.

[2] *Herbert Obenaus*, Anfänge des Parlamentarismus in Preußen bis 1848.

[3] *Schubert*, *Preußen*, S. 11.

[4] *Obenaus*, S. 18-20, fordert landesgeschichtliche Analysen, der einzelnen Provinziallandtage.

[5] *Allmenröder*, Das Politische Leben in den brandenburgischen Provinziallandtagen unter Friedrich Wilhelm III.

[6] Gesetzes-Sammlung für die Königlichen Preußischen Staaten 1823 (im folgenden GS), S. 129.

[7] GS 1823, S. 130.

diebstahlsgesetz, die Forst- und Jagd-Polizeiordnung, die Jagdvergehen, das neue Strafgesetz, ein Feuersozietätsreglement, eine Wegeordnung, die Gesindefragen, eine Feldpolizeiordnung, eine Fischereiordnung sowie neben anderen Petitionen einen Antrag der Stände auf die teilweise Emanzipation der Juden.
Die für diese Landtagsverhandlungen erschlossenen Quellen bestehen aus den "Protokollen", den "Verhandlungen" und den "Propositionen". Die Protokolle[8] stellen dabei die eigentlichen Beratungen dar, die allerdings nur eine sehr gestraffte Wiedergabe der Debatten enthalten. Die sog. Verhandlungen enthalten entgegen ihrem Titel nur die Denkschriften und Petitionen des Landtags sowie den Landtagsabschied[9]. Die Propositionen stellen die Gesetzesvorlagen dar, die entweder für den Gesamtstaat *Preußen*, nur für einige Provinzen oder auch nur für eine einzige Provinz bestimmt waren. Für den neunten brandenburgischen Provinziallandtag von 1845 war keine Druckfassung der Protokolle auffindbar, so daß davon ausgegangen werden muß, daß die teilweise sehr umfangreichen Protokolle ungedruckt geblieben sind[10].
Daß sich auch die Strukturen der politischen Öffentlichkeit in den vierziger Jahren grundlegend wandelten, zeigte sich insbesondere an den nunmehr vollständigen Veröffentlichungen der Landtagsverhandlungen, die Zulassung von Zuhörern und die Möglichkeit der Nennung der Namen der Landtagsredner in allen Provinzen. Diese Namen wurden jedoch nur in den Originalprotokollen aufgeführt. In den Druckfassungen tauchten sie dagegen nicht mehr auf. Dennoch machten nicht alle Landtage von diesen neuen Regelungen Gebrauch. In einigen Provinzen, so auch *Brandenburg*, blieben die Redner unbekannt, denn sie waren noch nicht einmal in den Originalprotokollen aufgeführt. Die Feststellung einzelner Redner war somit nicht möglich.
In den Landtagen der zwanziger und dreißiger Jahre waren derartige Veröffentlichungen keineswegs selbstverständlich. So teilte etwa der westfälische Landtagsmarschall *vom Stein* dem brandenburgischen Landtagsmarschall *von der Marwitz* am 21.12.1828 mit, daß in Westfalen

> *"alle Stücke, welche allgemeines Interesse haben, (...) lithographiert werden"*[11].

1831 beschloß der brandenburgische Provinziallandtag, jedenfalls die Propositionen zum Gebrauch der Abgeordneten drucken zu lassen, was man 1824 aus Furcht vor weiterer Veröffentlichung noch abgelehnt hatte[12]. Erst 1841 erlaubte die Regierung die Publikation der "Verhandlungen" einschließlich der Proto-

---

[8] Abkürzung im Text: P.
[9] Abkürzung im Text: V.
[10] Vgl. auch *Schubert*, Preußen, S. 11.
[11] *Obenaus*, S. 319, Fn. 42.
[12] *Allmenröder*, S. 95 f.

kolle, des Landtagsabschieds und der Petitionen. Dieses Zugeständnis war aber nur auf eine innerständische Publizität zugeschnitten, nur die Landtagsabgeordneten sollten zur Mitteilung an die Wähler die gedruckten Protokolle erhalten. Daraus resultierte zunächst nur eine geringe Auflage, sie belief sich beispielsweise bei den Protokollen des rheinischen Landtags von 1841 nur auf 100 Stück[13]. Da dieser Landtag 80 Abgeordnete hatte, blieben nur 20 Exemplare übrig. Diese Protokolle gelangten zumeist nicht in die Bibliotheken und lassen sich heute nur noch als seltene Einzelstücke nachweisen[14]. Später wurde im rheinischen Landtag die Auflage etwas erhöht, so daß 1843 jeder Abgeordnete zwei bis drei Exemplare bekam. Das Ministerium erklärte aber noch einmal ausdrücklich, daß die Protokolle nicht für den Buchhandel oder die Öffentlichkeit bestimmt seien[15]. Dagegen wurden bereits 1841 die Protokolle des liberalen ostpreußischen Landtags in einer relativ hohen Auflage von 500 bis 600 Exemplaren gedruckt, von denen damals schon jeder der ca. 100 Abgeordneten zwei bis drei Exemplare erhielt.

Die Veröffentlichung des Landtagsabschieds sowie der Propositionen und ständischen Denkschriften behielt aber weiterhin die Regierung in der Hand. Sie veröffentlichte diese Texte im allgemeinen unter dem Titel von "Verhandlungen" mit Angabe der Numerierung des jeweiligen Provinziallandtags und dem Hinweis auf den dazu ergangenen Landtagsabschied. 1841 gab es diesbezüglich zunächst Ungleichmäßigkeiten, weil einige Landtagskommissare die ständischen Denkschriften mit abdruckten, andere aber nicht, weil sie es für zwecklos hielten, wenn die Gesetzentwürfe nebst Motiven nicht ebenfalls mit abgedruckt würden[16]. Darauf wurde 1842 beschlossen, daß auch die Gesetzesentwürfe und die dazugehörigen Motive mit zu veröffentlichen seien, und zwar in einem Beilageheft zu den Verhandlungen. Die Verhandlungen wurden nunmehr ebenfalls unter die Abgeordneten und in der Verwaltung verteilt, sie kamen überdies auch durch den Buchhandel in Verkauf.

Die zum Verständnis der Beratungen über die Propositionen notwendigen Texte der Gesetzesvorlagen sind sie in den Editionen zur Rheinprovinz und Westfalen vollständig mitgeteilt worden, so daß auf diese Vorlagen zurückgegriffen werden kann. Soweit auf einige landesspezifische Texte dort nicht aufzufinden waren, kann auf eine Microfilmedition zurückgegriffen werden, die sich im Magazin des juristischen Seminars der Universiät Kiel befindet. Diese Angaben sind soweit erforderlich in dieser Darstsellung kenntlich gemacht worden.

---

13 *Croon,* S. 63
14 Vgl. *Obenaus,* S. 550 m.w.N.
15 *Obenaus,* a.a.O.
16 *Obenaus,* S. 551.

I. Die Brandenburgischen Provinzialstände

1. Die Provinz Brandenburg in ihrer räumlichen Gliederung

Abbildung aus *Materna/Ribbe*, Brandenburgische Geschichte S. 23.

Die hier wiedergegebene Karte zeigt zunächst nur die Landschaft der Provinz *Brandenburg*. Abgebildet sind die *Altmark*, die *Priegnitz*, die *Uckermark* und die *Neumark*. Des weiteren befindet sich im südlichen Teil die *Niederlausitz*. Das Gebiet zwischen *Ruppin* und der *Niederlausitz*, also das gesamte *Havelland*, die *Zauche* und *Teltow* stellt die *Mittelmark* dar. Im Norden begrenzt durch das Gebiet *Mecklenburg*, im Nordosten durch *Pommern* und im Südosten durch *Schlesien*. Im Süden grenzt *Brandenburg* an *Sachsen*, im Südwesten an *Sachsen - Anhalt* und im Westen an *Westfalen* bzw. an das *Rheinland*.
Nach der alten Einteilung bestand die Mark *Brandenburg* bis zum Jahre 1807 aus der *Kurmark* und der *Neumark*. Die *Kurmark* wurde ihrerseits wieder eingeteilt in die *Altmark*, die *Priegnitz*, die *Mittelmark*, die Herrschaften *Beeskow* und *Storkow* und die *Uckermark*. Die *Altmark* bestand dabei aus sechs Kreisen, *Stendal, Tangermünde, Arneburg, Seehausen, Arendsen* und *Salzwedel*. Die *Priegnitz* bestand aus sieben Kreisen, *Perleberg, Pritzwalk, Wittstock, Kyritz, Havelberg, Plättenburg* und *Lentzen*. Die *Mittelmark* bestand aus neun Kreisen,

Havelland, Ruppin, Glinde und *Löwenberg, Oberbarnim, Teltow, Lebus, Zauche* und *Luckenwalde*. Die *Uckermark* bestand aus zwei Kreisen, dem *Uckermärckischen* und *Stolpe*.

Die *Neumark* war in die ursprünglichen sieben Kreise *Soldin, Königsberg, Landsberg, Friedeberg, Arnswalde, Dramburg* und *Schievelbein* und die einverleibten Kreise *Sternberg, Crossen, Züllichau* und *Cottbus* eingeteilt.

Durch den Tilsiter Frieden kam der größte Teil der *Altmark* an das neu gebildete Königreich *Westphalen*. Der preußische gebliebene kleinere Teil wurde nebst den den Kreisen *Jerichow* und *Ziesarsch* vom Herzogtum *Magdeburg* mit der *Kurmark* vereinigt. Der Kreis *Cottbus* fiel an das Königreich *Sachsen*.

Alle diese Distrikte wurden indes im Januar 1813 wieder erworben. In diesem Zusammenhang wurden auch die vormals sächsischen Distrikte *Niederlausitz* und ein Teil der *Oberlausitz* der neu gebildeten Provinz *Brandenburg* einverleibt[17].

Nach der Verordnung vom 30.04.1815[18] sollte die Provinz *Brandenburg* den Bezirk der Regierung von *Berlin*, den Bezirk der Regierung in der Mark *Brandenburg* zu *Potsdam*[19] und den Bezirk der Regierung in der *Neumark* und *Lausitz* zu *Frankfurt*[20] umfassen[21]. Hiernach kam also auch der *Schiebusser* Kreis, welcher seit 1742 von neuem mit dem Herzogtum *Schlesien* dem preußischen Staate einverleibt war, dazu[22]. Der Regierungsbezirk *Berlin* wurde allerdings 1821 wieder aufgelöst und als Stadtkreis dem Bezirk *Potsdam* inkorporiert. 1875 schied dieser dann völlig aus dem Brandenburgischen Provinzialverband und 1920 nach der Bildung von *Groß-Berlin* faktisch aus der Provinz *Brandenburg* aus[23]. Dieser Verselbständigungsprozeß setzte sich 1933 mit der Einsetzung eines Staatskommissars für die Reichshauptstadt fort, dem 1934 die Befugnisse eines Oberpräsidenten übertragen wurden[24]. Damit war die verwaltungsmäßige Trennung *Berlin*s von der Provinz *Brandenburg* vollzogen, die sich bis heute erhalten hat.

---

[17] *von Rönne*, Wegepolizei, S. 521.

[18] GS 1815, S. 94.

[19] Für diesen wurden folgende Kreise bestimmt: *Niederbarnim* und *Teltow* mit Ausnahme des Polizeibezirks *Berlin*, *Oberbarnim*, die *Uckermark*, *Glinde-Löwenberg*, *Ruppin*, die *Priegnitz*, *Havelland*, *Zauche* und *Luckenwalde*, die Herrschaft *Storkow* und *Beeskow* und ohne die in der *Niederlausitz* eingeschlossenen Ortschaften *Baruth*, *Jüterbog*, *Dahme* und *Belzig*.

[20] Für diesen wurden folgende Kreise bestimmt: *Arenswalde*, *Friedeberg, Soldin, Königsberg, Landsberg, Sternberg, Schwiebuss, Züllichau, Crossen* und *Cottbus* sowie *Lebus* und die Herrschaft *Beeskow*, die *Niederlausitz* mit allen Enklaven und die Herrschaften *Doberlugk* und *Sonnenwalde*, die Ämter *Finsterwalde* und *Senftenberg*, die Herrschaft *Hoyerswerda* und den preußischen Teil der *Oberlausitz*.

[21] Vgl. *von Rönne* a.a.O.

[22] Vgl. auch *Beck* in *Adamy/Hübener*, S. 6 f. m.w.N.

[23] Vgl. *Beck* in *Adamy/Hübener* a.a.O.

[24] Vgl. *Beck* in *Adamy/Hübener* a.a.O.

Die Provinz *Brandenburg*, benannt nach der gleichnamigen Stadt, war das Stammland des preußischen Staates und lag auf der nördlichen Halberdkugel in der Mitte der preußischen Monarchie zwischen dem 51.-53,5. Breiten- und 9.-14. Längengrad[25]. Die Region grenzte im Norden an *Mecklenburg* und *Pommern*, im Osten an *Westpreußen*, *Posen* und *Schlesien*, im Süden an die preußischen Provinzen *Sachsen* und *Schlesien*, im Westen an *Anhalt* und *Hannover*. Sie war die zweitgrößte und der Bevölkerung nach die dritte Provinz des preußischen Staates. Die Provinz *Brandenburg*, gewöhnlich als die *Mark Brandenburg* bezeichnet, war ein Binnenland und an keiner Stelle vom Meere begrenzt. Bis März 1881 umfaßte die Provinz *Brandenburg* 39.893 km² oder 724 Quadratmeilen[26].

Abbildung aus *Materna/Ribbe*, Brandenburgische Geschichte, S.38.

Diese Abbildung stellt die administrative Gliederung der Provinz *Brandenburg* nach 1815 dar.

Zum neuen ständischen Verband der Provinz *Brandenburg* gehörten nun die *Kurmark* mit den bis 1815 sächsischen Ämtern *Belzig, Dahme, Jüterbog* und der Herrschaft *Baruth*, die *Neumark* mit *Cottbus-Peitz*, dazu der Kreis *Schwie-*

[25] *Vogel* in *Hubatsch*, S. 1.
[26] *Vogel*, a.a.O.

bus sowie die Orte *Schermeissel* und *Grochow* und die *Niederlausitz* mit den Ämtern *Finsterwalde* und *Senftenberg*.
Das heutige Land *Brandenburg* in seiner jetzigen Gestalt ist im wesentlichen identisch mit dieser früheren preußischen Provinz *Brandenburg*[27]. Ohne die östlich von Oder und Neiße gelegenen Gebiete wurde daraus 1945-1947 die Provinz Mark *Brandenburg* und 1949-1952 das konstituierte Land *Brandenburg*[28].

2. Die Entwicklung und der preußische Verfassungskampf bis 1821

Preußens Wurzeln liegen in *Brandenburg*. Nach der französischen Revolution und den napoleonischen Kriegen lag aber insbesondere die Provinz *Brandenburg* wirtschaftlich, politisch und gesellschaftlich in Schutt und Asche. Die Zeit seit dem Wiener Kongreß bis zu den Revolutionen 1830 und 1848/49 wir daher auch mit dem Begriff *"Restauration"* treffend charakterisiert[29]. Nicht zuletzt diese Tatsachen förderten hier, wie auch in ganz *Preußen*, Gedanken an eine Reformierung des gesamten Staatswesens. Insbesondere *Karl August v. Hardenberg* trat als Staatskanzler *Preußens* entschieden für eine Reorganisation der Verwaltung, verbunden mit Wirtschafts- und Gesellschaftsreformen und insgesamt für eine Gesamtverfassung ein.
Zunächst kam es dabei zu zwei Verfassungsversprechen[30]. Der König, *Friedrich Wilhelm II.* erließ ein Edikt über die Bildung einer Repräsentation vom 22.5.1815[31]. In diesem versprach er, *Preußen* nach dem Krieg eine Verfassung zu geben. Grund dafür war, vom Volk für einen erneut notwendigen Krieg gegen Napoleon Rückhalt zu erlangen, denn während der Verhandlungen des Wiener Kongresses im Frühjahr 1815 verließ Napoleon am 26.02.1815 sein Exil auf Elba und landete am 01.03.1815 auf dem französischen Festland. Nach diesem Edikt sollten Provinzialstände, wo noch vorhanden, wiederhergestellt, allerdings zeitgemäß eingerichtet, wo sie fehlten, neu gebildet werden. Aus diesen sollte dann eine Versammlung der Landesrepräsentanten mit Sitz in *Berlin* gewählt werden, denen ein Beratungsrecht bei der Gesetzgebung zukommen sollte. *Hardenberg*, der den König zum Erlaß dieser Verordnung gedrängt hatte, verfolgte damit innenpolitisch vor allem zwei Ziele:
Zunächst sollte den immer lauter werdenden Forderungen nach einem politischen Mitspracherecht, die mit unterschiedlicher Motivation sowohl vom Adel als auch vom Bürgertum und auch von den Vertretern der Bauernschaft erhoben wurden, entgegengewirkt werden. Und zweitens wollte *Hardenberg* die über-

---

[27] *Adamy/Hübener*, S. VI.
[28] *Adamy/Hübener* a.a.O.
[29] *Ribbe* in *Ribbe/Rosenbauer*, Rn. 140.
[30] Vgl. auch *Allmenröder*, S. 1 f.
[31] GS 1815, S. 103.

kommenden ständischen Vertretungen, die vom Adel beherrscht wurden und als Kristallisationspunkte der Adelopposition gegen die Reformen dienten, endgültig auslöschen[32].
Zur Ausarbeitung sollte eine Kommission unter Vorsitz des Staatskanzlers eingerichtet werden, die ihre Tätigkeit am 01.09.1815 aufnehmen sollte[33]. Jedoch blieb dieses Verfassungsversprechen wegen Napoleons Rückkehr und erneuter Kriegshandlungen schließlich Makulatur. Auch in der Folgezeit scheiterte der Zusammentritt der Verfassungskommission an dem Widerstand der immer mehr an Einfluß gewinnenden Hof- und Ministerclique, deren Hauptakteure der Schwager des Königs, *Herzog Karl von Mecklenburg*, und der *Fürst von Sayn-Wittgenstein* waren und zu denen später auch der den altständisch-romantischen Vorstellungen anhängende Kronprinz stieß[34].
Das Verfassungsversprechen wurde ohnehin durchaus unterschiedlich aufgenommen. Während es auch in *Preußen* eine bürgerliche Verfassungsgebung gab, die sich dann allerdings eher in eine *"Bittschriftenbewegung"* umwandelte, erntete dies beim altständischen Adel keineswegs Beifall. Im Gegenteil. Es wurden etliche Forderungen laut, die alten ständischen Verhältnisse wiederherzustellen[35]. Dabei hob sich insbesondere die Familie *von Rochow*, die im Kreis *Zauche-Belzig* das verbreitetste Adelsgeschlecht war[36], hervor.
Erst nach der Bildung des Staatsrates am 20.03.1817 wurde endlich eine Verfassungskommission unter dem Vorsitz des Staatskanzlers *Hardenberg* gebildet, die nur ein einziges Mal am 07.07.1817 tagte. In dieser Sitzung betonte *Hardenberg*, daß die alten Landstände wahre Hemmräder der Staatsmaschine gewesen seien[37]. Um eine neue allgemeine Vertretungskörperschaft mit nur beratender Stimme und ausdrücklicher Ausschließung von aller Einmischung in die Verwaltung zu bilden, beschloß die Kommission, Kommissare in die Provinzen zu schicken, um in geheimen Konsultationen mit eingesessenen Notabeln[38] die historischen und rechtlichen Verfassungszustände zu untersuchen. Doch noch einmal verzögerte sich die Verfassungsangelegenheit, weil man einer Steuerreform den Vorzug gab.

---

[32] Vgl. *Vetter*, Adel, S. 63.
[33] Ursprünglich sollte die Kommission nach *Hardenbergs* Plänen schon am 01.06.1815 zusammentreten. Allerdings wurde der Termin wegen des bevorstehenden Krieges auf den 01.09.1815 verschoben.
[34] *Vetter*, Adel, S. 63.
[35] Vgl. dazu insbesondere *Vetter* a.a.O. S. 64 ff.
[36] Zur Familie *Rochow* vgl. unten Seite 26 sowie *A.F.A. von Rochow*, Nachrichten zur Geschichte derer von Rochow und ihrer Besitzungen, S. 1 ff.
[37] Vgl. *Treitschke*, Der erste Verfassungskampf in Preußen, S. 351.
[38] Notabeln waren die durch Bildung, Rang und Vermögen ausgezeichneten Mitglieder der königlichen Ratsversammlungen.

Ein weiteres Verfassungsversprechen enthielt das sogenannte Staatsschuldenedikt vom 17.01.1820[39]. Danach sollten Schulden in Zukunft nur noch unter Hinzuziehung und Mitgarantie von Reichsständen aufgenommen werden. Doch auch dies wurde nicht eingehalten.
Angesichts der Restauration der Adelsherrschaft in weiten Teilen Europas, des ständigen Zurückdrängens der progressiven Kräfte und des wachsenden Einflusses der feudalen Reaktion in *Preußen* versuchte der König nun, sich von seinem, in einer völlig anderen Situation gegebenen, Verfassungsversprechen zu lösen, und war daher immer weniger zur Unterstützung von *Hardenberg*s Plänen bereit[40]. So kam es, daß in den weiteren vier Verfassungskommissionen zwischen 1819 und 1821 keine Fortschritte im Sinne *Hardenberg*s gemacht wurden, sondern daß seine Gegner immer mehr an Einfluß gewannen. Mitglieder der vierten Verfassungskommission waren u.a. *Schuckmann, Wittgenstein, Ancillon* und der Kabinettsrat *Albrecht*, alles durchweg Gegner *Hardenberg*s. Diese Kommission, die schon unter dem Vorsitz des Kronprinzen stand, beabsichtigte jetzt vielmehr die zeitgemäße Wiederherstellung der landständischen, also der älteren und früheren Verfassung in den verschiedenen Provinzen[41].
Nach alledem berief der König schließlich im Dezember 1820 eine Kommission unter dem Vorsitz des Kronprinzen zur Begutachtung der Kommunalgesetzentwürfe ein. Diese sog. Kronprinzenkommission war insgesamt die fünfte und letzte. Der Staatskanzler *Hardenberg* bat darum, bei dieser Kommission nicht mehr anwesend sein zu müssen. Der König nahm ihn beim Wort und schloß ihn von den Beratungen gänzlich aus[42]. Er berief jetzt den Kronprinzen zum Vorsitzenden und zu den Teilnehmern die Mitglieder des vierten Ausschusses, welche die Verwerfung der Kommunalordnung gegen *Hardenberg* durchgesetzt hatten. Damit war das Ende von *Hardenberg*s Verfassungsplänen gekommen. Die Kommission verwarf die Kommunalgesetzentwürfe, lehnte eine Gesamtstaatsverfassung ab und wollte nur Provinzialstände errichten.
Im Sinne der Beschlüsse dieser Kommission erging am 11.06.1821 eine Kabinettsorder an *Hardenberg*, in der die Einberufung der allgemeinen Landstände aufgeschoben und

> *"... der Zeit, der Erfahrung, der Entwicklung der Sache und Meiner landesväterlichen Fürsorge..."*

anheimgestellt wurde[43]. Ob *Hardenberg* und seine Beamten letztlich an der Verfassungsgebung gehindert wurden, weil ihnen die entsprechende Kompetenz

---

[39] GS 1820, S. 9.
[40] *Vetter*, Adel, S. 70.
[41] *Treitschke*, Der erste Verfassungskampf in Preußen, S. 453.
[42] *Treitschke*, Geschichte III, S. 232.
[43] *Schütz*, *Preußen*, S. 241.

ausdrücklich und förmlich entzogen worden war[44], oder ob sie vielmehr die Verfassungsgebung unterlassen haben, weil eine mit Entscheidungskompetenz ausgestattete Repräsentation die Reformen konservativ revidiert hatte[45], kann hier unbeantwortet bleiben.

Hardenberg starb am 26.11.1822 auf einer Rückreise von *Verona*. Das Ergebnis der Beratungen dieser Kommission, das Gesetz über die Einrichtung der Provinzialstände vom 05.06.1823[46], erlebte er somit nicht mehr.

Zur Ausarbeitung der Provinzialgesetzgebung rief der König am 30.10.1821 nunmehr erneut die Kronprinzenkommission zusammen, die am 04.12.1821 ihre Arbeit aufnahm. Sie bekam den Auftrag, Vorschläge über die einstweilige Zusammensetzung und Zusammenberufung der Provinzialstände auszuarbeiten[47]. Die Männer, die unter Vorsitz des Kronprinzen dieser Kommission angehörten, waren *Ancillon, Schuckmann, Wittgenstein, Bühlow* und als Protokollführer der Geheime Hofrat *Dunker*, sowie *Albrecht* aus dem Kabinett des Königs[48]. *Bühlow* schied allerdings wegen Krankheit bald aus. Neu hinzu kamen *Otto von Voß-Buch*, ehemaliger Minister und Senior der kurmärkischen Adelopposition, der als Kenner der altständischen Verfassung galt, der aus der sächsischen Verwaltung übernommene Regierungspräsident von *Merseburg Moritz Haubold von Schönberg* und der Oberpräsident *Vincke*[49], der wohl auf Empfehlung *Ancillons* in die Kommission aufgenommen wurde[50]. Bei seiner Berufung lagen Informationen vor, nach denen *Vincke* mit den Hauptprinzipien der Kommission übereinstimmte[51]. Jedenfalls war durch die Aufnahme *Vinckes* ein zweiter Verwaltungsbeamter in der Kommission anwesend. *Schönberg* und *Vincke* haben immerhin für die Einführung von Reichsständen plädiert, so daß sie sogar als die "Linken" in der Kommission bezeichnet worden sind[52].

In diesen Sitzungen der Kommission fielen die wesentlichen Entscheidungen für die staatsrechtliche Einrichtung der Provinzialstände[53]. Man hatte zwar be-

---

[44] So *Obenaus*, S. 149.

[45] So *Koselleck*, S. 323

[46] GS 1823, S. 129.

[47] *Obenaus*, S. 151.

[48] *Stephan, W.J.*, Entstehung, S.16.

[49] Vgl. zu *Vincke, E.v. Bodelschwingh*: Leben des Oberpräsidenten Freiherr von Vincke, Berlin 1853

[50] So jedenfalls *Obenaus*, S. 151, der sich auf einen Brief Ancillons an den Kronprinzen bezieht: "dans les bons principes, il veut une constitution d' états et non une représentation nationale dans le nouveau sens du mot";
Stephan W.J., Entstehung, S. 16, hingegen geht davon aus, daß *Vinke* auf besonderen Wunsch des Kronprinzen in die Kommission berufen wurde.

[51] Kronprinz *Friedrich Wilhelm* an *Friedrich Wilhelm III.*, 20. Nov. 1821: Ausf., GStA. *Berlin*, HA. Rep. 192 *Wittgenstein* V 6, 11 Bl. 68-68. (Angabe aus *Obenaus*, S. 151, Fn. 2)

[52] *Stern*, Geschichte 2, S. 384.

[53] *Obenaus*, S. 153.

schlossen, Notabeln aus den einzelnen Provinzen zuzuziehen, hielt es aber für besser, schon vorher die Grundprinzipien des Gesetzes festzulegen[54]. So wurde zunächst die übermächtige Stellung des Adels durch eine Bestimmung gesichert, daß auf den zukünftigen Landtagen die Stimmen der Rittergutsbesitzer, der städtischen Abgeordneten und der Bauern im Verhältnis von 3:2:1 zu stehen sollten. Nur *Schönberg* sprach sich für eine Gleichheit der Stimmenzahl aus, was zwar sein Demokratieverständnis verdeutlichte, jedoch vergeblich blieb. Strittig war die Frage, ob man die althistorische oder die neue administrative Einteilung von 1816 zu Grunde legen sollte, sowie die Frage nach der Kompetenz der Stände. Dabei ging es vorwiegend darum, wie weit den Ständen beratende Kompetenz in Bezug auf die allgemeine Gesetzgebung einzuräumen war. Vorläufig entschied man sich für die historische Einteilung und setzte fest, daß den Ständen auch allgemeine Gesetze überwiesen werden sollten, ohne einstweilen klar zu sagen, welche[55]. Die Kommission berichtete dem König erstmals nach der zehnten Sitzung am 13.01.1822. Nachdem der König alle Entscheidungen der Kommission gebilligt hatte, konnten die Beratungen mit den Notabeln aus den Provinzen beginnen. Möglicherweise kam es dabei, trotz der festgelegten Prinzipien, zu Brandenburger Einflußnahmen auf die Kommission. Deshalb sind diese Konferenzen an dieser Stelle näher zu untersuchen.
In der Reihenfolge tagten zunächst, ab Januar 1822, die Brandenburger, dann die Notabeln aus *Pommern*, *Ostpreußen*, *Westpreußen*, aus der *Niederlausitz* und aus *Sachsen*. Im Mai wurden die *Schlesier* und die *Oberlausitzer*, im Oktober die *Westfalen*, zuletzt die *Rheinländer* und im März 1823 die *Posener* gehört[56].

3. Die Brandenburgische Notabelnkonferenz vom 29.01.-11.02.1822

Die Brandenburgische Notabelnkonferenz tagte vom 29.01. bis 11.02.1822. Am 28.01.1822 wurden die Brandenburger zunächst im Plenum der Kommission durch eine Ansprache des Kronprinzen willkommen geheißen. Verhandeln sollten mit den Einberufenen die Beauftragten der Kommission *Voß, Vincke* und *Schönberg*.

a. Mögliche Brandenburger Einflußnahme auf die Kronprinzenkommission durch die Teilnahme ausgewählter Notabeln

Hierzu soll untersucht werden, wer an diesen Konferenzen teilnahm und welche möglichen Absichten mit einer Teilnahme verfolgt wurden.

---

[54] *Stephan W.J.*, Entstehung S. 18.
[55] *Stephan* a.a.O., S. 19.
[56] *Treitschke*, Geschichte III S. 232.

Zunächst sollten zehn Männer einberufen werden. Dies waren für die *Kurmark*: *Gustav Adolf von Rochow*, der Kammerherr der Kronprinzessin und spätere Minister, der Geh. Staatsrat *von Quast auf Gartz*, *Graf von Itzenplitz auf Cunnersdorf und Groß-Behnitz* im *Havelland* und *Oberst von Quitzow auf Bullendorf* sowie der Berliner Oberbürgermeister *Büsching*.
Für die *Neumark* waren dies *von Knobelsdorf auf Kemnath* und Bürgermeister *Reimann von Landsberg*, sowie der Kreisdeputierte *von Stubenrauch zu Daetz*, der allerdings ausschied, weil er zu dieser Zeit Landrat wurde und als Staatsbeamter für nicht mehr geeignet befunden wurde, an den Konferenzen teilzunehmen. Für ihn trat der Städtedirektor *Fischmann aus Sommerfeld* ein. Für die *Altmark* wurden berufen der Landrat a.D. *von Schulenburg-Priemern* und der Kreisamtmann *Gerlach zu Salzwedel*.
Schließlich wurden auch noch aus den 1816 zu *Pommern* geschlagenen ehemaligen neumärkischen Kreisen Herr *von Wedell auf Neuwedell* einberufen, sowie nachträglich am 28.02.1822 auch noch der braunschweigische Staatsminister *Graf von Alvensleben auf Erxleben*, welcher der spätere Landtagsmarschall der Provinz *Brandenburg*[57] und Vater des bekannten Finanzministers Albrecht von Alvensleben war und gerade in seiner amtlichen Eigenschaft als Braunschweiger Minister in *Berlin* zu tun hatte. Damit erhöhte sich die Zahl der Notabeln aus der *Kur-* und *Neumark*, die jetzt zuerst gehört werden sollten, auf zwölf. Diese Zahl war gegenüber den anderen Notabelnkonferenzen verhältnismäßig gering. Aus *Pommern* wurden 13, aus *Schlesien* 21 und aus dem *Rheinland* sowie *Westfalen* je 20 einberufen. Allerdings müssen wohl zu den *Brandenburgern* auch die *Niederlausitz*er Notabeln, von denen 7 einberufen wurden, mit einbezogen werden[58].
Besonderes Augenmerk liegt nun auf der Frage, ob die kur- bzw. neumärkischen Notabeln eine Opposition darstellten. Dazu müssen vor allem die einzelnen Mitglieder der Konferenzen betrachtet werden.
Zunächst ließe sich anführen, daß in Bezug auf etwaige Brandenburger Einflußnahmen auf die Kronprinzen- und Notabelnkonferenz *Gustav Adolf von Rochow* durch eine Kabinettsorder den Auftrag vom König erhielt, in diesen und allen anderen Notabelnkonferenzen zu protokollieren[59]. Diese Berufung kam aber nicht von ungefähr, was einen kurzen Exkurs zur Familie *Rochow* nötig macht[60].
Rochows Frau Caroline beschrieb *Gustav Adolf von Rochow* in ihren Aufzeichnungen folgendermaßen:

---

[57] Er war 1824 und 1827 Landtagsmarschall, Vgl. auch *Adamy/Hübener*, S. 61.
[58] Vgl. dazu die Niederlausitzer Notabelnkonferenz, unten Seite ff.
[59] Vgl. *Stephan W.J.*, Entstehung S. 20 mit einigen Verweisen auf die Protokolle der rheinischen, schlesischen bzw. niederlausitzer Notabelnkonferenzen.
[60] Vgl. zum folgenden *Vetter*, Adel, S. 65, Fn. 264 m.w.N.; *Stephan W.J.*, Entstehung, S. 20.

> *"Gustav Adolf von Rochow war eine geistig ungemein lebendige, tätige Natur, stets mit seinem ganzen Gefühl an das hingegeben, was er betrieb, ausschließlich in der Gegenwart lebend und leicht von freundlichen Eindrücken des Augenblicks eingenommen. Er besaß eine seltene Liebenswürdigkeit und Begabung für den Umgang mit verschiedenartigen Menschen und bewährte sich als fürsorgender, anhänglicher Sohn und Bruder. Am tiefsten wurzelte sein Wesen in der persönlichen Zuneigung und Treue für König Wilhelm IV., dem er über zwanzig Jahre, oft im täglichen Verkehr, diente."*[61]

Die Familie *Rochow* beherrschte durch ihre Aktivität im Kreis *Zauche-Belzig* und in der Provinz, sowie durch Ausnutzung ihrer Verbindungen zum Hof und ihrer verwandtschaftlichen Beziehungen das kreisständische Leben. Der Senior, *Rochus von Rochow auf Golzow*, war lange Jahre Landrat des Kreises. *Gustav Adolf von Rochow* griff zwar zunächst nicht aktiv in die ständische Bewegung ein, war aber der Adjutant des Prinzen *Wilhelm*, Bruder *Friedrich Wilhelm III.* und hatte somit entsprechende Verbindungen. Er wurde später Hofmarschall des Prinzen und 1831 Landtagsmarschall des 3. und der folgenden Provinziallandtage der Provinz *Brandenburg*. Auf dem vereinigten Landtag war er 1846 Marschall der zweiten Kurie und gehörte dem Staatsrat an[62]. Sein Bruder *Hans von Rochow auf Plessow* zählte zu den radikalsten Vertretern der Altständischen. Er wurde später Hofmarschall des Prinzen von *Preußen*. Ihr Vetter *Theodor von Rochow* nutzte seine Stellung als Adjutant am Hofe als Zwischenträger von Nachrichten und Korrespondenzen. Für Theodors älteren Bruder, *Gustav von Rochow*, war die ständische Bewegung schließlich Ausgangspunkt für eine hohe politische Karriere.

Gustav Adolf von Rochow (1792-1847) wurde am 01.10.1792 in *Nennhausen* bei *Rathenow* geboren und wuchs nach dem frühen Tod seines Vaters *Rochus von Rochow* im Jahre 1799, im Hause seines Großvaters von *Briest auf Nennhausen*, des Landrats von *Havelland* (später *Westhavelland*) auf. Seine Mutter war *Caroline von Briest*, die in zweiter Ehe den Baron *de la Motte-Fouqué* heiratete. Nach dem Besuch des Gymnasiums zum Grauen Kloster in *Berlin* studierte er Rechtswissenschaften in Heidelberg und Göttingen. Seine Studien wurden durch die Befreiungskriege unterbrochen. Er machte in der Jäger-Eskadron des Brandenburgischen Kürassier-Regiments als Freiwilliger die ersten Kämpfe und als Adjutant das Gefecht von Liebertwolkwitz mit[63]. Hier erhielt er im Reiterkampf eine Stichwunde und einen Hieb über den Helm, so daß er besinnungslos vom Pferd stürzte. Das hinderte ihn jedoch nicht, sich in der

---

[61] *Caroline von Rochow*, S. 6.

[62] Vgl. zur Geschichte *Gustav Adolf von Rochows* auch *A.F.A. von Rochow*, Nachrichten zur Geschichte derer von Rochow und ihrer Besitzungen.

[63] *Caroline von Rochow*, S. 7.

nun folgenden Völkerschlacht bei Leipzig das Eiserne Kreuz zu verdienen. Während des Frankreichfeldzuges beteiligte er sich an mehreren Schlachten und Gefechten und kam bis *Paris*[64]. 1815 nahm er, als Offizier schwer verwundet, Abschied vom Militärdienst.

Gustav Adolf von Rochow hatte von seinem Onkel, dem kinderlosen Domherren *Eberhard von Rochow*, das Gut *Rekahn* (in der *Zauche* bei *Brandenburg*) geerbt. Mit der Bewirtschaftung dessen und des Gutes Jeserig widmete er sich in der Folgezeit. 1816 wurde er zum Kreisdeputierten gewählt. Er heiratete am 20.11.1818 *Caroline von der Marwitz*, die Schwester *Friedrich August Ludwigs*, mit dem er so in enge Berührung kam. Die Trauung fand im königlichen Schloß durch den Hofprediger *Sack* statt, im Beisein des Prinzen und der Prinzessin *Wilhelm*[65]. Das Ehepaar verlebte danach mehrere Jahre auf dem Lande in *Reckahn* und stand dort im lebhaften Verkehr mit dem großväterlichen Hause in *Nennhausen*.

Schließlich wurde er durch die Vermittlung von *Voß*, mit dem er ebenfalls verwandt war, 1822 zu den Notabelnkonferenzen mit dem ausdrücklichen Vorhaben hinzugezogen, als Protokollführer für alle Konferenzen zu dienen und von da aus den Weg in die staatliche Ämterlaufbahn einzuschlagen. Dies gelang schließlich auch mit Erfolg[66]. Der Kronprinz ernannte ihn bei seiner Vermählung 1823 zum Kammerherrn seiner Gemahlin. Er wurde außerdem dazu bestimmt, dem Kronprinzen über die Anträge der nun zusammentretenden Provinziallandtage Vorträge zu halten[67]. Wenig später wurde er Geheimer Regierungsrat und Mitglied der Staatsschuldentilgungskommission. 1826 wurde er vortragender Rat im Ministerium des Innern, 1831 Präsident des Regierungsbezirks *Merseburg*. In dieser Position verlebte er drei glückliche Jahre[68]. Zu seinen Obliegenheiten gehörten u.a. Verhandlungen mit dem Herzog von *Sachsen-Gotha*, wegen dessen Entschädigung für das an *Preußen* abgetretene Ländchen *St. Wendel*. Dies bot ihm Gelegenheit zu weiteren mündlichen Vorträgen beim König, der ihn hierdurch näher kennenlernte und ihm 1834 das Ministerium des Innern mit den Worten übertrug,

> *"Ich tue dies in der Hoffnung, meinem Sohne in Ihnen eine Hülfe und treuen Ratgeber zu erziehen".*[69]

Rochows Tätigkeit als Minister[70] war geprägt vom streng konservativem Sinne, der man Vaterlandsliebe und Hingebung gewiß nicht absprechen konnte.

---

[64] *Caroline von Rochow* a.a.O.
[65] *Caroline von Rochow* a.a.O.
[66] Vgl. hierzu oben Seite 26.
[67] *Caroline von Rochow*, a.a.O.
[68] *Caroline von Rochow*, S. 8.
[69] *Caroline von Rochow*, a.a.O.

Die folgende weitere Darstellung *Rochows* Geschichte ist deshalb von Interesse, weil sie auch die Persönlichkeit *Friedrich Wilhelm IV.*, den Beginn seiner an Parteikämpfen und Mißverständnissen so reichen Regierung, vor Augen führt.
Rochows Frau *Caroline* meinte, daß sich mit dem Andenken an *Rochow* selbst nur das Wort vom *"beschränkten Untertanenverstand"* verknüpfte und ihm der Stempel reaktionärer Beschränktheit hinterlassen wurde[71]. Die Entstehung dieses geflügelten Wortes war folgende:
Ernst August von Hannover hob 1837 die Verfassung seines Landes auf und verbannte sieben Göttinger Professoren[72], unter ihnen den Juristen *Albrecht aus Elbing*[73]. Als diese dagegen in gewohnter Form protestierten, sandte der Elbiger *Jacob van Riesen* eine Abschrift an *Rochow*, in der arglosen Voraussetzung, dem Minister des Innern dadurch für eine Berufung *Albrechts* an eine preußische Universität zu bewegen. Die Antwort die er erhielt, läßt sich zwar heute auf einen Assessor im Ministerium, einen Hilfsarbeiter des Geheimrats *Seffarth*, als Verfasser zurückführen[74], der die Einsendung wohl als Verhöhnung der Regierung auffaßte. Haften blieb sie aber bei Minister *Rochow*. Der Wortlaut des wichtigsten Satzes war folgender:

> *"Dem Untertan ziemt es nicht, die Handlungen des Staatsoberhauptes an den Maßstab seiner beschränkten Einsicht anzulegen und sich im dünkelhaftem Übermut ein öffentliches Urteil über die Rechtmäßigkeit derselben anzumaßen".*[75]

Zwar billigte *Rochow* diesen Satz nicht, weil er nicht als Bundesgenosse *Ernst Augusts* gelten wollte, aber er hielt dennoch die Einmischung Unberufener in die Politik für staatsfeindlich[76].
Während der Regierung *Friedrich Wilhelm III.* bildete *Rochow* das jüngste Element unter seinen Kollegen. Politisch schloß er sich vorzugsweise *Wittgenstein* und dem Finanzminister *Alvensleben* an[77]. In dieser Zeit begann der Konflikt der Regierung mit der römischen Kirche durch die Verhaftung der Erzbischöfe von *Köln* und *Posen*. Sie zog *Rochow* die Feindschaft der Ultramontanen und das Mißfallen der protestantisch-orthodoxen Partei zu. Er sympathisierte damals mit den französischen Legitimsten, die in *Berlin* durch den General

---

[70] Auch *Ribbe* in *Ribbe*/Rosenbauer Rn. 145, geht offenbar davon aus, daß *von Rochow* das Innenministerium übertragen wurde, allerdings bezeichnet er *von Rochow* als *Friedrich Eberhard*, wobei es sich nur um ein Versehen handeln kann.
[71] *Caroline von Rochow*, S. 8.
[72] Vgl. im einzelnen auch *Ribbe* in *Ribbe/Rosenbauer*, Rn. 145.
[73] *Treitschke*, Deutsche Geschichte IV, S. 664; *Büchmann*, S. 626 f.
[74] Entgegen *Ribbe* a.a.O.; so jedenfalls *Caroline von Rochow*, S. 9.
[75] Vgl. *Caroline von Rochow*, a.a.O.
[76] *Treitschke*, a.a.O., S. 664.
[77] *Caroline von Rochow*, a.a.O.

Clouet und Graf *Ingenheim* vertreten waren und am kronprinzlichen Hofe Anklang fanden, während er sich von dem Gesandten des Bürgertums fern hielt[78]. Bei der Thronbesteigung König *Friedrich Wilhelms IV.* gehörte *Rochow* zu dessen vertrauten Ratgebern. Er bekämpfte mit den Altkonservativen die Wünsche auf Einberufung der 1815 versprochenen Reichstände, die sich immer mehr hervortaten und bei der Huldigung in *Königsberg* einen Ausdruck fanden, der auch des Königs Unwillen erregte. König *Friedrich Wilhelm IV.* wollte keine moderne Konstitution gewähren, dachte aber doch daran, eine reichsständische Versammlung nach seinem Sinne einzuberufen. Eine Denkschrift, die *Rochow* einreichte, stellte die damit verbundenen Gefahren vor und wies auf eine zweckmäßige Ausgestaltung der vorhandenen Landtage hin. Nachdem sich auch *Thiele, Eichhorn* und *Stolberg* dieser Meinung anschlossen, nahm der König von seiner Idee Abstand. Dadurch geriet *Rochow* bald in einen Kampf mit der in der Provinz *Preußen* vorzugsweise mächtigen liberalen Partei, und sein Gegensatz zum Oberpräsidenten *von Schön* gewann mehr und mehr einen persönlich-feindlichen Charakter, der sich in einem von beiden Seiten unterstützten Zeitungskampf zu einem Grade steigerte, wie er zwischen zwei hohen Staatsbeamten auf die Dauer unmöglich bestehen konnte.
Schön und seine Anhänger glaubten den König hinter sich. Die Auszeichnungen, die ihnen, insbesondere durch die Verleihung des Schwarzen Adelsordens erwiesen wurden, bestärkten sie darin, so daß sie in *Rochows* reaktionärem Einfluß das Hindernis ihrer Hoffnungen sahen[79].
Rochow dagegen zeigte sich im persönlichen Verkehr milde und zugänglich, auch gegenüber Andersgesinnten. Mit liebenswürdiger Gewandtheit verstand er es beispielsweise, den Erzbischof *Droste* oder die polnischen Edelleute oder bei der Huldigung in *Berlin* die Vertreter der Städte zu gewinnen. Königin *Elisabeth* soll im August 1840 zu ihm gesagt haben:

> *"... er sei der einzige, der dem Könige widersprechen könne, ohne ihn zu erbittern".*[80]

Rochows konservativen Grundsätze mäßigten sich jedoch im Laufe der Zeit. Dennoch lebte in ihm das Bestreben, das unverkennbare Drängen der Nation auf Teilnahme an der Regierung allmählich in geordneter Weise zu entwickeln. So erregte er die Mißbilligung der konservativen Partei, als er ganz nach den Wünschen des Provinziallandtags 1841 die Landgemeindeordnung für *Westfalen* ordnete und auch seine Bemühungen auf Erweiterung der Tätigkeit und Rechte der Landtage richtete. Dadurch geriet *Rochow* immer mehr in die Kritik der verschiedenen Parteien. Die Situation spitzte sich immer weiter zu. Der Kö-

---

[78] *Caroline von Rochow*, a.a.O.
[79] *Caroline von Rochow*, S. 10.
[80] *Caroline von Rochow* a.a.O.

nig selbst hielt dabei zu allen verschiedenen Kräften Fühlung. In einer persönlichen Zusammenkunft mit *Rochow* und *Schön* signalisierte er *Rochow* volle Genugtuung und *Schön* reichte sein Abschiedsgesuch ein. Dies blieb aber zunächst geheim und *Rochow* sah seinen Einfluß mehr und mehr schwinden.
Der Gedanke zurückzutreten, der sich ihm aufdrängen mußte, reifte zum Entschluß, als der König ihm in einem liebevollen aber dennoch tief verletzenden Brief die politischen Gründe aufzeigte[81]. Die Eingabe um seine Entlassung begleitete *Rochow* am 14.04.1842 mit den Worten:

> *"Die schwierige Stellung ist unter den seit 1840 eingetretenen Verhältnissen nur dann auszufüllen, wenn den Minister der Besitz des Einverständnisses, des offenen Vertrauens und des Schutzes seines Souveräns dazu befähigt, einen bestimmt bezeichneten Weg konsequent und mit frischem Mut zu verfolgen."*[82]

Am 13.06.1842 erhielt er seinen Abschied, behielt aber Sitz und Stimme im Staatsrat. Später nahm er den Posten eines zweiten Präsidenten des Staatsrats an. Dessen erster Präsident, *General von Müffling*, ließ ihm volle Freiheit in der Leitung, so daß *Rochow* sich auch weiterhin politisch betätigen konnte.
Im Winter 1846/47 wurde seine Gesundheit schwächer. Er starb schließlich am 11.09.1847.
Es zeigt sich daher, daß *von Rochow* fast sein ganzes Leben von einem erzkonservativen ständischen Geist und der Liebe zu seinem König und zu *Brandenburg* eingenommen war. Diese Einstellung sollte sich sowohl auf die Notabelnkonferenzen als auch auf die Landtage, an denen er teilnahm auswirken.
Zurück zu den Notabelnkonferenzen: Da eine offizielle Ernennung als Protokollführer aller Konferenzen zunächst nicht stattfand, wurde *von Rochow* von den pommerschen Notabeln auch sofort abgelehnt. Die Ernennung erfolgte letztlich durch die oben erwähnten Kabinettsorder des Königs.
Ein weiteres Mitglied war der Geh. Staatsrat *von Quast auf Gartz*. Er war ein früherer Staatsbeamter, der 1807 Generalintendant der Armee, 1808 Geh. Staatsrat und Direktor des Finanzministeriums geworden war. 1810 hatte er den Dienst verlassen, weil er eine Ernennung zum Regierungspräsidenten der *Neumark* nicht annehmen wollte. Von 1812-1822 war er der Leiter der kurmärkischen Provinzialschuldenkommission. Im ständischen Leben hatte er bereits eine langjährige Erfahrung und war ein Freund und Gesinnungsgenosse *Rochows*. Auch *Marwitz*, nunmehr auch sein Schwiegervater, hielt ihn für das Amt eines märkischen Provinzialministers für geeignet[83].

---

[81] *Treitschke*, a.a.O., Band V. S. 162 f.
[82] *Caroline von Rochow*, S. 11.
[83] *Caroline von Rochow*, a.a.O.

Der Oberst *von Quitzow* und der Graf *Peter Friedrich Ludwig von Itzenplitz* hatten ebenso eine umfangreiche ständische Tätigkeit hinter sich. Oberst *von Quitzow* war vor der französischen Okkupation Landesdirektor der *Priegnitz*[84]. *Itzenplitz* hatte sich während der französischen Besetzung große Verdienste um das Land erworben und dafür 1815 den Grafentitel erhalten[85]. Auch die vier Bürgermeister waren keineswegs liberal gesinnte Männer, von denen eine Opposition zu erwarten gewesen wäre, so daß sich feststellen läßt[86], daß die Konferenz ganz nach dem Herzen *Rochows* und *Wittgensteins* war. Eine Brandenburgische Einflußnahme nur durch eine Teilnahme eines oppositionell gesinnten Mannes lag also nicht vor. Der altständische Adel beherrschte die Konferenz.

b. Mögliche Brandenburger Einflußnahme auf die Kronprinzenkommission durch die Beratungen

Möglicherweise kam es aber dennoch zu einer Brandenburgischen Einflußnahme auf die Kronprinzenkommission. Diese könnte sich aus den Inhalten der Beratungen der Notabelnkonferenzen ergeben[87].
Zunächst wurden die Einberufenen in der ersten Konferenz, am 29.01.1822, zur strengsten Verschwiegenheit verpflichtet[88]. Dann machte *Voß* sie darauf aufmerksam, daß der König das geschichtlich Begründete möglichst erhalten wissen wolle und belehrte sie über die Wirksamkeit, die der König geruht habe, den Ständen zu verleihen, und über die eine Diskussion nicht stattfinden solle. Dazu gehörte die Kompetenz, über alle Gegenstände beraten zu dürfen, die ihnen der König zuweisen würde, insbesondere über allgemeine Gesetze und Provinzialverordnungen, die persönliche oder Eigentumsrechte betreffen würden. Dazu gehörten ferner Veränderungen in der Quotisation der Steuern auf die einzelnen Provinzen und eine Mitwirkung in einzelnen Verwaltungsbereichen, sowie das Petitionsrecht. Schließlich trat man in die speziellen Beratungen ein, die die Kronprinzenkommissionsmitglieder *Voß* und die "Linken" *Vinke* und *Schönberg* leiteten[89].

---

[84] *Bassewitz*, S. 160 ff.
[85] *Stephan, W.J.*, Entstehung S. 21.
[86] Wie *Stephan* a.a.O. es formuliert.
[87] Vgl. zum folgenden: Stiftung preußischer Kulturbesitz, Geheimes Staatsarchiv *Berlin* (im folgenden GStA), Rep. 77 Tit. 523 Nr. C 38 Bl. 1-13v, 16-35v.; bzw. *Stephan, W.J.*, Entstehung S. 22-33.
[88] Vgl. *Treitschke*, Geschichte III, S. 232.
[89] Vgl. oben S. 24.

Folgende Fragen wurden den Notabeln zur Beratung vorgelegt[90]:

1. Soll die altgeschichtliche historische oder die neue administrative Verwaltungsgliederung der territorialen Abgrenzung der Provinzialstände zugrunde gelegt werden?
2. Welche Bevölkerungsgruppen sollen in den Ständen vertreten sein?
3. Sollen alle Rittergutsbesitzer, gleichgültig ob adlig oder bäuerlich, in einem Stand vereint werden?
4. Gehören auch die Personen zu den Bauern, die mehr Land besitzen, als ein Bauernhof gewöhnlich hat?
5. Erhalten auch die Personen die bäuerliche Standschaft, die nur einen Teil eines Bauernhofs besitzen?
6. Bleiben die früher landtagsfähigen Städte landtagsfähig und werden Städte, die sich in letzter Zeit schnell entwickelten, als landtagsfähig erklärt?
Wenn ja, welcher Maßstab wird dabei angelegt?
7. Soll die alte oder die neue Kreiseinteilung gelten?
8. Sollen die Wahlen zum Provinziallandtag von jedem Kreis gesondert oder von mehreren Kreisen zusammen durchgeführt werden?
9. Sind alle Angehörigen eines Standes zur Teilnahme an der Wahl berechtigt?
Welche Kriterien gelten für das Erlangen des aktiven und des passiven Wahlrechts?

Zunächst ging es also um die Frage, ob die historische oder die administrative Begrenzung zugrunde gelegt werden solle. Dazu erklärten die Notabeln, daß für den provinzialständischen Verband nur die alte historische Einteilung in Betracht komme. Dieser Verband solle die gesamte Mark *Brandenburg*, einschließlich der nun zur Provinz *Sachsen* geschlagenen *Altmark* umfassen[91]. Schon hierin läßt sich ein eindeutig ständisches Denken erkennen. Möglicherweise versuchte man so, mit der von *Hardenberg* begonnenen Auflösung der ständischen Verbände, verlorenen Boden wiedergutzumachen.
Nach Abschluß dieser Angelegenheit kam man zur schwierigsten Frage in dieser Konferenz. Fraglich war, wie viele Stände anzusetzen seien und wieviel Vertreter jeder Stand haben solle. Die Vorgabe für die Kommissionsvertreter lag[92] bei einem Verhältnis von 3:2:1. *Voß* zeigte sich diesbezüglich, obwohl er sich an den Kommissionsbeschluß halten mußte, flexibel. Allerdings erklärte er, daß es die Kommission für unentbehrlich halte, den Bauern eine Vertretung zu gewähren. Hiergegen erhob sich jedoch heftiger Widerspruch. Dieser kam zunächst *von Rochow*, mit dem Argument, daß Angelegenheiten, die sich auf die

---

[90] Vgl. *Vetter*, Adel, S. 72.
[91] Vgl. *Stephan*, Entstehung, S. 22 ff.
[92] Siehe oben S. 25.

Patrimonialgerichtsbarkeit und die Polizei bezögen, nicht den Beratungen des dritten Standes unterliegen dürften.
Detaillierter waren jedoch die Argumente *von Quast*, der hierüber sogar ein besonderes Gutachten erstellte und in der zweiten Sitzung am 31.01.1822 verlas. *Quast* meinte, daß die Bauern zunächst keinerlei rechtlichen Anspruch auf eine Vertretung hätten. Er begründete dies damit, daß den Bauern dieses Recht weder in der

> *"...alten Teutschen Verfassung"*[93],

noch nach den preußischen Gesetzen und auch nicht in Ländern, in denen die Bauern frei sind[94], zustand. Auch aus der Tatsache, daß das Gendarmerieedikt[95], nach dem bäuerliche Deputierte zu den Kreistagen hinzugezogen werden sollten, weder überprüft noch bekannt gemacht worden sind, ergebe sich, daß es suspendiert sei. Auch dies begründe also kein Recht der Bauern auf Standschaft. Des weiteren argumentierte *Quast*, daß eine Teilnahme der Bauern auch nicht notwendig sei, denn früher seien sie auch zufrieden und glücklich gewesen und hätten auch jetzt nicht mehr Selbständigkeit. Außerdem lasse die schwache Bildung der Bauern *"Schlimmes"* befürchten, weil sie aus Unkenntnis für die schlechtere Meinung stimmen würden, besonders aber weil sie

> *"... leicht Rittergüter ankaufen und dadurch den Eintritt in die Versammlung sich bahnen..."*

könnten. *Quast* rechnete mit der Konservierung der bestehenden und Wiedergewinnung der verlorenen grundherrschaftlichen Rechte durch den Staat[96]. Dafür aber müsse der Rittergutsbesitzer Achtung und Ansehen genießen, was ihm der Bauer sicherlich versagen würde, wenn er sehe, daß sein Deputierter mit gleichem Recht neben dem Rittergutsbesitzer in der Versammlung der Stände sitze. Auch werde er die Anzahl von Deputierten verlangen, die seiner Volkszahl entspreche[97]. Das einzige Zugeständnis, das *Quast* machte, war die Zuziehung von bäuerlichen Vertretern bei Beratungen über Gegenstände, die speziell die Bauern beträfen. Dies jedoch könnte der König im Einzelfall anordnen. Zu diesen radikalen Ansichten bekannten sich von den zwölf Einberufenen neben *Quast* nur noch *Rochow* und *Schulenburg-Priemern*, die somit in der Minderzahl waren.

---

[93] Mit Ausnahme *Ostfrieslands*.
[94] Wie in *Magdeburg*, *Halberstadt* und der *Altmark*.
[95] Der König erklärte in seiner Verordnung an die Ruppiner Stände vom 19.05.1814, daß dieses Edikt noch einmal überprüft und erst dann bekannt gemacht werde.
[96] *Obenaus*, S. 164.
[97] *Stephan W.J.*, Entstehung, S. 25.

Nachdem dies geklärt war, folgte die Diskussion zur Frage nach der Zahl der Repräsentanten der einzelnen Stände. *Voß* erklärte, daß die Kommission sich bei der *Kurmark* an das Verhältnis im großen Biergeldausschuß[98] gehalten habe. In diesem waren 10 adlige und 7 ständische Deputierte vertreten. Durch eine Verdoppelung dieser Zahl, den Wegfall der beiden Domkapitel, einer Ansetzung im Verhältnis von 3:2:1 und die Hinzuziehung des Standes der Bauern ergab sich, daß die Bauern 6 Stimmen hatten[99]. Für die *Neumark* lag ein Verteilungsschlüssel nicht vor. Einzig bekannt war, daß sie an den mit der *Kurmark* gemeinsamen Steuern im Verhältnis 1:5 partizipierte. Von Seiten der Kommission wollte man ihr doch ein Viertel der Gesamtzahl der Stimmen zuerkennen, so daß man ihr in Anlehnung an das Steuerverhältnis zwölf Abgeordnete zuerkannte. Diese sollten dann wieder im oben genannten Verhältnis auf die drei Stände verteilt werden[100]. Das Übergewicht der Rittergutsbesitzer war damit gesichert, denn dadurch erhielten sie insgesamt die Hälfte der Stimmen. Dennoch rührte sich Widerspruch.

Wieder kam er *von Rochow*. Er forderte eine weit größere Zahl von Vertretern für den großen ländlichen Besitz, da nur durch ihn die Monarchie *"gegen Ideologie und Neuerungssucht"* gesichert werde. Das Verhältnis aus dem Biergeldausschuß wies *Rochow* ab. Als Vorbild für *"seine"* ständische Vertretung nannte er die Mecklenburgische. Er gab an, daß das Verhältnis auf den allgemeinen Landtagen[101] als Norm gelten müsse. Dort wären alle Rittergutsbesitzer persönlich erschienen. Dies waren früher alles in allem etwa 30, eine Zahl die sich zum damaligen Zeitpunkt auf etwa 4000 bis 5000 belaufen hätte[102]. Daß sich diese Forderungen nicht aufrecht erhalten ließen, gab *Rochow* dann zwar zu, verlangte aber dennoch im Hinblick auf dieses alte Verhältnis für die Ritter wenigstens 30, für die Städte 10 und für die Bauern 5 Abgeordnete. Das ergebe ein Verhältnis von 6:2:1. Die Ritter sollten also noch einmal soviel Stimmen erhalten wie die anderen zusammen. Im einzelnen sollte die Verteilung der ritterlichen Stimmen wie folgt aussehen:

die *Uckermark* und die *Priegnitz* sollten zusammen 5 Stimmen bekommen, und zwar jede abwechselnd in einem Jahr 3 und im nächsten 2 Abgeordnete. Die Stimme des Domkapitels sollte, wenn sie aufgehoben bliebe, in einem ewigen Turnus in der *Mittelmark* wechseln, indem jeder der 10 zugehörigen Kreise alle 10 Jahre einmal 2 Stimmen statt einer führen solle. *Rochow* rechnete für den Fall, daß sein Stimmenverhältnis angenommen würde, je 20, 10 und 4 Abge-

---

[98] Auch sog. Großer Ausschuß. Dies war bis 1806 ein "Sprachrohr für die Wünsche der Stände und namentlich des Adels, da dieser unter den Deputierten überwog.; vgl. dazu insbesondere *Obenaus*, S. 23 m.w.N., *Vetter*, Adel, S. 23.

[99] Vgl. *Stephan W.J.*, Entstehung, S. 26, der noch detaillierter darstellt und auf eine nicht ganz einwandfreie Rechnung der Kommission hinweist.

[100] Vgl. *Obenaus*, S. 184; *Stephan W.J.*, Entstehung, S. 26 f.

[101] Letzterer fand immerhin 1653 statt!

[102] Vgl. *Stephan W.J.*, Entstehung, S. 28 m.w.N.

ordnete für die drei Stände heraus. *Quast* und *Schulenburg* standen *Rochow* in dieser Frage bei, so daß sie auch hier, wie schon oben, in ihrer Argumentation vereint waren.
Quast gab zu Protokoll, die Ritterschaft habe keine Ursache, auf ihre Rechte zu verzichten. Er ging sogar noch weiter und meinte:

> *"Sie müßten bestehen bleiben; denn wenn einmal diese Zwischengewalten gefallen seien, so sei man von der Idee der Volkssouveränität nicht mehr allzu weit enfernt"* [103].

Wiederum standen diese drei orthodoxen Altfeudalen allein, denn die übrigen Einberufenen traten dem Vorschlag der Kommission bei, ein Verhältnis von 3:2:1 anzusetzen. Die vier Bürgermeister erklärten sogar noch in einem besonderen Gutachten[104], daß, wenn die Ansicht des Königs nicht dahin gehe, jedem Stande eine gleiche Stimmenanzahl zu gewähren, sie dies auch mit schuldiger Ehrerbietung annehmen würden, jedoch wollten sie

> *"zur Abwendung etwaiger zukünftiger Vorwürfe ihre Ansicht niederlegen".*

Sie brachten vor, daß die Kommission in ihrer Fragestellung zu den alten Rechten der Ritter abgewichen sei. Wolle man jedoch an diese denken, so folge nur eine Reduzierung der Ritterstimmen, da diese früher die Bauern mitvertreten hätten. Auch die Städte bedürften einer stärkeren Vertretung, da ihre Interessen naturgemäß oft genug denen der beiden anderen Stände gegenüberständen und auch in sich viel mannigfaltiger und komplizierter seien. Schließlich könne man auch erwarten, daß alle Stände mehr das allgemeine Interesse vertreten würden, als ihr partikulares. Letztlich erklärten sie, daß die Behauptung eines vorrangigen Wertes der Rittergutsbesitzer für den Staat ein Mißtrauen gegen die anderen Stände enthalte; der Gedanke scheine mehr theoretisch als erfahrungsgemäß und bloßen Theorien wolle man aus dem Wege gehen[105]. Eine Provinzialverfassung mit so ungleicher Vertretung errege mehr Mißtrauen, als überhaupt keine Verfassung.
Bei diesen Vorstößen blieb es. Es regierte auch sonst weiterhin der konservative altständische Geist bei den Brandenburger Notabeln. Ihnen ist es schließlich auch zuzuschreiben, daß das passive Wahlrecht auf 30 Jahre erhöht wurde. Die Kommission hatte ein Alter von 25 vorgeschlagen. In einer weiteren Frage allerdings sollten die Stände das Recht haben, dem König für den Posten des Landtagspräsidenten vier Kandidaten vorzuschlagen. Dieser Vorschlag wurde

---

[103] *Stephan W.J.*, Entstehung, S. 29.
[104] Und zwar in der vierten Sitzung am 04.02.1822.
[105] Zu allem *Stephan* a.a.O.

allerdings von der Kommission abgelehnt. Eine weitere Frage war, ob die Stände nominatim (also zahlenmäßig) oder curiatim (also wertmäßig) stimmen sollten. Alle sprachen sich für eine nominative Abstimmung aus, da die Itio in partes (Sonderung in Teile) ein genügendes Korrektivum derselben sei. Bei allen weiteren Fragen konnte man sich mit der Kommission ohne weiteres einverstanden erklären bzw. fand man schnell einen übereinstimmenden Standpunkt.
Daß die altständische Art der Notabeln tief verwurzelt war, zeigte sich auch anderswo. Die Frage von der Kommission nach den Diäten und Reisekosten beispielsweise wurde mit einem Hinweis auf die alten ständischen Fonds, die die Regierung im Jahre 1820 in Höhe von 26.554 Rthl. beschlagnahmt habe, beantwortet. Die Frage nach dem Ort der Versammlung wurde mit der Bitte um Rückgabe des Landschaftshauses beantwortet. Daß das Interesse an den Provinzialständen viel größer war als an den Reichsständen, läßt sich aus alledem folgern.
Das Interesse an Kreisständen allerdings war noch größer. Aus eigener Initiative warfen die Notabeln in der letzten Konferenz am 06.02.1822 die Frage nach der Wirksamkeit und Zusammensetzung der Kreisstände auf. Sie wiesen darauf hin, daß die Provinzialstände auf die Kreisstände aufbauen müßten. In ihnen habe die altständische Wirksamkeit noch am lebendigsten bis in die jetzige Zeit fortgelebt. Demzufolge baten sie um Aufrechterhaltung der alten Kreisverfassungen und machten zugleich Vorschläge über die Zusammensetzung der Kreistage. Des weiteren bat man, das alte Präsentationsrecht zu den Landtagswahlen wieder einzuführen und die nicht gewählten Landräte sobald wie möglich zu versetzen, ferner die Wahl der Kreisdeputierten, die jetzt von den Behörden verhindert werde, wieder zu gestatten und schließlich in der *Altmark* die Polizei wieder[106] in die Hände der Kreisstände zu legen. Diese und auch die in den weiteren Sitzungen gemachten Vorschläge der Notabeln wurden von der Kommission angenommen.
Festzuhalten bleibt noch, daß sich die Notabeln über die oben erwähnte Order[107] des Königs, über die Wirksamkeit der Stände nicht zu diskutieren, am Ende der Beratungen hinwegsetzten, ohne daß die Kommissare dagegen Widerspruch erhoben. Die Kommissionsbeschlüsse drücken sich insofern unbestimmt aus, als sie nur die Kategorien von Gesetzen bezeichneten, die der Beratung oder Beschließung durch die Stände unterliegen sollten, ohne sich darüber auszusprechen, wie diese Mitwirkung der Stände quantitativ begrenzt werden solle. Die Einberufenen beantragten nun, im Gesetzestext überall das Wort *"alle"* einzusetzen, um klar auszudrücken, daß von *"allen"* Gesetzen die Rede sein sollte, die ihrer Kompetenz unterstünden[108]. Auch dies wurde letztlich bewilligt. Endlich gab man noch eine Verwahrung zu Protokoll, daß die Provinzialbehörden

---

[106] So wie vor 1806.
[107] Siehe Seite 23.
[108] *Obenaus*, S. 192, Fn. 9. m.w.N.

Verordnungen erließen, die in die persönlichen und Eigentumsverhältnisse eingriffen, anstatt nur innerhalb der bestehenden Gesetze zu verordnen. Man schloß mit dem Antrag, die reorganisierten Provinzialstände sobald als möglich ins Leben treten zu lassen.
Am 11.02.1822 erschienen die Notabeln noch ein letztes Mal im Plenum der Kommission. *Voß* trug sämtliche Resultate der Konferenzen vor. Fast alle Vorschläge der Notabeln wurden von der Kommission bestätigt und später bei der Errichtung des Brandenburgischen Provinziallandtags berücksichtigt. Der Kronprinz äußerte danach seine Zufriedenheit über den von den Einberufenen betätigten *"guten Geist"* sowie über die von ihnen gelieferten zweckmäßigen Beiträge und forderte sie noch einmal zur Beibehaltung der strengsten Verschwiegenheit auf.

c. Fazit der Brandenburger Notabelnkonferenz

Für die Beratungen der Notabelnkonferenz der Brandenburger und eine eventuelle Einflußnahme auf die Kronprinzenkommission läßt sich abschließend folgendes zusammenfassen:
Zunächst ist festzustellen, daß die Notabeln erst einberufen wurden, als die wesentlichen Entscheidungen bereits gefallen und vom König genehmigt waren. Dann war es der altständische Adel, der in diesen Konferenzen überwog. Die herrschende altständische, höchst konservative Einstellung ist damit nur zu verständlich. Das ergibt sich insbesondere aus den Ansichten *Rochows*, *Quast's* bzw. *Schulenburgs*.
Diese Männer, dessen Vorfahren einst wie kleine Könige auf ihren Territorien saßen, haben oft genug ihr Land erobert und das Volk unterworfen. Über die so erkämpften Rechte war der gewaltige Schritt der Zeit schon seit Jahrhunderten zerstörend hinweggegangen. Diese Männer versuchten jedoch verzweifelt diese Art Stolz weiterzuführen. Sie sind[109] die

> *"Verteidiger der lokalen Kleinstaaten absterbender staatlicher Ordnung, gegen den mächtig vordringenden Zentralismus in der Entwicklung der Gesellschaft."*

Vor allem die Behauptung *Quast's*, daß die grundherrlichen Rechte noch beständen, ist zu bezweifeln. In Wirklichkeit nämlich bestanden nur noch die Gerichtsbarkeit und die Polizei und diese nicht einmal überall[110]. Mit *W.J. Stephan*[111] läßt sich begreifen, warum der Adel an diesen Rechten festhielt: Für ihn war es die Stufe, von der aus er versuchte, seine verlorenen Rechte allmählich

---

[109] Wie *Stephan W.J.*, Entstehung, S. 29. es formuliert.
[110] So z.B. nicht in der *Altmark*.
[111] *Stephan W.J.*, Entstehung, S. 26.

wiederzuerobern. Insbesondere die Argumente von *Quast* zeigen, daß man auch in dieser Zeit noch an diese Möglichkeit glaubte. Dies ist gewissermaßen das Leitmotiv[112], das sich durch die parlamentarische Geschichte der Provinz *Brandenburg* in den zwanziger Jahren hindurchzieht. Zurück zum Altständischen war das Motto. Diskussionen gegen die Kommission gab es nur dort, wo die Einberufenen ihren altständische Geist gefährdet sahen. Zwar änderte die Kommission ihre Entscheidungen nach der Anhörung der Notabeln, diese Änderungen betrafen jedoch nur Nebenbedingungen. Diese waren, wie festgestellt, etwa die Heraufsetzung des Mindestalters beim passiven Wahlrecht auf 30 Jahre[113]. Hier kann man zwar durchaus von einer Einflußnahme der Brandenburger Notabeln sprechen. Wesentlich oder gar entscheidend modifizieren konnten und wollten sie die längst gefallenen Entscheidungen der Kronprinzenkommission jedoch nicht. Damit läßt sich abschließend feststellen, daß eine Brandenburgische Einflußnahme, jedenfalls durch die Brandenburgischen Notabelnkonferenzen, auf die Kronprinzenkommission nur in ganz geringem Maße vorlag. Diese veränderte das politische, rechtliche, gesellschaftliche oder wirtschaftliche Gewicht in *Preußen* allgemein und in *Brandenburg* im besonderen jedoch nicht.
Allerdings einigte man sich nach der Brandenburgischen Notabelnkonferenz in der Kommission, daß jetzt auch die Ämter *Dahme* und *Jüterbog* und die Herrschaft *Baruth* zum provinzialständischen Verband der Marken hinzugezogen werden sollten. Gesichert werden sollte dies durch die Erteilung einer Virilstimme[114] an den Grafen *Solms-Baruth*[115]. Für das Domkapitel von *Brandenburg*, das auf den alten Landtagen den Vorsitz geführt hatte, beantragte die Kommission beim König, daß es fortbestehen solle, damit man ihm eine Virilstimme verleihen konnte. Auch dazu erteilte der König am 27.08.1822 seine Genehmigung. Schließlich war man sich am 21.02.1822 einig geworden, daß die *Niederlausitz*, mit Einschluß der ihr zugelegten Ämter *Finsterwalde* und *Senftenberg*, auch in ständischer Beziehung mit den Marken zu vereinigen sei[116].
Es wurden sieben Notabeln ausgewählt und einberufen, wobei man wiederum ihre Bestätigung und Einberufung dem König überließ. Da die *Niederlausitz* jetzt mit den Marken vereint war, müssen die sieben Notabeln den der Brandenburger hinzugerechnet werden, so daß sich ihre Zahl mit den Brandenburgern

---

[112] Wie *Stephan*, a.a.O., es nennt.
[113] Vgl. oben Seite 36.
[114] Dies war eine fürstliche Einzelstimme, die es bis 1866 gab.
[115] Eine solche war ihm auch schon auf dem Landtag der sächsischen Erblande erteilt worden.
[116] Proteste aus der *Niederlausitz* folgten nicht. Im Gegenteil: Die Niederlausitzer Stände sandten schon am 07.02. ihre Vorstellung an der König. Darin baten sie, daß ihre alte Verfassung erhalten bleiben möge, wenn auch manches geändert werden müsse. Auch baten sie darum aus der *Niederlausitz* Notabeln zur Beratung der Kommission einberufen zu können. Der König gab ihnen am 17.02. seine Zusicherung.

insgesamt auf 19 erhöht[117]. Untersucht werden muß nun, ob die Niederlausitzer Notabeln möglicherweise Einfluß auf die Kronprinzenkommission ausüben konnten.

4. Die Niederlausitzer Notabelnkonferenz vom 16.-20.03.1822

Die Niederlausitzer Notabelnkonferenz tagte vom 16.- 20. März 1822[118].
Folgende sieben Personen wurden einberufen: *Carl Heinrich Ferdinand von Houwald*, Standesherr auf *Straupitz*, auch dessen Bruder *Christoph Ernst von Houwald auf Sellendorf*. Weiterhin wurden berufen der Regierungsrat *von Carlsburg auf Schönaich* und der Orden- oder Kreishauptmann *von Thielau auf Neu-Doelern*[119]. Des weiteren wurden ein Herr *von Lindenau auf Oegeln* und die beiden bürgerlichen Landesältesten der *Niederlausitz*, die Bürgermeister *Richter von Luckau* und *Heym von Guben*[120] einberufen. Als Referent fungierte, wie schon oben erwähnt[121], *Gustav von Rochow*.
Die erste Konferenz fand am 16.03.1822 statt. Auch in dieser ersten Sitzung legte *Voß*, wie bei den Kur- und Neumärkern, die vorgesehene Wirksamkeit der Stände dar und genau wie ihre Kollegen erklärten die Niederlausitzer, daß sie ihr Gutachten darüber in einer eigenen Denkschrift überreichen wollten. Es wurde ihnen dann der gleiche Fragenkatalog wie den Brandenburgern vorgelegt. Im weiteren Verlauf der Niederlausitzer Notabelnkonferenzen zeigte sich jedoch der gleiche altständische Geist wie bei den Brandenburgern[122].
Das rührt sicherlich auch daher, daß diese Herren außerordentlich stolz auf ihre Verfassung und das Erreichte waren. Sie lieferten sogar eine Reihe von offenbar schon vorher fertiggestellten Denkschriften über die Verfassung der *Niederlausitz*, den Versuch einer geschichtlichen Darstellung der ständischen Verfassung der *Niederlausitz*, über die Art des Votierens auf den Landtagen und über die alte Verfassung der Städte[123].
Allerdings trugen sie auch andere konkrete Vorschläge an die Kommission heran:

---

[117] Aus den anderen Provinzen kamen: *Pommern* 13, *Schlesien* 21, *Rheinland* und *Westfalen* je 20. Damit war in etwa ein gleiches Verhältnis hergestellt.
[118] Vgl. im folgenden GStA, Rep. 77 Tit. 523 Nr. C 38, Bl. 85-86v, 89-101v; *Stephan W.J.*, Entstehung S. 34-42.
[119] Ordenshauptmann hieß er als der Verwalter der ehemaligen Johanniterämter *Friedland* und *Schenkendorf*, die schon in der sächsischen Zeit in den Besitz des Landesherrn gekommen waren.
[120] Hier zeigte sich schon der Erhalt der Niederlausitzer Verfassung. Denn danach waren die Bürgermeister von *Luckau* und *Guben* zugleich auch immer bürgerliche Landesälteste. Vgl. *Lancizolle*, Königtum, S. 136.
[121] Siehe S. 26.
[122] *Stephan W.J.*, Entstehung, S. 35.
[123] Hierüber und die Motivation der Niederlausitzer Vgl. *Stephan W.J.*, Entstehung, S. 35-39.

Zunächst einmal sollte die alte geographische Begrenzung und Einteilung wieder hergestellt werden. Das bedeutete, daß insbesondere *Cottbus* zur *Neumark* kommen bzw. gleich dort verbleiben sollte[124]. Auch *Finsterwalde* und *Senftenberg*, die ehemals zum Herzogtum *Sachsen* gehörten, wollte man aufnehmen. In diesen Grenzen sollte das alte Kommunalwesen, mit eigener Steuerverfassung und Verwaltung, die sich ja nicht nur auf die Kreise, sondern über diese hinaus auch auf die provinziellen Behörden erstreckte, fortbestehen bzw. wiederhergestellt werden[125]. Wie oben schon erwähnt waren die Niederlausitzer bereit, ihre Verfassung zu modifizieren[126]. Allerdings erklärten sie in den Konferenzen, daß sie nur als Privatleute sprechen und von den Ständen keinerlei Auftrag zum Verzicht auf alte Rechte zu haben. Trotzdem waren sie für eine Verschmelzung der Standesherren und Ritter in einen Stand, für eine Hinzuziehung der Bauern, für eine Ausdehnung der Standschaft im ersten Stande auf die bürgerlichen Rittergutsbesitzer und die Altvasallen in den Standesherrschaften *Sorau* und *Pförten.*

Schließlich wurde den Einberufenen auch die Frage nach der Zahl der Abgeordneten gestellt. Daraufhin schlugen sie eine Verteilung vor, die schon im ständischen Gesetz festgelegt war:

danach sollten die Standesherrn zusammen nur eine Stimme haben. Interessant erscheint die Argumentation zur Frage nach der Vertretung des Bauernstandes. Die Einberufenen betonten, sie seien hier auch als Vertreter des Bauernstandes, und als solche sprächen sie dafür, daß alle Stände eine gleiche Stimmenanzahl hätten.

Ansonsten gaben die Niederlausitzer fast dieselben Antworten wie die Brandenburger auf die Fragen der Kommission. Das galt insbesondere für das wahlfähige Alter von 30 Jahren. Auch hielten sie einen ständigen Ausschuß, wie er in der *Niederlausitz* bestand, für eine unbedingte Notwendigkeit. Zur Diskussion kam es noch zwischen dem Bürgermeister *Richter* und der Kommission bezüglich der Frage, wer in den Städten wahlberechtigt sein solle. *Richter* schlug vor, in den vier altbevorrechtigten Städten *Guben, Luckau, Lübben* und *Kalau* das Recht der Wahl dem Magistrat zu übertragen, so wie es bisher immer war. In den ehemaligen Mediatstädten sollte dieses Recht nicht dem Dominum, das den Magistrat ernannte, sondern der Gesamtheit der Bürgerschaft oder deren Ausschuß zustehen. Die Kommission war damit jedoch nicht einverstanden. Man einigte sich aber darauf, daß in den Immediatstädten die gesamte Bürgerschaft, in den Mediatstädten nur ein Ausschuß wählen und für die Mediatstädte derselbe Zensus wie für die anderen gelten sollte[127].

---

[124] *Cottbus* war in der sächsischen Zeit (1807-1815) nicht mit der *Niederlausitz* verschmolzen worden, so daß 1815 dort noch die alten preußischen Gesetze galten.

[125] *Stephan W. J.*, Entstehung, S. 39.

[126] Vgl. Fn. 123.

[127] Später wurde dies noch einmal modifiziert, vgl. *Stephan* a.a.O.

Am 20.03.1822 war die Konferenz bereits beendet, wobei die angekündigten Denkschriften der Notabeln den Kommissaren überreicht wurden. Darunter befand sich auch eine Denkschrift über die Kompetenz der Stände, in der sie energisch für eine beschließende Kompetenz eintraten, weil bei nur beratender Kompetenz alle Vorwürfe auf die Regierung fielen.
Die Kommission nahm sämtliche Gutachten der Niederlausitzer entgegen und beriet in wenigen Sitzungen. Ihre Ansichten änderten sie jedoch nicht. Allerdings ist abschließend zu bemerken, daß der Name *"Landtagsmarschall"* für den Präsidenten der ständischen Versammlung möglicherweise aus diesen Niederlausitzer Konferenzen stammt. Als mögliches Motiv dafür wird angegeben, daß der Titel eines Landtagsmarschall zwar in den meisten Provinzen üblich sei, jedoch wird einmal auf die Niederlausitzer Notabelnkonferenzen verwiesen, aus dessen Protokollen sich allerdings nichts ergibt[128]. Festzuhalten bleibt damit, daß eine wesentliche Einflußnahme auf die Kronprinzenkommission, wie schon bei den Brandenburgischen Notabelnkonferenzen, nicht vorlag.
Nachdem auch die Notabelnkonferenzen der *Pommern*, *Preußen*, *Sachsen*, *Schlesier* und der *Oberlausitzer* beendet waren, konnte der Kronprinz bereits Ende Mai 1822 den Abschluß verkünden. Allerdings war nun der von *Schönberg* vorgeschlagene ursprüngliche Plan, jeder Provinz ein eigenes Ständegesetz zu geben, geändert worden.
Schönberg meinte: Die Bestimmungen, die alle Provinzen angingen, müßten in einem Gesetz zusammengefaßt werden. Er empfahl dies, weil man sonst

> *"... bei jeder einzelnen Provinz in die Notwendigkeit komme, allgemeine Bestimmungen zu wiederholen"*[129].

Vincke schloß sich diesem Vorschlag an. *Ancillon* dagegen meinte u.a.:

> *"... ein solches Gesetz würde den Absichten des Königs und dem Geiste der ganzen Gestaltung wenig entsprechen; es würde den modischen, papierenden, aus dem Stehgreif erschaffenen Verfassungen als etwas ganz neues ähnlich sein, da doch der Wille Seiner Majestät nur dahin geht, die Provinzialstände neu zu beleben, indem in denselben das Zeitgenössische mit dem Historischen verbunden wird"*[130].

Auch *Schuckmann* schloß sich den Ausführungen *Ancillons* an und meinte, ein allgemeines Gesetz könne als die am 22.05.1815 angekündigte Verfassungsurkunde angesehen werden und aus diesem Gesichtspunkt

---

[128] *Stephan W.J.*, Entstehung, S. 42.
[129] 21.04.1822; GStA, Rep. 77 Tit.523 Nr. C 36 Bl.15 (Zitat nach umgeformt; Vgl. *Obenaus*, S. 154 Fn. 17).
[130] 29.04.1822; GStA, ebenda Bl. 43.

"... dem bittersten Urteil bloßgestellt sein, da bei dieser Arbeit an der Verfassung des preußischen Staates als einer durch Gesetze geregelten Monarchie nichts geändert werden soll"[131].

Gleiche und ähnliche Bedenken äußerte *Voß*[132] und auch *Wittgenstein* und *Albrecht* traten ihnen bei[133]. Trotz dieser Bedenken entschloß sich die Kommission in der Sitzung am 21.05.1822 für ein - allgemeines - knapp gehaltenes Gesetz[134]. Daher legte man dem König eine

"Allgemeine Verordnung über die Landstände in der preußischen Monarchie"

und ein

"Gesetz für den ständischen Verband der Mark Brandenburg und des Markgrafentums Niederlausitz zur Genehmigung vor[135]*."*

Gleichzeitig klärte die Kommission jetzt, in welcher Form die Verfassungsgesetze den Provinzialständen präsentiert werden sollten. Nach einer weiteren Diskussion hierüber schlug die Kommission dem König die Vollziehung des allgemeinen Gesetzes und des speziellen für die *Marken* und die *Niederlausitz* vor[136]. Der König billigte das Vorgehen und forderte von *Hardenberg* noch einmal ein Gutachten über die beiden Gesetzentwürfe an, welches aber nicht mehr vorgelegt wurde[137], weil *Hardenberg* am 26. November 1822 starb.
Vielmehr fuhr die Kommission jetzt weiter fort mit den Befragungen der Notabeln aus *Posen*, *Westfalen* und den *Rheinprovinzen*[138]. Im Frühjahr 1823 gab sie ihren ersten abschließenden Bericht[139].

Die Einflußnahme der Brandenburger Notabeln auf die Kronprinzenkommission war also wie schon festgestellt sehr gering bzw. nicht entscheidend. Dennoch muß festgehalten werden, daß in den Provinzialständen jetzt ein Ansatz zum parlamentarischen Verhalten möglich war. Dies zeigt auch die Bestim-

---

[131] 29.04.1822; GStA, ebenda Bl. 47.
[132] Ebd. Bl. 54.
[133] Ebd. Bl. 58, 60.
[134] Ebd. Bl. 65-65v.
[135] *Obenaus*, S. 154.
[136] Protokoll der Kommission, 10-11.09.1822: GStA, Rep. 77 Tit. 523 Nr. C 36 Bl. 70-71v. Kommission an *Friedrich Wilhelm III.*, 14.09.1822: Ausf., GStA, 2.2.1. Nr. 13 920 Bl. 33-33v, 49; *Obenaus*, S. 155.
[137] Vgl. *Obenaus*, a.a.O.
[138] Angaben dazu bei *Obenaus* a.a.O. Fn. 23.
[139] 17.04.1823: Ausf., GStA, 2.2.1. Nr. 13 920 Bl. 133-133v, 136-139.

mung, nun nicht mehr nach Kurien zu tagen, sondern gemeinsam zu beschließen. Des weiteren hatten die Abgeordneten nicht mehr nur ein imperatives Mandat ihres jeweiligen Standes, sondern sollten vielmehr frei entscheiden. Auch zeugt die Formulierung *"ungetheilte Einheit"* und die Forderung nach *"von zwei Dritteltheilen"* über königliche Propositionen, in § 46 des Brandenburgischen Ständegesetzes[140], von einer überständlichen Zusammenarbeit[141]. Jedoch dürfen diese Formulierungen nicht mißverstanden werden. Wie *Stephan*[142] und gegen *Croon*[143] ist der Auffassung von *Obenaus*[144] zu folgen. Aus den oben genannten Formulierungen schloß *Croon*: kein Stand solle

> *"... aus Sonderinteressen heraus, vielmehr nur im Hinblick auf das Wohl der Gesamtheit stimmen".*[145]

Dies kann jedoch so nicht gemeint gewesen sein, denn es spricht alles dafür, daß die Abgeordneten nur die Vertreter ihres Standes sein sollten, nicht der Gesamtheit. Ebenso formuliert *Treitschke*, der meint:

> *"Gleichwohl waren die Provinzialstände nichts anderes als eine einseitig verbildete moderne Interessenvertretung".*[146]

Sie hatten nur über die vorgelegten Propositionen zu beraten und durch Petitionen die Wünsche ihres Standes der Regierung vorzulegen.

5. Das Brandenburger Ständegesetz vom 01.07.1823[147]

Schließlich vollzog der König am 05.06.1823, als Ergebnis des Ganzen,

> *"Das Allgemeine Gesetz wegen Anordnung der Provinzialstände."*[148]

Am 01.07.1823 folgten die

> *"Speziellen Gesetze für das Königreich Preußen, für die Mark Brandenburg und das Markgrafentum Niederlausitz, sowie für das Herzogtum Pommern und das Fürstentum Rügen."*[149]

---

[140] Vgl. dazu sogleich; GS 1823, S. 136.
[141] Wie es *Joachim Stephan*, S. 26, formuliert.
[142] *Joachim Stephan*, a.a.O.
[143] *Croon*, Provinziallandtag, S. 58.
[144] *Obenaus*, S. 197.
[145] *Croon*, Provinziallandtag, S. 58.
[146] *Treitschke*, Geschichte III, S. 239.
[147] GS 1823, S. 130 ff.
[148] GS 1823, S. 129.

Die speziellen Gesetze für das Herzogtum *Schlesien*, die Grafschaft *Glatz* und das Preußische Markgrafentum *Oberlausitz*, für das Großherzogtum *Posen*, die Provinz *Sachsen* und *Westfalen* sowie die *Rheinprovinzen* folgten am 17.03.1824[150]. Dieses spezielle Gesetz wegen Anordnung der Provinzialstände für die Mark *Brandenburg* und des Markgrafentums *Niederlausitz* vom 01.07.1823 soll jetzt genauer untersucht werden, weil dies die Richtlinie für die kommenden Landtage darstellte.

Die oben dargestellte Abbildung zur administrativen Gliederung der Provinz *Brandenburg* nach 1815[151] zeigte, daß zum neuen ständischen Verband der Provinz *Brandenburg* nun auch die *Kurmark* mit den bis 1815 sächsischen Ämtern *Belzig, Dahme, Jüterbog* und der Herrschaft *Baruth*, die *Neumark* mit *Cottbus-Peitz*, dazu der Kreis *Schwiebus* sowie die Orte *Schermeissel* und *Grochow* und die *Niederlausitz* mit den Ämtern *Finsterwalde* und *Senftenberg* gehörte. Auch die *Altmark* blieb in ständischer Hinsicht mit der *Kurmark* verbunden[152].

Der ständische Verband wurde also durch die drei Stände Ritterschaft, Städte und Landgemeinden gebildet. Zum ersten Stand gehörten das Domkapitel von *Brandenburg*, die Grafen von *Solms-Baruth*, der Herrenstand der *Niederlausitz* sowie die Rittergutsbesitzer. Er war durch 34 Abgeordnete vertreten. Das Domkapitel und die Grafen von *Solms- Baruth* besaßen Virilstimmen, die Herren der *Niederlausitz* wählten einen besonderen Abgeordneten, alle anderen Rittergutsbesitzer hatten zusammen 31 Stimmen. Den zweiten Stand bildeten die Städte mit 22 Abgeordneten, und auf den dritten Stand, zu dem die Besitzer ländlicher Grundstücke gehörten, die keine Rittergüter waren, entfielen 12 Abgeordnete[153]. Dies ergibt für den gesamten ständischen Verband zunächst eine Zahl von 68 Abgeordneten.

Der jeweils erste Landtag fand in den Provinzen von 1824 bis 1827 statt. In diesen gaben die Stände jedoch weitere Gutachten über die in den Gesetzen noch vorbehaltenen Bestimmungen ab[154]. Es ging um die speziellere Verteilung der Abgeordneten jedes Standes, insbesondere die Zuerkennung von Viril- und Kollektivstimmen unter den Städten. Auch wurde über die Größe des Besitzes, der zum passiven Wahlrecht im Stand der Städte und Landgemeinden qualifizierte, beraten. Schließlich ging es um die Festlegung der Wahlbezirke für kollektiv wählende Städte und Landgemeinden[155].

Die Stände äußerten sich auch über die Einrichtung von Kommunallandtagen, die die Verwaltung der überkommenden altständischen Institute übernehmen

---

[149] GS 1823, S. 130 ff.
[150] GS 1824, S. 62 ff., 108 ff., 141 ff.
[151] Vgl. oben Seite 18.
[152] Vgl. § 1 des BStG, GS 1823, S. 130.
[153] Vgl. zu allem §§ 2 ff. des BStG, GS 1823, S. 131 ff.
[154] Vgl. *Obenaus*, S. 156.
[155] Für *Brandenburg*: Brandenburgisches Ständegesetz (im folgenden BStG), GS 1823, S. 130 ff. §§ 4, 10, 11, 22.

konnten[156]. Mit denen darauf folgenden Verordnungen war die Einrichtung der preußischen Provinzialstände schließlich abgeschlossen. Es erging die Verordnung wegen der[157] Bestimmungen für die *Kur - Neumark* und die *Niederlausitz* am 17.08.1825[158], sowie einer weiteren Verordnung vom 18.11.1826 wegen Abänderungen, welche in der bisherigen Verfassung der Kommunal-, Land- und Kreistage des Markgrafentums *Niederlausitz* gemäß der Bestimmungen der §§ 57 und 58 des Gesetzes vom 01.07.1823 eintreten sollten[159]. Des weiteren erging eine Kabinettsorder am 27.12.1826, die die näheren Vorschriften zu den Art II. und XIII. der VO, der vom 01.07.1823 vorbehaltenden Bestimmungen vom 17.08.1825 und die dem § 6 der Kommunal-, Landtagsordnung für die *Kur-* und *Neumark* enthielt[160]. Schließlich erging am 28.11.1835[161] eine Kabinettsorder, wonach dem Grafen von *Solms-Sonnenwalde* eine Virilstimme verliehen wurde.

a. Anzahl der Abgeordneten

In der Verordnung vom 17.08.1825 wurde noch einmal die Zahl der einzelnen Mitglieder der Stände modifiziert. Gemäß Art. II dieser Verordnung[162] wurden

> *"... die Mitglieder eines jeden der drei Stände, die Wir auf den Antrag des vorigen Landtages um ein Mitglied für die Ritterschaft der Kurmark, und in einem Abgeordneten der Städte dieses Landestheils nachträglich zu vermehren Uns bewogen gefunden haben, ... infolgender Art vertheilt:"*

Für den ersten Stand:
Das Domkapitel von *Brandenburg*, der *Graf von Solms- Baruth*, der *Graf Hardenberg-Reventlow auf Neu-Hardenberg* und seit 1839[163] der *Graf zu Solms-Sonnenwalde*[164] (zum Teil vertreten durch den Landrat *Friedrich von Manteuffel*), sowie insgesamt 32 Vertreter der Ritterschaft.
Hiervon waren 20 aus der *Kurmark*, wobei aus der *Altmark* 4, aus der *Priegnitz* und der *Uckermark* jeweils 2 und der *Mittelmark* und ihrer inkorporierten Kreise *West- und Osthavelland, Ruppin, Ober- und Niederbarnim, Lebus, Teltow,*

---

[156] *Obenaus*, a.a.O.
[157] nach dem Edikte vom 01.07.1823 vorbehaltenen.
[158] GS 1825, S. 193 ff.
[159] GS 1826, S. 110 ff.
[160] GS 1826, S. 7 f.
[161] Diese VO wurde erst am 27.07.1839 ausgegeben, daher GS 1839, S. 221.
[162] Im folgenden VO 1825.
[163] GS 1839, S. 221.
[164] Also noch ein weiteres Mitglied.

Zauche, Luckenwalde, Beeskow-Storkow, Jüterbog und *Belzig* jeweils 1 Mitglied entsandt werden durfte.
Für die *Neumark* konnten aus der Ritterschaft 6 Abgeordnete entsandt werden; und zwar jeweils einer aus den Kreisen *Darmburg* und *Schievelbein, Arnswalde* und *Friedeberg, Königsberg* und *Soldin, Landsberg* und *Sternberg, Züllichau* und *Schwiebus* und schließlich *Crossen* und *Cottbus.*
Die *Niederlausitz* stellte danach noch 6 Abgeordnete aus dem ersten Stand, nämlich einen Standesherren (w.o.) und 5 aus der Ritterschaft.
Für den zweiten Stand: Die Städte stellten jetzt insgesamt 23 Abgeordnete. Diese setzten sich wie folgt zusammen:
Aus der *Kurmark* kamen für die Haupt- und Residenzstadt *Berlin* 3 Abgeordnete. Die Hauptstadt *Brandenburg* und die Residenzstadt *Potsdam* stellten je 1 Vertreter, ebenso die Städte *Salzwedel, Perleberg, Frankfurt, Prenzlow* (später *Prenzlau*), *Ruppin, Stendal* und *Gardelegen.*
Die Städte *Arneburg, Arendsee, Bismark, Calbe, Osterburg, Seehausen, Tangermünde, Werben, Kyritz, Pritzwalk, Wittstock, Meyenburg, Havelberg, Lenzen, Puttlitz, Wilsnack* und *Wittenberge* entsandten zusammen einen Vertreter[165]. Ebenso die Städte *Beelitz, Belzig, Brück, Niemegk, Saarmund, Treuenbrietzen, Werder, Cremmen, Fehrbellin, Ketzin, Nauen, Spandow, Friesack, Pritzerbe, Rathenow, Rhinow, Gransee, Lindow, Neustadt a.d. Dosse, Alt- Ruppin* und *Rheinsberg*[166]. Auch die Städte *Biesenthal, Freyenwalde, Neustadt-Eberswalde, Strausberg, Wriezen, Brüssow, Strasburg,* **Lychen**, *Templin, Zehdenick, Angermünde, Greissenberg, Oderberg, Joachimsthal, Schwedt, Vierraden, Bernau, Liebenwalde* und *Oranienburg* hatten zusammen einen Vertreter[167], wie schließlich auch die Städte: *Wendisch-Buchholz, Cöpnick, Charlottenburg, Mittenwalde, Teltow, Teupitz, Trebbin, Storkow, Zossen, Baruth, Dahme, Jüterbog, Luckenwalde, Zinna, Storkow, Beeskow, Fürstenwalde, Müncheberg* und *Seelow*[168].
Aus der *Neumark* dagegen kamen 4 Abgeordnete: Diese setzten sich wie folgt zusammen:
Die Städte *Arnswalde* und *Königsberg* hatten einen Abgeordneten alternierend, ebenso die Städte *Landsberg* und *Soldin.*
Die Städte *Friedeberg, Driesen, Neuwedel, Woldenberg, Reetz, Nörenberg, Dramburg, Callies, Falkenburg, Schievelbein, Cüstrin, Fürstenfelde, Neudamm, Bärwalde, Mohrin, Schönfließ, Zehden, Berlinchen, Bernstein* und *Lippehne* hatten zusammen einen Vertreter[169]. Gleiches galt für die Städte *Königswalde,*

---

[165] Diese Städte werden wegen der Übersichtlichkeit unten im Verzeichnis der Abgeordneten die Städte zu 1) genannt.
[166] Diese Städte werden unten a.a.O die Städte zu 2) genannt.
[167] Diese Städte werden unten a.a.O. die Städte zu 3) genannt.
[168] Diese Städte werden unten a.a.O. die Städte zu 4) genannt.
[169] Diese Städte werden unten a.a.O. die Städte zu 5) genannt.

Sonnenburg, Lagow, Drossen, Schermeissel, Reppen, Sternberg, Zielenzig, Crossen, Sommerfeld, Bobersberg, Rothenburg, Cottbus, Peitz, Züllichau, Schwiebus und *Trebschen*[170].
Schließlich kamen auch aus der *Niederlausitz* 4 Abgeordnete für den zweiten Stand. Dies waren für die Städte *Luckau, Lübben, Calau* und *Guben* zusammen zwei Abgeordnete und für die Städte *Sorau, Forste, Triebel, Pförten, Christianstadt, Gassen, Fürstenberg, Lieberose* und *Friedland* zusammen ein Vertreter. Ebenfalls zusammen einen Abgeordneten konnten die Städte *Spremberg, Doberlugk, Finsterwald, Gloßen, Kirchhain, Sonnenwalde, Lübbenau, Vetschau, Drebkow* und *Senftenberg* entsenden.
Für den *dritten Stand* schließlich konnten die Landgemeinden insgesamt 12 Abgeordnete wählen.
Aus der *Kurmark* waren insgesamt 8 Abgeordnete vorgesehen. Dies waren aus der *Altmark* und zwar für den *Gardelegener* und *Salzwedeler* Kreis ein Abgeordneter und ebenso wie für den *Stendalschen* und *Osterburschen* Kreis. Die *Priegnitz* konnte ebenfalls einen Abgeordneten entsenden. Aus der *Mittelmark* kam, und zwar aus dem *Ost- und Westhavelländischen* sowie dem *Ruppiner Kreis* zusammen ein Vertreter. Ebenso aus dem *Ober- und Niederbarnimschen* und dem *Lebusischen Kreise*. Auch aus dem *Zauchschen, Belziger, Jüterboger* und *Luckenwalder Kreis* konnte ein Vertreter entsandt werden. Gleiches galt für den *Teltower* und den *Beeskow- Storkowschen Kreis*. Aus der gesamten *Uckermark* schließlich kam ebenfalls ein Vertreter.
Die *Neumark* konnte für den dritten Stand zwei Abgeordnete entsenden. Dies waren für die Kreise *Schievelbein, Dramburg, Arnswalde, Friedeberg, Soldin* und *Königsberg* zusammen ein Vertreter. Ebenso für die Kreise *Landsberg, Sternberg, Züllichau, Schwiebuss, Crossen* und *Cottbus*.
Die *Niederlausitz* hatte demzufolge auch zwei Abgeordnete. Und zwar aus den Kreisen *Lübben, Luckau* und *Calau* zusammen ein Abgeordneter, sowie zusammen aus den Kreisen *Guben, Sorau* und *Spremberg* ein Vertreter.
Nach allen Verordnungen und Zusatzbestimmungen umfaßte der Brandenburgische Provinziallandtag 3 Stände mit insgesamt maximal 71 Mitgliedern.

b. Wahl- und Wählbarkeit der Abgeordneten

Nach dem *Brandenburger Ständegesetz*[171] war Voraussetzung für die Wählbarkeit zum Landtagsabgeordneten[172]
1. Grundbesitz, in auf- und absteigender Linie ererbt oder auf andere Weise erworben und zehn Jahre lang nicht unterbrochen. Im Vererbungsfalle wird die Zeit des Besitzes des Erblassers und des Erben zusammen gerechnet;

---

[170] Diese Städte werden unten a.a.O. die Städte zu 6) genannt.
[171] GS 1823, S. 130 ff.
[172] Gemäß § 5 BStG, GS 1823, S. 132.

2. die Gemeinschaft mit einer der christlichen Kirchen;
3. die Vollendung des dreißigsten Lebensjahres; 4. der unbescholtene Ruf.
In § 6 BStG war die Möglichkeit, von der Bedingung des zehnjährigen Besitzes in § 5 BStG zu dispendieren, vorbehalten.
Um als Abgeordneter des ersten Standes der Ritterschaft gewählt zu werden, mußte man ohne Rücksicht auf eine adlige Geburt ein Rittergut in der Provinz besitzen. Um festzustellen, wer das Recht zur Wahl und Wählbarkeit in die Ritterschaft hatte, hatten gemäß Art. III VO 1825 die Landräte mit Zuziehung der Kreisstände eine Matrikel von sämtlichen im Kreis gelegenen Gütern anzufertigen. In der *Kur-* und *Neumark* konnten in die Matrikel nur Rittergüter aufgenommen werden, wer die Eigenschaft als solche mit der Befugnis, für einen adligen Besitzer auf Kreistagen zu erscheinen, bereits im Jahre 1804 hatte. Auch aufgenommen wurde jedes andere zum Rittergut erhobene Gut, das als vollständiges Eigentum besessen wurde. Diese Güter mußten gemäß Art. VII VO 1825, um stimmberechtigt zu sein, in der *Kurmark* mindestens eine Grundfläche von 1.000 Morgen Land oder Einnahmen von mindestens 1.000 Rthl. jährlich haben. In der *Neumark* belief sich die Grundfläche eines Guts auf 1.000 Morgen oder einen Gutswert von mindestens 20.000 Rthl. In der *Niederlausitz* schließlich wurde die Grundfläche auf 500 Morgen Land festgesetzt. Darüber hinaus sollten Rittergüter, welche in der *Kur-* und *Neumark* seit dem Jahre 1804 und in der *Niederlausitz* seit der preußischen Inbesitznahme freiwillig zerstückelt worden sind, das Wahlrecht und die Wählbarkeit begründeten Eigenschaften behalten[173], wenn sie mindestens die Hälfte des für einen der drei Landesteile vorgeschriebenen Umfanges enthalten oder durch einen Ankauf wiedererlangen.
Als Abgeordneter des zweiten Standes konnten nur städtische Grundbesitzer gewählt werden, welche entweder zeitige Magistratspersonen sind, oder ein bürgerliches Gewerbe betrieben. Allerdings mußte der Grundbesitz mit dem Gewerbe zusammen einen, nach der Verschiedenheit der Städte, abzumessenden Wert haben. Dieser bestimmte sich nach Art. IV VO 1825:

> *"Den Werth, den ständischer Grundbesitz und Gewerbe zusammen haben sollen, um die Wählbarkeit zum Landtags- Abgeordneten des Standes der Städte zu begründen, wird:*
> *1) in den Städten, welche mit Ausschluß des Militairs 10.000 Einwohner und darüber haben , auf 10.000 Rthl.*
> *2) in den Städten von 3.500 bis 10.000 Einwohner auf 4.000 Rthl. und*
> *3) in den Städten unter 3.500 Einwohner auf 2.000 Rthl. hiermit festgesetzt."*

[173] Oder wieder erlangen.

Der Wert eines Gewerbes wurde nach dem Betrag des in demselben steckenden Betriebskapitals berechnet. Allerdings gehörten weder die Heilkunde, noch die Justiz – Kommisarien einem ständischen Gewerbe an.
Für die Wählbarkeit eines Landtagsabgeordneten des dritten Standes wurde der Besitz eines als Hauptgewerbe selbst bewirtschafteten Landgutes verlangt. Auch dies wurde in der VO von 1825 festgelegt. Danach mußte der Grundbesitz gemäß Art. V der VO 1825 in der *Kurmark* mindestens 50 Magdeburger Morgen Land betragen, in der *Neumark* dagegen wurden mindestens 18 Scheffel Winterung und in der *Niederlausitz* mindestens 18 Scheffel Winterung und Sommerung verlangt, um die Wählbarkeit in diesem Stande zu erlangen.
Für die Wähler, die nun diese Abgeordneten wählen sollten, galten die gleichen Bestimmungen, jedoch genügte die Vollendung des vierundzwanzigsten Lebensjahres und nur eigentümlicher Besitz, ohne Rücksicht auf die bei dem dritten Stande zu bestimmenden Größe. Bei den Städten stand das Wahlrecht denjenigen zu, die den Magistrat wählten. Das Wahlrecht und die Wählbarkeit ruhten, wenn über das Vermögen des Betreffenden der Konkurs eröffnet war. Für den ersten Stand endete die Wählbarkeit und das Wahlrecht mit der Zerstückelung eines Ritterguts unterhalb der oben genannten Grenzen. Für alle galt jedoch, daß das Wahlrecht persönlich ausgeübt werden mußte und zwar entweder auf den Kreistagen oder in besonderen Wahlbezirken.
Die Abgeordneten wurden auf sechs Jahre gewählt und zwar so, daß alle drei Jahre die Hälfte der Abgeordneten eines jeden Standes ausschieden und dann alle drei Jahre neu gewählt wurden. Dabei waren alle Ausscheidenden erneut wählbar. Des weiteren wurde für jeden Abgeordneten ein Stellvertreter gewählt. Alle Wahlen standen unter der Aufsicht des Landrats, in dessen Kreis sie vorgenommen wurden. Hierbei leitete er die Wahlen der Bezirkswähler und der Landtagsabgeordneten unmittelbar oder durch einen von ihm zu ernennenden Stellvertreter. Die Wahlen in den einzelnen Städten und Dorfgemeinden wurden zunächst von der Ortsobrigkeit geleitet.
Diese ständische Gliederung vertrat nicht die Interessen aller Bevölkerungskreise. Nicht vertreten waren z.B. die Gelehrten, das Beamtentum, die dienende Klasse[174].

c. Weitere Bestimmungen

Die Verbindung eines Landtags mit der Regierung wurde durch einen Landtagskommissar hergestellt. Dieser wurde ausschließlich vom König bestimmt[175]. Er war die Mittelsperson aller Verhandlungen. An ihn allein hatten sich daher die Stände wegen jeder Auskunft, oder wegen der Materialien, deren sie für ihre Geschäfte bedurften, zu wenden. Der Landtagskommissar war darüber hinaus

---

[174] *Allmenröder*, S. 2.
[175] *Schubert*, Preußen, S. 15.

für die Ladung der Mitglieder für den jeweiligen Landtag verantwortlich. Er eröffnete und schloß den Provinziallandtag. An den Beratungen nahm er jedoch nicht teil, konnte jedoch den Zutritt zu mündlichen Verhandlungen verlangen oder eine Deputation zu sich erbieten, so wie die Stände Deputationen an ihn absenden konnten.

Landtagskommissar für den Brandenburger Provinziallandtag von 1841 war der Potsdamer Oberpräsident *Magnus Friedrich Graf von Bassewitz*[176] (1773-1858)[177]. *Bassewitz* war zunächst Mitschüler von *Vincke* in *Halle*. Danach studierte er Rechtswissenschaften in *Rostock* und *Jena*, bevor er 1795 in den preußischen Staatsdienst eintrat. Hier war er bei der Kurmärkischen Kammer tätig und wurde 1798 Kriegs- und 1809 erster Direktor und Vizepräsident der Regierungskollegien in *Potsdam*. *Bassewitz* leitete von 1810-1824 den Regierungsbezirk *Potsdam* und von 1824-1842 die Provinz *Brandenburg*.

Landtagskommissar für die Landtage 1843 und 1845 war *August Friedrich Werner von Meding* (1792-1871)[178]. *Meding* leitete von 1821-1828 als Landrat den Kreis *Salzwedel*. Danach war er Generalkommissar in *Stendal* und anschließend Präsident der Generalkommission in *Berlin*. Von 1835-1838 war *Meding* Regierungspräsident von *Merseburg* und Mitglied des Staatsrats. Schließlich war er von 1842-1848 Oberpräsident von *Brandenburg* und gehörte anschließend dem preußischen Herrenhaus an.

Vorsitzender eines Landtages war der Landtagsmarschall, der vom König für die Dauer eines jeden Landtages aus den Mitgliedern des ersten Standes ernannt wurde. Dieses Amt wurde ausschließlich aus dem Kreis der im Landtag vertretenen Grafen, Herren und der Ritterschaft zur Wahrnehmung ihrer Interessen besetzt. In der Regel nahmen es langjährige getreue Staatsdiener, Minister und Generäle ein, die es – wie der Hofmarschall *Gustav Adolf von Rochow*[179] und der Staatsminister *Graf von Arnim-Boitzenburg*[180] - über mehrere Sitzungsperioden innehatten[181]. Eine nicht geringe Zahl von ihnen wurde in den Staatsrat berufen, ein Beleg für die hohe politische Bedeutung und Wertschätzung dieses Amtes. Der Landtagsmarschall leitete die Beratungen, bestimmte Zahl und Mitglieder der Ausschüsse, wies ihnen Beratungsgegenstände zu und traf Festlegungen über die Stimmabgabe, die Führung und Bestätigung der Verhandlungsprotokolle[182]. Für die Brandenburger Provinziallandtage 1841, 1843 und

---

[176] P., 1841, S. 9 und entgegen Beck in *Adamy/Hübener* S. 61, die annehmen, *von Meding* sei schon 1841 Landtagskommissar gewesen.

[177] Vgl. zu *von Bassewitz*; *Schwabe*, Oberpräsidenten S. 278 f., 286.; *Schubert*, Preußen, S. 19.

[178] Vgl. zu *von Meding*: *Schwabe*, Oberpräsidenten S. 286.; *Schubert*, Preußen, S. 19.

[179] In den Landtagen 1831, 1834, 1837, 1841, 1843 und 1845, vgl. *Adamy/Hübener*, S. 61.

[180] In den Landtagen 1851, 1852, 1854, 1856, 1861, 1862 und 1865, Vgl. *Adamy/Hübener* a.a.O.

[181] Vgl. auch *Beck* in *Adamy/Hübener*, S. 19.

[182] *Beck*, a.a.O.

1845 war Landtagsmarschall *Gustav Adolf von Rochow* (01.10.1792-10.09.1847)[183].
Aus dem gleichen Stand wurde ein Stellvertreter ernannt[184]. Dies war für den siebenten Provinziallandtag 1841 der Geheimrat *Graf von der Schulenburg auf Wolfsburg* aus der *Altmark*.
Der Landtagsmarschall ernannte, sobald die Propositionen mitgeteilt waren, in der Plenarversammlung mit Beobachtung des Stimmverhältnisses und nach der Verschiedenheit der Gegenstände, besondere Ausschüsse, die die an den Landtag gelangten Angelegenheiten zur Beratung und Beschlußnahme vorzubereiten hatten. Er bestimmte auch die Mitglieder dieser Ausschüsse. Des weiteren hatte er die Geschäftsordnung festzulegen und leitete den gesamten Landtag. Bei Meinungsverschiedenheiten konnte der Landtagsmarschall Einfluß auf die abzustimmende Fragestellung nehmen. Die Anzahl der Ausschüsse stand nie von vornherein fest. Dies richtete sich nach der Zahl von Materien, zu denen Ausschüsse einzurichten waren. Die endgültige Zahl der Ausschüsse und ihrer Mitglieder wurden jeweils zu Beginn des Landtags festgelegt. Vom siebenten Provinziallandtag an konnte dies auch schon vor der Zusammenkunft der Stände geschehen[185]. Die Vorsitzenden der Ausschüsse mußten dem ersten Stand angehören. Auch sie wurden vom Landtagsmarschall bestimmt. Der Vorsitzende eines Ausschusses bestimmte einen Referenten. Der Ausschußbericht war grundsätzlich schriftlich zu erstatten. Er hatte mit einem Antrag zu schließen, auf den sich die Mehrheit geeinigt hatte. Diese Ausschußberichte wurden vor den Verhandlungen den Abgeordneten zur Einsicht ausgelegt.
Für alle Mitglieder der Provinziallandtage bestand Anwesenheitspflicht. Lediglich die Abgeordneten des ersten Standes konnten Stellvertreter entsenden. Zur Fassung gültiger Beschlüsse mußten zunächst mindestens ein Viertel aller Mitglieder anwesend sein. Gemäß § 46 BStG bildeten die Mitglieder aller Stände der Mark *Brandenburg* und der *Niederlausitz* eine ungeteilte Einheit. Sie verhandelten die Gegenstände gemeinschaftlich.

> *"Zu einem gültigen Beschlusse über solche Gegenstände, welche von Uns zur Berathung an sie gewiesen, oder ihrem Beschlusse mit Vorbehalt Unserer Sanktion überlassen, oder sonst zur Unserer Kenntniß zu bringen sind, wird eine Stimmenmehrheit von zwei Drittheilen erfordert, ist diese bei einer Sache, worüber von den Ständen das Gu t-achten erfordert worden, nicht vorhanden, so wird solches mit Angabe der Verschiedenheit der Meinungen ausdrücklich bemerkt. Alle*

---

[183] Vgl. zu *von Rochow* oben Seite 26 ff.; *Obenaus*, S. 329 f.; *A.F.A. von Rochow*: Nachrichten zur Geschichte des Geschlechts derer *von Rochow* und ihrer Besitzungen; *Caroline von Rochow*, Vom Leben am preußischen Hofe 1815-1852.
[184] § 29 BStG.
[185] *Schubert*, Preußen, S. 15.

anderen ständischen Beschlüsse können durch die einfache Mehrheit ihre Bestimmung erhalten."[186]

Das bedeutete, daß Petitionen an den König immer eine Zweidrittelmehrheit erforderten. Anders war es bei

"Gegenständen, bei denen das Interesse der Stände gegeneinander geschieden ist".

Hier fand die oben schon erwähnte[187] Sonderung in Teile, die sog. Itio in partes, statt. Das war dann der Fall,

"... sobald zwei Drittheile der Stimmen eines Standes, welcher sich durch einen Beschluß der Mehrheit verletzt glaubt."[188]

In einem solchen Falle verhandelt die Versammlung nicht mehr in der Gesamtheit, sondern nach den § 2 BStG bestimmten Ständen. Die auf diese Weise hervorgehende Verschiedenheit der Gutachten der einzelnen Stände wird dann zu Unserer Entscheidung vorgelegt. Gegen Beschlüsse, welche die besonderen Rechte des *Domkapitels zu Brandenburg*, des *Grafen zu Solms-Baruth* und der Standesherren der *Niederlausitz* berühren,

"...bleibt ihnen der Rekurs an Uns vorbehalten."[189]

Nach § 48 BStG wurden Gegenstände,

"...welche das provinzielle Interesse eines der einzelnen, in diesem ständischen Verbande (...) benannten Landestheile betreffen, in der Gesamtberathung verhandelt werden, und die Stimmenmehrheit sich gegen dasselbe erklärt hat, so sind die Abgeordneten eines solchen Landestheils berechtigt, ihre abweichende Meinung, mit Berufung auf Unsere Entscheidung, zu den Landtags- Verhandlungen zu geben, worauf sie dann jederzeit besonderen Bescheid erhalten werden." Schließlich konnten "Bitten und Beschwerden der Stände" nur aus "dem besonderen Interesse der Provinzen und der mit ihnen verbundenen einzelnen Theile hervorgehen. (...) Individuelle Bitten und Beschwerden hat der Landtag gleich an die betreffenden Behörden, oder an Uns unmittelbar zu verweisen; wenn aber Mitglieder des Landtags

---

[186] Vgl. § 46 BStG.
[187] Siehe Seite 37.
[188] Vgl. § 47 I BStG.
[189] Vgl. § 47 IV BStG.

> *von Bedrückungen einzelner Individuen bestimmte Überzeugung erhalten, so können sie bei dem Landtage, mit gehörig konstatierter Anzeige, darauf antragen, daß derselbe sich für die Abteilung bei Uns verwende."*[190]

Schließlich konnten den mit der erforderlichen Mehrheit zustande gekommenen Gutachten und Petitionen separate Voten von einzelnen oder mehreren Abgeordneten beigefügt werden, wenn dies von der Plenarversammlung vorher gebilligt worden war.
Alle Anträge, Propositionen und Petitionen, mußten schriftlich gestellt werden. Die Stände durften gemäß § 51 BStG als beratende Versammlung nicht mit den Ständen anderer Provinzen in Verbindung stehen, Mitteilungen unter ihnen fanden also nicht statt. Sobald der Landtagskommissar den Landtag geschlossen hatte, war gemäß § 53 BStG das ständische Amt des Landtagsmarschalls beendet. Des weiteren hörten

> *"... die landständischen Berathungen (...) auf, und die Stände gehen auseinander, auch bleibt kein fortbestehender Ausschuß zurück. Für solche Gegenstände der laufenden ständischen Verwaltung aber, welche wir den Ständen künftig übertragen werden, können sie die geeigneten Personen wählen und bestellen, in sofern die Geschäfte solches fordern."*[191]

Die Ergebnisse der Landtagsverhandlungen wurden durch Druck bekannt gemacht[192]. Versammlungsort war für den Brandenburger Provinziallandtag immer *Berlin*[193]. Gemäß § 56 BStG sollten die Landtagsabgeordneten angemessene Reisekosten und Tagesgelder erhalten. Dies bestimmte wiederum die Verordnung vom 17.8.1825. Danach erhielten gemäß Art. XIII der VO 1825 die Abgeordneten der Ritterschaft und der Städte für die Zeit ihrer Anwesenheit am Landtage und für die Tage der An- und Abreise vom Wohnort nach *Berlin* täglich 3 Rthl. Die Abgeordneten des Bauernstandes dagegen 1 Rthl. und 15 Ggr. Für die *"Unkosten der Reise"*[194] erhielten die Abgeordneten der beiden ersten Stände eine Entschädigung von 1 Rthl. und 20 Ggr. und die des dritten Standes 1 Rthl. pro Meile. Allerdings wurden die Diäten und Reisekosten für die Abgeordneten gemäß Art. XIV VO 1825 von jedem Stand für seine Mitglieder selbst erbracht.

---

190 Vgl. § 48 BStG.
191 Vgl. § 53 BStG.
192 Vgl. hierzu oben Seite 16.
193 Vgl. auch *Obenaus*, S. 729.
194 Heute wohl „Kilometergeld".

Im Ergebnis läßt sich jedoch feststellen, daß die auch von *Stein* geforderte Selbstverwaltung durch dieses Gesetz sehr eingeschränkt war, weil dem Landtag jegliches Haushaltsrecht fehlte[195].

Die Brandenburgischen Provinziallandtage haben in ihrer ersten Etappe ihres Wirkens vom Zusammentritt des Landtags 1824 bis zum Vereinigten Landtag 1847 insgesamt neunmal beraten. Tagungsort war stets das traditionelle Versammlungsdomizil der Kurmärkischen Stände, das Landschaftshaus in der Spandauer Straße 59 in *Berlin*. Die Periodizität der Provinziallandtage sollte zunächst durch einen zweijährigen Turnus gesichert sein, nach sechs Jahren wurden weitere Bestimmungen in Aussicht gestellt[196]. In der Praxis kam es jedoch bereits vor der Berufung des Vereinigten Landtags 1847 immer wieder zu längeren Zwischenräumen von drei bis vier Jahren. So tagte der Brandenburgische Provinziallandtag in der Zeit zwischen 1837-1841 nicht. Damit verband sich aber auch eine zunehmende Unzufriedenheit der Stände[197].

Die Dauer der Beratungen bewegte sich zwischen fünf Wochen 1834 und nahezu zwölf Wochen 1841[198]. Obwohl bereits 1832 eine Bestimmung erlassen worden war, nach der Landtagssitzungen in der Regel nur vier Wochen dauern sollten, wurden Verlängerungen auf Antrag des Landtagskommissars vom König gewährt. Mit Ausnahme des ersten Landtags, der im letzten Quartal 1824 tagte, fanden die Beratungen der übrigen Landtage stets in den ersten Monaten des Kalenderjahres statt. Lediglich der des Jahres 1841 erstreckte sich infolge seines umfangreichen Programms nach der Regierungsübernahme durch *Friedrich Wilhelm IV.* von Februar bis in den Mai[199].

----

[195] So auch *Adamy/Hübener*, S. VIII.
[196] *Beck* in *Adamy/Hübener*, S. 17.
[197] *Beck*, a.a.O.
[198] Vgl. *Beck* in *Adamy/Hübener*, S. 21, m.w.N. zu anderen Provinziallandtagen.
[199] *Beck* in *Adamy/Hübener*, a.a.O., mit genauen Datumsangaben der Tagungen der einzelnen Landtage.

II. Der Brandenburgische Provinziallandtag von 1841

In *Berlin* fand in der Zeit vom 28.02.1841 bis zum 16.05.1841 der siebente Provinziallandtag der Mark *Brandenburg* und des Markgrafentums *Niederlausitz* statt[200].
Alle Abgeordneten wurden ordnungsgemäß am 10.02.1841 vom Landtagskommissar Oberpräsidenten *Graf von Bassewitz* mit einem Einberufungsschreiben in das Landschaftshaus in der Spandauer Straße 59 nach *Berlin* geladen, wo am 28.02.1841 die Eröffnung des siebenten Provinziallandtages durch den Landtagskommissar *von Bassewitz* stattfand[201]. Beim Eröffnungsakt, der mit dem obligatorischen Gottesdienst in der Domkirche begann, waren bis auf sieben alle geladene Mitglieder und Abgeordnete zum Landtag erschienen[202].
Nachdem der Gottesdienst abgehalten war, fanden sich die Mitglieder und Abgeordneten im Landschaftshaus in der Spandauer Straße 59 ein und nahmen nach der in § 39 BStG vorgeschriebenen Reihenfolge Platz. Gemäß § 38 BStG mußten bei Eröffnung des Landtags mindestens dreiviertel der Gesamtheit der Abgeordneten anwesend sein. Da nur 7 von insgesamt 71 geladenen Mitgliedern fehlten, erklärte der Landtagskommissar *von Bassewitz* den siebenten Provinziallandtag der Mark *Brandenburg* und des Markgrafentums *Niederlausitz* für eröffnet.

1. Die Propositionen für den Provinziallandtag von 1841

Nach der Eröffnung wurden der Landtagsversammlung, zu Händen des Landtagsmarschalls *Gustav Adolf von Rochow auf Stülpe*, die für diesen Landtag vorgesehenen Propositionen vorgelegt.
1. Entwurf einer Verordnung zur Einrichtung eines Ausschusses der Stände der Kur- und *Neumark Brandenburg* und des Markgrafentums *Niederlausitz*.
2. Entwurf eines Reglements zur Abhaltung der Wahlen der Landtagsabgeordneten und ihrer Stellvertreter einschließlich der Motive dazu.
3. Entwurf eines Gesetzes betreffend den Diebstahl an Holz und anderen Waldprodukten einschließlich der Motive.
4. Verordnung über Jagdvergehen einschließlich der Motive.
5. Entwurf zu einer allgemeinen Forst- und Jagd- Polizei- Ordnung einschließlich der Motive.
6. Entwurf zu einer Verordnung über die Ausübung der Waldstreuberechtigung.
7. Entwurf eines Gesetzes über die Strom- und Ufer- Polizei der öffentlichen Flüsse einschließlich der Motive.

---

200 Im Anhang sind detailliert alle anwesenden Abgeordneten und ihre Vertreter dargestellt worden.
201 Vgl. im folgenden die Protokolle des siebenten PLT, S. 11 ff.
202 Vgl. zu den sieben nicht anwesenden Abgeordneten Anhang, S. 285 ff.

8. Entwurf eines Gesetzes über das Deichwesen einschließlich der Motive.
9. Denkschrift über die Errichtung von Ober- Appellations- Gerichten für die Provinzen *Brandenburg*, *Pommern*, *Schlesien*, *Sachsen* und *Westfalen*.
10. Entwurf zu einer Verordnung, ob der Laudemialpflichtige berechtigt sein soll, bei der Veräußerung seines Guts, das für die Ablösung von Diensten, Abgaben, Grundgerechtigkeiten und anderen Beschwerungen an den Erbzinsherren gezahlte Kapital von dem Kaufpreise des Grundstücks bei Berechnung des nach Maßgabe dieses Kaufpreises festzusetzenden Laudemial - Betrages in Abzug zu bringen ist. Zu Erläuterungen der §§ 720, 721 und 722; Tit. 18, Teil I des *ALR* einschließlich der Motive.
11. Entwurf einer Verordnung der Wiedereinführung der Legitimationsatteste beim Pferdehandel einschließlich Motiven.
12. Pensions- Regelement für die Beamten der höheren Lehranstalten einschließlich Motive.
13. Gesetz zur Beschränkung der Ablösbarkeit der Erbpacht- Erbzins und Zinsgerechtsame einschließlich der Motive.
14. Materialien zu den Beratungen über das Dismembrationswesen.
15. Entwurf zum Gesetz über die bei Erbteilungen anzuwendenden gemäßigten Taxen ländlicher Nahrungen und die erweiterte Befugnis, nach dem Gesetz vom 14.9.1811 regulierte Bauerngüter hypothekarisch zu verschulden einschließlich der Motive.
16. Verordnung zur teilweisen Veräußerung von Grundstücken und Anlegung neuer Etablissements.
17. Instruktion für die Königlichen Regierungen zur Ausführung einer Verordnung betreffend der Parzellierung der Grundstücke und Anlegung neuer Etablissements.
18. Verordnung über die Aufhebung der dem Gesetz vom 31.03.1838 wegen Einführung kürzerer Verjährungsfristen, sowie den §§ 54, 55, Tit. 6, Teil I des *ALR* und deren Declaration vom 31.03.1838 entgegenstehender provinzieller und statutarischer Bestimmungen.
19. Des weiteren aus dem Allerhöchsten Propositionsdekret vom 23.02.1841 wegen des zu bewilligenden Steuererlasses, nebst folgenden Beilagen:
a. Eine Denkschrift der Staatsschuldenverwaltung seit dem 01.01.1833 bis zum letzten Dezember, nebst einem Bericht der Hauptverwaltung der Staatsschulden über ihre Geschäftsführung seit dem Jahre 1820.
b. Eine Denkschrift über den Ertrag und die Verhältnisse der verschiedenen Staats- und Geldleistungen.
Schließlich eine Übersicht über die Lage der früheren noch nicht definitiv erledigten Landtagsabschiede für die *Kur- und Neumark* sowie das Markgrafentum *Niederlausitz*, nebst einer Denkschrift.

In der nächsten Sitzung wurden vom Landtagsmarschall die Ausschüsse für die einzelnen Propositionen festgelegt. Zuvor aber stellte der ritterschaftliche Abgeordnete des *Spremberger Kreises* den Antrag, die Versammlung möge dem König

> *"... als Dank für die, in den Königlichen Landtagspropositionen enthaltenen, huldvollen Beweise allerhöchsten Interesses am Institut der Provinziallandtage..."*, .

eine Deputation darbieten. Dieser Antrag wurde mit überwältigender Mehrheit angenommen und man wollte sich sobald als möglich *"der Dankesschuld entledigen"*.
Schließlich teilte der Landtagsmarschall die sechs zubildenden Ausschüsse mit. Gleichzeitig wurden die Propositionen an die Ausschüsse verteilt[203].
Einzig die Abgeordneten *Landtagsmarschall Gustav Adolf von Rochow*, Regierungsrat *von Werdeck*, Landrat *von Tschirschky*, Kreisdeputierter *Mandel*, und die Bürgermeister *Junker* und *Lansky* konnten wegen der erforderlichen Stimmenzahl nicht auf die Ausschüsse verteilt werden. Diese Mitglieder konnten sich nunmehr selbst einem Ausschuß ihrer Wahl anschließen. Welchen Ausschuß sie im einzelnen wählten, konnte nicht ermittelt werden.

2. Verhandlungen zu einem Gesetzesentwurf über das Deichwesen[204] (Proposition Nr. 8[205]).

a. Vorgeschichte

Im Preußischen Staat gab es bis zu diesen Beratungen nur provinzielle Deichordnungen für einzelne Territorien oder Spezialordnungen für einzelne Flüsse oder Flußstrecken öffentlicher oder privatrechtlicher Natur. Daneben gab es gesetzliche Bestimmungen in Betreff der Ströme und deren Ufer. All diese Bestimmungen enthielten indes keine allgemeinen Prinzipien über die Regulierung des Deichwesens innerhalb eines Territoriums oder einer Provinz, sondern vielmehr nur Spezialbestimmungen für die verschiedenen einzelnen Deichverbände und Flüsse desselben Landesteils[206]. Ein allgemeines kodifiziertes Deichrecht existierte nicht. Das *Allgemeine Landrecht* beschränkte sich in dieser Beziehung auf die wenigen Bestimmungen in den §§ 63-66, Tit. 15, Thl. II, i.V.m. den allgemeinen Grundsätzen der §§ 33 und 34 Tit. 8, Thl. I.
Dabei bildete das Deichwesen in *Preußen* einen Teil des Wasserrechts und gehörte strukturell in das System der Maßregeln, welche schon ein im Jahre 1834

---

[203] Vgl. die Mitglieder in den Ausschüssen und die zugeteilten Propositionen im Anhang.
[204] Proposition abgedruckt bei *Schubert*, Westfälischer Provinziallandtag, Bd. 1, S. 272 ff.
[205] Diese Numerierung beruht auf den oben dargestellten Propositionen und deren Verteilung an die Ausschüsse die im Anhang, S. 285 ff. wiedergegeben sind.
[206] Vgl. hierzu *Lette/von Rönne*, 2. Thl., 2. Abthl., S. 671 f.

den Provinzialständen von *Posen, Preußen, Pommern* und der *Mark Brandenburg*, im Jahre 1837 den Provinzialständen von *Schlesien, Sachsen* und *Westfalen* vorgelegter Gesetzesentwurf als

> *"Errichtung zur Beförderung des Ablaufs und zur Anhaltung und Benutzung der Gewässer"*

bezeichnete[207]. Dieser Gesetzesentwurf bezog sich gleichzeitig auf die öffentliche Ströme und Flüsse, auf deren Uferordnung und Polizei sowie auf die Privatflüsse und die Vorschriften über Vorflut und Bewässerung, auf die Triebwerke an den Gewässern und schließlich auch auf das Deichwesen. Aus diesem Entwurf gingen indes später drei besondere Entwürfe hervor, von denen das Gesetz über die Benutzung der Privatflüsse, nachdem darüber im Jahre 1842 die vereinigten ständischen Ausschüsse gehört worden waren, unter dem 28.02.1842 publiziert wurde. Hingegen wurden die Entwürfe über eine allgemeine Strom- und Ufer- Ordnung und der Gesetzesentwurf über das Deichwesen 1841 allen Landtagen der sieben Provinzen zur Beratung vorgelegt, in denen das *ALR* galt. Der Gesetzesentwurf über eine Strom- und Ufer- Ordnung wurde später infolge der massiven Proteste der Provinziallandtage ganz aufgegeben[208].
Zunächst hatte der dritte Ausschuß über diesen Gesetzesentwurf zu beraten und hierüber ein Gutachten vorzulegen. Erst in der fünfundzwanzigsten Plenarversammlung am 27.04.1841 kam der allgemeine Teil dieses Gutachtens des Ausschusses über den Entwurf eines Gesetzes das Deichwesen betreffend zur Verlesung[209]. Die Versammlung beschloß den Druck dieses Gutachtens. Am 07.05.1841 wurde in der dreiunddreißigsten Plenarversammlung über diesen Gesetzesentwurf, als letzte aller Landtagspropositionen von 1841, beraten[210].

b. Beratungen über die Proposition[211]

Der Ausschuß hätte zunächst zu § 1 des Gesetzentwurfes über das Deichwesen[212] vorgeschlagen, daß ein solches Gesetz für alle Gewässer, öffentliche und private Flüsse sowie auch auf die in öffentlichen Flüssen mündenden Privatflüsse Anwendung finden müßte[213]. Die Versammlung genehmigte diese Vorschläge jedoch nicht. Es erschien den Abgeordneten bedenklich, speziell die Privatflüsse zu erwähnen, weil es auch noch andere Gewässer gab, die eingedeicht

---

[207] *Lette/von Rönne*, 2. Thl., 2 Abthl., S. 673.
[208] *Lette/von Rönne*, a.a.O., S. 674.
[209] P., S. 211.
[210] P., S. 275.
[211] P., S. 276 ff; V., S. 134 ff.
[212] Im folgenden DWG.
[213] P., S. 276.

werden müßten, wie z.B. die an der Elbe üblichen Deich- und Wasserschlösser, die gegen das sog. Qualmwasser schützen sollten. Um Mißverständnissen vorzubeugen und alle Gewässer in diesem Gesetz zu erfassen, lehnte das Plenum diesen Vorschlag des Ausschusses daher ab[214], so daß es bei der ursprünglichen Fassung dieser Vorschrift blieb.
Zu § 2 DWG, der das Genehmigungserfordernis zur Errichtung einer Deichanlage bestimmte, trug der Ausschuß vor, daß die Genehmigung einer Deichanlage nicht vom Urteil der Landespolizeibehörde, sondern vom Votum einer schiedsrichterlichen Kommission abhängen sollte. Nur für den Fall, daß diese sich auch nicht einigen könnte, sollte das zuständige Königliche Ministerium entscheiden. Argument hierfür war, daß so die Rechte der Interessenten besser gewahrt werden könnten. Die Versammlung sprach sich jedoch auch gegen diesen Vorschlag aus und votierte für die ursprüngliche Form des Vorschrift.
Grund dafür war zum einen, daß dies

> *"... schon des ohnehin offen bleibenden Recurses wegen nicht nöthig..."*[215]

sein sollte. Die Abgeordneten waren der Ansicht, daß andererseits dieser Gegenstand zu wichtig sei, als ihn an eine Schiedsrichterkommission zu geben, die sich im wesentlichen nur aus privaten Sachverständigen zusammensetze. Schließlich sei die Beurteilung der Statthaftigkeit einer Deichanlage hauptsächlich vom Verhältnis zum Wasserprofil abhängig und dies lasse sich nur von der Administrativbehörde, die auch die Stromkarten einsehen kann, vollständig beurteilen. Die erste Abteilung der Regierung als Landeskulturbehörde sei diesbezüglich damit das richtige Forum. Die ursprüngliche Form des Vorschrift wurde also beibehalten.
Zu § 3 DWG vertraten die Mitglieder des Ausschusses die Ansicht, daß man solche Deiche, welche sich in der Niederung der in § 1 DWG bezeichneten Flüsse befanden, nur mit Genehmigung der Behörde *"eingehen"* lassen dürfe und bezogen sich damit wieder auf ihr Gutachten zu § 1 DWG. Da sich aber die Versammlung für eine Beibehaltung des § 1 DWG aussprach, war auch dieser Vorschlag Makulatur. Jedoch wurde von den Mitgliedern der Versammlung noch beantragt, daß diese Bestimmung auf Privatdeiche keine Anwendung finden sollte, die nur zum Schutz eines einzelnen abgesonderten Privatgrundstücks, allerdings auch mit Erlaubnis der Behörde, angelegt worden war. Aber auch dieser Vorschlag fand keine Unterstützung, da sich dies nur von einem Techniker und den Gegebenheiten der ganzen Situation beurteilen lassen konnte[216].

---

[214] P., a.a.O.
[215] P., a.a.O.
[216] P., S. 277.

In § 4 DWG sah der Gesetzesentwurf folgende Regelung vor:

> *"Ist ein solcher Deich beschädigt oder zerstört worden, so kann die Landes-Polizei-Behörde fordern, daß er, nach ihrer Anweisung, bis zu derjenigen Höhe und Stärke wieder hergestellt werde, welche er nachweislich früher gehabt hat, und der zur Unterhaltung Verpflichtete muß dieser Anweisung Folge leisten."*

Der Ausschuß votierte zu § 4 DWG, daß die Wendung

> *"... nach ihrer Anweisung ..."*

wegfallen sollte und die Vorschrift so gefaßt werden müsse, daß die Behörde die Herstellung des Deiches nur so verlangen könne, wie er gewesen war und keine größere Höhe und Stärke verlangen könne. Jedoch wurde auch dieses Votum von der Versammlung mit der Begründung abgelehnt, daß die Herstellung immer nur nach dem Urteil eines Technikers erfolgen und es demnach durchaus gerechtfertigt sein könnte, daß die Behörde dafür Sorge trug, einen unzureichenden Deich ordnungsgemäß wiederherstellen zu lassen[217].
In § 5 DWG war folgendes vorgesehen:

> *"Erhebt sich rücksichtlich der Verpflichtung zur Unterhaltung Streit, so ist die polizeiliche Anweisung zur Herstellung, unter Vorbehalt des Rechtsweges gegen anderweit Verpflichtete, an denjenigen zu richten, welcher den Deich seither unterhalten hat, und, wenn auch hierüber Zweifel bestehen, an die Gemeinden, in deren Feldmarken, und an die, außer dem Gemeinde-Verbande stehenden Eigenthümer, auf deren Grundstücken die beschädigte oder zerstörte Deich-Strecke liegt."*

Der Ausschuß wollte hierzu erreichen, daß ein Regreß nicht an die Gemeinden, sondern an den Deichverband zu richten sein sollte. Auch dieser Vorschlag wurde abgelehnt, weil man diese Regelung für überflüssig hielt, denn häufig waren die Verpflichteten einzelne Kolonisten, die keinem Gemeindeverband angehörten.
In § 6 DWG sollte folgende Regelung getroffen werden:

> *"Die Landes-Polizei-Behörde ist befugt, jede Benutzung der Deiche zu untersagen, welche dazu beitragen kann, die Widerstandsfähigkeit desselben zu schwächen."*

---

[217] P., a.a.O.

Hierzu waren vom Ausschuß keine Vorschläge gemacht worden, jedoch kamen aus dem Plenum mehrere Voten:
Zunächst wurde beantragt, daß eine etwaige Beweidung der Deiche mit Schafen *"nur gegen eine Entschädigung unter Strafe zu stellen sein sollte"*, denn eine Beweidung sei für viele Deiche von besonderer Wichtigkeit, weil dadurch insbesondere die Widerstandsfähigkeit der Deiche verstärkt würde. Ein Verbot der Benutzung der Deiche durch die Landespolizeibehörde erfolgte häufig ohnehin nur im Interesse des jeweiligen *"grasberechtigten Deichunterbeamten"*.
Dieser Vorschlag wurde jedoch verworfen, weil die Mitglieder der Versammlung schließlich der Auffassung waren, die Behörde müsse alles das untersagen können, was nach ihrer Ansicht für die Deiche schädlich sei.
Auch weitere in diese Richtung gehende Vorschläge fanden keinen Beifall. Die ursprüngliche Fassung dieser Vorschrift wurde beibehalten[218].
Zu den §§ 8, 9, 10 und 11 DWG hatte der Ausschuß ein einheitliches Gutachten abgegeben, weil diese Vorschriften den Hauptzweck des ganzen Gesetzes darstellten[219]. Es ging in diesen Vorschriften um die unter bestimmten Voraussetzungen vorzunehmende zwangsweise Vereinigung von Grundstücksbesitzern in einem Deichverband.
Dieser Teil des Gutachtens gab Anlaß zu einer langen kontroversen Diskussion. Der Ausschuß hatte zunächst ein Zwangsrecht zum Eintritt in die Deichverbände unter gewissen Modifikationen für nötig erachtet. Der Referent des Ausschusses[220] vertrat dagegen eine andere Ansicht, die er in einem ausführlichen Vortrag darlegte:
Seiner Ansicht nach führte ein Zwang zum Eintritt in die Deichverbände weder zur Abwendung gemeiner Gefahr, noch zur Erreichung eines höheren Ertrags. Er vertrat die Ansicht, daß die Deiche in dieser Provinz, mit Ausnahme der altmärkischen Deiche, deren Ursprung nicht ausreichend bekannt sei, unter *Friedrich Wilhelm I.* und *Friedrich Wilhelm II.* entstanden seien, wobei nie ein Zwang, sondern lediglich die Verpflichtung zur Unterhaltung der Deiche bestanden habe. Auch lasse sich eine gemeine Gefahr nur schwer definieren und nicht eindeutig vom Zweck eines *"höheren Ertrages"* trennen, denn was für den einen gemeine Gefahr bedeute, bedeute für den andern Nutzen. So gewähre eine Überschwemmung einem Wiesenbesitzer einen höheren Ertrag, ein anderer dagegen wolle auf seinem Grundstück Weizen anbauen, wodurch sich eine Überflutung nur schädlich auswirke. Bei so verschiedenartigen Interessen sei ein alle verpflichtender Zwang unausführbar und würde folglich zu großen Beeinträchtigungen führen.
Der Referent des Ausschusses schlug daher vor, daß ein Deichzwang nur nach Anhörung der verschiedenen Interessen und auf einen von der Majorität gefaß-

---

[218] P., a.a.O.
[219] P., S. 278 f.
[220] Der namentlich leider nicht bekannt ist, weil strikte Geheimhaltung vorgesehen war.

ten Beschluß, der sich nur nach dem Umfang der betroffenen Grundstücke richten sollte, stattfinden könnte.
Dem wurde jedoch von der Versammlung entgegengesetzt, daß allein die Verpflichtung zur Unterhaltung der Deiche schon eine Art Zwang darstellte, den man jedoch bei gemeiner Gefahr für durchaus notwendig gehalten hatte. Auch könnte man das frühere Verfahren zur Anlegung der Deiche dem heutigen nicht gegenüberstellen, weil es damals

"... der Zustand des Volkes ..."

war, der es notwendig gemacht hatte, die Deichanlagen vom Staat errichten zu lassen. Die Abgeordneten waren der Auffassung, daß

"... das Volk selbst dazu reif ..."

sei, der Staat dagegen könne nicht mehr für solche oder ähnliche Anlagen verpflichtet werden. Dennoch müsse ihm immer ein gewisses Zwangsrecht zustehen, um nicht dem kurzsichtigen Eigensinn Einzelner ausgeliefert zu sein. Da z.B. das Ober- und Mitteloderbruch bereits vollständig eingedeicht waren und damit durch Überschwemmungen das Nieder- Oderbruch immer härter getroffen wurden, war es notwendig, um die Region nicht völlig zu ruinieren, das gesamte Oderbruch in einem gemeinschaftlichen Deichverband zu vereinigen. Insgesamt war man sich jedenfalls darüber einig, daß zur Abwendung gemeiner Gefahr eine zwangsweise Deichverbindung stattfinden müßte. Doch diese sollte nicht dem Zweck von Meliorationen[221] dienen, der Staat sollte nicht wie vormals die Deichanlagen errichten, auch sollten die *"Unterthanen"* dazu nicht gezwungen werden. Man könnte allenfalls dort auf die Untertanen einwirken, wo eine beabsichtigte Deichanlage dem Nutzen der Interessenten oder wenigstens der überwiegenden Mehrzahl gedient würde. Diese von beiden Seiten erschöpfend geführte Diskussion führte in der Versammlung schließlich zu folgendem Ergebnis:
Bezüglich der Zwangspflicht zum Eintritt in die Deichverbände sollte zwischen der Abwehr gemeiner Gefahr und der Erzielung eines höheren Ertrags folgender Unterschied gemacht werden. Bei gemeiner Gefahr sollte ein unbedingter Zwang stattfinden, hingegen bei Deichanlagen, die einen höheren Nutzen bezweckten, sollte die nach dem Grundbesitz zu rechnende Stimmenmehrheit der Interessenten entscheiden. Dieser Beschluß erging schließlich mit Stimmenmehrheit[222].
Nach diesem Beschluß wurde die Fassung des § 8 DWG so abgeändert, daß die Anhörung der Interessen nicht bloß zur Information diente, sondern zur tat-

---

[221] Eine Form der Bodenverbesserung durch Be- oder Entwässerung.
[222] P., S. 279.

sächlichen Wahrnehmung ihrer Interessen stattfinden sollte und daher die Worte *"zur Information"* weggelassen wurden.
Es wurde jedoch noch einmal ausdrücklich darauf hingewiesen, daß selbst im Fall gemeiner Gefahr, aber auch in dem des beabsichtigten Nutzens, Einzelne vorhanden sein könnten, denen solchen Anlagen größten Schaden zufügen könnten. Diese sollten in beiden Fällen von dem Deichverband ausgeschlossen werden. Gemeint waren Gegenden, die einer Überschwemmungsgefahr praktisch nie ausgesetzt waren und daher mangels dieser natürlichen Art der Bewässerung keinen Nutzen aus einer Überflutung ziehen würden und die im schlimmsten Fall ihre Grundstücke möglicherweise gar hätten aufgeben müssen. Einer gemeinen Gefahr waren diese Eigentümer ohnehin nicht ausgesetzt. Wollte man nun auch solche Grundbesitzer in einen Deichverband zwingen und ihnen die Kosten auferlegen, führte das zu einer untragbaren Härte, weil diese immerhin schon die Kosten für Bewässerungsanlagen aufbringen mußten. Auch hierüber wurde heftig gestritten, weil man zunächst immer davon ausging, daß eine Überschwemmung schädlich für die betreffenden Grundstücke sei und man nicht die Möglichkeit eines Nutzens daraus erkannte. Nach der Beratung in der Versammlung kam durch Stimmenmehrheit endlich folgender Beschluß zustande:

> *"...selbst da, wo ein Zwangdeichverband wegen gemeiner Gefahr bestehen solle, die Besitzer solcher Grundstücke, für welche ein Nachtheil aus der Deichanlage entstanden, nicht zum Beitritt und zu antheiligen gezwungen werden sollten;*
> *daß aber bei Deichanlagen im Interesse höheren Ertrags, also bei Meliorations-Anlagen, es schon hinreiche, daß sie keinen Vortheil von der Anlage hätten, um sie von dem durch Majorität beschlossenen Zwangverbande zu dispensiren."*[223]

Die dargestellten nachträglichen Erläuterungen wurden zum oben genannten Beschluß hinzugefügt.
Damit waren die Beratungen zu § 8 DWG allerdings noch nicht abgeschlossen. Am 08.05.1822, in der vierunddreißigste Plenarversammlung, wurde noch einmal über das Deichwesengesetz beraten. Zu dem in § 8 DWG am 07.05.1822 gefaßten Hauptbeschluß sollte noch hinzugefügt werden, daß für den Eintritt in die Zwangdeichverbände für solche, die nur Nachteile oder zumindest keine Vorteile davon gehabt hätten, nicht der Nachweis dieses Nachteils oder Nichtvorteils geführt zu werden brauchte[224].

---

[223] P., a.a.O.
[224] P., S. 283.

Bei § 10 DWG wurde derselbe Vorbehalt gemacht. Man hielt es aber nicht für nötig, den Deichverband auf ein bestimmtes Ufer zu beschränken bzw. die Grenzen der Niederung näher zu bezeichnen.
Bezüglich § 11 DWG wurde beschlossen, daß die Vereinigung mehrerer Deichverbände nur unter Vereinbarung der einzelnen Interessen stattfinden sollte.
Die Versammlung nahm § 12 DWG, der die Deichpflicht vorsah und näher bestimmte, bis auf den Ausdruck *"Ausdeichung"*, was außerhalb des Deiches liegend bedeuten sollte, unverändert an.
In § 13 DWG sollte folgendes normiert werden:

> *"Insbesondere soll die Deichpflicht (§ 12b) auf alle einzelne, durch die Deiche und Meliorations-Anstalten geschützte oder verbesserte, ertragsfähige Grundstücke, wenn diese auch sonst von den gemeinen Lasten befreit sind, gleichmäßig und, falls die Aufstellung des Deich-Statuts kein anderer Beurtheilungs-Maßstab vereinbart und zugelassen sein sollte, im Verhältnisse des abgewendeten Schadens und herbeigeführten Vortheils vertheilt werden."*

Hierzu wurde angemerkt, daß dessen Bestimmungen in der Theorie wohl ganz gut, in der Praxis aber unausführbar sein würden. Deshalb wurde vorgeschlagen, statt *"des abgewendeten Schadens und herbeigeführten Vortheils"* nur den Ertrag der Äcker als Maßstab zu nehmen. Die Versammlung hielt dies indessen für eine reine Formsache und daher für nicht beschlußwürdig.
Bei § 18 DWG war der Vorschlag gemacht worden, daß im Fall drohender Gefahr die Deichbehörden befugt sein sollten, die Hälfte der zur Hilfe verpflichteten Personen auch außerhalb der bedrohten Gegend einzusetzen, weil man davon ausging, daß die Bewohner der bedrohten Gegend mit sich selbst genug zu tun hatten und demzufolge nicht noch anderweitig Hilfe leisten könnten. Dieser Vorschlag wurde durch Stimmenmehrheit angenommen[225].
Auch bei § 20 DWG stimmte die Versammlung für die ursprüngliche Fassung und gegen die des Ausschusses, der vorgeschlagen hatte, einen außerordentlichen Wert für die Vergütung von Materialien festzusetzen. Argument dafür war, daß die Erhaltung der Deiche sonst wegen der Kosten unmöglich geworden wäre. Allerdings sollte dort, wo andere Statuten in Kraft waren, diese Vorschrift nicht gelten.
Allerdings wurde auch über diese Vorschrift, wie schon bei § 8 DWG, am 08.05.1822, in der vierunddreißigsten Plenarversammlung, noch einmal beraten. Zu dem am 07.05.1822 gefaßten Hauptbeschluß sollte bei § 20 DWG der Zusatz gemacht werden:

---

[225] P., S. 280.

"... wo nicht etwas anders Rechtens ist..."[226]

Die ursprüngliche Form des § 21 DWG sollte folgenden Wortlauf haben:

> *"Diejenigen Beschränkungen des Eigenthums, denen sich der Besitzer des Vorlandes, der am Flußufer, in der Nähe der Deiche, so wie der gemeinschaftlichen Gräben und Schleusen belegenen Grundstücke zu unterwerfen haben, werden durch die Deich-Statute näher bestimmt."*

Dies hielt die Versammlung für ausreichend und verwarf die vom Ausschuß gemachten Vorschläge[227].
Die Versammlung nahm aber die Vorschläge des Ausschusses zu den §§ 22 und 23 DWG, die die Zuständigkeit in Rechtstreitigkeiten und das Außerkraftsetzen der §§ 63-66 Tit. 15 Thl. II des *ALR* vorsahen, an und beschloß, daß statt des summarischen Verfahrens das gewöhnliche Prozeßverfahren eintreten sollte, daß bis zum Ausgang der Sache aber die Deichbehörde das Verfahren zeitweise aussetzen könnte. Schließlich wurde von der Versammlung beschlossen, daß der § 66, Tit. 15 Thl. II des *ALR* in Kraft bleiben sollte, weil die Außerkraftsetzung dieser Vorschrift offensichtlich ein Versehen gewesen war.

c. Beratungen über die eingereichten Petitionen Nr. 19[228] (bezüglich eines Antrags des Magistrats zu *Cüstrin* über das Deichwesengesetz[229]).

In der vierunddreißigsten Plenarversammlung am 08.05.1841 wurde darüber hinaus über einen Antrag des Magistrats zu *Cüstrin* verhandelt[230]. Es ging dabei um verschiedene in Bezug auf das Deichwesen des Ober-Oderbruchs gerichtete Anträge von Rittergutsbesitzern und Kommunen und einer speziell gegen die Königliche Regierung zu *Frankfurt a.d.O.* durch einen ritterschaftlichen Abgeordneten eingereichte Beschwerde. Diese Anträge reduzierten sich auf drei Hauptgegenstände[231] und zwar

1. auf den Entwurf einer neuen Deich- und Ufer-Ordnung, welche die Rittergutsbesitzer und Gemeinden verlangten,
2. auf die Anfertigung einer neuen Deichrolle, was das Begehren des Magistrats von *Cüstrin* war,

---

[226] P., S. 283.
[227] Welche in den Protokollen nicht aufgeführt waren.
[228] Die Bezifferung der Petitionen ist entnommen und angeglichen aus: *Schubert*, Preußen, Seite 72.
[229] Diese Petitionen sollen wegen ihres Umfangs und der Übersichtlichkeit gleich hier behandelt werden.
[230] P., S. 284.
[231] Vgl. P., a.a.O.

3. auf die Beschwerde gegen die Königliche Regierung zu *Frankfurt a.d.O.*, daß sie sich nicht mehr an die Bestimmungen der alten Deichordnung vom Jahre 1717 halte[232].

Zum ersten Punkt waren die Abgeordneten des dritten Ausschusses der Ansicht, daß das von diesem Landtag beratene Gesetz über das Deichwesen[233] die hier angeregten Bedürfnisse ausreichend befriedige. Durch dieses neue Gesetz werde die Revision alter und der Entwurf neuer Lokal-Deich-Statuten ausdrücklich vorgeschrieben. Die Mitglieder der Versammlung pflichteten dem bei und gaben noch die Anregung, diese Petition als weiteres Argument dem Immeditatbericht über die oben dargestellten Beratungen, zum Gesetz über das Deichwesen, beizufügen. Es wurde daher beschlossen, daß die fraglichen Anträge als Materialien zu dem obigen Immediatbericht benutzt werden sollten.
Beim zweiten Punkt stimmten die Vertreter des Ausschusses dafür, daß, abgesehen von dem neuen Gesetz und der Revision der schon bestehenden alten Statuten, mit der Aufnahme einer neuen Deichrolle im Ober-Oderbruch begonnen werden müßte, da sich die Verhältnisse dort seit der Zeit der ersten Deich- und Ufer-Ordnung und der damit zusammenhängenden Deichrolle so wesentlich geändert hatten, daß die Aufnahme einer neuen Deichrolle ein dringendes Bedürfnis war. Auch dieser Ansicht traten die Abgeordneten bei, weil auch sie davon überzeugt waren, daß die neu entstandenen, nutzbar gemachten Flächen im Oderbruch nicht länger von der Beitragspflicht freigehalten werden sollten. Dies führe lediglich zu Ungerechtigkeiten gegenüber den Besitzern, die schon seit Jahren das Gebiet nutzten und ihre Beiträge entrichteten. Es wurde daraufhin beschlossen,

> *"...daß des Königs Majestät in einer besonderen Immediat-Eingabe allerunterthänigst gebeten werden solle, die baldigste Aufnahme einer neuen Deich-Rolle für das Ober-Oderbruch allerunterthänigst anzubefehlen."*[234]

Hierzu teilte die Regierung im Landtagsabschied vom 20.12.1841 mit, daß diesem Wunsch bereits durch § 19 des neuen Deichgesetzes Rechnung getragen sei, wonach alle vorhandenen Deichstatuten einer Revision zu unterwerfen waren[235].

---

[232] Diese Anträge wurden ebenfalls dem dritten Ausschuß zur Beratung vorgelegt. Das Gutachten wurde bereits am Vortag, 07.05.1841, verlesen. In der vierunddreißigsten Plenarversammlung am 08.05.1841 wurde schließlich darüber beraten.
[233] Vgl. dazu die Beratungen Seite 55 ff.
[234] P., S. 285.
[235] V., S. 275.

Zum dritten Punkt versuchte der Antragsteller nachzuweisen, daß die Königliche Regierung zu *Frankfurt a.d.O.* ihre Befugnisse überschritten hatte. Im 14. Kapitel der alten Deichordnung war noch von "*Deichbrüchen*" die Rede, während zur Zeit des Antrags nur noch von "*anderen Deichbeschädigungen*" die Rede war. Erforderliche Reparaturen habe die Regierung zu *Frankfurt a.d.O.* aber nicht durch die Schädiger selbst vornehmen lassen, wie es im 14. Kapitel der alten Deichordnung vorgesehen war, sondern diese Bauten auf Kosten sämtlicher Interessenten ausgeführt. Dabei habe sich die Regierung zu *Frankfurt a.d.O.* auf die Erklärungen der Deputierten des Deichverbandes gestützt. Diese dürften das Gesetz aber nicht auslegen, und wenn sie es täten, dürfte die Regierung dies nicht akzeptieren. Die Regierung zu *Frankfurt a.d.O.* hätte die Deputierten statt dessen auf die Unstatthaftigkeit aufmerksam machen müssen, aber nicht darauf eingehen dürfen. Dies stelle aber eine Ungerechtigkeit dar, weil nur dann sämtliche Interessenten an den Kosten beteiligt werden dürften, wenn ein tatsächlicher Deichbruch vorgelegen hätte. Dies war aber unstreitig nicht der Fall[236].

Die Ansicht des Ausschusses ging dahin, daß kein ausreichender Grund vorhanden war, eine Beschwerde über die Königliche Regierung zu *Frankfurt a.d.O.* zu erheben, weil die Außerkraftsetzung der alten Deich- und Ufer-Ordnung aus dem Jahre 1717, die 1838 von der Königlichen Regierung zu *Frankfurt a.d.O.* vollzogen worden war, richtig gewesen sei. Allerdings erschien es dem Ausschuß gerechtfertigt, bis zum Erscheinen des neuen Gesetzes die alte Deich- und Ufer-Ordnung aus dem Jahre 1717 unter eine weitere "*genaue Beobachtung*" zu stellen.

Die Mitglieder der Versammlung gaben zu, daß der Fall recht zweifelhaft war. Zum einen sollten natürlich bestehende Gesetze beachtet werden. Zum anderen erforderten aber auch einige spezielle Fälle eine angemessene Auslegung der Gesetze. Ein solcher Fall hatte hier vorgelegen. Die Behörde hatte die Deputierten in dieser Angelegenheit angehört, und diese hatten für die Heranziehung des gesamten Deichverbandes votiert. Diesem Votum hatte sich die Regierung zu *Frankfurt a.d.O.* letztlich angeschlossen und entsprechend ihrer Verantwortung entschieden. Man konnte jedoch nicht erkennen, worin der konkrete Vorwurf an die Königliche Regierung zu *Frankfurt a.d.O.* liegen sollte. Eine Rechtsverletzung konnte die Versammlung jedenfalls nicht erkennen, weil die Erhaltung des Deichs schließlich allen Nutzern zu Gute gekommen war. Die Erhebung einer Beschwerde wurde gegen die Königliche Regierung zu *Frankfurt a.d.O.* aus diesem Grunde abgelehnt.

Die Mitglieder der Versammlung berieten anschließend über die Frage, ob ein besonderer Antrag zur Erhaltung der alten Deichordnung bis zum Erscheinen des neuen Deichgesetzes notwendig war. Speziell der vorgenannte Fall zeigte, daß ein starres Festhalten an den alten Bestimmungen allein niemanden nutze.

---

236 P., S. 285.

Andere dringende Gründe für den Erhalt waren nicht ersichtlich. Man entschied sich daher mit großer Mehrheit dafür, die Aufrechterhaltung der Deich- und Ufer-Ordnung aus dem Jahre 1717 nicht besonders zu beantragen[237].
Die Petitionen zum Deichwesengesetz hatten mithin keinen Erfolg. Das lag insbesondere daran, daß die eingereichten Bitten jeweils nur einen bestimmten Fall betrafen oder deshalb überflüssig waren, weil sie bereits von bestehenden Vorschriften oder den zu verabschiedenden Vorschriften des DWG erfaßt waren.

d. Ergebnis

Erst am 28.01.1848 wurde das Gesetz über das Deichwesen erlassen[238]. Dies aber auch erst, nachdem mehrere Erinnerungen der Provinzialstände an das Staatsministerium erfolgt waren[239]. Das Deichwesengesetz wurde als eines von einer Vielzahl weiterer Gesetze im Wege der Landeskulturgesetzgebung erlassen[240]. Die Landeskulturgesetzgebung umfaßte alle preußischen Gesetze und Verordnungen über die Landeskultur und die landwirtschaftliche Polizei[241].
Zweck des Gesetzes war im wesentlichen die Herbeiführung einer allgemeinen und vollständigen, angemessen und gleichartig geordneten Eindeichung der Flußniederungen[242]. Diesem zunächst auf Schutzmaßregeln gegen Beschädigung von Wohnungen und Feldfluren durch Überschwemmung gerichteten Zweck lag als hauptsächliches Motiv die Beförderung der Landeskultur durch Landesmeliorationen zu Grunde. Diesem Motiv zu Folge war das Gesetz als ein wichtiger Teil der Landeskulturgesetzgebung und weiterhin auch als eine legislative Maßregel zu betrachten, welche nicht bloß das Privatinteresse der Grundbesitzer einer einzelnen Niederung, sondern vielmehr ein allgemeines staatsgesellschaftliches Interesse bezweckte. Es schloß sich der Preußischen Kulturgesetzgebung an und war als weitere Ergänzung hierzu zu bewerten[243].
Aus den ursprünglichen 23 Vorschriften waren 28 Vorschriften geworden. Die §§ 64 und 65 *ALR* Thl. II Tit. 15 wurden vollständig aufgehoben. Sie bezogen sich auf die Anlegung und Unterhaltung von Hauptdämmen zum Schutz einer ganzen Gegend gegen Überschwemmung. Dagegen wurde § 63 *ALR* Thl. II Tit. 15 nur insoweit aufgehoben, als er die Pflicht zur ordinären Befestigung der

---

237 P., S. 286.
238 GS 1848, S. 54.
239 Vgl. *Holtz*, Acta Borussica, Bd. 3, S. 26, Nr. 309 m.w.N. auf die Originalprotokolle der Sitzungen.
240 Vgl. den Überblick über die preußischen Landeskulturgesetze, *Richard Nobiling*, Landeskulturgesetze, Münster 1901 und die Kommentierung bei *Lette* und *von Rönne*, Landeskulturgesetzgebung des Preußischen Staates, 2. Thl, Abth. 2 Seite 704 ff.
241 *Nobiling* a.a.O.
242 So auch *Lette/von Rönne* a.a.O. S. 678.
243 *Lette/von Rönne* a.a.O.

Ufer statuierte, welche sich übrigens nur auf die Ufer öffentlicher Flüsse bezog[244].

Die vom siebenten Provinziallandtag der Mark *Brandenburg* in den Beratungen angeregten Änderungen des vorgelegten Gesetzentwurfs von 1841 wurden in das neue Gesetz eingearbeitet. Insofern nahm die Provinz *Brandenburg* direkten Einfluß auf die preußische Gesetzgebung. Auch wenn dieser Einfluß nicht überbewertet werden darf, hatten die Änderungsvorschläge einen wesentlichen Anteil an der Endfassung dieses Gesetzes. Bis auf kleinere wörtliche Änderungen zu §§ 9, 10, 15 und 18 der Proposition, die in das Gesetz eingearbeitet wurden, war der wesentliche Punkt die Änderungen zum Zwangsdeichverband:

Die von der Regierung vorgeschlagene[245] zwangsweise Vereinigung zu einem Deichverband war durch das Plenum abgelehnt worden. Diese Ablehnung wurde im Gesetz auch berücksichtigt. Der erste Teil des Gesetzes befaßte sich nun lediglich mit Deichen, die zu einem Deichverband gehören sollten, der zweite mit der Errichtung der Deichverbände selbst. In diesen Vorschriften[246] wurden die Bedenken und Vorschläge des siebenten Provinziallandtags der Mark *Brandenburg* vollständig eingearbeitet, was letztlich als Erfolg der Plenarversammlung von 1841 angesehen werden kann. Zwar fanden auch in den anderen Landtagen Diskussionen insbesondere zu den Deichverbänden[247] statt, der Erfolg der Brandenburger galt aber um so mehr, als insbesondere die Provinz *Brandenburg* mit einer Vielzahl an Flüssen und Kanälen und den damit seit Jahrhunderten verbundenen Gefahren, ein erhebliches Interesse an einer exakten Deichordnung hatte. Der Landtag, der allein wegen seiner Mitglieder von einer stark konservativen Linie geprägt war, hatte dabei neben einer Minimierung der von den einzelnen Flüssen ausgehenden Gefahren einerseits und den Staatsinteressen andererseits auch die besonderen Eigentumsinteressen der Betroffenen geschützt. Diese Abwägung der Interessen ist ihr dabei vollständig gelungen.

---

[244] *Rehbein/Reincke ALR* Thl. II, Tit. 9-20 Seite 643.

[245] §§ 8-11 der Proposition.

[246] §§ 11 ff. DWG 1848

[247] Vgl. die Beratungen in *Pommern*, P., S. 104 ff.; *Posen*, P., S. 105 ff.; *Sachsen*, P., S. 46 ff.; *Schlesien*, P., S. 89 ff; *Preußen*, P., S. 157 ff. *Rheinland*, P., S. 67 ff., *Westfalen*, P., S. 51 ff. sowie *Schubert, Preußen*, m.w.N.

3. Verhandlungen zu einem Gesetzesentwurf über die Strom- und Ufer-Polizei der öffentlichen Flüsse (Proposition Nr.7)[248]

a. Vorgeschichte

Der König hielt die in den bestehenden Landesgesetzen und provinziellen Verordnungen enthaltenen Bestimmungen über die Benutzung von öffentlichen Flüssen, über die Rechte und Verbindlichkeiten der Uferbesitzer in Beziehung auf diese Flüsse, über die Verteilung der Deichlast sowie über die Anlegung und Unterhaltung von Dämmen und Ufern für unzureichend[249]. Daher wurde ein Entwurf über die für erforderlich gehaltenen Bestimmungen für die Strom- und Uferpolizei der öffentlichen Flüsse dem Landtag vorgelegt, der über diesen beraten sollte.
Der Entwurf gehörte, wie das Deichwesen- und das Privatflußgesetz zu den drei Gesetzesentwürfen[250], die aus dem Gesetzesentwurf zu den

> *"Einrichtungen zur Beförderung des Ablaufs und zur Anhaltung und Benutzung der Gewässer."*

stammten, der im Jahre 1837 den Provinzialständen zur Begutachtung vorgelegen hatte und später in diese drei Entwürfe geteilt worden war[251]. Das Gesetz über die Privatflüsse wurde schon am 28.02.1843[252] erlassen, während die beiden anderen Entwürfe noch in den Landtagen der einzelnen Provinzen in den Jahren 1843 und 1845 beraten wurden[253].
Im *Allgemeinen Landrecht* waren die Bestimmungen der in diesem Gesetzesentwurf vorgesehenen Strom- und Ufer-Polizei der öffentlichen Flüsse weitestgehend in §§ 38-45 *ALR* Thl. II, Tit. 15 normiert. Hierin waren alle Vorschriften über die öffentlichen Flüsse und der Umgang mit den davon ausgehenden Gefahren geregelt[254]. Einzig Regelungen zur Inanspruchnahme von Privatpersonen und über die Verteilung der Gefahren sowie über weitergehende Rechte des Staates gegen Dritte fehlten. Insoweit mußte bisher auf allgemeine Prinzipien oder die ergänzenden Vorschriften des *ALR* zurückgegriffen werden.

---

[248] Proposition abgedruckt bei *Schubert*, Westfälischer Provinziallandtag, Bd. 1, S. 265 ff.
[249] V., S. 11.
[250] Vgl. die oben dargestellte vorgeschichtliche Einleitung zum DWG, Seite 58 ff. und *Lette/von Rönne*, 2. Thl., 2. Abthl., S. 674., insofern braucht auf eine weitere geschichtliche Einleitung hier nicht eingegangen zu werden.
[251] *Lette/von Rönne*, a.a.O., S. 673.; vgl. auch *Rönnau*, S. 31.
[252] GS 1843, S. 41.
[253] *Lette/von Rönne*, a.a.O.; *Rönnau*, S. 32.
[254] Vgl. eingehend mit Kommentierung und Überblick über umfangreiche Jurisprudenz, *von Rönne*, Band IV, Seite 442 ff.

Dieser Gesetzesentwurf wurde dem dritten Ausschuß zur Beratung vorgelegt. In der dreizehnten Plenarversammlung am 13.04.1841 kam das Gutachten des dritten Ausschusses erstmals zur Verlesung. Man beschloß, dieses Gutachten vor den Beratungen zu drucken[255]. Es dauerte daher noch bis zur dreißigsten Plenarversammlung am 03.05.1841, bis schließlich über dieses Gutachten beraten wurde[256]. Die Beratungen zogen sich bis zur dreiunddreißigsten Plenarversammlung am 07.05.1841 hin[257], bevor am 12.05.1841 das Protokoll über die Verhandlungen übergeben wurde[258].

b. Beratungen[259]

Die Versammlung war sich zunächst darüber einig, daß § 1 des Entwurfs[260] dergestalt geändert werden sollte, daß der Begriff der öffentlichen Flüsse umfassender, als dies im *Allgemeinen Landrecht* geschehen sei, bezeichnet werden sollte. Erfaßt werden sollten danach auch *die* Flüsse und Flußstrecken, die künstlich angelegt würden. Die Versammlung hielt dies schon wegen des Interesses der Schiffahrt für sehr wichtig und zweckmäßig. Darüber hinaus sollte in diesem Gesetz deutlicher zum Ausdruck kommen, daß alle Flüsse und insbesondere die künstlich hergestellten Flußläufe zu den öffentlichen Flüssen gehörten. Die Uferbesitzer die durch diese Flüsse und Flußläufe beeinträchtigt wurden, sollten eine umfangreiche Entschädigung erhalten. Dies war zwar auch schon im *Allgemeinen Landrecht* geregelt, man wollte aber diesen allgemeinen Grundsatz speziell im StUPG hervorheben, um, im Falle einer Beeinträchtigung, einen Rückgriff auf das *Landrecht* zu vermeiden. So wurde diese spezielle Regelung durch den Ausschuß in § 13 StUPG festgehalten. Die Versammlung nahm diese Änderung an[261].

Die Proposition zu § 5 StUPG sah vor, daß zukünftig auch die naturbedingt nicht immer beschiffbaren Seitenarme und Buchten eines öffentlichen Flusses oder Sees als Teile eines öffentliches Flusses angesehen werden sollten, sofern dies der Wasserstand zuließ.

Hierzu konnte die Versammlung keine Einigkeit erzielen. Letztlich entschieden sich jedoch von 62 anwesenden Mitgliedern 41 für die ersatzlose Streichung dieses Vorschrift und 21 für dessen Beibehaltung unter verschiedenen Modifizierungen[262]. Aus diesem Grund legte man dem König auch die zwei wesentlich widerstreitenden Ansichten vor. Der Grund für die unterschiedlichen Ansichten

---

[255] P., S.109.
[256] Vgl. P.,S. 255 ff.
[257] P., S. 275.
[258] V., S. 143.
[259] P., S. 255, 263, 267, 276; V., S. 143.
[260] Im folgenden StUPG
[261] P., S. 255.
[262] P., S. 257.

bestand darin, daß die Mehrheit der Mitglieder der Versammlung durch die in § 5 StUPG enthaltene Regelung eine erhebliche Gefährdung der Rechte des Einzelnen ansahen. Sie hielten es für zweckmäßiger, daß der Staat die für die Schiffahrt notwendigen Seitenarme und Buchten im Wege einer Enteignung erwarb. Die zahlenmäßig unterlegene Gegenansicht hielt es demgegenüber für angebracht, die in Betracht kommenden Seitenarme und Buchten der öffentlichen Flüsse in ein Verzeichnis aufzunehmen und die Schiffahrt auf diesen Strecken uneingeschränkt und je nach Wasserstand zuzulassen[263]. Begründet wurde dies damit, daß den Eigentümern dieser Seitenarme und Buchten durch die Benutzung kein Nachteil entstünde. Darüber hinaus könne vom Staat nicht verlangt werden, daß er alle zur Herstellung einer Schiffahrt notwendigen Strecken durch Enteignung erwerbe. Es reiche vollkommen aus, wenn bei der Benutzung solcher Strecken und der gleichzeitigen Einschränkung des Nutzungsrechts des Eigentümers eine Entschädigung vom Staat gezahlt werde[264].
Auch durch die Regelung des § 6 StUPG sah die Versammlung Eigentumsrechte einzelner erheblich beeinträchtigt. Der Grund dafür war die Formulierung *"vollbordiges Ufer"*. Dieser Begriff war ganz neu. Die Mitglieder der Versammlung meinten, daß die Festsetzung einer Uferlinie durch den Begriff *"vollbordig"* nicht erreicht werden könne[265]. Man befürchtete, daß durch einen solchen Begriff große Strecken und Flußniederungen dem Staat zugewiesen werden könnten. Statt dessen hielt man die Theorien über die Grenzen der öffentlichen Flüsse im *Allgemeinen Landrecht* für durchaus angemessen und eine weitere Modifizierung für überflüssig. Demgemäß wurde für die Streichung des § 6 StUPG und damit auch des § 7 StUPG gestimmt[266].
Die immer wieder auftretende Forderung nach Nutzungs- oder Enteignungsentschädigung und damit der hohe Stellenwert des Eigentums zu dieser Zeit, findet sich auch in den Verhandlungen zu § 9 StUPG. Hier wollte sich der Staat das Recht sichern, bauliche Anlagen, die zur Sicherung der Schiffahrt dienten, zu errichten. Lediglich die Kosten für die Errichtung dieser Anlagen sollten vom Staat übernommen werden. Auch hier versuchten die Abgeordneten des Ple-

---

[263] P., S. 256.
[264] P., a.a.O.
[265] P., S. 257.
[266] P., a.a.O.; Interessant erscheint in diesem Zusammenhang die Verteilung der Stimmen. Für die Streichung des § 6 StUPG stimmten 46 Mitglieder der Versammlung. Für die Beibehaltung dieses Vorschrift 17 Mitglieder. Für die Streichung des § 7 StUPG stimmten 53 und für dessen Beibehaltung 10 Mitglieder (P. a.a.O.). Das ergibt bei beiden Abstimmungen eine Anzahl von 63 Mitgliedern. Bei der Abstimmung zu § 5 StUPG, die unmittelbar davor erfolgte, waren aber lediglich 62 Mitglieder anwesend (vgl. P., S. 145.). Offensichtlich muß ein Mitglied der Versammlung während der Verhandlungen hinzugekommen sein. Erkennbar ist dabei der Grundsatz, daß bei den Beratungen nicht zwingend alle Mitglieder der Versammlung anwesend sein mußten. Vgl. dazu § 42 BStG, wonach Abwesenheit aber genügend entschuldigt sein mußte. In einem solchen Fall wurde ein Stellvertreter bestellt.

nums aktiv in die Gesetzgebung einzugreifen. Sie waren der Meinung, daß durch die Errichtung solcher baulicher Anlagen das Eigentumsrecht der Betroffenen verletzt worden wäre. Dem könne auch nicht entgegenstehen, daß die Schiffahrt den Uferbesitzern Vorteile bringen würde. Es komme hier nur darauf an, daß durch den Eingriff einer solchen Anlage der Einzelne sein erworbenes Eigentum nicht mehr so nutzen könne wie vorher. Die Mitglieder waren sich dementsprechend darüber einig, daß beim Erlaß dieses Gesetzes, auch hier eine Entschädigung durch den Staat geleistet werden müßte[267].
Eine dem heutigen Amtshaftungsgrundsatz ähnliche Bestimmung beschloß die Versammlung zu § 10 StUPG. Dieser hatte zunächst folgenden Wortlaut:

> *"Diejenigen, welchen er[268] die Aufsicht auf die Schiffbarkeit des Flusses und auf deren Sicherung und Verbesserung übertragen hat, sind für ein dabei begangenes grobes oder mäßiges Versehen verantwor t-lich."*

Man erkannte, daß bei Schäden die ein Beamter vorsätzlich oder fahrlässig verursachte, eine Durchsetzung der Haftung des Beamten oder des Staates schwierig war. Zum einen konnte ein einzelner Beamter die entstanden Schäden möglicherweise nicht ersetzen und zum anderen war der Ausgang eines Prozesses gegen den Beamten oft zweifelhaft[269]. Man war sich deshalb darüber einig, daß bei Schäden, die ein Beamter im Wege der ihm über einen Fluß übertragenen Aufsicht verursacht hatte, der Staat haften mußte. Der Staat sollte dann im Innenverhältnis gegen seinen Beamten vorgehen können[270]. Schutzwürdig waren der Versammlung auch hier in erster Linie die Rechte der Uferbesitzer. Man schlug daher dem König vor, eine entsprechende Bestimmung in § 10 StUPG aufzunehmen[271].
Auch die §§ 29-39 StUPG gaben in der Versammlung wegen einzelner Formulierungen über das "Ufer" Anlaß zur Diskussion. Grund dafür war der in den §§ 29-39 StUPG normierte Begriff des *"Ufergebiets"*. Die Mitglieder der Versammlung waren der Ansicht, daß dieser Begriff viel zu weit gefaßt sei[272]. Man befürchtete wiederum eine Beeinträchtigung der Rechte der einzelnen Uferbesitzer und Eigentümer durch den Begriff *"Ufergebiet"*. Vorgesehen war nämlich, daß allen Anlagen[273], die die Anlieger im Ufergebiet betreiben wollten, der Genehmigung der Landespolizeibehörde bedurfte. Dies war aber nach Ansicht

---

[267] P., S. 258.
[268] Gemeint ist hier der Staat.
[269] V., S. 146.
[270] P., S. 258.
[271] V., a.a.O.
[272] V., a.a.O.
[273] Dazu zählten insbesondere Zäune, Hecken, Aus- und Einladeplätze, Wege u.ä.

der Versammlung mit den Grundsätzen des *Allgemeinen Landrechts* nicht vereinbar. Im *Allgemeinen Landrecht* war lediglich vorgesehen, daß die Uferbesitzer den Schiffen den Gebrauch eines sog. Leinpfades, da wo er erforderlich war, zu gestatten hatten. Ansonsten konnten die Uferbesitzer bis an den Rand des Ufers Zäune und andere Anlagen, die zum Schutz der Grundstücke dienten, errichten. Da der Begriff des *"Ufergebietes"* dem nicht gerecht wurde, weil er zu unbestimmt war, beschloß die Versammlung mit überwiegender Mehrheit[274], daß der Begriff *"Ufergebiet"* in §§ 29-39 StUPG in den Begriff *"Ufer"* geändert werden sollte.
Weiterhin war die Versammlung mit §§ 40-43 StUPG nicht einverstanden. Schon die Begrenzung des *"Ufergebiets"* auf eine Breite von 24 Fuß in § 40 StUPG stieß auf erhebliche Bedenken. Die Abgeordneten vertraten die Ansicht, daß bei einer solchen Regelung nicht nur das Nutzungsrecht, sondern sogar das Eigentum an diesen Flächen verloren gehen würde. Es würden beispielsweise sämtliche Obstbaumbepflanzungen, die häufig in den Niederungen an den Ufern zu finden waren, absterben[275]. Ganz ausschließen wollte die Versammlung die Ufernutzung durch den Staat jedoch nicht. Die Mitglieder vertraten daher die Ansicht, daß sich Uferbesitzer gewisse Einschränkungen gefallen lassen müßten. Diese Einschränkungen waren auch durch die Bestimmungen im *ALR* genügend abgedeckt. Das Plenum entschied sich daher mit großer Stimmenmehrheit[276] gegen die Aufnahme des § 40 in das StUPG.
Schließlich riefen auch die §§ 54-74 StUPG erhebliche Bedenken bei den Mitgliedern der Versammlung hervor. Hier war die gesamte Uferbebauung durch die Uferbesitzer, die Pflicht zur Sicherung des Ufers sowie etwaige Genehmigungserfordernisse der Bebauung durch die Landes-Polizei-Behörde geregelt.
Einer Mindermeinung erschien es ausreichend, wegen eines Streits über das Erfordernis einer Uferbebauung eine schiedsrichterliche Kommission einzusetzen. Begründet wurde dies damit, daß das Genehmigungsverfahren durch die Landespolizeibehörde einen möglichen Prozeß nach sich ziehen könne[277]. Dies erschien diesem Teil der Abgeordneten aber zu aufwendig, weil man befürchtete, daß in einem solchen Verfahren notwendigerweise ein Sachverständiger hinzugezogen werden müsse. Insgesamt sei ein solches Verfahren zu kostenaufwendig. Darüber hinaus sollten nach Ansicht dieser Vertreter dem Uferbesitzer nur die Unterhaltung seiner eigenen Anlagen auferlegt werden. Uferbauten die lediglich dem öffentlichen Interesse dienten, sollten nicht unter die Obhut der Uferbesitzer gestellt werden. Dies folgerte man zum einen aus allgemeinen Rechtsprinzipien und zum anderen aus der Vorschrift Th. II. Tit. 15. § 63 des *Allgemeinen Landrechts*.

---

[274] Die genaue Zahl liegt leider nicht vor, Vgl. V., S. 147; P., S. 260.
[275] P., S. 260.
[276] Auch hier ist eine genaue Anzahl nicht bekannt, Vgl. P., S. 261.
[277] P., S: 271.

Die Mehrzahl der Mitglieder der Versammlung hielt jedoch weder eine schiedsrichterliche Kommission noch die Fassung der § 54-74 StUPG und somit eine Beschränkung der Uferbaupflichtigkeit für angebracht. Sie waren der Ansicht, daß eine Pflicht des Uferbesitzers zur Unterhaltung des Ufers nicht bestehe[278]. Dies ergebe sich weder aus dem *ALR* noch aus der vorgedachten Vorschrift. Es hänge einzig und allein vom Willen des Uferbesitzers ab, ob er ein Ufer bebauen wolle oder nicht. Eine Uferbaupflichtigkeit könne man dagegen dem Uferbesitzer nicht auferlegen.
Eine Pflicht zur Uferbebauung auf eigene Kosten übersteige den Etat einiger Uferbesitzer bei weitem. Letztlich sei es auch nicht einzusehen, warum der Uferbesitzer, der kein unmittelbares Interesse an der für die Schiffahrt notwendigen Uferbebauungen hat, die Kosten tragen solle, wenn der Staat der Ansicht sei, ein Ufer wegen der Schiffahrt zu befestigen, muß er die dafür erforderlichen Kosten auch selber tragen. Dem Staat könne einzig das Recht zugestanden werden, vom Uferbesitzer die Unterhaltung des Ufers zu verlangen. Sollte der Uferbesitzer mit dieser Verpflichtung nachlässig umgehen, könne der Staat, zum Schutze anderer benachbarter Uferbefestigungen, Sanktionen gegen diesen Uferbesitzer erlassen.
Aus diesem Grund hatte sich die Mehrheit der Versammlung mit einer Majorität von 36 gegen 20 Stimmen für den Grundsatz:

> *"... daß an öffentlichen Strömen dem Uferbesitzer keine Verbindlichkeit zum Bau und zur Beseitigung der Ufer obliege"*[279],

entschieden. Demzufolge sollten die in dem vorliegenden Gesetzesentwurf enthaltenen Bestimmungen §§ 54 bis einschließlich 64 StUPG sowie §§ 65 bis einschließlich 74 StUPG nicht aufgenommen werden. Einzig § 65 StUPG sollte modifiziert übernommen werden. Diese Modifikation sollte vorsehen, daß Uferbesitzer zwar grundsätzlich nicht zum Bau des Ufers eines öffentliche Flusses verpflichtet werden sollten. Wenn allerdings das Ufer eines Uferbesitzers durch Abbruch eine Gefahr für die benachbarten Grundstücke der anderen Uferbesitzer darstellte, sollte den benachbarten Uferbesitzern das Recht zustehen, von dem Besitzer, von dessen Ufer die Gefahr ausging, die Befestigung seines Ufers zu verlangen. Die Kosten für eine solche Uferbefestigung sollte sich nach dem Interesse der benachbarten Uferbesitzer an der Instandsetzung richten[280].

---

[278] P., S. 272.
[279] P., a.a.O.
[280] P., S. 273 f., V., S. 146.

c. Ergebnis

Mit der einundvierzigsten Plenarversammlung am 16.05.1841 (Schluß-Sitzung) vollzog man das Strom- und Ufer-Polizei-Gesetz der öffentlichen Flüsse an den König.

Der Gesetzesentwurf wurde jedoch nicht verabschiedet. Dies entsprach auch den Wünschen des siebenten Provinziallandtags der Provinz *Brandenburg*. Aber auch die anderen Landtage hatten diesen Gesetzesentwurf nicht als angemessen angesehen[281]. Neben den oben bereits genannten Gesetzen über das Deichwesen vom 28.01.1848[282] und über die Benutzung der Privatflüsse vom 28.02.1843[283] erlangte der Gesetzesentwurf über die Strom- und Ufer-Polizei der öffentlichen Flüsse auch später keine Gesetzeskraft[284].

Alle wesentlichen, durch diesen Gesetzesentwurf, vorgeschlagenen Neuerungen des Staates waren vom siebenten Provinziallandtag abgelehnt bzw. so weitgehend modifiziert, daß man letztendlich Übereinstimmung mit den bestehenden Bestimmungen des *ALR* erzielte.

Nunmehr konnte weiterhin auf die Regelungen im *Allgemeinen Landrecht* zurückgegriffen werden[285], die den Brandenburgern absolut ausreichten. Durch den vorgelegten Gesetzesentwurf wäre nach Ansicht des Plenums massiv in die Eigentümerrechte Einzelner eingegriffen worden. Hier wird insbesondere die völlige Verweigerung der Plenarversammlung gegenüber den §§ 54-74 des Gesetzesentwurfs deutlich. Wohl zu Recht wiesen die Mitglieder der Versammlung hier darauf hin, daß diese durch den Staat angestrebten Bestimmungen bereits ausreichend durch die allgemeinen Rechtsprinzipien und insbesondere durch § 63 *ALR* Thl. II, Tit. 15 abgedeckt waren. Die Beratungen haben aber auch gezeigt, daß sich die Mitglieder des Landtages nicht in ihren Eigentumsrechten beschneiden lassen wollten[286]. Eine Inanspruchnahme eines Einzelnen, etwa ohne Entschädigungszahlungen, kam schon überhaupt nicht in Betracht. Festzustellen ist hierbei schließlich, daß der Versuch des preußischen Staates, den einzelnen Bürger zu seinen speziellen öffentlichen Vorhaben heranzuziehen, jedenfalls im Bereich der öffentlichen Flüsse, fehlgeschlagen ist. Der Einfluß der einzelnen Provinziallandtage schon zu dieser Zeit ist demgemäß als kompetent einzustufen. Die Ergebnisse der Beratungen wurden durchaus ernst genommen und respektiert.

---

[281] Vgl. hierzu auch *Lette/von Rönne*, a.a.O., S. 674.
[282] GS 1848, S. 54.
[283] GS 1843, S. 41.
[284] *Lette/von Rönne*, a.a.O., S. 674.
[285] Vgl. zu den geltenden Bestimmungen oben Seite 76.
[286] Allerdings auch eine von den Eigenschaften, die den Brandenburger Provinziallandtag zu einem der konservativsten machte.

4. Verhandlungen zu einem Gesetzesentwurf den Diebstahl an Holz und anderen Waldprodukten betreffend (Proposition Nr. 3)[287].

a. Vorgeschichte

In den meisten Ländern und Provinzen *Europas* waren die Eigentumsverletzungen, die durch die Entwendung von Waldprodukten jeglicher Art verübt wurden, nicht Gegenstand des allgemeinen Strafrechts, sondern wurden in besonderen Gesetzen behandelt[288], die um so zahlreicher waren, weil sich selbst in den kleinsten Territorien jeder der früheren Landesherren veranlaßt gesehen hatte, zunächst zum Schutze der eigenen Waldungen sog. Forstordnungen zu erlassen[289]. In diesen Forstordnungen waren sowohl Bestimmungen über den Holzdiebstahl als auch über das Jagdrecht normiert, weshalb auch die Geschichte des Jagdrechts, wegen der noch darzustellenden Beratungen zur Verordnung über die Jagdvergehen[290], an dieser Stelle etwas ausführlicher behandelt wird. In den älteren Provinzen des preußischen Staates setzte sich später die Provinzialgesetzgebung mit dieser Materie auseinander, und es entstanden im 18. und in der ersten Hälfte des 19. Jahrhunderts für die verschiedenen Provinzen der Monarchie verschiedene Provinzialforstordnungen:

1.
in der *Kur- und Neumark* und dem ehemaligen *Zinnaer-Kreise* die Holz-, Mast- und Jagdordnung vom 20.05.1720[291];
2.
im Herzogtum *Magdeburg* und dem vormaligen Fürstentum *Halberstadt* die Holz-, Mast- und Jagdordnung vom 03.10.1743;
3.
in *Schlesien*:
a. die Holz-, Mast- und Jagdordnung vom 19.04.1756;
b. die Forstordnung für die schlesischen Gebirgsforsten vom 08.09.1777 und
c. das Regulativ vom 26.03.1788
4.
für *Ostpreußen* und *Litauen* die Forstordnung vom 03.12.1775;
5.
für *Westpreußen* und das *Netze-Distrikt* die Forstordnung vom 08.10.1805;

---

[287] Proposition abgedruckt bei *Schubert*, Westfälischer Provinziallandtag, Bd. 1, S. 217 ff.
[288] Vgl. hierzu insbesondere *Müller*, S. 1 ff. sowie *Hahn*, S. 1 ff.
[289] *Müller*, S. 1.
[290] Vgl. unten, Seite 98 ff.
[291] Vgl. die Nachweise bei *Müller*, a.a.O.

6.
für *Pommern* die Forstordnung vom 24.12.1777 und die erneuerte Verordnung, die Pflichten und Verbindlichkeiten der Holz- und Hütungsberechtigten betreffend vom 22.06.1799;
7.
für einzelne Teile der Provinz *Westfalen*:
a. die Holz-, Forst-, Jagd- und Grenzordnung des Fürstentums *Minden* und der Grafschaften *Ravensberg, Tecklenburg* und *Lingen* vom 09.03.1738;
b. die Klevisch-Märkische Jagd- und Waldordnung aus dem Jahre 1765 und
c. die Wald- und Holz- Ordnung im Herzogtum *Wesfalen* vom 20.10.1766.

Speziell in der *Rheinprovinz* und in *Westfalen* waren aber auch noch weitere, zumeist französische Verordnungen in Kraft, die nunmehr nach den Befreiungskriegen abgeschafft und werden sollten. Als Resultat der hieraus hervorgegangenen Bestrebungen kann zunächst das Gesetz vom 07.06.1821 wegen der Untersuchung und der Bestrafung des Holzdiebstahls[292] angesehen werden, wodurch in materieller als auch in formeller Hinsicht für den ganzen Umfang des preußischen Staates ein einheitliches Verfahren in Bezug auf den Holzdiebstahl begründet worden war. Allerdings stellte sich aber bald die Unzulänglichkeit dieses Gesetzes heraus, was mehrere Revisionen notwendig machte. Dies waren die Kabinettsorder vom 28.04.1834 über die Anwendung der Forststrafarbeit[293], vom 20.06.1835 über die Verjährung in Holzdiebstahlssachen[294], vom 05.08.1838[295] und 04.05.1839[296] über die Anwendung der Strafe des Holzdiebstahls auf die Entwendung anderer Waldprodukte. Indes konnten all diese Novellen nicht zu einer befriedigenden Lösung und Erhaltung des Gesetzes von 1821 beitragen[297].
Im Februar 1841 lag nunmehr ein vom Staatsministerium abgefaßter Entwurf eines Gesetzes wegen Untersuchung und Bestrafung der Forstdiebstähle und Forstfrevel vor[298], der durch die Landtage beraten werden sollte.
Als Motiv für den Erlaß dieses Gesetzes wurde insbesondere angeführt, daß

> *"... bei dem in bedenklicher Weise überhand genommenen Diebstahl an Holz und anderen Waldprodukten das Bewußtsein von der Sträflichkeit dieses Vergehens im Volke nothwendig geschärft werden müsse, und daß hierzu eine nachdrückliche und schnelle Betstrafung*

---

[292] GS 1821, S. 89.
[293] GS 1834, S. 67.
[294] GS 1835, S. 135.
[295] GS 1838, S. 431.
[296] GS 1839, S. 173.
[297] *Müller*, a.a.O., S. 4.
[298] Vgl. *Müller*, a.a.O.

> *der Frevel an den Thätern, sowie an den Theilnehmern oder Begünstigern erforderlich sei."*[299]

Anderseits sollte das Gesetz aber auch die Tatsache berücksichtigen, daß sich der Holzdiebstahl vom gemeinen Diebstahl unterscheide. Dies gelte um so mehr, als

> *"... die äußerste Noth in sehr vielen Fällen die Triebfeder des Frevels ist, Fälle, denen die Entwendung aus Eigennutz nicht gleichzustellen sind; daß daher unverhältnismäßig harte Strafen vermieden werden müssen."*[300]

Zunächst war der vierte Ausschuß mit dieser Proposition befaßt. In der vierundzwanzigsten Plenarversammlung am 26.04.1841 stand das Gutachten des vierten Ausschusses und der Gesetzesentwurf erstmals zur Debatte, die noch am gleichen Tage abgeschlossen werden konnte.

b. Beratungen[301]

Zunächst sah es die Versammlung als unbedingt notwendig an, den Anwendungsbereich dieses Gesetzes so genau wie möglich zu definieren. Es sollte zum einen ein dem ordentlichen Strafverfahren gegenüber einfacheres Beweisverfahren eingeführt und zum anderen sollten die speziell im ersten Abschnitt enthaltenen allgemeinen Bestimmungen so gefaßt werden, daß diese auf die folgenden Vorschriften Anwendung finden könnten. Aufgrund dessen sollte § 1 DHWG wie folgt lauten:

> *"Die in diesem Gesetze für den einfachen Holzdiebstahl gegebenen Vorschriften finden Anwendung auf die Entwendungen*
> *1. von allem noch nicht gefällten oder nicht geordneten Holze in geschlossenen Waldungen,*
> *2. an allem ungefällten Holze außerhalb der geschlossenen Waldungen, es mag zur Holznutzung oder zu anderen Zwecken bestimmt sein,*
> *3. an dem durch Zufall abgebrochenen oder in ganzen Stämmen umgeworfenen Holze, insofern mit dessen Zurichtung der Anfang noch nicht gemacht ist, und*
> *4. an dem im Walde oder auf unbefriedeten Plätzen Holzspähnen und Zacken;"*

---

299 *Müller*, S. 5.
300 *Müller*, a.a.O.
301 P., S. 199; V., S. 54., im folgenden DHWG.

Diese grundsätzliche Definition zur Anwendbarkeit dieses Gesetzes fand allerdings sogleich seine Ausnahme in § 2 DHWG, der wie folgt gefaßt war:

> *"Auf Entwendungen von ungefälltem Holze in Gärten, Parks, parkähnlichen Anlagen, Alleen und Obstplantagen finden die Vorschriften dieses Gesetzes keine Anwendung."*

Mit dieser vom Ausschuß vorgeschlagenen begrifflichen Einordnung sollte das Verfahren des sog. einfachen Holzdiebstahls gegenüber dem allgemeinen strafrechtlich zu verfolgenden Diebstahl wesentlich erleichtert werden. Dies sollte durch eine einfachere Beweisführung und durch eine mildere Bestrafung geschehen.
Es schien der Versammlung unangebracht, in § 12 DHWG und damit zur Vorschrift über die Mittäterschaft[302] nur denjenigen zu bestrafen, der sich des Diebstahls seiner Angehörigen, Dienstboten, Lehrlinge oder Tagelöhner bediente. Vielmehr sollte nach Ansicht der Mitglieder der Versammlung jeder bestraft werden, der sich *"sonst Jemandes"* bediente. Man war der Auffassung, daß jeder am Diebstahl Beteiligte, unabhängig von seinem Tatbeitrag, bestraft werden müßte. Wegen dieses Grundsatzes kam es bei § 13 DHWG zu einer längeren Debatte.
Hierbei ging es um die Frage, ob die hinter den Tätern stehenden Täter bestraft werden könnten. Ausgangspunkt war die Tatsache, daß Holzdiebstähle von Dienstboten, Gesellen und Lehrlingen oft mit Wissen ihrer Dienstherren und zu dessen Vorteil oder sogar mit deren Gespannen durchgeführt wurden. Die Dienstherren konnten bei solchen Vergehen allerdings sehr leicht ohne Strafe davonkommen. Dies lag vor allem an der schwierigen Beweislage. Der vierte Ausschuß hatte, weitergehend als der Gesetzesentwurf, in seinem Gutachten vorgesehen, daß auch die Dienstherren bestraft werden müßten, wenn ihnen ein Holzdiebstahl bekannt oder mit ihren Transportmitteln begangen wurde.
Einerseits fand dieser Vorschlag Unterstützung. Andererseits wurde angeführt, daß eine solche Haftung zu weit ginge, denn derartige Grundsätze waren noch nicht einmal im allgemeinen Strafrecht verankert. So könnte man auch hier die Haftung der Dienstherren nicht zu weit ausdehnen. Darüber hinaus sei es schon oft vorgekommen, daß der Dienstherr seinen Untergebenen Geld zu Beschaffung von Holz gegeben hatte, diese das Geld aber für sich behielten und statt dessen das zu beschaffende Holz stahlen. Die Vertreter dieser Ansicht gingen also von einer Unkontrollierbarkeit dieser Vorgänge aus und entschieden sich daher wohl im Zweifel für die Dienstherren.

---

[302] Vergleichbare Bestimmungen zum § 12 DHWG und damit zu den allgemeinen Grundsätzen der Beteiligung an Straftaten finden sich heute in den §§ 25 ff. StGB.

Schließlich wurde noch die Ansicht vertreten, daß die Dienstherrenschaft auch dann bestraft werden sollte, wenn ihnen eine Art der Mittäter- bzw. Mitwisserschaft nachgewiesen werden konnte.
Da eine Einigung wegen dieser unterschiedlichen Meinungen nicht zu erreichen war, stellte der Landtagsmarschall die folgenden fünf Fragen:

> *"1. ob der § 13 ganz wegfallen solle?,*
> *2. ob, wenn die Dienstherrenschaft vom Holzdiebstahl Wissenschaft gehabt und von demselben nicht den Betheiligten Anzeige gemacht habe, die im § 13 ausgesprochene Vertretung statt finden solle?,*
> *3. ob der vom Ausschuß vorgeschlagene Zusatz durch "und", oder durch "oder", mit dem Gesetzentwurf verbunden werden soll?,*
> *4. ob dieser Zusatz, nach dem Vorschlage des Ausschusses, beibehalten werden soll? und*
> *5. ob der § 13 des Entwurfs in unveränderter Fassung anzunehmen sei?"*

Nach der Abstimmung ergab sich zunächst, daß man sich gegen die Fragen 1. und 2. entschieden hatte[303]. Danach entschied man sich im Hinblick auf die 3. Frage mit 35 gegen 29 Stimmen dafür, daß in dem Zusatz des Ausschusses das Wort

> *"und"* statt *"oder"*

aufgenommen werden sollte. Allerdings entschied man sich anschließend gegen die Frage 4[304] und schließlich mit einer Mehrheit von 45 Stimmen für die Frage 5. und damit für die unveränderte Beibehaltung des § 13 DHWG.
Bei § 16 DHWG votierte man mit großer Stimmenmehrheit[305] für eine Wahlmöglichkeit des Waldeigentümers zwischen einer *"Strafarbeit"* des Täters oder einer Geldstrafe, die bei Uneintreibbarkeit zu einer Gefängnisstrafe umgewandelt werden konnte. Entgegen den Vorschlägen des Gesetzesentwurfs, bei dem der Täter die Wahlmöglichkeit hatte, sollte nun allein der Waldeigentümer entscheiden können. Begründet wurde dies damit, daß ein verurteilter Täter wohl immer die Strafarbeit bevorzugen würde. Damit war dem Geschädigten aber nicht immer geholfen. Immerhin sah der Täter die Arbeit in einem Forst immer als erzwungen an, so daß der Waldeigentümer von dieser Arbeit oft nur geringen Nutzen gehabt hätte. Wenn aber die Wahlmöglichkeit über Strafarbeit oder Gefängnis in den Händen des Geschädigten liege, konnte er sich individuell und

---

303 Eine Stimmenanzahl liegt leider nicht vor.
304 Auch hier ist eine genaue Stimmenverteilung nicht bekannt.
305 Ein genaues Ergebnis liegt auch hier nicht vor.

nach seinen Wünschen aussuchen, ob der Täter nutzbringende Arbeit verrichtete oder nicht.
Demgemäß schlug die Versammlung auch die Änderung des § 84 DHWG vor, der vorsah, daß bei Vermögendlosigkeit des Täters oder einem Freispruch der Gerichtsherr alle Verfahrenskosten zu tragen hatte. Dies geschah in Anlehnung an das Gutachten den vierten Ausschusses, wonach wegen der Regelung in § 16 DHWG allein der Waldeigentümer die Kosten des Verfahrens im Falle der Vermögendlosigkeit des Täters oder wegen eines Freispruchs tragen sollte. Begründet wurde dies auch damit, daß gemäß § 14 DHWG dem Waldeigentümer der Nutzen aus den Strafen der Täter zufließen würde. Es erschien der Versammlung daher angemessen und billig, diesen auch die Kosten tragen zu lassen.

c. Ergebnis

Mit diesen Änderungen wurde der Gesetzesentwurf am 05.05.1841 dem König vorgelegt[306].
Das Gesetz, den Diebstahl an Holz und anderen Waldprodukten betreffend, wurde allerdings erst am 02.06.1852 erlassen[307]. Bis dahin war noch immer das Gesetz vom 07.06.1821, wegen Untersuchung und Bestrafung des Holzdiebstahls, in Kraft. Nach dem siebenten Provinziallandtag hatte die preußische Regierung zunächst weitere Verordnungen über die Anwendung der im Holzdiebstahlsgesetz vom 07.06.1821 angedrohten Strafen vom 28.06.1844[308], die Ausdehnung der Befugnisse auf die königlichen Forstbeamten und der zur Verstärkung des Forstschutzes angenommenen Korpsjäger vom 19.02.1842[309] sowie 1851 die Bestrafung des Diebstahls an geschlagenem Holze aus dem Walde oder von der Ablage, oder an Schwemm- und Floßholz erlassen[310].
Aus den ursprünglich 88 Vorschriften der Proposition von 1841 wurden im Gesetz von 1852 lediglich 54 Vorschriften verwandt.
Die Ergebnisse der Beratungen des siebenten Provinziallandtags zu §§ 1 und 2 DHWG wurden im Wesentlichen eingearbeitet. Es ging den Abgeordneten hier insbesondere um die Unterscheidung des einfachen Holzdiebstahls vom gemeinen Diebstahl[311]. Die angestrebte Erleichterung, die die Abgeordneten des siebenten Provinziallandtags in ihren Beratungen zu §§ 1 und 2 der Proposition anstrebten war hiermit erreicht. Der vom Plenum vorgeschlagene Grundgedanke

---

[306] V., S. 54, 55, 64.
[307] GS 1852, S. 305.
[308] GS 1844, S. 252.
[309] GS 1842, S. 111.
[310] GS 1851, S. 144; 1856, S. 212; vgl. dazu auch *Müller*, S. 4.
[311] Diese Unterscheidung ist mit dem Erlaß dieses Gesetzes eingetreten. Die Regierung hatte aber auch die vorgeschlagenen Regelungen der §§ 1 und 2 DHWG in den Bestimmungen der §§ 1, 2 sowie 7 und 8 DHWG von 1852 beachtet.

einer Trennung des Holzdiebstahls vom allgemeinen Strafrecht fand sich damit im Gesetz wieder.
Dagegen wurden die Ergebnisse zu den Beratungen der §§ 12, 13 und 16 der Proposition im Gesetz von 1852 nicht berücksichtigt. Bezüglich der Teilnahme am Holzdiebstahl verblieb es bei den Normierungen der Proposition. Ferner gab das Gesetz auch weder dem Täter noch dem Waldeigentümer das Wahlrecht zwischen Strafarbeit und Gefängnisstrafe. Allein der Richter hatte gemäß §§ 12 und 13 das Recht, darüber zu entscheiden, ob der Täter nach der Maßgabe des § 14 des preußischen StGB vom 14.04.1851[312] zu einer Gefängnisstrafe verurteilt würde oder Strafarbeit ableisten sollte.
Dennoch kann dieses Gesetz als durchaus fortschrittlich angesehen werden. Auch wenn der Einfluß des siebenten Provinziallandtags sehr gering war, hat sich doch ein Grundsatz verwirklicht: Die Mitglieder der Versammlung hielten es für unbedingt notwendig, durch ein einfacheres Beweisverfahren eine Abgrenzung zum allgemeinen Strafrecht zu schaffen. Dies war jedenfalls gelungen. Das Holzdiebstahlgesetz von 1852 war in drei Abschnitte unterteilt. Der erste Abschnitt[313] befaßte sich ausschließlich mit den Strafbestimmungen, der zweite[314] allein mit dem Vorverfahren, in dem Zuständigkeiten und sämtliche Beweiserleichterungen geregelt wurden, und der letzte Abschnitt[315] mit der Verhütung von Holzdiebstählen. Insofern sind die Wünsche der Abgeordneten des siebenten Provinziallandtags berücksichtigt worden.

5. Verhandlungen zu einem Entwurf einer allgemeinen Forst- und Jagd-Polizei-Ordnung (Proposition Nr.5)[316].

a. Vorgeschichte

Seit der Zeit, zu der die preußische Agrar- und Landeskulturgesetzgebung weiterentwickelt wurde, wurde auch der Erlaß einer Feld-Polizei-Ordnung mehr und mehr gefordert. Diese Forderungen kamen sowohl von den Provinzial-Behörden als auch von den Provinziallandtagen[317]. Seit 1834 beantragten die Kommunalstände der Oberlausitz die Einführung der in der *Mark* und in *Pommern* geltenden Verordnung vom 08.04.1806 wider das Austreiben des Viehs ohne Beaufsichtigung eines Hirten[318], während der Schlesische Provinziallandtag

---

[312] GS 1851, S. 93.
[313] §§ 1-23.
[314] §§ 24-43.
[315] §§ 44-54.
[316] Proposition abgedruckt bei *Schubert*, Westfälischer Provinziallandtag, Bd. 1, S. 233 ff.; im folgenden FuJPO.
[317] *Lette/von Rönne*, 2.Thl., 2.Abthl., Seite 716.
[318] *Lette/von Rönne*, a.a.O., S. 705; N.C.C. Tom. XII. p. 121, Nr. 37.

tag die Abhilfe durch eine gänzlich neue *"Dorfsordnung"* erwartete[319]. In anderen Provinzen wurde der Mangel der für den Landbau und die Feldfrüchte zweckmäßiger und schützender Gesetzes bei den ständischen Beratungen über die Provinzialrechte zur Sprache gebracht. Seit 1837 verlangten auch die Provinzialstände von *Posen* den Erlaß einer eigenen Feld-Polizei-Ordnung.
Grund für diese Proposition war aber in erster Linie die Besorgnis, daß insbesondere den Wäldern der Provinzen bislang kein erforderlicher Schutz zur Erreichung der Holzkultur zukam. Aufgrund des ständig steigenden Holzbedarfs wegen vermehrter Holzindustrie sowie zunehmenden Holzverbrauchs und wegen des Bevölkerungswachstums sollte ein Gesetz den Schutz des Waldes sichern.
Die Beratungen über diesen Gesetzesentwurf nahmen die meiste Zeit der Beratungen des Provinziallandtages von 1841 in Anspruch. In der elften Plenarversammlung am 05.04.1841 wurde zunächst der allgemeine Teil des Gutachtens des vierten Ausschusses über die Proposition betreffend die Forst- und Jagd-Polizei verlesen. Der Landtagsmarschall stellte danach jedoch den Druck des ganzen Ausschußgutachtens, wegen seiner Wichtigkeit, anheim. Dieser Vorschlag wurde schließlich einstimmig beschlossen. In der vierzehnten Plenarversammlung am 14.04.1841 begannen schließlich die Beratungen. Sie zogen sich über mehr als 3 Wochen bis zum 04.05.1841 hin.

b. Beratungen[320]

Schon zu den ersten drei Vorschriften der FuJPO, den allgemeinen Bestimmungen, Begriffsdefinitionen sowie Aufgaben dieses Polizeigesetzes, kam es zu einer lebhafte Diskussion.
Es ging zunächst im wesentlichen um den Begriff der *"Polizei"* und wie dieser verstanden werden sollte. Man war der Ansicht, daß speziell in § 3 FuJPO nicht nur von der Aufsicht durch den Eigentümer und dessen Beamte die Rede sein dürfe, sondern ausdrücklich von der Forstpolizei gesprochen werden müsse[321]. Dies sollte insbesondere wegen der Lastenverteilung notwendig sein. Da es viele unterschiedliche Waldgebiete gab, in denen zum einen Privatpersonen, aber auch teilweise der Staat Eigentümer waren, sollte man einen einheitlichen Oberbegriff für den Schutz der Waldungen bilden. Diese Ansicht fand jedoch nicht die ungeteilte Zustimmung der Versammlung.
Einige Vertreter wollten den Begriff der Polizei überhaupt nicht erwähnen, andere wollten dem betreffenden Eigentümer seine Rechte als Polizei uneingeschränkt erhalten. Letzteren erschien es aber bedenklich, daß womöglich nicht alle in Forsten und Wäldern vorkommenden widerrechtlichen Fälle von Eingrif-

---

[319] *Lette/von Rönne* a.a.O.
[320] P., S. 96, 117, 149, 158, 172, 180, 199; V., S. 72.
[321] P., S. 118.

fen erfaßt werden konnten. So wiesen sie insbesondere auf das komplizierte Verhältnis bei Koppeljagden hin, an denen mehrere Jäger teilnehmen. Speziell in einem solchen Fall könnte nur die Autorität des *"Grund-Polizeiherrn"* gelten[322]. Diese Abgeordneten gingen sogar so weit, daß sie die Ansicht vertraten, der Begriff einer Forst und Jagd- *Polizei*– Ordnung sei bedenklich und bringe nur Verwirrung. Immerhin würde man sich beim Begriff der Polizei unwillkürlich an die gewöhnliche Polizei erinnern, welche sich nur als strafend und beengend darstelle[323].
Es wurde daher vorgeschlagen, zwar nicht die gesamte Benennung des Gesetzes zu ändern, aber wenigstens in den ersten drei Vorschriften statt von *"Forst- und Jagd-Polizei*" immer nur vom *"Forstschutz"* zu sprechen[324].
Allerdings schien auch dies nicht allen Abgeordneten, insbesondere im Hinblick auf die Motive des Gesetzes, ausreichend. Man war sich nämlich grundsätzlich darüber einig, daß es auch in den Waldungen irgend eine Art Polizei, d.h. eine *"Ordnung gegen Verbrechen*", geben müsse. Darüber hinaus sei in letzter Zeit der Begriff der Polizei merklich abgemildert worden, weil man sogar eine *"Gewerbe-Polizei"* eingeführt habe. Deshalb solle man den Begriff der Polizei getrost auch auf die Forst- und Jagd *"Ordnung"* übertragen können.
Eine Abstimmung über den Begriff *"Forst- und Jagd-Polizei"* ergab dann auch eine große Mehrheit zugunsten dieses Polizeibegriffs. Eine zweite Abstimmung ergab schließlich, daß diese Forst- und Jagd-Polizei, sozusagen als neu geschaffene Polizei, keine Auswirkungen oder Einwirkungen auf die bereits bestehenden Kompetenzen der gewöhnlichen Polizei und die Polizeigrundbehörde haben solle[325].
Diese Zusätze sollten in § 1 FuJPO vorangestellt werden und fanden sodann die allgemeine Zustimmung. Allerdings entbrannte gleich eine weitere lebhafte Debatte.
Man war der Ansicht, daß die Polizei-Gerichtsbarkeit auf keinen Fall mit der Forst- und- Jagd-Polizei vermischt werden dürfe. Diesen Eindruck hatten nämlich der Ausschuß und mit ihm weitere Abgeordnete zu § 2 FuJPO gewonnen. Man wollte aber hier eine strikte Trennung erreichen. Deshalb wurde der Vorschlag unterbreitet, schon in der ersten Vorschrift den Zusatz:

> *"die Forst- und Jagd-Polizei-Jurisdiction wird dadurch nicht berührt",*

zu beschließen und demgemäß in der zweiten Vorschrift den Zusatz:

---

322 P., S. 119.
323 P., a.a.O.
324 P., a.a.O.
325 P., S. 120.

"liegt die Handhabung dieser (§ 1) Forst- und Jagd-Polizei",

sowie im dritten Vorschrift den Zusatz:

"wird die Handhabung dieser (§ 1) Forst- und- Jagd-Polizei"[326]

einzufügen. Diese Zusätze wurden schließlich angenommen. Nach dieser Diskussion wurden nunmehr von der Versammlung einstimmig die durch das Ausschußgutachten vorgeschlagenen §§ 1, 2 und 3 FuJPO angenommen.
Zu § 5 FuJPO kam es zu einer kurzen Diskussion. Er bestimmte folgendes:

"In wiefern der Wald-Eigenthümer durch die auf dem Walde haftenden Servituten in der freien Benutzung seines Waldes eingeschränkt werde, hängt von dem Umfange dieser Servituten ab; indessen können keine Berechtigungen dritter Personen so weit ausgedehnt werden, daß der Eigenthümer dadurch an der Einführung oder Ausübung einer nachhaltigen Bewirthschaftung und Benutzung seines Waldes, als solchen, gehindert würde. Insonderheit bleibt es dem Waldeigenthümer überlassen, die dem Boden und den klimatischen Verhältnissen angemessensten Holzarten zu ziehen, ohne Rücksicht auf die früherhin etwa vorhanden gewesenen anderen Holzbestände. Auch ist er befugt, den zweckmäßigsten Umtrieb zu wählen."

Fraglich war, ob, nach der Ansicht des Ausschusses, diese Vorschrift ganz weggelassen werden oder ob es bei der ursprünglichen Fassung bleiben sollte. Der Ausschuß hatte eine andere als die ursprüngliche Fassung vorgeschlagen.
Der Ausschuß war der Ansicht, daß der Weideberechtigte durch § 5 FuJPO eine zu große Härte hinnehmen müsse. Denn durch die Verwandlung des Waldes und durch den Übergang aus der einen Umtriebsperiode in eine andere verlören die Hütungsberechtigten gänzlich ihre Rechte. Die Weideberechtigung beruhte aber nicht auf dem Wald, sondern auf dem Grund und Boden. Wenn man aber den Wald gänzlich unter den Forstschutz stelle, würde seine Benutzung auch als Weideland unmöglich gemacht werden. Oftmals sei die eigentliche Bestimmung einer der Hütung unterliegenden Fläche nicht der Waldbau. Durch dieses Gesetz würden diese Flächen zum Forstgrund gemacht, etwa wegen hin und wieder darauf wachsender Sträucher. Den Nachteil hätten dadurch aber allein die Servitutsberechtigten, d.h. die Nutzungsberechtigten am fremden Eigentum[327].
Es erschien dem Ausschuß daher angemessen, diese Vorschrift zunächst wegzulassen und später bei den speziellen Bestimmungen auf dieses Thema zurückzukommen.

---

[326] P., S. 119.
[327] Vgl. P., S. 120.

Hierauf wurde von anderen Abgeordneten entgegnet, daß nicht die Festsetzung bestimmter Schonungsflächen für die Weideberechtigten hinreichenden Schutz gewähre. Wiederaufforsten des Holzes und die Erhaltung des Waldes seien der Hauptzweck dieses Gesetzes, welchem sich auch die Servituten unterzuordnen hätten[328]. Dies sei auch schon durch das Kultur–Edikt von 1811 zum Ausdruck gebracht worden. Man sah deshalb keine Veranlassung die Rechte der Servitutsberechtigten mit diesem Gesetz auszudehnen. Die Ausübung ihrer Rechte war ohnehin durch § 10 FuJPO, der die in den Forsten bestehenden und zu begründenden Berechtigungen normierte, ausreichend geschützt[329].
Entgegnet wurde diesen Argumenten, daß sich § 5 und § 10 FuJPO widersprächen und man deshalb § 5 FuJPO an sich weglassen müsse[330].
Eine Einigung war jedenfalls nicht zu erzielen. Deshalb mußte auch hier abgestimmt werden. Nachdem noch zwei weitere kleinere Änderungen dieses Vorschrift vorgeschlagen wurden, entschied sich endlich die Mehrheit der Versammlung für die Urfassung des § 5 FuJPO.
Eine weitere Diskussion ergab sich dann jedoch über die Fassung des § 10 FuJPO, mit welchem der zweite Abschnitt des Gesetzes begann und der als der Kern des gesamten Gesetzes anzusehen war. Sein Wortlaut war folgender:

> *"Wo der Umfang und die Art der Ausübung der Wald-Servituten durch Verleihung, Vertrag, richterliche Entscheidung oder bereits vollendete Verjährung bestimmt festgestellt worden ist, behält es hierbei sein Bewenden. In Ermangelung solcher auf besonderen Rechtstiteln beruhender Verhältnisse dienen aber die nachstehenden Vorschriften lediglich zur Richtschnur."*

Problematisiert wurden zunächst die laufenden Verjährungsfristen. Es stellten sich folgende Ansätze heraus:
Einige Mitglieder der Versammlung befürchteten, daß laufenden Verjährungsfristen, durch die Fassung des § 10 FuJPO mißachtet würden[331].
Dagegen wurde aber sogleich von anderen Abgeordneten eingewandt, daß laufende Verjährungsfristen durch die Fassung des § 10 FuJPO unterbrochen würden und somit kein Nachteil entstehen könne. Allerdings empfanden es diese Abgeordneten als eine nicht hinzunehmende Härte, daß nach dem Erscheinen dieses Gesetzes der Nachweis einer bereits vollendeten Verjährung, die nicht durch Anerkenntnis festgestellt worden war, nicht mehr gestattet sein solle. Das Recht, welches man auf gesetzliche Weise erworben hatte, ginge somit vollends verloren. Es solle deshalb die *"unabweisliche Notwendigkeit"* in das Gesetz mit

---

[328] P., a.a.O.
[329] P., S. 121.
[330] P., a.a.O.
[331] P., S. 125.

aufgenommen werden, daß bereits laufende Verjährungsfristen auch nach Erscheinen des Gesetzes nachzulassen seien[332]. Begründet wurde dies auch damit, daß die Verjährung ein eben so guter Rechtstitel sei, wie etwa ein Vertrag, und deshalb müßte ihr auch gleiches Recht zu Teil werden.
Darauf wurde von anderer Seite nunmehr erwidert, daß es sich hierbei nicht um die Verweigerung des Rechts selbst handele, sondern lediglich um den Umfang und die Ausübung. Zweck des Gesetzes sei schließlich,

> *"... die Ausübung der Rechte zu regeln und dem Mißbrauch und der daraus nothwendig folgenden Zerstörung der Wälder zu steuern, welche bisher so gut wie alles gesetzlichen Schutzes entbehrt hätten, und deshalb müsse man laut erklären, daß nur dann das ganze Gesetz von Nutzen sein könne, wenn die Bestimmungen des §. aufrecht erhalten würden."*[333]

Demgemäß kam man darauf zurück, daß es zunächst von höchster Wichtigkeit war, den Beweis des durch die Verjährung erworbenen Rechts ausdrücklich auch nach dem Inkrafttreten des Gesetzes zu gestatten. Die Führung des Beweises werde zwar ohnehin fast unmöglich sein, aber es wäre die Pflicht des Gesetzgebers, jedermann auf die Verjährungsfristen und ihren Beginn hinzuweisen. Immerhin werde der Nachweis der Verjährung mit jedem Jahr schwieriger zu führen sein und am Ende wahrscheinlich ganz unmöglich[334].
Diese Abgeordneten sprachen sich damit entschieden für die vorgeschlagene Regelung des Gesetzes und die Beibehaltung der durch die Verjährung eintretenden Rechtsfolge aus. Sie vertraten weiter die Ansicht, daß man durch dieses Gesetz keineswegs nicht erwiesene Rechte abschneiden wolle, denn der Nachweis eines Rechts dürfe Niemandem verweigert werden. Insbesondere sei der Erwerb eines Rechts durch Verjährung ein so allgemeines Prinzip, ein historisch so feststehendes Fundament deutscher Rechtspflege, daß man dieses nicht aus der Gesetzgebung streichen dürfe, ohne sie in ihren Grundfesten zu erschüttern.
Darauf wurde von anderen Mitgliedern der Versammlung erwidert, daß man das Recht an sich niemals habe antasten wollen. Diese Vertreter sahen sich aber außerstande,

> *"...im Mißbrauch des Rechts das Recht selbst zu sehen..."*[335]

---

[332] P., a.a.O.
[333] P., S. 125.
[334] P., S. 126.
[335] P., a.a.O.

In der bisherigen Handhabung der Waldstreu-Servituten erkannten diese Abgeordneten einen solchen Mißbrauch. Man könne deshalb unmöglich auch für die Zukunft durch den nachgelassenen Beweis nur die Servituten schützen wollen. Diese Abgeordneten waren der Ansicht, daß

> *"... gerade in dieser Form das Recht vernichtet würde, denn die mißbräuchliche Ausdehnung des Rechts führe ganz notwendig zu seiner Vernichtung, weil es die Substanz, auf welcher es ruhe und auszuüben sei, nämlich die Wälder zerstöre, während durch die von dem Gesetz beabsichtigte Regelung der Ausübung und mit ihm auch das Recht der auf demselben ruhenden Servitut erhalten werde."*[336]

Dies sei ein nicht hinnehmbarer Zustand. Außerdem werde sich im Verlaufe der Beratungen zeigen, daß man durchgehend das Recht jeder einzelnen Servitut wohl gewahrt und nur den Mißbrauch einer zu ausgedehnten Ausübung zu verhindern gesucht habe. Man müsse dringend die jetzige Regelung, den Beweis nachzulassen, aufheben[337].
Man war sich in dieser Diskussion jedoch grundsätzlich darüber einig, daß man dieses Kernprinzip an dieser Stelle klären müsse. Die Urfassung des Entwurfs und auch das Ausschußgutachten seien diesbezüglich nicht eindeutig genug.
Der Landtagsmarschall stellte deshalb die Frage, ob nach dem Erscheinen des Gesetzes über die Art und den Umfang einer Servitut noch der Nachweis einer bis zum Erscheinen des Gesetzes vollendeten Verjährung, wenn sie nicht bereits durch Judikat[338] oder Anerkenntnis festgestellt ist, nachgelassen sein sollte, zur Abstimmung.
Diese Frage wurde mit überwiegender Stimmenmehrheit bejaht[339]. Durch eine zweite Abstimmung wurde aber zugleich festgesetzt, daß dieser Beweis nur innerhalb der nächsten fünf Jahre zugelassen werden solle. Da damit aber gleichzeitig eine *"Bestimmung über das Servitut"* nicht mehr vorhanden gewesen wäre, beschloß man letztlich noch den Zusatz, daß neue Servituten fortan durch Verjährung nicht mehr erworben werden könnten[340].
Eine weitere Diskussion entstand bei den Beratungen zu § 30 FuJPO. In dieser Vorschrift ging es um die Raff- und Leseholz-Gerechtigkeit. Der Gesetzgeber wollte mit dieser Vorschrift im Interesse beider Parteien eine gerechtere Lösung für das Auflesen von Holz erreichen und regelte in verschiedenen Punkten die Möglichkeit des Sammelns von Holz.

---

336 P., a.a.O.
337 P., S. 127.
338 Richterlicher Entscheid.
339 P., a.a.O.
340 P., S. 128.

Bei den Beratungen zu § 30 FuJPO stellte sich heraus, daß es grundsätzlich bei den Vorstellungen des Gesetzgebers bleiben sollte und man demgemäß nur außerhalb von Schonungen Raff- und Leseholz sammeln durfte. Allerdings wünschten die Abgeordneten, daß bei "hohem" Schnee und an bestimmten Tagen im Sommer außerhalb der sog. *"Holztage"* das Einsammeln von Raff- und Leseholz gestattet sein sollte. An solchen Tagen sollte man danach auch das Raff- und Leseholz einsammeln dürfen.
Weiterhin wünschten die Mitglieder der Versammlung zu § 30 FuJPO, daß die Klausel *"nach Bedarf"* wegfallen sollte, weil dies nur zu Streitigkeiten Anlaß geben könnte. Dieser Antrag wurde sogleich genehmigt[341].
Schließlich wurde beantragt, daß die Bestimmung, wonach jeder Berechtigte einen *"Zettel"* bei sich führen sollte, um seine Berechtigung vorweisen zu können, weggelassen werden müßte. Dieser Antrag wurde schließlich verworfen, weil es den Abgeordneten zu unsicher erschien, daß der Forst-Schutzbeamte jeden Berechtigten kannte. Zur Erleichterung wurde aber beschlossen, daß, wer seinen *"Zettel"* nicht bei sich hatte, nun nicht mehr 15 Silbergroschen, sondern nur noch 5 Silbergroschen Strafe zahlen müsse[342].
Endlich wurde ein Antrag eingebracht, der es den Berechtigten erlauben sollte, mit hölzernen Haken das Holz einzusammeln. Dagegen erhob sich sogleich heftiger Widerspruch. Man argumentierte, daß gerade die Verwendung von Haken zwangsläufig zu Mißbrauch führe. Bei der Verwendung von Werkzeugen würden nämlich nicht nur trockene Zacken abgebrochen, sondern auch grüne Äste und möglicherweise sogar ganze Bäume. Schon das *Landrecht* gestatte aber nur das Zusammenlesen von Holzabfall und nicht das Abrechen von Holz. Darauf würde aber die Verwendung von Haken abzielen. Darüber hinaus sei eine Kontrolle überhaupt nicht mehr möglich. Man könne sich sogar vorstellen, daß man in die hölzernen Haken eiserne *"hineinpraktizierte"*[343].
Dagegen wurde allerdings sogleich eingewandt, daß es für den Berechtigten schon einen Unterschied mache, ob er einen noch gut brennbaren, aber vertrockneten Ast von einem Baum abschlage oder einen vermoderten Ast vom Boden auflesen müsse, der nicht diese Brennkraft habe. Sicherlich seien Äxte oder Beile zur Ausübung der Holzberechtigung nicht angebracht. Eine hölzerne Hacke könne aber nicht als für das Gemeinwohl gefährlich angesehen werden. Wenn man den Armen diese Art von Holzberechtigung versage, liefe man sogar Gefahr, noch größeren Schaden herbeizuführen, weil man immer damit rechnen müsse, daß sich die Berechtigten ihr Holz durch Diebstahl beschaffen könnten. Letztlich wurde angeführt, daß auch der Verweis auf § 10 FuJPO nicht greife. Kaum ein armer Holzberechtigter erlange von diesem Gesetz Kenntnis und

---

[341] P., S. 137.
[342] P., a.a.O.
[343] P., a.a.O.

selbst wenn er diese Kenntnis erlangte, könne er sein Recht mangels Vermögen nicht im Klagewege geltend machen[344].
Die Meinung der Versammlung zu diesem Punkt war geteilt. Die Abstimmung über den Antrag, daß die Benutzung hölzernen Haken da, wo sie durch Gewohnheitsrecht anerkannt war, auch weiterhin zu gestatten sei, ergab eine Mehrheit mit nur einer Stimme. 31 Vertreter sprachen sich für diesen Antrag aus, 30 dagegen[345].
Mit § 52 FuJPO begann der Abschnitt über die Bestimmungen der Waldstreuberechtigung. Diese Berechtigung war die Erlaubnis, abgefallenes Laub und Nadeln sowie dürres Moos zum *"Unterstreuen unter das Vieh"* und zur Herstellung von Dünger einzusammeln. Der Ausschuß hatte hierzu vorausgeschickt, daß nicht nur die Wälder selbst, sondern auch die auf ihnen ruhende Waldstreugerechtigkeit gegen eine zu weite Ausdehnung von Berechtigungen, größeren Schutz bedürfe. Dieser Schutz solle dadurch sichergestellt werden, daß dem Waldstreuberechtigten ein Drittel des belasteten Reviers, also des Waldes, zu Verfügung gestellt werde. So wollte man die berechtigten Interessen beider Parteien, also des Verpflichteten und des Berechtigten, gerecht werden[346].
Gegen diesen Vorschlag wurde zunächst von einigen Vertretern der Versammlung eingewandt, daß die Waldstreuberechtigung zu wichtig sei und jede Veränderung erheblich in bestehende Verhältnisse eingriffe. Diese Vertreter waren daher der Ansicht, man könne nur die örtlich begrenzten Gewohnheitsrechte gelten lassen oder eventuell für den Vorschlag des Ausschusses stimmen, wenn § 10 FuJPO in der oben genannten beschlossenen Fassung angenommen werde[347].
Eine zweite Einwendung gegen den Vorschlag des Ausschusses richtete sich gegen die Begründung der Waldstreuberechtigung auf ein Drittel des Waldes. Dies passe nur für Kiefern-, nicht aber für Laubholzwälder. Dabei sollte es bei Laubholzwäldern auch nicht darauf ankommen, ob in diesen Schlagwirtschaft betrieben, ob sie als Mittelwald genutzt oder als reiner Hochwald fungieren. Jedenfalls sei es in solchen Wäldern unmöglich, auf lediglich einem Drittel die Waldstreuberechtigung auszuführen[348].
Grundsätzlich gab man diesen Argumenten zu, daß der Vorschlag des Ausschusses möglicherweise Rechte Einzelner verletzte. Darauf sollte es aber nicht entscheidend ankommen, denn der wichtigste Zweck sei die Erhaltung der Wälder. Es sei erwiesen, daß durch den Mißbrauch der Waldstreuberechtigung, insbesondere des sog. Streuharkens, die Produktivität des Waldbodens drastisch sinke. Damit könnten neue Hölzer nicht nachwachsen und am Ende verlöre man

---

[344] P., S. 138.
[345] P., a.a.O.
[346] P., S. 141.
[347] P., a.a.O.
[348] P., S. 142.

möglicherweise den gesamten Wald. Darüber hinaus hätten die beiden Provinziallandtage zuvor eine solche Bestimmung für unbedingt notwendig erachtet und als Petitionen eingebracht. Es wäre daher nicht zweckmäßig, den vorliegenden Gesetzesentwurf zu verwerfen. Aus diesen Gründen sei es jetzt notwendig einzuschreiten auch auf die Gefahr hin, bestehende Rechte einzelner zu schmälern. Schließlich sei die Möglichkeit der *"Bewirtschaftung"* eines Drittels durchaus ausreichend. Dies schränke auch eher den Verpflichteten als den Berechtigten ein, weil bisher in einigen Landesteilen weit weniger als ein Drittel des Waldes der Streuberechtigung unterlagen. Endlich werde der Eigentümer auch selbst darauf achten, daß das zur Verfügung gestellte Drittel nicht völlig ausgebeutet werde und entscheiden, wann der Berechtigte ein anderes Drittel nutzen könne. Auch wenn die Fläche für einige Berechtigte zwar kleiner erscheinen möge, im Ergebnis stehe jedoch über einen längeren Zeitraum die gesamte Fläche zur Verfügung[349].

Es wurde nun zunächst darüber abgestimmt, ob, falls die Versammlung mit der Beschränkung zu einem Drittel einverstanden war, dieses Drittel noch weiter beschränkt werden sollte. Diese Frage wurde verneint mit 37 gegen 26 Stimmen. Eine weitere Beschränkung sollte also unzulässig bleiben[350].

Danach wurde über den Vorschlag des Ausschusses entschieden. Die Auszählung ergab 36 Stimmen für das Gutachten und 27 dagegen[351].

Fraglich war letztlich, ob auch hier, im Falle des Erscheinens des Gesetzes § 10 FuJPO zur Anwendung kommen sollte.

Gegen die Anwendung wurde angeführt, daß § 53 FuJPO so gelten müsse, wie man ihn jetzt beschlossen habe.

Dagegen wurde jedoch angeführt, daß man § 10 FuJPO gerade als Einleitung und wichtigsten Kern dieses Gesetzes verstanden wissen wollte. Es sollten gerade keine Einzelentscheidungen in den einzelnen Vorschrift getroffen, sondern eine allgemeine Regelung vorangestellt werden. Schließlich wurde die Frage zur Abstimmung gestellt, ob dasjenige, was durch § 10 FuJPO für alle übrigen Servituten festgestellt wurde auch für die Waldstreuberechtigung gelten solle. Diese Frage wurde mit 35 gegen 28 Stimmen bejaht[352].

In §§ 58 bis 83 FuJPO ging es ausschließlich um die Hütungsgerechtigkeit. Bislang gab es bestimmte Mindeststückzahlen von Vieh, die zu einer Herde zusammengefaßt werden mußten, um sie auf einer Weide hüten zu können. Diese Stückzahlen wurden eingeführt, um eine Zersplitterung einzelner Herden zu vermeiden.

In der Versammlung wurde vorgetragen, daß es dem Einzelnen gestattet sein sollte, sein Vieh in den mit einer Hütungs-Servitut belasteten Wald zu treiben.

---

[349] P., a.a.O.
[350] P., a.a.O.
[351] P., S. 143.
[352] P., a.a.O.

Darüber hinaus sollte auch die bisher vorgeschriebene Mindestzahl des Viehs, welches auf dieses Land getrieben werden darf, verringert werden. Der Grund dafür bestand in der Hauptsache darin, daß sich die einzelnen Berechtigten, wenn sie die entsprechenden Stückzahlen nicht erreichten, oft mit mehreren zusammenschließen mußten, um überhaupt in den Genuß dieses Rechtes zu kommen. Dies stelle aber eine sehr große Belastung dar. Man schlug daher vor, die normierte Stückzahl der Viehherden zu reduzieren und zwar bei Großvieh statt 60 Stück auf 30, bei Schweinen statt 90 auf 60 und bei Schafen statt 600 auf 300 Stück. Dem Verpflichteten könne dies keinen Nachteil bringen[353].
Dem wurde allerdings entgegnet, daß man gerade diese Stückzahlen eingeführt habe, um eine Zersplitterung der einzelnen Herden zu vermeiden.
Andere Abgeordnete wollten die Mindeststückzahl überhaupt abschaffen, weil sie im Ergebnis ohnehin nur Verunsicherung schaffe.
Es kam damit letztlich zu drei Anträgen, wonach die Mindeststückzahl um die Hälfte reduziert werden sollte, ein weiterer, der die Stückzahl erhöhen wollte, und schließlich ein Antrag der diesen Passus ganz abschaffen wollte.
Dieser letzte Antrag wurde schließlich mit 44 gegen 24 angenommen, so daß der Passus zu streichen war[354].
Auch bei § 84 FuJPO, der von der "Gräserei-Berechtigung" handelte, kam es zu Meinungsverschiedenheiten.
Diese Berechtigung sei nicht in der ganzen Provinz *Brandenburg*, sondern hauptsächlich im Gebiet des *Spreewaldes* verbreitet. Der Ausschuß trug vor, daß das Sammeln der Gräser an drei Tagen in der Woche – wie es der Entwurf vorsah - nicht ausreichend sei, weil sich die dortige Bevölkerung hauptsächlich mit der Viehzucht beschäftige[355]. Auch deshalb sei der Bevölkerung viel daran gelegen, täglich frisches Gras zur Fütterung holen zu können. Das Mähen der Gräser solle auch nur mit einer Handsichel vorgenommen werden, wohingegen das Benutzen einer Sense und einer Blattsichel verboten werden könne. Daraufhin wurde von der Versammlung beschlossen, daß es heißen solle,

> *"... sie darf nicht mit Sensen und Blattsicheln, sondern nur mit der Handsichel ausgeübt werden."*[356]

Um aber auch den Interessen des Spreewaldes Genüge zu tun, beschloß den Zusatz,

> *"... wenn nicht rechtsgültige Festsetzungen und Local-Observanz etwas anders bestimmen."*[357]

---

[353] P., S. 150.
[354] P., S. 151.
[355] P., S. 154.
[356] P., a.a.O.

Der dritte Abschnitt des Gesetzes, der von Beschädigungen durch andere Personen als die Servitut-Berechtigten sowie durch Naturereignisse und andere Zufälle handelte, gab weiteren Anlaß zur Diskussion.
Zu § 91 FuJPO hatte der Ausschuß vorgeschlagen, daß die Strafe für die Verletzung eines Baumes nicht von dessen Absterben abhängig gemacht werden solle, was auch die Unterstützung der Versammlung fand[358].
Zu § 105 FuJPO, der das Teer- und Kohleschwelen nur unter bestimmten Voraussetzungen zuließ, hatte der Ausschuß in seinem Gutachten nichts beanstandet. Allerdings trat man auch hier noch einmal in die Diskussion ein, weil man befürchtete, daß die durch das Kohleschweelen hervorgerufene Feuergefahr nicht ausreichend beachtet würde. Man war sich danach aber einig, daß der vorgeschlagene Sicherheitsabstand des Meilers von 3 Ruthen ausreichend wäre, weil

> *"der Köhler ein ordentlicher zuverlässiger Mann sei."*[359]

Im folgenden 4. Abschnitt ging es um die Jagdpolizei und deren Befugnisse.
Zu § 123 FuJPO wurde die grundsätzliche Frage diskutiert, ob alle Bestimmungen über die Jagd, die im *Allgemeinen Landrecht*, in Provinzialrechten oder Lokal-Observanzen enthalten waren, mit dem Erscheinen einer allgemeinen Forst- und- Jagd-Polizei-Ordnung außer Kraft treten sollten.
Einerseits glaubte man, daß nach dem Erscheinen dieses Gesetzes alle anderen älteren Forst- und Jagdordnungen außer Kraft gesetzt würden, weil dieses Gesetz ansonsten obsolet wäre[360].
Andererseits wies man darauf hin, daß man durch das neue Gesetz längst nicht alle Fragen geregelt habe. Dieses befasse sich ausschließlich mit polizeirechtlichen Fragen, nicht aber mit dem Privatrecht. Es wäre sehr gefährlich, wenn man alle anderen Gesetze, die die Forst und Jagd betreffen, als aufgehoben betrachten würde. Nur dort, wo dieses Gesetz ausdrücklich etwas anders bestimmte, sollten die alten Regelungen außer Kraft treten, denn dieses Gesetz sollte nur die notwendige polizeiliche Aufsicht des Staates über dessen Ausübung regeln[361].
Nach der Diskussion nahm die Versammlung mit überwiegender Mehrheit aber den folgenden Grundsatz an:

> *"Alle diejenigen Bestimmungen, die dem jetzigen Gesetz nicht entgegen und im allgemeinen Land-Recht und den verschiedenen Provinzi-*

---

[357] P., a.a.O.
[358] P., S. 159.
[359] P., S. 161.
[360] P., a.a.O.
[361] P., S. 173.

al-Rechten enthalten sind, mit Ausnahme der in den Provinzial-Jagd-Ordnungen enthaltenen jagdpolizeirechtlichen Bestimmungen, sind durch gegenwärtige Gesetz nicht aufgehoben."[362]

Danach wurden die Beratungen zum 2. Abschnitt des Titels III, Schutz des Jagdrechts aufgenommen.
Zu § 137 FuJPO, der die Handhabung der Benutzung von Waffen regelte und deren Falschbenutzung unter Strafe stellte, nahm man das Gutachten des Ausschusses insoweit an, als es die Strafen einzig als Polizeistrafen ansehen wollte.
Gegen den weitergehenden Antrag der Ausschußmehrheit, die Norm zu streichen, wurde im Plenum angeführt, daß sich eine Bestrafung bei unvorsichtigem Schießen von selbst verstehe und es daher für den Jagdberechtigten einer Bestimmung darüber nicht bedürfe, wie er sein Gewehr zu halten habe[363].
Diese Ansicht fand den Beifall der Versammlung. Zur Unterstützung wurde angeführt, daß durch die technischen Veränderungen an den Gewehren ausreichend Schutz gegeben sei und der Schütze selbst nach seiner Gewohnheit schießen solle[364].
Darüber hinaus wurde die Frage aufgeworfen, wer Einschränkungen dieser Art überprüfen sollte. Für die Ansicht der Mehrheit wurde angeführt, daß dieses Gesetz nicht nur für den geübten Jäger, sondern für alle Jagdliebhaber gelten solle. Die Streichung dieses Vorschrift wurde sodann beschlossen[365].
Aus den Beratungen ergibt sich insgesamt, daß die Mehrheit des Landtages im wesentlichen die Interessen der Landeskultur schützen wollte. Die Landeskultur war ihrer Ansicht nach mit den Interessen einer vermehrten Holzkultur gleichzusetzen, allerdings vorbehaltlich der Waldstreu, die für die Stände zur Bestellung der Ländereien und soweit sie die Weideberechtigung im Wald betraf, auch für den Erhalt des Viehbestandes unentbehrlich war. Darüber hinaus war es den Vertretern des siebenten Provinziallandtags wichtig, auch die bereits bestehenden und erworbenen Rechte zu sichern, was durch die Neufassung des § 10 FuJPO am deutlichsten zum Ausdruck kam. Die Diskussion über diese Bestimmung stellte damit sicherlich den entscheidenden Punkt der Beratungen dar. Denn nach Ablauf der Fünfjahresfrist sollte ein gesicherter Rechtszustand entstehen, bei dem die Forst- und- Jagd-Polizei-Ordnung in vollem Umfang zur Geltung kommen konnte, sofern nicht die Ausübung einer Waldservitut festgestellt worden war. Diese Ansichten zogen sich durch die gesamten Beratungen dieses Gesetzes, welche sich schließlich über einen Zeitraum von fast 20[366] Tagen hinzog.

---

[362] P., S. 174.
[363] P., S. 182.
[364] P., a.a.O.
[365] P., a.a.O.
[366] Vom 05.04.-24.04.1841.

Am 04.05.1841 wurde das Ergebnis der Beratungen zu diesem Gesetzesentwurf an die Regierung vollzogen.

c. Ergebnis

Am 29.01.1845 wurde dem neunten Provinziallandtag mitgeteilt, daß der Entwurf einer neuen allgemeinen Forst- und Jagd-Polizei-Ordnung dem Staatsrate noch zur Begutachtung vorläge[367]. Letztlich unterteilte man dieses Gesetz in zwei Gesetze:
Am 01.11.1847 trat zunächst eine Feld-Polizei-Ordnung in Kraft[368], in der sich einige der hier beratenen Grundsätze und Bestimmungen wiederfanden. Der Gesetzgeber versuchte durch dieses Gesetz die Aufgabe zu lösen, für die sieben Provinzen *Preußens*, in denen das *ALR* galt, allgemein gültige Bestimmungen zu schaffen. Der Gesetzesentwurf hierzu wurde im neunten Provinziallandtag 1845 beraten. In diesem Zusammenhang kann auf die Beratungen zur Feldpolizeiordnung von 1845 im neunten brandenburgischen Provinziallandtag verwiesen werden[369]. Die Feldpolizei-Ordnung behandelte zwar einige Gegenstände der Forst- und Jagdpolizeiordnung, sie hatte aber auch noch andere Aufgaben[370].
Am 07.03.1850 wurde schließlich das Jagdpolizei-Gesetz als ein weiteres der Landeskulturgesetze *Preußens* verabschiedet[371], welches den hier dargestellten Grundsätzen zur Jagdpolizei zwar ähnlich, aber nicht identisch war. Als Polizeigesetz übernahm es jedoch den Kern der hier beratenden Proposition, so daß auch die Wünsche der einzelnen Provinziallandtage, sofern gewollt, von der Regierung berücksichtigt wurden.

6. Verhandlungen zu einem Entwurf einer Verordnung über die Jagdvergehen (Proposition Nr. 4)[372].

a. Vorgeschichte

Diese allgemeine Verordnung sollte ein gegenüber dem bisherigen Recht vereinfachtes Untersuchungs- und Beweisverfahren bringen und wurde mit den Motiven dem Landtag zur Verhandlung vorgelegt[373]. Zur Vorgeschichte kann

---

[367] V. 1845, S. 10.
[368] GS 1847, 376.
[369] Vgl. unten IV, 5.
[370] Vgl. unten IV, 5; sowie die Motive zur Feldpolizeiordnung, abgedruckt bei *Schubert*, Rheinischer Provinziallandtag, Band 5, S. 495.
[371] GS 1850, S. 165; *Nobiling* S. 724.
[372] Proposition bei *Schubert*, Westfälischer Provinziallandtag, Bd. 1, S. 320 ff.; im folgenden: J-VO.
[373] V., S. 9-10.

auf die Ausführungen zum Holzdiebstahlsgesetz und zur Forst- und Jagdpolizeiordnung verwiesen werden[374].
Der Entwurf wurde dem dritten Ausschuß zur Beratung vorgelegt. In der fünfundzwanzigsten Plenarversammlung am 27.04.1841 stand das Gutachten dieses Ausschusses und der Verordnungsentwurf erstmals zur Debatte, die noch am gleichen Tage abgeschlossen werden konnte.

b. Beratungen[375]

Gegen den allgemeinen Teil des Gutachtens und des Entwurfs wurden grundsätzlich keine Bedenken geäußert. Allerdings gab es zu § 1 J-VO eine Diskussion darüber, inwieweit das Betreten eines Jagdreviers schon strafbar sein sollte. Ein Teil der Mitglieder der Versammlung hielt es dabei für bedenklich, daß schon das Betreten mit

> *"... Schießgewehr, Jagdgeräth oder Windhunden..."*

strafbar sein sollte. Immerhin war es durchaus möglich, daß ein Jäger mit seiner Jagdausrüstung erst das Gebiet eines anderen Jägers durchstreifen mußte, um zu seinem eigentlichen Jagdgebiet zu gelangen. Allerdings hatte die Versammlung schon den § 131 der Forst- und Jagd-Polizei-Ordnung angenommen, der wörtlich mit dieser Vorschrift übereinstimmte. Man ließ deshalb alle Bedenken wieder fallen, insbesondere auch den Antrag, daß nur der bestraft werden sollte, der mit einem "*geladenem*" Gewehr und mit "*freien*" Hunden fremde Reviere betrat.
Eine heftige Diskussion entbrannte jedoch zu § 2 J-VO. Hier ging es insbesondere um die Frage, ob, wenn eine Person mit Waffen auf einem fremden Grundstück angetroffen wurde, eine Vermutung für eine *"Nachstellung"* gelten sollte und der mutmaßliche Täter den Gegenbeweis führen müßte oder nicht.
Ein Teil der Mitglieder der Versammlung bevorzugte die Vermutungsregel. Er war der Ansicht, daß eine Person, die mit Gewehr und Hund in einem fremden Jagdrevier angetroffen würde, nicht bestraft werden könne, wenn sich der Beweis, daß er tatsächlich gewildert hatte, nicht führen ließe. Um den Jagdrevieren aber den nötigen Schutz zu geben, müßten auch solche mutmaßlichen Täter verurteilt werden, wenn sie den Gegenbeweis nicht führen könnten. Darüber hinaus sei die Führung dieses Beweis auch nicht derartig schwierig, denn derjenige, der mit einem Gewehr über ein fremdes Revier gehe und in einem anderen Revier an einer Jagd teilnehmen wolle, könne den Entlastungsbeweis leicht führen.

---

374 Vgl. oben, Seite 78 ff. und 84 f.
375 P., S. 211; V., S. 65.

Andere Mitglieder der Versammlung fanden diese Betrachtungsweise aber zu streng. Nicht jeder, der mit einem Gewehr und mit einem Hund in einem fremden Jagdrevier angetroffen werde, könne der Jagdwilderei bezichtigt werden. Diese Vertreter machten daher den Vorschlag, § 2 J-VO dahingehend zu modifizieren, daß nur derjenige der Jagdwilderei bezichtigt werden kann, der

"...mit g e l a d e n e n Gewehren oder l o s e n Hunden..."

das fremde Jagdrevier betrat.
Allerdings erhoben sich auch gegen diese Modifizierung viele Abgeordnete mit dem Hinweis, daß auch dies gegen allgemeine Rechtsprinzipien verstoße. In jedem Fall müßte nämlich der Betroffene den Negativbeweis führen, was nicht möglich ist. Vielmehr sollte allein der Richter, der letztlich auch die Strafen ausspreche, sich eine Meinung darüber bilden, ob der Betroffene nun ein Jagdwilderer war oder nicht. Eine Einigung war jedoch nicht zu erreichen. Letztlich entschied sich die große Mehrheit für die ursprüngliche Fassung des Gesetzesentwurfs.
Auch die Vermutung für einen Wilddiebstahl in § 11 Nr. 2 J-VO wurde schließlich mit 37 Stimmen abgelehnt. Dort war geregelt, daß ein Wilddiebstahl vermutet wird, wenn ein vermeintlicher Täter das unbefugt erlegte Wild vergraben hatte oder es sonst außerhalb seiner Wohnung versteckte. Auch hier war der Grund, wie schon zu § 2 J-VO, daß es dem Richter überlassen werden sollte, wer letztlich als Wilddieb einzustufen war und wer nicht.

c. Ergebnis

Erst am 07.03.1850[376] wurde ein Jagdpolizeigesetz erlassen, das an sich kaum noch etwas mit dem Gesetzesentwurf von 1841 zu tun hatte. Man konnte sich auch im Staatsministerium offenbar nur schwer von den althergebrachten Gesetzen und Verordnungen trennen, wenn es nicht unbedingt wichtig war. Nachdem alle Landtage ihre Wünsche und Erinnerungen zu diesem Gesetzesentwurf gemacht hatten, wurde dieser Entwurf noch einmal vom Staatsministerium modifiziert. Danach legte das Staatsministerium diesen Entwurf am 26.04.1844, also erst 3 Jahre später dem Staatsrat vor, der nunmehr mit seiner Prüfung und Begutachtung begann[377]. Die Abteilungen des Staatsrats für die Justiz, das Innere und die Finanzangelegenheiten berieten den Entwurf, stellten nach ihren Beschlüssen einen abgeänderten Entwurf auf und fügten auch ihr Gutachten bei[378]. Eine Plenarberatung fand aber auch wegen der Ereignisse von 1848 nicht mehr statt, so daß die legislative Beratung erst 1850 wieder aufgenommen wurde.

---

[376] GS 1850, S. 165.
[377] *Müller*, S. 4.
[378] *Müller*, a.a.O.

7. Verhandlungen zu einem Entwurf einer Verordnung wegen der Wiedereinführung von Legitimationsattesten beim Pferdehandel (Proposition Nr. 11)[379].

a. Vorgeschichte

Grund für diese Proposition war der stetig steigende Pferdediebstahl in einigen Provinzen und die darauf hin erfolgten ständischen Anträge, eine solche Verordnung ins Leben zu rufen.
Aufgrund einer Anfrage der Regierung zu *Danzig* war es zu einer Meinungsverschiedenheit zwischen dem Innen- und Finanzministerium darüber gekommen, ob die beim Verkauf von Pferden erforderlichen obrigkeitlichen Atteste jedesmal mit einem vorschriftsmäßigen Atteststempel zu versehen seien[380]. Die Pflicht zur Attestierung ergab sich aus einer Verordnung vom 28.09.1808 zur Verhütung von Pferdediebstählen[381], deren Aufhebung gleichzeitig von beide Ministerien beantragt wurde. Der König hatte daraufhin durch Allerhöchste Kabinettsorder vom 04.08.1832[382], und unter Wiederherstellung der Strafen des *Allgemeinen Landrechts* für den Pferdediebstahl, die o.g. alte Verordnung aufgehoben.
Es vergingen aber keine zwei Jahre, bis die Stände der Provinz *Preußen*, in einer Denkschrift vom 01.03.1834, die Wiedereinführung der Legitimationsatteste für den Pferdeverkauf beantragten. Sie behaupteten, daß sich seit der Kabinettsorder vom 04.08.1832 der Pferdediebstahl in besorgniserregender Weise vermehrt habe. Hierauf wurden die Stände im Landtagsabschied vom 19.01.1835 wie folgt beschieden:

> "... *daß zuvörderst die Thatsachen, auf welche der Antrag gegründet werde, speciell erörtert und ermittelt werden sollten, ob seit Publikation der Ordre vom 4. August 1832 eine solche Vermehrung der Pferdediebstähle eingetreten sei, welche die Wiederaufhebung dieser vor so kurzer Zeit erst ertheilten Bestimmung rechtfertigen möchte.*"[383]

Alle Regierungen und Oberlandesgerichte der Provinz *Preußen* bestätigten indes eine Vermehrung des Pferdediebstahls seit 1832 um fast das doppelte. Allerdings war man sich nicht einig, ob der vermehrte Pferdediebstahl allein auf

---

[379] Proposition nebst Motiven abgedruckt bei *Schubert*, Westfälischer Provinziallandtag, Bd. 1, S. 279 ff. im folgenden: P-VO.
[380] Motive, a.a.O., S. 280.
[381] *Mathis*, Bd. 7, S. 1; N.C.C. Tom. XII. p. 443.
[382] GS 1832, S. 202.
[383] Motive, a.a.O.

dem Wegfall der Verordnung beruhte. Der Pferdediebstahl trat nämlich hauptsächlich in den mit *Polen* angrenzenden Kreisen auf und dort herrschte zu dieser Zeit ein bedeutender Mangel an Pferden. Außerdem könne dieser Mangel auch ein Anreiz für inländische Pferdediebe gewesen sein, die die gestohlenen Pferde dann nach *Polen* verkauften[384]. Aus diesem Grunde beschied die Königliche Regierung die Stände dahingehend, daß es notwendig sei,

> "... *die Erfahrungen mehrerer Jahre zu Rathe zu ziehen...*"[385]

Nachdem man einige Jahre gewartet hatte, in der Zwischenzeit hatten auch die Stände *Brandenburgs* am 04.04.1837 die Wiedereinführung der Legitimationsatteste beim Pferdeverkauf beantragt[386], und die Pferdediebstähle immer noch anstiegen, kam man überein, wieder eine Verordnung über das Erfordernis von Legitimationsattesten beim Pferdehandel einzuführen[387], weil man davon überzeugt war, daß man dadurch dem Pferdediebstahl entgegenwirken könne.
Der zweite Ausschuß des Landtags war mit der Begutachtung dieses Gesetzesentwurfs befaßt. Schon in der fünften Plenarversammlung am 22.03.1841 wurde das Gutachtens des zweiten Ausschusses über diese Proposition verlesen und beraten. Die Beratungen konnten noch am gleichen Tag abgeschlossen werden.

b. Beratungen[388]

Das Gutachten des zweiten Ausschusses zu diesem Gesetzesentwurf befand zunächst, daß es sehr wünschenswert sei, ein solches Gesetz grundsätzlich wieder einzuführen. Dennoch hielt der Ausschuß in der Sache zu verschiedenen Vorschriften Zusätze und Veränderungen für angebracht und faßte den Entwurf völlig neu. Aber auch diese Änderungen fanden in der Versammlung noch reichlich Diskussionsstoff[389].
Schwerpunkt war zunächst die Frage, ob die Legitimationsatteste auf den Marktverkehr beschränkt sein sollten, denn der Gesetzesentwurf sah in § 1 P-VO folgendes vor:

> *"Wer ein Pferd verkaufen, vertauschen, verschenken oder sonst veräußern will, ist verpflichtet, sich über seine Befugniß dazu, auf Erfor-*

---

[384] Motive, a.a.O.
[385] Motive, a.a.O.
[386] Vgl. Motive, a.a.O., S. 280.
[387] Motive, a.a.O., S. 281; Vgl. zu den weiteren Motiven der einzelnen Vorschriften, Motive S. 281-283.
[388] P., S. 42; V., S. 158.
[389] P., S. 42.

> *dern der Polizei, durch ein Attest seiner Orts-Behörde (§§ 5-7) auszuweisen."*

Die Abgeordneten waren der Ansicht, daß es bei diesem Wortlaut zu einer großen Beschränkung im Pferdehandel kommen würde, weil sich der unbescholtene Bürger bei einem spontanen Pferdeverkauf genötigt sehen müßte, immer sein Attest bei sich zu tragen, um sich nicht den *"Schikanen"* der Polizei auszusetzen. Deshalb wurde zunächst von der Mehrheit der Abgeordneten vorgeschlagen, aus der alten Verordnung vom 28.09.1808 die Formulierung des § 1,

> *"... sofern er nicht als angesessen und sicher bekannt, auch unverdächtig ist"*[390]

in § 1 P-VO dieses Gesetzesentwurfs aufzunehmen.
Da die Abgeordneten die Vorschrift des § 1 P-VO für den eigentlichen Kern des Gesetzes hielt, entstand eine lebhafte Diskussion zu der Frage, ob mit einem weiteren Zusatz, wodurch der Verkehr außerhalb der Märkte von dem zu lästig empfundenen Zwang der Atteste befreit werden sollte, dieser Vorschrift hinzugefügt werden sollte. Eine Erweiterung des § 1 P-VO hielten die Mitglieder der Versammlung jedoch nicht für angemessen.
Ein weiterer Vorschlag ging deshalb dahin, daß man am Schluß des Gesetzes, mithin als § 10 P-VO, eine Bestimmung einfügen sollte, die die Einführung von Legitimationsattesten bei Pferden auf den Marktverkehr beschränkt[391]. Dieser Vorschlag fand endlich die Zustimmung der Versammlung. Es wurde demnach, nachdem verschiedene Fassungen vorgeschlagen waren, ein § 10 P-VO angenommen, der folgendermaßen lauten sollte:

> *"Außer dem Marktverkehr braucht die Legitimation nicht durch ein Attest, sondern kann, erforderlichen Falls, auch anderweit geführt werden."*[392]

Zu § 4 P-VO schlug der Ausschuß, mit Rücksicht auf die oft schlechte Verfassung der Pferde, vor, die Strafbestimmungen erheblich abzumildern. Die Mehrheit der Abgeordneten war jedoch der Ansicht, daß es nicht auf den Zustand des Pferdes ankommen solle, sondern der Diebstahl an sich bestraft werden müsse[393]. Der Vorschlag, die Geldstrafe von 5 Taler oder 8 Tage Gefängnis zu mildern, fand daher keinen Anklang.

---

390 P., a.a.O.
391 P., a.a.O.
392 P., S. 45.
393 P., S. 43.

Auch der § 5 P-VO gab Anlaß zu einer lebhaften Debatte. Diese Vorschrift verlangte, daß das Attest den Namen und Stand des Eigentümers und desjenigen, der von ihm zur Verfügung über das Pferd beauftragt wurde, das Geschlecht des Pferdes, die Farbe und Größe, das Alter und etwaige besondere Kennzeichen sowie den Ort und Tag der Ausstellung enthielt. Der Ausschuß hatte eine abgeschwächte Fassung vorgeschlagen und wollte insbesondere das Erfordernis der *"Genauigkeit"* aus der Vorschrift heraushalten. Demgemäß sollte § 5 P-VO wie folgt lauten:

> *"Die Bezeichnung des Pferdes nach Geschlecht, Farbe, ungefährer Größe und Alter...."*[394]

Dagegen erhob sich heftiger Widerstand in der Versammlung. Die Befürworter der ursprünglichen Fassung der Vorschrift waren der Meinung, daß allein eine exakte Bezeichnung in den Attesten den Mißbrauch verhindern könne. Dagegen wurde wiederum eingewandt, daß eine so genaue Bezeichnung oft nicht möglich sei. Die Pferde hätten oft keine *"Kennung"* mehr, auch könne man nicht verlangen, das Pferd jedesmal zu messen. Die Versammlung entschied sich deshalb mit einer geringen Mehrheit für den Vorschlag des Ausschusses[395] und damit für die abgeschwächte Fassung dieser Vorschrift.

Der Ausschuß verlangte ferner, daß das Attestformular gedruckt werden müsse. Dies fand zunächst Widerspruch, weil man dadurch einen großen Arbeitsaufwand ersparen wollte und durch den Druck auch keinen *"besseren Nutzen"* erkannte. Die Mehrheit der Versammlung votierte aber letztlich doch für den Druck der Atteste, weil gerade dadurch Fälschungen vermieden werden könnten[396].

Einverstanden war die Versammlung mit dem Gutachten des Ausschusses zu § 6 P-VO. Darin war geregelt, daß das Attest nicht mehr als 4 Wochen Gültigkeit besitzen solle. Allerdings müsse diese Vorschrift noch etwas allgemeiner gefaßt und auch auf weitere Eigentümer ausgedehnt werden. Insbesondere auf einem Markt kann es vorkommen, daß ein Tier an einem Tag etwa zehnmal den Besitzer wechselte. Auch der letzte Käufer müsse, jedenfalls für 4 Wochen, durch dieses Attest geschützt werden[397].

Allerdings erkannte man bei diesem Zusatz auch eine nicht beabsichtigte Ausdehnung des Gesetzes. Eine Mehrheit der Versammlung wollte schließlich erreichen, daß die Einführung von Attesten im Pferdehandel nur auf den Marktverkehr beschränkt blieb. Um dies klarzustellen, müsse aber eine entsprechende Andeutung bereits in der ersten Vorschrift gemacht werden. Um nicht

---

[394] P., a.a.O.
[395] P., a.a.O.
[396] P., S. 44.
[397] P., a.a.O.

an dieser Stelle wieder zur grundsätzlichen Diskussion zurückzukehren, einigten sich die Abgeordneten zunächst darauf, daß der Zusatz nach den Worten *"von 4 Wochen"* folgendermaßen gefaßt werden sollte:

> *"... und legitimirt während dieser Zeit jeden Besitzer des darin beschriebenen Pferdes."*[398].

Mit dem Vorschlag zu § 7 P-VO war die Versammlung einverstanden. Darin war die Bestimmung enthalten, daß nicht die Ortsgerichte, sondern der Ortschulze das entsprechende Attest ausstellen sollte[399].
Damit waren die Beratungen für dieses Gesetz abgeschlossen[400] und der Landtagsmarschall ersuchte nunmehr den Referenten des Ausschusses mit der Abfassung des neu gefaßten Gesetzesentwurfs[401].

c. Ergebnis

Ausschließlicher Zweck dieses Gesetzes war es, Pferdediebe leichter auszumachen und durch angemessene Strafen dem Pferdediebstahl grundsätzlich vorzubeugen. Allerdings wollte der Landtag verhindern, daß durch die Einführung von Attesten der ehrliche und *"unverdächtige"* Bürger in Mitleidenschaft gezogen werde. Infolgedessen wollte er die Einführung des Legitimationsattests auf den Marktverkehr beschränken, um den freien Handel nicht übermäßig zu beschneiden. Die Abgeordneten haben damit die geringste von allen in Betracht kommenden Möglichkeiten gewählt. Mit dem Vorschlag zu § 10 P-VO wurde eine weitere Einschränkung versucht, weil danach nur der Verdächtige ein Attest tatsächlich vorzeigen mußte.
Diesem Gesetzesentwurf wurde durch die Verordnung, betreffend die Legitimationsatteste bei Veräußerung von Pferden in den öffentlichen Provinzen der Monarchie vom 13.02.1843[402] entsprochen.
Die ständischen Beratungen der Brandenburger hatten jedoch keinen Einfluß auf dieses Gesetz. Es wurde im wesentlichen, so wie auch in der Proposition vorgesehen, verabschiedet. Der Hauptansatzpunkt des Landtags, Atteste nur auf den Marktverkehr zu beschränken, fand kein Gehör. Letztlich läßt sich aber feststellen, daß dieses Gesetz vom Landtag begrüßt und gebilligt wurde, um dem aufkommenden Pferdediebstahl endlich entgegenzuwirken. Dies auch im Hinblick darauf, weil es insbesondere die Brandenburger waren, die durch eine

---

[398] P., a.a.O.
[399] P., a.a.O.
[400] Es war 16.00 Uhr.
[401] V., S. 158.
[402] GS 1843, S. 75.

Denkschrift vom 04.04.1837 zur Wiedereinführung der Legitimationsatteste beim Pferdeverkauf maßgeblichen Anteil an der Gesetzeseinführung hatten.

8. Verhandlungen zum Allerhöchsten Propositionsdekret vom 23.02.1841 wegen eines zu bewilligenden Steuererlasses (Proposition Nr. 19)[403].

a. Vorgeschichte

Aufgrund des Propositionsdekrets vom 23.02.1841 wurde über einen eventuellen Steuererlaß in der neunundzwanzigsten Plenarversammlung am 01.05.1841 verhandelt. Dieser Steuererlaß war schon seit langem geplant, bisher aber nicht umgesetzt worden. Allerdings wies bereits das Propositionsdekret darauf hin, daß wegen der noch immer angespannten Lage in Europa das Staatswohl an erster Stelle stehen müßte. Sofern es aber weiterhin gelingen sollte, den Frieden in Europa zu erhalten und weiter zu verfestigen, wollte man eine Steuererleichterung zum 01.01.1843 bewilligen. Die Verhältnisse von 1830 bis 1833 sowie die vorangegangen Kriege hatten eine Steuerpolitik notwendig gemacht, die bis 1843 anhielt. Darüber hinaus

> *"... bedurfte es der Unterstützung und Beschäftigung der brotlos gewordenen Arbeiter...."*[404]

Nach den Kriegsjahren und den Verhältnissen von 1830 bis 1833 kam es jedoch zu einer ständigen Verbesserung der Wirtschaftslage in *Preußen*, insbesondere durch die voranschreitende Industrialisierung. Die Wirtschaft hatte sich wieder erholt und die Staatseinnahmen waren stetig angestiegen. Dem standen allerdings wieder neue Ausgaben gegenüber. So mußten neue Straßen gebaut und alte weiter unterhalten werden. Auch Anstalten wie Gefängnisse oder Strafanstalten hatten große Verwendungen aus der Staatskasse gefordert. Deichbau und die Bewässerung einiger Landesteile taten ein übriges zu den Staatsausgaben. Diese Gesamtausgaben beliefen sich in den 11 Jahren von 1830 bis 1840 auf insgesamt 61.208.590 Reichstaler.[405] Diese Ausgaben konnten nicht mit den gewöhnlichen Einnahmen ausgeglichen werden. Man mußte vielmehr diese Ausgaben aus den jährlichen Überschüssen finanzieren. Darüber hinaus mußten Kredite aufgenommen werden, deren Tilgung und Zinsen eine weitere Belastung darstellten. Die Tilgung der Staatsschulden hatte aber in der Zwischenzeit einen erheblichen Fortgang genommen. Bei einer weiteren guten Wirtschaftslage und nach den Berechnungen im Jahre 1841 sah man sich daher in der Lage, einen Steuererlaß von insgesamt 1.500.000 bis 1.600.000 Reichstalern zu ge-

---

[403] Proposition abgedruckt bei *Schubert*, Westfälischer Provinziallandtag, Bd. 1, S. 171.
[404] Proposition a.a.O., S. 171.
[405] Vgl. die Proposition a.a.O.

währen[406]. Zuvor sollten die Landtage aller Provinzen über die Art und Weise dieser Steuerentlastung votieren. Jedoch betonte die Proposition, daß eine Steuererleichterung unbedingt den ärmeren Klassen zu Gute kommen müßte. Darüber hinaus unterbreitete die Regierung den Vorschlag, daß eine Steuererleichterung auch dadurch erreicht werden könnte, daß statt eines Steuererlasses eine mindestens gleiche, unter den Provinzen nach Maßgabe des Ertrages der Klassen- Mahl und Schlachtsteuer zu verteilende, jährliche Summe an die einzelnen Provinzen überwiesen werden könnte.
Die einzelnen Landtage sollten gegebenenfalls auch darüber Vorschläge unterbreiten, wie sie diese Summen angemessen, und unter der Maßgabe des Steuererlasses, verteilen wollten. Schließlich wurde noch darauf aufmerksam gemacht, daß eine solche Verteilung nur möglich wäre, wenn sie gleichmäßig an alle Provinzen verteilt werden kann[407].

b. Beratungen[408]

Die Proposition war dem fünften Ausschuß zur Beratung vorlegt worden. Am 26.03.1841 war das Gutachten dieses Ausschusses bereits erstmals verlesen worden, aber erst am 01.05.1841 begannen die Beratungen.
Selbstverständlich war die Hauptfrage, ob man sich an die Überweisung in Höhe von 1.500.000 bis 1.600.000 Reichstaler, nach der Maßgabe des Ertrages der Klassen-, Mahl- und Schlachtsteuer halten oder für den Steuererlaß selbst stimmen sollte. Die Versammlung hielt nach den erschöpfenden Darlegungen des Ausschusses eine weitere Diskussion aber nicht für nötig. So stimmten bis auf einen Abgeordneten alle Mitglieder der Versammlung für den Steuererlaß[409].
Zu beschließen war aber auch darüber, ob und in welchem Maße eine Ermäßigung des Salzpreises zu erbitten sein sollte. Der Salzpreis war in Bezug auf den zu bewilligenden Steuererlaß der zentrale Punkt des Ausschußgutachtens. Die Ausschußmitglieder hatten konkrete Vorstellungen, wie allen Bürgern der Steuererlaß zu Gute kommen könnte. Zu diesem Zweck schlugen sie vor, den Preis einer Tonne Salz von 15 auf 12 Reichstaler und der Preis für ein Pfund Salz auf einen Groschen herabzusetzen[410]. Sie glaubten, daß gerade dadurch *"den landesväterlichen Absichten des Königs"*, bei dem zu bewilligenden Steuererlaß insbesondere die ärmeren Volksklassen zu berücksichtigen, genüge getan werden könnte. Begründet wurde dies auch damit, daß nicht einmal durch einen Steuererlaß nur in den unteren Stufen der *"Klassensteuer"* dieses Ziel so weitgehend erreicht würde, denn das Salz sei fast das einzige Gewürz, das

---

[406] Vgl. auch V., S. 45.
[407] Vgl. Propositionen a.a.O.
[408] P., S. 248; V., S. 45.
[409] P., S. 248.
[410] P., S. 249.

> *"... für die Speisen des gemeinen Mannes, und ihm namentlich bei seinem Hauptnahrungsmittel, den Kartoffeln, unentbehrlich sei, und daher von ihm in großer Menge genossen werde."*[411],

Diese Ansichten fanden in der Versammlung große Zustimmung.
Nur einige Abgeordnete fanden es demgegenüber angebracht, statt dessen die Spielsteuer aufzuheben. Diese Abgeordneten waren der Ansicht, daß es nicht sachgerecht sei, wenn sich der Staat an den Lastern einiger Untertanen *"bereichere"*[412]. Einerseits könne der Staat das Spiel nicht legalisieren und den Bürgern somit die Möglichkeit eines leichten und schnellen Gewinns vorspiegeln, um andererseits daran zu verdienen. Vielmehr solle die Lotterie ganz abgeschafft werden. Wegen des dann folgenden Wegfalls sämtlichen - mit der Lotterie im Zusammenhang stehenden - Verwaltungsaufwands würden dadurch sogar noch Kosten eingespart, während bei einer Senkung der Salzpreise die Kosten die gleichen bleiben und sich im Verhältnis zur Verringerung dieser Kosten sogar noch erhöhen würden. Letztlich sei es ohnehin sehr schwer, eine Art des Steuererlasses zu wählen, der die ärmeren Volksmassen beträfe. Die Ansichten im Gutachten des Ausschusses über die Senkung des Salzpreises seien jedenfalls nicht überzeugend[413].
Darauf wurde erwidert, daß allein durch die Abschaffung der Lotterie nicht die Wurzel des Übels getroffen wäre. Die Neigung einzelner Menschen, sich trügerischen Hoffnungen hinzugeben, würde damit nämlich nicht beseitigt. Statt dessen würden diese Menschen nach anderen Spielarten suchen, um ihren Hoffnungen weitere Nahrung zu geben, um die damit in Zusammenhang stehende Leidenschaft des Spiels zu befriedigen. Besser sei es, daß der Staat diese Neigung und Leidenschaft regele und dafür sorge,

> *"... daß die Thorheit des Volks nicht unvermeidlicher Betrügerei und fälschlicher Verlockung zum Opfer falle."*[414]

Darüber hinaus förderten die hohen Salzpreise die *"Unmoral des Volkes"*, sich das Salz billiger zu verschaffen. Dies geschah bisher insbesondere durch den Diebstahl von Salz auf den großen Salz-Transportstraßen des Landes und natürlich auch durch Schmuggel des Salzes in den Grenzgebieten. Auch die Verringerung dieser Straftaten wären damit eine Folge eines geringeren Salzpreises, der möglicherweise sogar auf 10 Reichstaler pro Tonne herabzusetzen sei[415].

---

[411] P., a.a.O.
[412] P., S. 250.
[413] P., a.a.O.
[414] P., a.a.O.
[415] P., a.a.O.

Begründet wurde dies damit, daß ein größerer Verlust für den Staat ausbleiben würde, weil durch die Herabsetzung des Salzpreises bis auf 2/3 des ursprünglichen Preises der Verbrauch des Salzes steigen würde. Denn nicht nur der Konsum des Salzes durch Verzehr würde steigen, die Bevölkerung würde das billige Salz auch im Gewerbe und in der Landwirtschaft einsetzen, was wiederum zu einer Verbesserung der Wirtschaft und damit zu steigenden Gewinnen des Staates führen würde.
Nach Abschluß der Diskussionen schritt man zur Abstimmung. Es wurde zunächst die Frage zur Abstimmung gestellt, ob man den zu bewilligenden Steuererlaß nur für *eine* Steuer gelten sollte. Diese Frage wurde einstimmig bejaht[416].
Nun wurde die Frage zur Abstimmung gestellt, ob der Abschaffung der Lotterie oder einer Ermäßigung des Salzpreises der Vorzug zu geben sein sollte. Die Mehrheit der Versammlung entschied sich für eine Senkung des Salzpreises[417].
Schließlich war darüber zu entscheiden, in welcher Weise die Ermäßigung des Salzpreises praktisch durchzuführen war. In der Denkschrift war ein Preis von 13 Reichstalern je Tonne vorgeschlagen, der Ausschuß befürwortete 12 Reichstaler, die Versammlung sprach sich jedoch für 10 Reichstaler je Tonne aus. Man entschied sich also, auch um vor der Regierung nicht *"unbescheiden und verletzend"* zu erscheinen, für einen Mittelweg[418].
Eine konkrete Senkung des Salzpreises sollte nicht vorgeschlagen werden. Man wollte statt dessen lediglich beantragen, daß der Salzpreis in einem solche Maße herabgesetzt werden sollte, wie es die Staatskasse zulassen würde. Deshalb bat man die Regierung um eine möglichst hohe Ermäßigung des Salzpreises[419].
Der Landtagsmarschall bat schließlich den Referenten des fünften Ausschusses mit dem Entwurf eines entsprechenden Immediatsgesuchs. Dieser formulierte das entsprechende Gesuch wie folgt:

> *"In welcher Art auch Eure Königliche Majestät in Allerhöchster Weisheit die Entscheidung zu treffen geruhen mögen, immer wird eine Ermäßigung des Salzpreises die Herzen Allerhöchstdero getreuen Unterthanen mehr als jeder andere Steuererlaß mit der ehrfurchtsvollen Dankbarkeit erfüllen, und darum glauben wir auch uns jedes weiteren Eingehens in die Sache enthaltend, in aller Unterthänigkeit nur die ehrbietigste Bitte aussprechen zu dürfen, daß es Eurer Königlichen Majestät gefallen möge:*
> *die den Steuerpflichtigen huldreichst zugedachte Erleichterung durch eine Herabsetzung des Salzpreises gewähren, diese Herabsetzung aber in landesväterlicher Milde so weit ausdehnen zu wollen, als es*

---

[416] P., S. 252.
[417] P., a.a.O.
[418] P., a.a.O.
[419] P., a.a.O.

die von unserem Standpunkte aus nicht gehörig zu übersehenden finanziellen und sonstigen Verhältnisse des Staats irgend gestatten, ...
"[420]

Dieses Gesuch wurde sodann am 07.05.1841 an den König vollzogen.

c. Ergebnis

Schon am 22.11.1842 erschien eine Allerhöchste Kabinettsorder, wegen des verheißenden Steuer-Erlasses und über die Beförderung einer umfassenden Eisenbahnverbindung zwischen den verschiedenen Provinzen der Monarchie[421].
In dieser Kabinettsorder teilte der König seinen Ständen mit, daß er den durch Propositionsdekret vom 18.02.1841 angekündigten Steuererlaß von 1.500.000 bis 1.600.000 Rthl. auf die Summe von 2.000.000 erweitern und ihn am 01.01.1843 gewähren werde[422]. Davon sollten aber zunächst diejenigen 60.000 Rthl. abgerechnet werden, die der Staatskasse durch die Order vom 10.12.1841[423], die die Aufhebung der Abgabe von Mietkutschern und Lohnfuhrleuten ab dem 01.01.1841 angeordnet hatte, entgangen seien.
Ferner wurde durch Verordnung vom gleichen Tage[424] die nach der Sporteltaxordnung für die Provinzialverwaltungsbehörden vom 25.04.1825 zu entrichtenden Ausfertigungs- und Verhandlungssporteln, die bisher eine jährliche Einnahme von etwa 20.000 Rthl. gewährte, vom 01.01.1843 ab aufgehoben.
Die danach verbleibenden 1.920.000 Rthl. sollten nunmehr zur Herabsetzung des Salzpreises verwendet werden. Dabei sollten im Interesse der bedürftigeren Volksklassen solche Einrichtungen getroffen werden, die die unverhältnismäßige Verschiedenheit zwischen dem Faktoreipreise und dem Detailverkaufspreise des Salzes überall auf ein billiges Maß zu beschränken geeignet seien.
Aus diesem Grunde erließ der König sogleich auch eine weitere Verordnung zur Ermäßigung des Salzpreises[425]. Der Salzpreis wurde danach von 15 Rthl. auf 12 Rthl. für die Tonne ab dem 01.01.1843 herabgesetzt. Gleichzeitig wurde bestimmt, daß die nach Abzug des davon zu erwartenden Einnahmeausfalls von 1.740.000 Rthl. übrig bleibende Summe von 180.000 Rthl. vorzugsweise zur Vermehrung der öffentlichen Salzverkaufsstellen verwendet werden sollte[426].
Eine Einflußnahme der Brandenburger auf dieses Gesetz läßt sich jedoch nur schwer feststellen. Der Immediatbericht der Versammlung war so allgemein

[420] V., S. 50.
[421] GS 1842, S. 307.
[422] GS 1842, a.a.O.
[423] GS 1841, S. 336.
[424] GS 1842, S. 309.
[425] GS 1842, S. 310.
[426] GS 1842, S. 308; auf die weiteren Ausführungen zu den in dieser Verordnung angeordneten Eisenbahnanlagen wird hier nicht.

formuliert, daß eine bewußte und gewollte Beeinflussung des Landtags auf die preußische Gesetzgebung hier offenbar nicht gewollt gewesen war. Dennoch zeigte sich auch hier der erzkonservative Geist der Versammlung. Die Regierung hatte es dem Landtag überlassen, die Art eines möglichen Steuererlasses zu bestimmen. Wohl fühlten sich die Vertreter dabei augenscheinlich nicht, so daß sie es letztlich doch wieder der Regierung überließen, in welcher Form Steuern erlassen werden sollten. Diese Unentschlossenheit kam nicht sehr oft vor. Die Stände selbst betraf die Steuersenkung aber auch nicht unmittelbar, weil sie allein den bedürftigeren Volksklassen zu Gute kommen sollte, so daß ihre Haltung unter diesem Gesichtspunkt auch erklärbar ist. Unter keinen Umständen sollte aber die Regierung, zumindest bei dieser Proposition, verärgert werden. Das Recht auf Immediateingaben und erhebliche Modifikationen von Gesetzesentwürfe wollte man nicht zu sehr strapazieren. Dieses Recht brauchte man noch an anderer Stelle, nämlich dort, wo der Staat in die althergebrachten Rechte der Stände massiv eingreifen wollte. Der Charakter der Stände in den Beratungen wird damit allmählich deutlich: eine konservative Einstellung und damit der Erhalt und möglichst die Verbesserung alter Rechte sowie Festigung und Ausbau der altständischen Strukturen.

9. Verhandlungen über einen Antrag des Magistrats zu *Frankfurt* a.d.O. zur Ablösung von Waldservituten (Petition Nr. 14)[427].

In der siebenunddreißigsten Plenarversammlung am 12. Mai 1841 hatten die Vertreter über einen Antrag des Magistrats zu *Frankfurt* a.d.O. zu entscheiden, der sich auf die Ablösung von Waldservituten bezog. Dieser Antrag wurde dem vierten Ausschuß zu Beratung vorgelegt. Das Gutachten des vierten Ausschusses wurde am 12.05.1841 verlesen und anschließend beraten. Die Vertreter des Ausschusses glaubten sich nicht für den Antrag aussprechen zu müssen. Dieser Ansicht war auch die Versammlung. Übereinstimmend stellte man fest, daß dieser Antrag dem Ergebnis der zuvor beratenen Forst- und Jagdpolizeiordnung[428] zuwiderlaufen würde.

10. Verhandlungen den Antrag eines ritterschaftlichen Abgeordneten wegen Anlegung einer Eisenbahnlinie *Berlin – Hamburg* (Petition Nr. 15)[429].

In der zwölften Plenarversammlung am 07.04.1841 hatte die Versammlung über den Antrag eines ritterschaftlichen Abgeordneten und eines gleichen Antrags der Kreise und Städte der *Altmark* zu entscheiden. Hierbei ging es um die Anlegung einer Eisenbahnstrecke von *Berlin* nach *Hamburg*, über *Magdeburg*, auf

---

[427] P., S. 311.
[428] Vgl. oben, Seite 97.
[429] P., S. 104; V., S. 232.

dem linken Elbufer. Dieser Antrag wurde dem dritten Ausschuß zur Begutachtung vorgelegt, der jedoch die Annahme des Antrags zunächst nur teilweise befürwortete. Der König sollte demnach gebeten werden, die Vorarbeiten für eine Strecke *Berlin-Hamburg* auf dem linken Elbufer anzuordnen, so wie sie auch schon auf dem rechten Elbufer stattgefunden hatten, und sich danach für den endgültigen Verlauf entscheiden.

Gegen diesen Vorschlag wurde von einigen Landtagsabgeordneten eingewandt, daß schon im Jahre 1837 der erste Vorschlag zu einer Eisenbahnverbindung von *Berlin* nach *Hamburg* mit Verlauf auf dem rechten Elbufer, gemacht worden war. Diese Idee war letztlich lediglich nur am damaligen König von Dänemark gescheitert, der keinerlei Interesse an einer Eisenbahnlinie durch dänisches Gebiet hatte. Dies hatte sich aber bis zum Jahre 1841 geändert, weil sich der folgende dänische König für dieses Projekt jedenfalls interessierte. Infolge dessen hatte man schon entsprechende Verträge mit dem dänischen Gouvernement und mit der Großherzoglichen Mecklenburgischen Regierung abgeschlossen.

Die Gegner der Petition waren daher der Ansicht, daß dem Interesse der *Altmark* durch den Verlauf auf dem rechten Elbufer genüge getan sei. Eines Streckenverlaufs auf der linken Elbuferseite bedürfe es daher nicht mehr. Der Streckenverlauf auf der rechten Elbuferseite sehe schließlich die Anbindung von *Wittenberge* vor. Von dort aus könne man leicht eine weitere Bahnlinie nach *Magdeburg* bauen, womit alle Interessen berücksichtigt wären.

Darüber hinaus befürchteten diese Abgeordneten, daß durch einen Bau auf der linken Elbuferseite ein erheblicher Nachteil für *Preußen* entstünde. Die Strecke würde zwar auch durch die *Altmark* führen, aber auch eine Anbindung an *Hannover* mit sich bringen, so daß hierdurch *Hannover* privilegiert würde und der Handel *Preußens* mit *Hamburg* möglicherweise zusammenbräche. Würde der Transitverkehr zwischen *Berlin* und *Hamburg* über *Magdeburg* geleitet wären außerdem die Handelsinteressen *Berlins* verletzt. *Magdeburg* genieße schon durch seine günstige zentrale Lage ohnehin große Vorzüge vor *Berlin*. *Berlin* könne sich nur durch seine Industrie und *"innere Wirtschaft"* erhalten. Man würde dieser Stadt aber ohne Grund einen 3 bis 4 Meilen längeren Transportweg für ihren Handel aufbürden, wobei eine preußische Meile einer Länge von 7.532,48 m entsprach[430]. Würde man sich dagegen für eine Streckenführung auf dem rechten Elbufer entscheiden, könnte man auch die reichen Torflager zwischen *Nauen* und *Friesack* erschließen, was einen großen Vorteil für die Region um *Berlin* darstellen würde. Schließlich wäre der Weg auf der linken Elbuferseite nach *Hamburg* auch weiter und es müßte ein Elbübergang bei *Tangermünde* geschaffen werden, der bei Eisgang wahrscheinlich noch nicht einmal zu benutzen sei. Alle diese Argumente hätte die Regierung seit 1837 aber ohnehin schon erkannt, abgewogen und entschieden, so daß es zweckmäßiger sei, der Streckenführung auf dem rechten Elbufer den Vorzug zu geben. Diese Abge-

[430] *Meyers* Lexikon, Bd. 6, S. 232.

ordneten wiesen letztlich noch darauf hin, daß der Landtag Gefahr laufe, sich durch eine eventuelle Befürwortung des Antrags für eine Streckenführung auf dem linken Elbufer in Widerspruch mit den Vorstellungen der Regierung zu setzen, weil diese bereits andeutete, die Strecke auf der rechten Elbuferseite bauen zu lassen.

Die Mehrheit der Abgeordneten äußerte jedoch die Ansicht, daß der Streckenverlauf auf dem rechten Elbufer noch nicht beschlossene Sache sei, weil der Gesellschaft, die für die Errichtung der Strecke auf dem rechten Elbufer verantwortlich sei, Bedingungen gestellt worden waren, von deren Erfüllung die Ausführung des Unternehmens abhänge. Immerhin waren diese Bedingungen, insbesondere die Zustimmung der auswärtigen Regierungen, bisher nicht erfüllt worden. Sie wiesen ausdrücklich auf die Chancengleichheit zwischen den einzelnen Eisenbahnunternehmen hin. Dazu gehöre aber auch, daß für beide Seiten ein exakt ausgearbeiteter Plan vorliegen müßte, um der Regierung die *"unpartheiische"* Entscheidung zu überlassen, welcher Streckenführung der Vorzug zu geben sei. Darüber hinaus wurde bestritten, daß dem Interesse der *Altmark* durch eine Verbindung von *Wittenberge* nach *Magdeburg* genüge getan sei. Ein solches Vorhaben lasse sich möglicherweise wegen der starken Konkurrenz auf dem Wasserwege nicht gewinnbringend realisieren. Der Handel der *Altmark* mit *Magdeburg* sei schließlich nur ein Teil des altmärkischen Verkehrs und mindestens ebenso wichtig wie der Handel mit und nach *Hamburg*, *Bremen* und den Gebieten nordöstlich *Berlins*. Die Vergangenheit habe außerdem gezeigt, daß vorgesehene Eisenbahnprojekte noch in letzter Minute rückgängig gemacht worden seien[431]. Auf einen solchen Fall solle man hier vorbereitet sein und auch deshalb müsse man die linke Elbuferseite in die Planungen einbeziehen.

Es wurde die Frage hiernach zur Abstimmung gestellt, ob und in welchem Maße die Petition unterstützt werden sollte. Die überwiegende Majorität sprach sich für folgendes aus:

> *"Seine Majestät ehrfurchtsvoll um den Allerhöchsten Befehl zu bitten, daß die Vorarbeiten für beide Bahnlinien binnen einer gewissen Zeit begründet sein sollen, daß die Unterhandlungen, sowohl mit der Mecklenburger und Dänischen Regierung fortgesetzt, als auch gleichzeitig mit der Königlich Hannöverischen darüber angeknüpft werden mögen, zumal sich die letztere geneigt erklärt habe, den Anschluß bei Lüneburg oder Uelzen zu genehmigen, dann aber beide Projecte durch eine Commission von Staatsbehörden, zu welcher bei*

---

[431] Der Bahngesellschaft "*Berlin-Riesaer*" wurde im letzten Moment eine schon erteile Konzession für den Bau einer Bahnstrecke *Berlin-Riesa*, wegen "höherer Staatsinteressen" entzogen. Als Ersatz stellte man dieser Gesellschaft den Bau der Strecke *Berlin-Magdeburg* in Aussicht.

Comités zuzuziehen, prüfen zu lassen und derjenigen Linie dann die Allerhöchste Concèssion zu ertheilen, welche sich beim Bau als die billigste, mit der meisten Aussicht auf Rentabilität, herausstellen wird."

Auf die Petition teilte die Regierung im Landtagsabschied vom 20.12.1841 mit, daß bereits eine Entscheidung über die Streckenführung auf dem rechten Elbufer gefallen sei. Sollte sich dieses Projekt allerdings aus irgendwelchen Gründen nicht realisieren lassen, würde man die Vorschläge zur Streckenführung auf dem linken Elbufer wieder aufnehmen[432].

Das Projekt konnte schließlich auf der rechten Elbuferseite realisiert werden, womit diese Petition endgültig obsolet war. Demgemäß teilte die Regierung dem neunten Provinziallandtag am 29.01.1845 mit, daß eine Streckenführung auf dem linken Elbuferseite nicht mehr in Betracht komme[433]. Die Geldmittel seien in der bestimmten Frist durch eine eigens dafür gegründete Eisenbahngesellschaft aufgebracht worden und es gebe nur noch einige wenige Differenzpunkte wegen der Richtung der Linie und wegen einiger Bahnhöfe. Demnach werde dieses Projekt noch 1845 zur Ausführung gelangen[434].

Mit den Arbeiten wurde ungeachtet noch fehlender Konzessionen auch schon am 06.05.1844 in der Nähe von *Karstädt* bei *Ludwigslust* begonnen. Im April 1846 waren die Erdarbeiten auf der Gesamtstrecke weitgehend abgeschlossen[435]. Jenseits von *Berlin* wurden entlang des Streckenverlaufs *Berlin-Hamburg* rechts der Elbe bis zum 01.11.1845 nicht weniger als zwanzig Bahnhöfe errichtet. Dies waren *Spandau, Nauen, Paulinenaue, Friesack, Neustadt (Dosse), Kyritz, Glöwen, Wilsnack, Wittenberge, Grabow, Ludwigslust, Hagenow, Brahlsdorf, Boitzenburg, Büchen, Schwarzenbeck, Friedrichsruhe, Reinbek, Bergedorf* und *Warnow*[436]. Am 07.10.1846 fand mit 300 geladenen Gästen die erste durchgehende Probefahrt von *Berlin* nach *Boitzenburg* statt. Am 12.10.1846 gab die Bahndirektion die Aufnahme des öffentlichen Personenverkehrs von *Berlin* bis *Boitzenburg* bekannt. Die Arbeiten bis nach *Hamburg*, speziell bei *Bergedorf*, waren bis dahin noch nicht abgeschlossen[437]. Nachdem die Eisenbahngesellschaft am 01.12.1846 die Betriebsführung auf der angepachteten Strecke *Hamburg-Bergedorf* übernommen hatte, fand am 06.12.1846 die erste durchgehende Probefahrt von *Berlin* nach *Hamburg* statt. Es folgte die

---

432 V., S. 275.
433 V., 1845, S. 11.
434 V., a.a.O.
435 *Bley*, S. 25.
436 *Bley*, a.a.O.
437 *Bley*, a.a.O., S. 31.

offizielle Einweihung der Gesamtstrecke *Berlin-Hamburg* am 12.12.1846[438]. Die *Vossische Zeitung* berichtete darüber am 13.12.1846 wie folgt:

> *"Die Einweihung der vollendeten Berlin-Hamburger Eisenbahn fand am 12ten dieses, durch eine erste ganz bis Hamburg durchgehende Fahrt der Direktion und des verwaltenden Ausschusses statt, an welche sich ein Festmahl in Hamburg, im Hotel de l'Europe knüpfte. Die Vorstände der Gesellschaft hatten zur Theilnahme an diesem neuen wichtigen Ereigniß für beide Städte und das Eisenbahnwesen überhaupt, eine Aufforderung an die Verwaltungen der sämmtlichen übrigen Eisenbahnen Berlins erlassen, die denn auch in mehreren Mitgliedern , welche sich der Fahrt und dem Fest anschlossen, vertreten waren. Mit dem gewöhnlichen ersten Zuge, morgens um halb sieben Uhr, verließen die hiesigen Theilnehmer an dem Feste Berlin, und erreichten in glücklicher Fahrt Boitzenburg, den bisherigen Schlußpunkt der Bahn um 1 Uhr. Vor zwei Monaten erst fand, wie man sich erinnern wird, die Eröffnung dieser Strecke statt. Es ist wahrhaft erstaunenswerth, was in dieser kurzen Zeit für die Förderung dieses Werkes geleistet worden. Die damals noch kaum Dach und Fach gewährenden Erfrischungsgebäude der Bahnhöfe sind sämmtlich im wohnlichen Stande; sie erfreuen durch Sauberkeit und Zweckmäßigkeit."*

11. Verhandlungen über den Antrag eines ritterschaftlichen Abgeordneten zur Kontrolle des Transports unverarbeiteter Hölzer (Petition Nr. 27)[439]

In der vierundzwanzigsten Plenarversammlung am 26.04.1841 wurde über einen Antrag eines Abgeordneten der Ritterschaft beraten. Das Gesetz vom 30.06.1839 über den Transport unverarbeiteter Hölzer[440] sollte auch für die Provinz *Brandenburg* in Kraft gesetzt und Holzdieben oder sonst bescholtenen Personen die Erteilung von Gewerbescheinen zur Ausübung des Holzhandels versagt werden. Dieses Gesetz war bislang nur in den Provinzen *Sachsen, Westfalen* und im *Rheinland* in Kraft gesetzt worden, um dem dort stetig steigenden Diebstahl an Brennholz oder unverarbeitetem Bau- und Nutzholz Einhalt zu gebieten.

Zunächst hatte sich der sechste Ausschuß mit dieser Frage beschäftigt. Bereits am 13.04.1841 wurde das Gutachten dieses Ausschusses verlesen. In der vierundzwanzigsten Plenarversammlung am 26.04.1841 wurde schließlich darüber beraten.

---

[438] Bley, a.a.O., S. 32.
[439] P., S. 208.
[440] GS 1839, S. 223.

Der Ausschuß war der Ansicht, auf die dieser Petition zugrundeliegenden Fragen nicht eingehen zu können, weil der Transport unverarbeiteter Hölzer bereits durch § 88 der neuen Forst- und Jagdpolizeiordnung erledigt sei und die Versagung der Gewerbegenehmigung an bescholtene Personen durch das Gesetz über den Holzdiebstahl erfaßt werde. Auch wenn sich hierauf Widerstand im Landtag regte, lehnte man einen entsprechenden Antrag ab. Die Mehrheit der Abgeordneten war der Auffassung, daß eine solche Bestimmung nicht allgemein gefaßt werden könnte, sondern nur durch ein spezielles Gesetz, etwa durch ein Gewerbepolizeigesetz, geregelt werden müßte. Wenn der Gesetzgeber der Ansicht sei, daß der Handel mit Holz zu denjenigen Gewerben gehören solle, zu dessen Betreibung der Nachweis einer Qualifikation erforderlich sei, werde er dies regeln. Der Landtag war sich daher darüber einig, daß eine solche Petition nicht gestellt werden sollte.

12. Verhandlungen eines Antrags der Stadt Königsberg zur Sicherheitsverwahrung von Dieben (Petition Nr. 32)[441].

In der sechsten Plenarversammlung am 26.03.1841 beriet die Versammlung über einen Antrag des Magistrats zu *Königsberg* (in *Brandenburg)* gegen die lebenslange Haft von Dieben, die bereits zum dritten Male wegen Diebstahls bestraft wurden. Der Antrag wurde lediglich damit begründet, daß die Kosten für die Unterhaltung solcher rückfälliger Verbrecher für die Kommunen eine erhebliche finanzielle Belastung darstellten. Diese Petition wurde dem sechsten Ausschuß zur Beratung vorgelegt, der für die Zurückweisung dieses Antrags votierte. Man gab zwar zu, daß die Kommunen durch die Unterbringung der Täter in den Zuchthäusern erheblichen Kosten hätten. Dieses Argument allein begründete aber noch keine Rechtfertigung für eine Aussetzung der lebenslangen Freiheitsstrafe.
Dieser Ansicht stimmten die Vertreter der Versammlung zu. Demgemäß wurde der Antrag durch Beschluß zurückgewiesen.

13. Verhandlungen über den Antrag mehrerer städtischer Abgeordneter wegen einer Errichtung von Handelskammern (Petition Nr. 41)[442].

In der vierunddreißigsten Plenarversammlung am 08.05.1841 wurde über einen Antrag mehrerer städtischer Abgeordneter debattiert, der die Errichtung von Handelskammern vorsah. Diese Petition wurde dem zweiten Ausschuß zur Beratung vorgelegt.
Der Ausschuß befürwortete den Antrag auf Errichtung einer Handelskammer für die Provinz *Brandenburg* in *Berlin*. Allerdings sollten auch die Gutsbesitzer

---

441 P., S. 54.
442 P., S. 286; V., S. 220.

über den Begriff der Handelkammer hinaus unter ihre Zuständigkeit fallen, damit auch eine umfassende Wahrnehmung der ländlichen Interessen gewährleistet war. Auch sollte diese Bitte, ohne spezielle Vorschläge, ganz allgemein gefaßt sein.

Der Landtag stimmte den Vorschlägen im allgemeinen zu, einige Abgeordnete hatten jedoch darauf aufmerksam gemacht, daß es nicht angemessen sein dürfte, die Errichtung von Handelskammern zu erbitten, denn damit mache man sie zu einer gesetzlichen Notwendigkeit. Man sollte vielmehr darum bitten, daß für die östlichen Provinzen der Monarchie das Prinzip ausgesprochen werde, dort wo das Bedürfnis hierfür bestehe, Handelskammern zu errichten, solche ins Leben zur rufen. Es werde sich dann von selbst ergeben, welchen Wirkungskreis ihnen anzuweisen sei und wie sie zu organisieren seien. Von weiteren Modifikationen sollte man hingegen absehen. Wenn die Staatsregierung die Errichtung von Handelskammern genehmige, würde sie sich sicherlich auch eines weiteren Rates bedienen. Dies sollte jedoch zunächst abgewartet werden. In diesem Zusammenhang wurde auch darauf hingewiesen, daß es nicht ratsam sei, die Gutsbesitzer unbedingt einzubeziehen. Hier sollte auch so verfahren werden, daß sie nur dort, wo es wünschenswert sei und es die Verhältnisse gestatten, hinzugezogen werden sollten.

Von den Antragstellern war indessen auch nur gewünscht worden, daß die zu errichtenden Handelskammern im Interesse des Handels und des Gewerbes nach Möglichkeit um ihren sachgemäßen Rat befragt werden sollten. Weiterreichende Befugnisse sollten sie zunächst nicht bekommen. Damit war der Landtag einverstanden.

Man beschloß daher, um die Erlaubnis zu bitten, Handelskammern, dort wo das Bedürfnis bestehe[443], errichten zu dürfen.

Allerdings wurde erst am 11.02.1848 eine Verordnung zur Errichtung von Handelskammern verabschiedet[444], die zwar dieser Petition, aber gleichzeitig auch den Wünschen anderer Landtage Rechnung trug.

14. Verhandlungen über den Antrag eines städtischen Abgeordneten auf Errichtung von Handelsgerichten (Petition Nr. 54)[445].

Am gleichen Tage und unmittelbar im Anschluß an die Beratung über die Errichtung von Handelskammern wurde über einen Antrag eines städtischen Abgeordneten wegen der Errichtung von Handelsgerichten beraten, den der zuständige Ausschuß befürwortet hatte. Allerdings unterbreitete er zugleich Vorschläge, wie diese Gerichte zusammengesetzt sein sollten und was in ihre Kom-

---

[443] Namentlich zuerst in *Berlin*.
[444] GS 1848, S. 63.
[445] P., S. 287; V., S. 218.

petenz gehören sollte. Hierüber entstand hierzu sogleich eine lebhafte Diskussion.

Es erschien den Mitgliedern der Versammlung angemessen, das zu errichtende Handelsgericht in *Berlin* ansässig zu machen. Trotzdem hielt man es für angebracht, daß sich dieser Landtag mit dieser Frage beschäftigte, da durch ein Handelsgericht immerhin die Interessen der gesamten Provinz betroffen wären. Von anderen Abgeordneten wurde das Bedenken geäußert, daß ein Handelsgericht die gesamte Gerichtsorganisation wesentlich verändern würde und möglicherweise die Interessen des Handelsstandes nur einseitig berücksichtigen würde, während die anderen Stände dadurch benachteiligt würden. Dem König sollte daher allein die Frage gestellt werden, ob er ein solches Handelsgericht für nötig halte. Würde diese Frage positiv beantwortet, könnte sich der nächste Landtag immer noch mit den Einzelheiten befassen. Begründet wurde dies mit folgendem Satz:

> *"Was man jetzt an unserer, im Allgemeinen so tüchtigen Justiz habe, wisse man, nicht aber, was diese Handelsgerichte bringen könnten."*

Dem wurde entgegengehalten, daß die Errichtung eines Handelsgerichts ein dringendes Bedürfnis sei. Es sei auch nicht einzusehen, wie durch die Errichtung eines Handelsgerichts die Interessen der anderen Stände verletzt werden könnten. Auch ihnen müßte es schließlich ein Bedürfnis sein, bei Handelssachen schneller als bisher verhandeln zu können. Darüber hinaus seien, bei aller Achtung vor den Justizbeamten, eine spezielle Kenntnis im Bereich des Handelsrechts dringend von Nöten. Es gebe bereits sog. Meß- und Wollmarktsgerichte, deren Nutzen sich schon vielfach, auch für den Nichtkaufmann, ausgezahlt hätten.

Diese Gründe veranlaßte die Versammlung mit großer Stimmenmehrheit, den Antrag auf Errichtung eines Handelsgerichts für *Berlin* zu genehmigen, nicht aber auch für die übrigen Provinz etwas ähnliches zu erbitten.

Im Landtagsabschied vom 20. Dezember 1841 teilte die Regierung mit, daß über beide Petitionen im Staatsrat beraten werde[446].

Auch *Sachsen*, *Pommern* und *Schlesien* petitionierten 1843 und 1845 auf die Errichtung von Handelsgerichten. Aufgrund dessen wurde schließlich am 03.04.1847 auch das Gesetz zur Errichtung von Handelsgerichten verabschiedet[447], welches im wesentlichen den Petitionen entsprach. Handelgerichte wurden allerdings auf preußischen Gebiet nicht errichtet. Einzig in *Bayern* und in den Hansestädten sowie im Herzogtum *Braunschweig*, im Königreich *Sachsen* und in *Württemberg* und *Baden* hatte man Handelsgerichte eingeführt[448]. Das

---

[446] V., S. 271.
[447] GS, 1847, S. 182.
[448] Vgl. *Schubert*, Gerichtsverfassung, S. 184 f.

Gesetz vom 03.04.1847[449] schrieb zwar nunmehr auch in *Preußen* die Errichtung von Handelsgerichten vor. Es blieb aber unausgeführt, weil man zunächst die Einführung des in Aussicht genommenen Handelsgesetzbuches abwarten wollte. Da Art.3 des ADHGB davon ausging, daß regelmäßig Handelgerichte errichtet würden, legte die Regierung 1862 dem Abgeordnetenhaus einen Entwurf vor, nach dem gegebenenfalls bei den Stadt- oder Kreisgerichten besondere Abteilungen für Handelssachen gebildet werden sollten. Dieser Entwurf wurde jedoch wegen des Verfassungskonflikts nicht mehr beraten und die Rechtsmaterie selbst vor der Reichsjustizgesetzgebung nicht weiter verfolgt[450].

III. Der Brandenburgische Provinziallandtag von 1843

Im Landschaftshaus, in der Spanndauer Straße 59 zu *Berlin,* tagte in der Zeit vom 05.03.1843-29.04.1843 der achte Provinziallandtag der Mark *Brandenburg* und des Markgrafentums *Niederlausitz.*

In der Eröffnungssitzung am 05.03.1843 trat Oberpräsident *von Meding*[451] als Nachfolger des Landtagskommissars *von Bassewitz*, der 1841 die Regierung vertreten hatte, vor die Versammlung. Er richtete einige Worte an die Mitglieder der Versammlung, in denen er sich für die Übertragung dieses Amtes durch den König bedankte und versprach, daß er mit allen Kräften dieses Amt ausfüllen wolle[452].

Danach vollzog man den traditionellen Eröffnungsakt, der wie schon 1841, mit dem obligatorischen Gottesdienst in der Domkirche begann.

Hierbei waren allein Regierungsrat *von Werdeck*, der Rittergutsbesitzer und Kreis-Deputierte *von Treskow auf Friedrichsfelde*, Oberregierungsrat *von Brukken*, genannt *von Fock*, und Leutnant *von Bucholz auf Rietz* nicht anwesend.

Nachdem der Gottesdienst abgehalten war, fanden sich die Abgeordneten im Landschaftshaus ein, und nahmen nach der in § 39 BStG vorgeschriebenen Reihenfolge Platz.

Gemäß § 38 BStG mußten bei Eröffnung des Landtags mindestens Dreiviertel aller Abgeordneten, also 53 Mitglieder, anwesend sein. Da nur 4 von insgesamt 71 geladenen Mitgliedern fehlten, erklärte der Landtagskommissar *von Meding*, daß der Eröffnung des achten Provinziallandtag der Mark *Brandenburg* und des Markgrafentums *Niederlausitz* nichts entgegenstehe und übergab dem Landtagsmarschall das Allerhöchste Eröffnungsdekret vom 23.02.1843, nebst Spezi-

---

[449] GS, 1847, S. 182.
[450] *Schubert*, a.a.O., S. 187 m.w.N.
[451] So für 1843 richtigerweise auch *Beck* in *Adamy/Hübener*, S. 61
[452] P., S. 7 f.

fikationen und Beilagen sowie eine Übersicht der Lage über die sich noch nicht erledigten Gegenstände der früheren Landtage und schließlich die Leitung der Versammlung. Der Landtagsmarschall ernannte hierauf den Landrat *von Tschirschky* zum Sekretär dieses Landtages.

1. Die Propositionen für den Provinziallandtag von 1843

Die dem Landtagsmarschall vorgelegten Propositionen bestanden aus dem Allerhöchsten Eröffnungsdekret vom 23.02.1843 mit folgenden Anlagen:
1. Ein Entwurf zu einem Strafgesetzbuch.
2. Entwürfe zum Märkischen Provinzialrecht.
3. Entwürfe des Niederlausitzischen Provinzialrechts.
4. Eine Verordnung, betreffend die Zusammenrechnung der Besitzzeit.
5. Eine Verordnung über das Erfordernis des fünfjährigen Grundbesitzes.
6. Eine Verordnung wegen Freilassung des Bettwerks bei Exekutionsvollstrekkungen.
7. Eine Verordnung, betreffend den Verkauf der Früchte auf dem Halm.
8. Eine Verordnung, betreffend die zum Grunde einer Auseinandersetzung eingeleiteten Subhastationen.
9. Deklaration, betreffend die Notwendigkeit des Konsenses der Agnaten zur Verpfändung der Substanz eines Lehngutes.
10. Abänderung des städtischen Feuersozietätsreglements vom 19.09.1838.
11. Eine Denkschrift über die von den Ständen der Mark *Brandenburg* usw. beantragte Einführung eines gleichen Garnhaspelmaßes für alle Provinzen der Monarchie.
12. Entwurf einer allgemeinen Wege-Ordnung.
13. Eine Verordnung, betreffend der bürgerlichen Rechte und Verpflichtungen bescholtener Personen usw.

In der folgenden Sitzung wurden vom Landtagsmarschall sechs Ausschüsse für die einzelnen Propositionen festgelegt.
Da es aber auch hier, wie im Landtag von 1841, nicht gelang – weil das Stimmenverhältnis nicht verletzt werden sollte – alle Abgeordnete auf die sechs Ausschüsse zu verteilen, ersuchte der Landtagsmarschall diejenigen, welche keinem Ausschuß zugeteilt worden waren, sich da anzuschließen, wo sie es für wünschenswert hielten[453]. Der Landtagsmarschall bestimmte, weil die Dauer des achten Provinziallandtages ohnehin nur auf etwa 4 Wochen angesetzt war, eine Frist zur Begutachtung der Propositionen zum 13.03.1843. Schließlich gab der Landtagsmarschall noch bekannt, daß alle Mitglieder zu diesem Termin schriftlich geladen werden.

---

[453] Wie schon 1841 konnte auch hier nicht ermittelt werden, welchen Ausschüssen sich die Abgeordneten anschlossen.

2. Verhandlungen zu einem Gesetzesentwurf zur Einführung eines Strafgesetzbuches (Proposition Nr. 1)[454].

a. Vorgeschichte

Bis zum Anfang des 18. Jahrhunderts galt die *Peinliche* oder *Halsgerichtsordnung Kaiser Karls V.*, die aufgrund der von dem bambergischen Geheimrat Freiherr *Johann von Schwarzenberg und Hohenlandenberg* verfaßten, 1507 von dem Fürstbischof *Georg* als bambergische, 1516 von dem Markgrafen *Georg und Kasimir von Brandenburg* als brandenburgische publizierte *Halsgerichtsordnung* ausgearbeitet und auf dem Reichstage zu Regensburg 1532 zum Reichsgesetz erhoben worden war. Sie bildete auch in den *Brandenburg-Preußischen* Landen die wesentliche, wenn auch nicht die alleinige Grundlage des Strafrechts. Für *Pommern* wurde sie 1569 und 1590 besonders herausgegeben. Auch in *Ostpreußen* wurde zu jener Zeit oft auf sie zurückgegriffen und schließlich erlangte sie, zunächst für das Herzogtum und dann für das spätere Königreich *Preußen* in dessen Landrecht von 1620 im Jahre 1684 eingearbeitet und, endlich *"neu verbessert"*, 1721 Gesetzeskraft[455].
Einzelne noch ältere Strafrechtsbestimmungen finden sich in Polizeiordnungen und Landtagsrezessen, auf die hier nicht näher eingegangen werden soll. Die *Peinliche Halsgerichtsordnung* erfuhr immer wieder durch Edikte erhebliche Änderungen. Versuche, die unter dem Kurfürsten *Johann Georg* in der Zeit von 1572-1594 mit Abfassung besonderer Strafrechtsgesetzbücher (etwa Kammergerichts- oder Landesordnungen) gemacht wurden, führten zu keinem Ergebnis. Erst die Gesetzgebung unter König *Friedrich Wilhelm I.* war, jedenfalls in Bezug auf das Strafverfahren, erfolgreicher[456]. Hierfür wurde die *Criminal-Ordnung* vom 08.07.1717 erlassen, die nach zwei vorläufigen Verordnungen von 1710 und 1713 unter dem Titel:

Sr. Königliche Majestät in Preußen vor Dero Churmark Brandenburg verfaßte Criminal-Ordnung, Berlin 1717.

erschien[457]. Sie wurde von einem Kriminalrat *Johann Caspar Berger* entworfen worden und stellte das erste umfassende Prozeßgesetz dar, das fast für die gesamte Monarchie, außer in *Ostpreußen*, Geltung erlangte[458]. Dort galt seit 1721

---

[454] Proposition nebst der Denkschrift abgedruckt bei *Schubert*, Rheinischer Provinziallandtag, Bd. 3, S. 1-162.; im folgenden E-StGB.
[455] *von Rönne*, Ergänzungen und Erläuterungen Bd. IV, StGB, Einleitung, S. 7.
[456] Es wurden dabei aber auch einzelne materiellrechtliche Normen geändert. Vgl. hierzu *von Rönne* a.a.O. mit weiteren Nachweisen.
[457] Vgl. auch *von Abegg*, S. 2 ff.
[458] *Stölzel*, Bd. II, S. 73.

Friedrich Wilhelm's, Königs in Preußen, verbessertes Landrecht des Königreichs Preußen. Königsberg 1721.

Der *Criminal-Ordnung* von 1717 folgten weitere Verordnungen, die der Verbesserung sowohl materieller als auch prozessualer Bestimmungen dienten. Dabei verfolgten die einzelnen Landesteile zumeist auch eigene Ansätze und Ideen, so daß sich eine einheitliche Regelung nicht erreichen ließ, was wohl zunächst auch nicht angestrebt wurde[459]. Erst unter der Regierung *Friedrich des Großen* wurde zunehmend Einheitlichkeit geschaffen[460]. Durch eine Reihe von weiteren Verordnungen versuchte der König etwa das Verfahren in Untersuchungssachen zu verbessern und auch die materielle Gesetzgebung dem Geist und der Richtung der Zeit anzupassen[461]. Hierzu gehörten auch die Vorarbeiten zum *Allgemeinen Landrecht*, das in seinem zweiten Teil das Strafrecht enthielt. Die Publikation dieses Gesetzbuches blieb jedoch seinem Nachfolger, *Friedrich Wilhelm II.*, vorbehalten. Am 01.06.1794 trat es in Kraft. Allerdings zeigten sich auch hier schon bald zahlreiche Lücken, so daß sich das Bedürfnis nach einer Revision spürbar machte[462]. Am 11.12.1805 erschien eine *Criminal-Ordnung für die Preußischen Staaten*, Berlin 1806, so daß *Brandenburg-Preußen* noch kurz vor dem politischen Zusammenbruch eine neue einheitliche Kriminalordnung erhielt. Die Unvollständigkeit der Strafprozeßordnung vom 01.03.1717 und die seit dieser Zeit zum Teil sehr veränderte Kriminalverfassung waren die eigentlichen Gründe für den Erlaß dieser neuen Strafprozeßordnung. Gleichzeitig sollte das materielle Strafrecht revidiert werden

> *"... und künftig nicht mehr eine Theil Unsres ALR ausmachen, sondern als ein besonderes Gesetzbuch abgedruckt und publiziert werden."*[463]

Ein neues Strafgesetzbuch erschien zwar letztlich noch nicht, blieb aber fortwährend in der Vorbereitung[464].

Ab dem Jahre 1826 wurde wieder konkreter an einem neuen Strafgesetzbuch gearbeitet. Hervorzuheben ist insbesondere der Entwurf von 1836[465], welcher der bisher umfangreichste war[466]. Aufgrund dieses Entwurfs wurde 1838 eine

---

[459] Vgl. hierzu die umfangreiche und exakte chronologische Übersicht des preußischen Straf- und Strafprozeßrechts von 1780-1879 bei *Schubert/Regge*, Gesetzesrevision Abt. I, Bd. 1, S. XXV-XLVII m.w.N.

[460] Vgl. im einzelnen die Nachweise bei *von Rönne* a.a.O.

[461] *Schubert/Regge*, a.a.O., S. XXVII f.; auch *von Rönne* a.a.O.

[462] *Schubert/Regge*, a.a.O., S. XXIX f. m.w.N.

[463] Vgl. *v. Gräff, Rönne, Simon*, Band 6, S. 232.

[464] *von Rönne* a.a.O.; Vgl. auch *von Abegg*, § 33.

[465] Vgl. dazu *Schubert/Regge*, a.a.O., S. XXXVII m.w.N.

[466] Vgl. auch *Stölzel*, Bd. II, S. 506.

aus Staatsministern und Mitgliedern des Staatsrats zusammengesetzte Kommission gebildet[467], die die Funktionen des Staatsministeriums, der Staatsabteilungen und der Fassungskommission in sich vereinigte[468].
Am 28.02.1842 übertrug der König das Gesetzrevisionsministerium an *Savigny*[469]. Schon am 08.01.1842 hatte *Savigny* seine Vorschläge zu einer zweckmäßigen Einrichtung der Gesetzesrevision eingereicht[470]. Die Beratungen der Staatsratskommission dauerten bis Ende 1842[471] und schlossen mit der Neufassung des

> *"Entwurfs des Strafgesetzbuchs für die Preußischen Staaten nach den Beschlüssen des Königlichen Staatsraths"*[472],

Berlin 1843 ab, der mit nur kleinen Änderungen 1843 allen Provinziallandtagen mit 64 Fragen vorgelegt wurde. Diesen 629 Paragraphen umfassenden Entwurf hatte nunmehr der achte brandenburgische Provinziallandtag zu begutachten und zu beraten.

b. Strafgesetzbuch Allgemeiner Teil[473]

Die Beratungen über diese Proposition begannen am 16.03.1843 und zogen sich bis zum 01.04.1843 hin. Der Referent des ersten Ausschusses, dem die Beratungen übergeben worden waren, machte zu Beginn der Verhandlungen am 16.03.1843 sogleich darauf aufmerksam, daß sich die Arbeit des Ausschusses wegen der kurzen Zeit von nur drei Wochen allein auf praktische Gesichtspunkte beschränkt habe und daher keinerlei wissenschaftliche Überlegungen in die Begutachtung dieses Gesetzentwurfes einfließen konnten. Immerhin sei die Gesetzgebung mit dem Strafrechtsentwurf volle 15 Jahre beschäftigt gewesen, die Ausschußmitglieder hätten neben der Begutachtung auch noch ihre übrigen laufenden Dienstgeschäfte zu erledigen gehabt[474].

---

[467] *Stölzel*, a.a.O.
[468] *Schubert/Regge*, a.a.O. mit namentlicher Aufführung der Mitglieder dieser Kommission. Auch *von Rochow* war hierbei anwesend.
[469] *Stölzel*, Bd. II, S. 530.
[470] *Schubert/Regge*, a.a.O., S. XXXIX; die Vorschläge *Savignys* sind veröffentlicht bei *Stölzel*, Bd. II, S. 733-750.
[471] *Stölzel*, a.a.O., S. 545.
[472] Nachdruck bei *Schubert/Regge*, a.a.O., Band V, S. 3 ff.
[473] P., S. 21, 31 ff.
[474] P., S. 21.

Diese Bitte um Nachsicht stellte zwar keine pauschale Kapitulation des Ausschusses vor der Begutachtung dieses Gesetzentwurfes dar, sie macht aber deutlich, daß eine umfassende Begutachtung nicht möglich war[475].
Der Ausschuß wies zu Beginn der Verhandlungen aber darauf hin, daß er die Verabschiedung eines neuen Strafgesetzes grundsätzlich begrüße. Man sei sich einig darüber gewesen, daß es eine wesentliche Verbesserung sei, die Strafhöhe der einzelnen Tatbestände hauptsächlich in das Ermessen des Richters zu stellen[476].
Zum ersten Titel des allgemeinen Teils *"Von Verbrechen und Polizei-Vergehen und deren Bestrafung überhaupt"*, hatten die Mitglieder der Versammlung nichts wesentliches anzumerken.
Einzig über § 3 E-StGB entstand eine Diskussion über das Zustimmungserfordernis des Justizministers. Die Vorschrift bestimmte, daß Verbrechen, die im Ausland von einem Inländer oder Ausländer verübt worden waren und sich nicht gegen den Preußischen Staat oder einen preußischen Untertanen richteten, nur mit der Genehmigung des Justizministers verfolgt werden sollten. Einige Abgeordnete der Versammlung wollten in § 3 E-StGB die Art des Verbrechens hinzufügen. Als Grund dafür wurde angegeben, daß in § 3 E-StGB keinerlei Normen genannt würden, nach welchen Kriterien der Justizminister die Genehmigung zu erteilen hatte. Mit 52 zu 14 Stimmen wurde dieser Vorschlag aber abgelehnt und die ursprüngliche Form des Vorschrift angenommen.
Erst im II. Abschnitt, *"Von den Strafen"*, kam es zu einer kontroversen Debatte über §§ 8, 9 und damit über die Strafarten.
Zunächst ging es in der Diskussion um die Einführung der Deportation als weitere Strafart. Es wurde von einigen Mitgliedern der Versammlung darauf hingewiesen, daß *Preußen* derzeit weder über Kolonien noch über eine Marine verfüge und sich deshalb die Frage stelle, wohin die Deportation denn statt finden solle. Außerdem könne der Verurteilte mit einer Deportation *"das große Los ziehen"*, weil er sich immerhin in einer Art Freiheit befinde und der Zweck der Strafe somit kaum erreichbar wäre. Schließlich zeigten die Erfahrungen aus den englischen Strafkolonien, daß der Zweck der Besserung meist ganz verloren ginge.
Dem wurde jedoch entgegengehalten, daß es auch die Humanität verlange, dem Verbrecher statt einer langen Zuchthausstrafe, wodurch er oft *"zum Tier herabgewürdigt"* und somit auch eine Besserung erreicht würde,

---

[475] Die Proposition zum Strafgesetzbuch umfaßte immerhin 103 Seiten und 629 Vorschrift, vgl. Propositionen bei *Schubert,* Rheinischer Provinziallandtag, Bd. 3, S. 1-162.
[476] P., S. 24.; vgl. auch V., S. 24.

"... den Genuß der freien Bewegung, der Luft und der Sonne, zu verschaffen, wenn es ohne Gefährdung des Gemeinwohls geschehen könne."[477]

Demgemäß beschlossen die Abgeordneten mit 38 zu 28 Stimmen, im vorzulegenden Gutachten den Wunsch nach dieser weiteren Strafart zu äußern[478].
Ein Mitglied des ersten Ausschusses votierte während der Vorberatungen gegen die Todesstrafe, die in § 9 E-StGB verankert war. Nur bei einigen wenigen Fällen sollte diese Form der Strafe angewandt werden[479]. Durchsetzen konnte er sich allerdings nicht, weil die Todesstrafe einen bis dahin wichtigen Bestandteil der Strafen im Gesetz gebildet hatte.
Eine weitere Frage, war die nach der Vollstreckung der Todesstrafe. In der Denkschrift[480] war den Abgeordneten die Frage gestellt worden, ob die Todesstrafe nur durch Enthauptung vollstreckt werden sollte. Als Begründung wurde von den Verfassern der Denkschrift und damit von der Regierung angeführt, daß die im *Allgemeinen Landrecht* enthaltenen Arten der Todesstrafe, Tod durch das Rad von unten, durch das Rad von oben, durch Feuer, durch Strang oder Galgen und durch das Beil zumeist Überreste aus dem Mittelalter seien. Gegenwärtig dürfe die Todesstrafe kein anderes Übel als die Beraubung des Lebens enthalten. Die Hinzufügung von Qualen stelle dabei allenfalls eine nutzlose Härte dar, welche den *"gemilderten Sitten"* widerstrebe und das menschliche Gefühl empöre[481]. Demgemäß sollte allein die Strafe der Enthauptung verbleiben, wobei eine Verordnung, ob dies durch das Beil des Scharfrichters oder durch das Fallbeil[482] erfolgen sollte, nicht nötig erschien, weil dies durch einzelne Kriminalprozeßordnungen geregelt werden könne[483].
Die Mitglieder der Versammlung sprachen sich ganz überwiegend für die Exekution durch Enthauptung aus und schlossen sich damit der Denkschrift in diesem Punkt an. Allerdings beantragten sie sogleich mit einer Majorität von 46 zu 20 Stimmen, daß die Enthauptung nur durch das Fallbeil zu geschehen habe. Darüber hinaus solle die Bekanntgabe von der Exekution nicht nur in den betreffenden Amtsblättern, sondern auch in den meist verbreiteten Zeitungen der Umgebung erfolgen[484].
Mit großer Majorität wurde von den Abgeordneten zu § 21 E-StGB beschlossen, daß die Beschränkung der körperlichen Züchtigung nur auf Personen

---

[477] P., a.a.O.
[478] Vgl. zum Ganzen P., S. 24.
[479] P., S. 24.
[480] Abgedruckt bei *Schubert*, Rheinischer Provinziallandtag, Bd. 3, S. 162 ff., wobei die Denkschrift eine eigene Numerierung aufweist, die auch hier übernommen wurde.
[481] Denkschrift S. 1 f.
[482] So in der Rheinprovinz.
[483] Denkschrift S. 2.
[484] P., S. 25.

männlichen Geschlechts nicht hingenommen werden könnte. Auch weibliche Verbrecher müßten, entgegen einer Kabinettsorder vom 29.03.1833[485], mit der das Züchtigungsrecht für Frauen abgeschafft worden war, der körperlichen Züchtigung unterworfen sein. Als Begründung für die Abschaffung war angeführt worden, daß die Züchtigung für Frauen sehr viel herabwürdigender sei als für Männer, und daß sie trotz aller getroffener Vorkehrungen die Schamhaftigkeit der Frau verletze. Dieser Argumentation wollte die Versammlung nicht folgen. Vielmehr waren die Abgeordneten der Ansicht, daß auch Frauen körperliche Züchtigung erfahren müßten:

> *"Sei ein Weib einmal so tief gesunken, so sei sie noch viel schlimmer als der verbrecherische Mann, und die Erfahrung habe gelehrt, daß man in den Strafanstalten ohne körperliche Züchtigung der Weiber rein gar nicht auskommen könne; es müsse die Humanität mit der Praxis Hand in Hand gehen, und wenn gleich noch kein Gerichtshof auf Aufhebung der Allerhöchsten Kabinettsordre angetragen habe, so habe sich doch praktisch herausgestellt, wie wirksam oft körperliche Züchtigung sei, vor welcher der Verbrecher in der Regel mehr Scheu habe, als vor der längeren Zuchthausstrafe."*[486]

Eine weitere Änderung wollten die Vertreter zu § 28 Abs. 1 E-StGB erreichen. Hier war geregelt, daß eine Amtsentsetzung automatisch den Verlust aller von dem Verurteilten bekleideten Ämter und der damit verbundenen Rechte zur Folge haben sollte. Dies erschien den Mitgliedern der Versammlung unangemessen. Als Argument wurde angeführt, daß es in Einzelfällen zu unbilligen Härten kommen könne, wenn etwa

> *"... ein sonst sehr tüchtiger Beamter sich in einem unbedeutenden Nebenposten, etwa bei einer Kassenverwaltung, ein strafbares Vergehen zu Schulden kommen läßt, ..., daß er dann nicht nur dieses Nebenamtes, sondern auch des zur Zufriedenheit verwalteten Hauptamtes entsetzt werden soll."*[487]

Auch schreibe der Gesetzesentwurf an anderen Stellen eine Amtsentsetzung bei vielen Vergehen nicht unbedingt vor, sondern mache sie vom Ermessen des Richters abhängig[488]. Andererseits und im Umkehrschluß habe diese Regelung auch zur Folge, daß ein Verurteilter sein Amt behalte, welches er nach dem Ge-

---

485 Vgl. hierzu insbesondere die Ausführungen bei *von Rönne*, Bd. 3, S. 65 und Goltdammers Archiv, Bd. 1, S. 709 f.; Bd. 2, S. 553.

486 P., S. 27.

487 V., S. 32.

488 So etwa in §§ 589, 592, 596, 603 des Gesetzentwurfs.

setz notwendigerweise verlieren sollte, falls ein Richter den Amtsverlust im konkreten Fall als eine zu harte Strafe betrachte und ihn deshalb nicht ausurteile. Die Regelung wurde deshalb als zu starr angesehen, was zur Folge hatte, daß nach der Ansicht der Versammlung es dem richterlichen Ermessen überlassen bleiben müsse, wann ein Verurteilter ein Amt oder alle Ämter verliere[489].

Eine weitere kontroverse Debatte entstand zu § 41 E-StGB und damit zur Frage, welche Wirkungen die besondere Polizeiaufsicht haben sollte. Hier hatte eine Minorität im Ausschuß eine Erweiterung dieser Vorschrift verlangt. Die Wirkungen einer Polizeiaufsicht seien dahin zu erweitern, daß bei dem Beaufsichtigten nicht nur gemäß § 41 Nr. 3 E-StGB jederzeit eine Hausdurchsuchung sollte stattfinden können, sondern auch polizeilich verdächtige Personen aus dessen Wohnung entfernt werden dürften[490].

Dagegen wurde sogleich angeführt, daß eine solche Regel keine Strafe im Sinne des Strafrechts darstelle, weil sie in den Bereich der polizeilichen Prävention gehöre[491]. Schließlich sei dies praktisch undurchführbar, weil man dem unter Aufsicht Gestellten nicht allen verdächtigen Umgang verbieten könne, etwa bei der Arbeit, die ihm nicht verwehrt werden dürfe, wenn man ihn nicht zu neuen Verbrechen zwingen wolle[492].

Andere Abgeordnete hielten eine Ausdehnung für sehr wichtig, weil sie zum einen die nötige Autorität der Polizeibeamten unterstreiche und zum anderen geeignet sei, weitere Verbrechen schon im Ansatz zu verhindern:

> *"Die allgemeine Erfahrung lehre es, wie sich die von dem Zuchthause oder aus dem Gefängnisse Entlassenen immer mit verdächtigem Gesindel zusammenfänden, und gerade diesen Umgang, diese Spitzbuben-Spelunken zu stören, sei ein anerkanntes Bedürfnis."*[493]

Darüber hinaus sei es mehr eine Strafe, wenn dem Verbrecher der Umgang mit seinesgleichen abgeschnitten werde. Die Wohnung des unter Aufsicht Gestellten solle kein Sammelplatz für schlechtes Gesindel werden. Die Bedenken gegen die generelle Zuständigkeit der Polizei sowie die Frage der genauen Bestimmung, welche Personen denn zu den Verdächtigen gehören, fanden insgesamt kein Gehör, so daß der vorgeschlagene Zusatz, das Gerichts- und Polizeibehörden befugt sein sollten, polizeilich verdächtige Personen aus der Wohnung zu entfernen, mit aufgenommen wurde[494].

---

[489] V., S. 32.
[490] P., S. 28.
[491] P., S. a.a.O.
[492] P., a.a.O.
[493] P., S. 28.
[494] P., S. 28; V., S. 33.

Eine weitere lebhafte Diskussion entstand zu den §§ 78 und 79 E-StGB und den damit zusammenhängenden Fragen 10 und 11 der Denkschrift[495].
Es ging im wesentlichen um die Zurechenbarkeit und die Strafmündigkeit bei Kindern und Jugendlichen. Der Gesetzesentwurf sah in § 78 E-StGB vor, daß nur derjenige bestraft werden könne, der fähig war, das Unrecht seiner Tat einzusehen, und in der Vorschrift des § 79 E-StGB setzte man das Alter der Zurechnungsfähigkeit auf 12 Lebensjahre fest. Mit Frage 10 der Denkschrift fragte die Regierung an, ob die Unzurechnungsfähigkeit bei jugendlichen Verbrechern tatsächlich bis zum vollendeten zwölften Lebensjahr dauern sollte, und mit Frage 11, ob zwischen dem 12. und 16. Lebensjahre eine Strafmilderung in Betracht käme[496]. Im *Allgemeinen Landrecht* waren die Altersgrenzen noch anders festgesetzt. Dort wurde zwischen Kindern - alle Personen unter 7 Jahren - und Unmündigen - alle Personen zwischen dem 7. und dem 14. Lebensjahr - unterschieden. Durch den Gesetzesentwurf wurde ein zweifacher Termin festgesetzt: Strafunmündigkeit bis zum 12. Lebensjahre und gemilderte Strafmündigkeit zwischen dem 12. und 16. Lebensjahre. Dieser Aufteilung in zwei Altersgruppen schlossen sich die Mitglieder der Versammlung zunächst an und bemerkten, daß erst in einem weiteren Schritt die Frage zu klären, ob man schließlich auch die Altersbestimmungen annehmen wollte[497].
Bezüglich der Altersbestimmung waren sich schon die Abgeordneten des Ausschusses nicht einig. Einige Mitglieder des Ausschusses[498] wollten die Zurechnungsfähigkeit einer Person schon mit dem vollendeten 10. Lebensjahr beginnen lassen, wohingegen die restlichen Mitglieder des Ausschusses für den Gesetzesentwurf votierten[499]. Diese Abgeordneten waren der Ansicht, daß insbesondere nach den in der Denkschrift dargelegten Gründen[500] das 10. Lebensjahr ein noch zu jugendliches, nur kindliches Alter sei. Dies würde man auch in den Nachbarprovinzen *Hessen* und *Sachsen* so sehen, während man in *Württemberg* und *Österreich* auch das 10. Lebensjahr angenommen habe.
Die Befürworter einer Zurechnungsfähigkeit bereits mit dem 10. Lebensjahr führten an, daß die Fälle, in denen ein 10-jähriges Kind ein Verbrechen begehe, sehr selten sein werden. Wenn aber eine solche Person ein Verbrechen beginge, habe sich damit auch herausgestellt, daß sie einen so hohen Grad von Bosheit und Verderbtheit aufweise, die ohne richtiges Unterscheidungsvermögen gar nicht denkbar seien[501]. Dieses zeige sich bei Brandstiftungen, deren sich nach ihren eigenen Angaben 10-jährige aus Rachsucht schuldig gemacht hatten. Bei

---

495 Vgl. S. 11 f. der Denkschrift.
496 Denkschrift a.a.O.
497 P., S. 32.
498 Allerdings die Minorität.
499 P., S. 32.
500 Vgl. Denkschrift S. 11 ff.
501 P., S. 32 f.

Taten dieser Personen bestehe deshalb sehr wohl ein Zusammenhang zwischen *"Ursache und Handlung"*, der ein überlegtes Urteil voraussetze. Darüber hinaus sei das 10. Lebensjahr auch dasjenige, in dem die Knaben aus dem Elementarunterricht in die Gymnasien überwechselten, was ein sicheres Zeichen für ihre hinreichende geistige Entwicklung darstelle.
Auch sei es geboten, die kindlichen Verbrecher schon früh *"an die Strafen heranzuführen"*, wenn die Eltern es offenbar selbst nicht schafften, ihre Kinder zu erziehen. Eine richterliche Strafe wiege weit mehr als eine etwaige Korrektionsmaßregel. Schließlich müsse man nur einen Blick auf die *"Großstädte"* werfen, um die Verderbtheit der Kinder zu erkennen:

> *"...namentlich sei es unglaublich, zu welcher Verschmitztheit es oft schon 10-11 jährige Juden-Kinder brächten, und endlich sei es sehr wesentlich, daß schon das erste Verbrechen nicht ungeahndet hingehe, eine zeitige Strafe bessere, während ein ungestraftes Verbrechen zu immer neuen aufreize".*[502]

Die Vertreter der Gegenmeinung sprachen sich dafür aus, daß Ausnahmen nicht die Regel seien und einzelne wenige Ausnahmen nicht ein allgemeines Strafrecht begründen könnten. Man müsse strikt an dem Prinzip festhalten, daß man nur strafen könne und dürfe, wenn es sich bei dem Täter um eine zurechnungsfähige Person handele. Wenn man bis zum 16. Lebensjahre noch nicht einmal die volle Zurechnungsfähigkeit statuiere, wie wolle man es da rechtfertigen, einem 10-jährigen Zurechnungsfähigkeit zuzusprechen[503]. Eltern könnten, sollten sie ihre Kinder zu strafrechtlichem Verhalten verleiten, gemäß § 63 E-StGB bestraft werden. Da es sich gezeigt habe, daß die bei Kindern wirksamste Strafe die körperliche Züchtigung sei, sei es besser, dies bis zum vollendeten 12. Lebensjahre auch weiterhin polizeilich zu veranlassen. Einen Richter bräuchte man dafür nicht. Man gab zwar zu, daß es kein zuverlässiges Kriterium für die Zurechnungsfähigkeit, die sich wohl zwischen dem 10. und 12.Lebensjahre bewege. Aber auch aus humanitären Gründen müsse man sich für die mildere Lösung entscheiden und das 12. Jahr als Obergrenze ansetzen[504].
Diese zwei grundsätzlichen Ansichten machten eine Abstimmung notwendig. Bevor man jedoch über das Alter der Zurechnungsfähigkeit an sich abstimmte, schlug die Mehrheit der Abgeordneten vor, zunächst darüber abzustimmen, wann die *"volle"* Zurechnungsfähigkeit eintreten solle. Die Festlegung eines solchen Zeitpunktes vereinfache dann auch die Abstimmung in bezug auf die teilweise Zurechnungsfähigkeit. Fraglich war daher, ob die volle Zurechnungs-

---

[502] P., S. 33.
[503] P., a.a.O.
[504] Vgl. zu allem P., S. 33 f.

fähigkeit mit dem 16. Lebensjahr, wie es der Gesetzesentwurf vorsah, oder geschichtlich bedingt schon mit dem 14. Lebensjahr eintreten sollte.
Für die Vertreter der Ansicht, daß man das Alter der vollen Zurechnungsfähigkeit mit 14 Jahren eintreten lassen solle, war die geschichtliche Wertung auch das Hauptargument. Sie führten aber aus, daß man von diesem geschichtlichen Fundament nicht ohne hinreichenden Grund abweichen solle und ein solcher sei auch nicht ersichtlich,

> *"... zumal die Erfahrung zeige, daß schon 14-jährige Personen zu den traurigsten Verbrechen..."*[505]

fähig seien. Dem wurde jedoch von der Mehrheit der Mitglieder der Versammlung entgegengehalten, daß allein der Hinweis auf die Geschichte und damit namentlich der Hinweis auf das römische Recht, nach dem die volle Zurechnungsfähigkeit schon mit dem 14. Lebensjahre eintrat, nicht greife.
Man habe dem römischen Recht schon zu lange gehuldigt und dem so manches *"schöne deutsche Institut"* geopfert. Des weiteren verwiesen diese Vertreter auch darauf, daß es nicht allein auf den Stand der Bildung der einzelnen Personen ankäme,

> *"... welcher dem des römischen Volkes zur Zeit der Abfassung seiner Rechtsbücher gewiß gleich sei, so ließ sich doch nicht verkennen, daß es hier hauptsächlich auf die körperliche Ausbildung ankomme, welche unbestritten sich in unserem kälteren Klima später entwickle, als bei den Römern der Vorzeit und noch jetzt bei allen Bewohnern südlicher Gegenden."*[506]

Damit kam es zu zwei entscheidenden Abstimmungen. Die Frage, ob das Alter, bis zu dem die Unzurechnungsfähigkeit bestehen sollte, auf das 10. oder 12. Lebensjahr zu bestimmen war, wurde mit 46 zu 19 Stimmen für das 10. Lebensjahr entschieden. Die weitere Frage und damit Frage 10 der Denkschrift, ob bei jugendlichen Verbrechern die Zeit der Unzurechnungsfähigkeit bis zum vollendeten 12. Lebensjahr dauern sollte, wurde nur mit 33 zu 32 Stimmen befürwortet[507]. Dagegen wurde die Frage 11 der Denkschrift, ob zwischen dem 12. und 16. Lebensjahr[508] eine Strafmilderung einzutreten habe, mit einer überwiegenden Mehrheit bejaht.

---

[505] P., S. 33.
[506] P., S. 34.
[507] Vgl. hierzu P., S. 34.
[508] Und damit wie dargestellt nicht mit dem 14.Lebensjahr.

Eine weitere Diskussion zum allgemeinen Teil des Strafrechtsgesetzesentwurfs entstand zu den §§ 84 und 85 E-StGB (Notwehr) und damit zusammenhängend zu § 191 E-StGB (unerlaubten Selbsthilfe).
Der Ausschuß hatte es zunächst für nötig gehalten, die Selbsthilfe mit der Notwehr zusammenzufassen, dann aber in der Konsequenz den § 191 E-StGB ganz zu streichen[509]. Dem wurde von einigen Vertretern der Versammlung zunächst entgegengehalten, daß der Gesetzesentwurf die Notwehr und die Selbsthilfe ganz bewußt getrennt habe. Dem *"ehrlichen Manne"* müsse eine möglichst weite Grenze für die erlaubte Notwehr gezogen werden. Diesem werde der Gesetzesentwurf gerecht, indem die Notwehr auch zur Abwendung jeden Schadens bei einem rechtswidrigen Angriff anerkannt werde. Auch formell könne die Vermischung von Notwehr und Selbsthilfe nicht gebilligt werden, denn schon bei den Begriffsbestimmungen komme es auf wesentlich verschiedene Gesichtspunkte an. Der *"Zustand"* der Notwehr sei nach dem Gesetz ein solcher, bei dem an sich strafbare Handlungen keiner Strafe unterliegen. Demgemäß müsse diese Lehre auch im allgemeinen Teil des Strafgesetzbuches abgehandelt werden.
Des Vergehens der Selbsthilfe mache sich demgegenüber derjenige schuldig, der Handlungen, die an sich durch die Obrigkeit ausgeführt werden müßten, selbst ausführt. Allein die erlaubte Selbsthilfe könne man unter die Notwehr und damit unter den allgemeinen Teil subsumieren, was jedoch noch nicht bedeute, daß deshalb beide Lehren zusammengeworfen werden könnten[510].
Dem wurde jedoch entgegengehalten, daß nach dem Gesetzesentwurf dieselbe Handlung, welche nach § 191 E-StGB als eine die richtigen Mittel überschreitende Selbsthilfe bestraft werden müsse, auch nach § 85 i.V.m. §§ 84, 87 E-StGB als eine erlaubte Notwehr betrachtet werden könne. Diese Abgeordneten wollten allein diesem Widerspruch vorbeugen. Den Unterschied zwischen Notwehr und Selbsthilfe wollten sie nicht vermischen, sie wollten vielmehr diesen Unterschied klar herausarbeiten, um Wertungswidersprüche zu vermeiden. Der Unterschied lag ihrer Ansicht nach darin, daß die Notwehr auf die Zeit beschränkt sei, in der ein rechtswidriger Angriff bereits vorlag oder unmittelbar bevorstand. Die Selbsthilfe dagegen greife begrifflich auch nach der Vollendung eines rechtswidrigen Angriffs. Dabei erlaube das natürliche Recht die Notwehr und die Selbsthilfe unbeschränkt

> *"...durch das Eintreten in den Staatsverband verzichte man auf beide Schutzmittel und übertrage das Recht und die Pflicht dieses Schutzes auf die Staatsgewalt. Wo aber der Staat faktisch diesen Schutz nicht*

---

[509] P., S. 35.
[510] P., S. 36.

gewähren könne, da, aber auch nur da, wache das natürliche Recht auf jene Schutzmittel wieder auf."[511]

Damit stellten die Abgeordneten fest, daß die rechtlichen Voraussetzungen für die Zulässigkeit der Notwehr und der Selbsthilfe grundsätzlich die gleichen seien. Faktisch stelle es sich aber so dar, daß während einer Notwehrlage der Staat kaum eingreifen könne, während nach einem abgeschlossenen Angriff der Staat zumeist einschreite und damit die Selbsthilfe nur selten gerechtfertigt sei.
Die hiernach folgende Abstimmung ergab eine Entscheidung mit 41 gegen 24 Stimmen für das Ausschußgutachten und damit für die Regelung der Selbsthilfe im allgemeinen Teil des E-StGB.
Eine weitere kontrovers diskutierte Frage des allgemeinen Teils war die Frage nach der Verjährung von Verbrechen, die mit der Todesstrafe bedroht waren. In der Denkschrift[512] wurde dies mit der 12. Frage behandelt und danach gefragt, ob Verbrechen, die mit der Todesstrafe bedroht sind, grundsätzlich nicht verjähren können. Der Ausschuß hatte dies im Allgemeinen bejaht, jedoch vorgeschlagen, daß eine Verjährung nur insoweit stattfinden solle, als nach Ablauf von 25 Jahren nach der Tat nicht mehr auf Todesstrafe, sondern nur noch auf lebenslängliche Freiheitsstrafe erkannt werden dürfe[513]. Dieser Zusatz führte schließlich zur Zustimmung der Versammlung.
Endlich ergab sich noch eine weitere letzte Diskussion zum allgemeinen Teil und zu der Frage der Strafmilderungsgründe bei Jugendlichen, § 112 E-StGB, die oben im Zusammenhang mit §§ 79 ff. E-StGB schon einmal auftauchte. Es ging nunmehr um die Frage der Strafmilderung durch Umwandlung von lebenslanger Freiheitsstrafe in eine zeitige Strafe. Die Versammlung hielt dabei grundsätzlich an den zuvor gefaßten Beschlüssen zu §§ 79 ff. E-StGB fest und votierte für den Vorschlag des Ausschusses, wonach statt der Todesstrafe auf lebenslange Freiheitsstrafe, statt lebenslanger Freiheitsstrafe auf Freiheitsstrafe bis zu 25 Jahren zu erkennen sein sollte.
Weitere hier erwähnenswerte Diskussionen über den allgemeinen Teil des neuen Strafgesetzbuches gab es nicht, so daß sich nach Abschluß der Beratungen über den allgemeinen Teil bereits an dieser Stelle die Frage stellt, ob der achte Brandenburgische Provinziallandtag Einfluß auf die preußische Gesetzgebung nehmen konnte und wenn, wie hoch dieser Einfluß tatsächlich war.
Dazu ist zunächst festzustellen, daß das neue Strafgesetzbuch, nachdem es 1843 in den Provinzen beraten worden war und nach mehrfachen Umarbeitungen[514] erst am 14.04.1851 verkündet wurde[515] und am 01.07.1851 in Kraft trat. Syste-

---

[511] P., S. 36.
[512] Denkschrift S. 14 f.
[513] P., S. 38; V., S. 39; Vgl. auch *Schubert*, Preußen, S. 80.
[514] Siehe hierzu unten S. 151 ff.
[515] GS 1851, 101 ff.

matisch glich das Gesetz dem Entwurf von 1843. Im ersten Teil war der allgemeine Teil geregelt, im zweiten Teil waren die einzelnen Vergehen und Verbrechen normiert und der dritte Teil befaßte sich mit den sog. Übertretungen. Allerdings kam das verabschiedete Gesetz mit insgesamt 349 Vorschriften aus, wohingegen der Gesetzesentwurf von 1843 noch 629 Vorschrift vorsah. Der Einfluß des achten brandenburgischen Provinziallandtags auf den allgemeinen Teil des Strafgesetzbuches war jedoch minimal. Die vom Landtag vorgeschlagenen abweichenden Regelungen zum Gesetzesentwurf, das Alter der vollen Strafmündigkeit in Anlehnung an das römische Recht auf 14 Jahre herabzusetzen[516], die Zusätzliche Strafe der Deportation einzuführen[517], die körperliche Züchtigung der Frauen entgegen einer Kabinettsorder wieder einzuführen, der Ämterverlust, die Erweiterung der Wirkungen der Polizeiaufsicht, die Zusammenfassung der Notwehr und der Selbsthilfe[518] und die Verjährung der mit Todesstrafe bedrohten Verbrechen[519] fanden keinerlei Beachtung. Dies lag wohl in erster Linie an den, auch für diese Zeit, nicht mehr zeitgemäßen Vorschlägen[520]. Die Vorgaben waren konkret herausgebildet worden, die Fragen in der Denkschrift und die dazu geäußerten Motive ließen kaum Abweichungen zu. Von einer Einflußnahme des achten brandenburgischen Provinziallandtags auf den allgemeinen Teil des Strafgesetzbuchs von 1851 kann daher nicht ausgegangen werden.

c. Strafgesetzbuch Besonderer Teil[521].

Am 20.03.1843 wurden die Beratungen zum besonderen Teil des E-StGB aufgenommen.

Es entstand sogleich eine Diskussion über die Bestimmungen der §§ 144 ff. E-StGB und damit zu den Folgen des Hochverrats. Die Mehrheit der Ausschußmitglieder votierte dafür, daß die hochverräterische Verabredung, ohne daß es zur eigentlichen Unternehmung kam, mit entehrender Zuchthausstrafe zu hart bestraft würde. Sie war der Ansicht, daß eine einfache Strafe genüge[522]. Die Abgeordneten des Landtags teilten diese Ansicht allerdings nicht. Sie sprachen sich mit einer überwiegenden Mehrheit dafür aus, die vom Gesetzesentwurf vorgesehene Zuchthausstrafe beizubehalten, weil Hochverrat ein *"so scheußliches Verbrechen"* sei und es somit nur folgerichtig wäre, wenn der Versuch und

---

[516] Geregelt in §§ 42 f. des neuen E-StGB, es blieb beim 16. Lebensjahr.
[517] Fand keine eigene Regelung im neuen E-StGB.
[518] Nur die Notwehr in § 41 E-StGB geregelt.
[519] In § 46 E-StGB geregelt, aber mit einer dreißigjährigen Verjährungsfrist.
[520] Insbesondere das Züchtigungsrecht der Frauen.
[521] P., S. 43 ff.
[522] P., S. 44.

alle Teilnehmer daran so bestraft würden wie die vollendete Tat[523]. Das gleiche galt für die Bestimmungen der §§ 145, 146, 147 E-StGB.
Eine weitere Diskussion entbrannte über die Frage des Landesverrats und damit zur Bestimmung des § 156 E-StGB. Zunächst einmal bestand Einigkeit darüber, daß derjenige Preuße, welcher beim Ausbruch eines Krieges in feindliche Dienste trat, mit dem Tode bestraft werden müsse. Uneinigkeit bestand jedoch in der Frage, ob Personen, die schon vor Ausbruch des Krieges in ausländischen Diensten standen und bei Ausbruch des Krieges diese nicht verließen und auch nicht nach Hause zurückkehrten, bestraft werden müßten. Es wurde darauf hingewiesen, daß es sehr schwer sei, insbesondere nach Ausbruch eines Krieges, seinen angestammten Dienst zu verlassen und nach *Preußen* zurückzukehren. Auf einmal sei der Dienstherr der Feind, und dieser würde dem Rückkehrwilligen sicherlich eine Rückkehr erschweren. Besonders Soldaten wäre es unmöglich, während eines Kriegs den feindlichen Dienst zu verlassen[524]. Nach der Bestimmung des § 156 E-StGB drohe aber diesen Personen unweigerlich die Todesstrafe, wenn sie in ihr Land zurückkehrten. Auch werde ihnen der Beweis ihrer Unschuld nicht oder nur sehr schwer gelingen. Man müsse also eine Unterscheidung vornehmen. Es wurde daher vorgeschlagen, daß die Personen, die in ausländischen feindlichen Diensten standen, nur dann den gemeinen Landesverrätern gleichzusetzen seien, wenn sie erwiesenermaßen die Möglichkeit zur Rückkehr hatten, diese aber nicht genutzt hatten[525].
Allerdings stellte sich im Anschluß daran die Frage, ob man bei diesen Personen auf die Todesstrafe erkennen müsse oder ob nicht Milderungsgründe eingriffen. Hierfür wurde insbesondere angeführt, daß der Beweis des Zeitpunktes, von dem an eine Rückkehr möglich war, schwer zu beweisen sein würde. Darüber hinaus könne man sich zahlreiche Nebenumstände vorstellen, die eine Rückkehr nicht sogleich ermöglichten. So müsse die entsprechende Person überhaupt erst einmal von der Aufforderung zur Rückkehr erfahren. Schließlich sei auch zu berücksichtigen, daß ein Übertritt zum Feind eine Handlung darstelle, während das bloße Nichtzurückkehren eine Unterlassung sei.
Dem wurde jedoch entgegengehalten, daß eine Aufforderung an eine sich im Ausland befindliche Person nicht unbedingt erforderlich sei, weil die entsprechende Person auch ohne Aufforderung vom Ausbruch eines Krieges erfahre. Diese Kenntnis allein müsse hinreichen, die Person zur Rückkehr zu veranlassen[526]. Schließlich sei auch das Festsitzen im fremden Land kein Umstand, der möglicherweise die Beweisführung der Person erschwere. Sollte sie tatsächlich das feindliche Land nicht verlassen können, könne sie diesen Umstand nach Hause melden, was als Beweis in einem späteren Prozeß berücksichtigt werde.

---

[523] P., a.a.O.
[524] P., S. 46.
[525] P., a.a.O.
[526] P., a.a.O.

Und endlich müsse es der preußische Untertan selbst entscheiden, ob er in Feindesland wegen angeblicher Desertion oder in der Heimat wegen Landesverrat mit dem Tode bestraft würde.
Die Abstimmung ergab jedoch ein Ergebnis von 40 zu 27 Stimmen gegen die Bestrafung dieser Personen mit dem Tode.
Eine Diskussion entstand auch zu § 188 E-StGB. Er bestimmte folgendes:

> *"Wer in Eingaben an die Obrigkeit Lügen vorbringt, hat eine Geldbuße bis zu fünfzig Thalern oder Gefängnißstrafe bis zu sechse Wochen verwirkt.*
> *Eben diese Strafe trifft denjenigen, welcher für Andere eine solche Schrift anfertigt, ungeachtet ihm bekannt war, daß sie eine Lüge enthalte."*

Für die Abgeordneten ergab sich nunmehr die Frage, ob unter diese Vorschrift auch die sog. Winkelschriftstellerei subsumiert werden und wenn, wie ihr Einhalt geboten werden konnte.
Winkelschriftsteller oder auch Rechtskonsultenten waren seinerzeit Personen, die ohne juristische Ausbildung, aber gegen Entgelt, berufsmäßig für andere Rechtsangelegenheiten erledigten[527]. In Gegenden, in denen vor den Amtsgerichten keine Rechtsanwälte auftraten, hatten die Winkeladvokaten, die sich auch als "Volksanwälte" bezeichneten, eine erhebliche Bedeutung erlangt[528].
Die Bestimmung des § 188 E-StGB sah weder die Winkelschriftstellerei noch die weitere Form des unbegründeten *"Querelens"* vor. Der Referent des Ausschusses war auch der Ansicht, daß diese beiden Vergehen nicht in § 188 E-StGB aufgeführt werden müßten, weil sie sich in Zukunft in dem zu erwartenden Gewerbe-Polizeigesetz wiederfinden würden[529]. Dahin gehöre auch die Winkelschriftstellerei, weil *"solche Subjekte"* ihr Gewerbe ohnehin nur mit einer Genehmigung betreiben dürften und bei einem Mißbrauch der Strafen des kommenden Gewerbe-Polizeigesetzes unterlägen.
Dem traten jedoch einige Mitglieder der Versammlung entgegen. Winkelschriftstellerei sollte auch schon hier aufgenommen und es sollte nicht auf die zu erwartende neue Gewerbeordnung gewartet werden. Bei diesen Personen handele es sich um ein Übel, das sich im ganzen Lande und insbesondere auf niedrige Volksklassen auswirke, weil der Winkelschriftsteller diese Volksklassen absichtlich zu unbegründeten Eingaben verleite und durch falsche Vorspiegelung Unzufriedenheit oder Auflehnung heraufbeschwöre. Aber auch das bloße *"Querellen"*, das wiederholte Anbringen unbegründeter Beschwerden, sei unstatthaft, so daß es, sei eine hierin Lüge enthalten oder nicht, mit Strafe bedroht-

---

[527] *Meyers,* Bd. 10, S. 667.
[528] *Meyers,* a.a.O., S. 668.
[529] P., S. 49.

werden müsse[530]. Schließlich wurden von diesen Vertretern auch noch die Art von Lügen angeführt,

> *"... welche sich die Parteien oft bei polizeilichen Vernehmungen erlaubten und die die Obrigkeiten nothgedrungen gegen bessere Überzeugung genöthigt seien, zu Protokoll niederzuschreiben."*[531].

Auch dies war nach der Ansicht dieser Vertreter mit Strafe zu belegen.
Demgegenüber wiesen jedoch Mitglieder der Versammlung auf § 559 E-StGB hin. Man müsse berücksichtigen, daß eine solche Tätigkeit noch immer ein Gewerbe darstelle, dessen Mißbrauch nach den einschlägigen Vorschriften der §§ 559 ff, E-StGB zu bestrafen sei. Es könne nicht angehen, daß Winkelschriftstellerei besonders im Strafrecht geregelt werde. Maurer oder Zimmerleute unterlägen auch keinen eigenen Strafrechtsbestimmungen. Das Argument, daß jede weitere Beschwerde eine Lüge sei, greife schon gar nicht. Dies sei *"allenfalls eine Ansicht"*, die täglich vom Throne herab *"desavouirt"* werde[532].
Die Abstimmung hierzu ergab ein Votum mit 36 zu 31 Stimmen für den Gesetzesentwurf, den man damit als ausreichend betrachtete. Auch die Bestrafung der zu Protokoll gegebenen Lügen wurde mit einer Mehrheit von 38 zu 28 Stimmen abgelehnt, so daß es beim ursprünglichen Gesetzesentwurf verblieb.
Eine weitere sehr ausführliche und kontrovers geführte Debatte ergab sich zu § 234 E-StGB. Es ging hierbei um Verbrechen gegen Hoheitsrechte und Regalien. Speziell die Vorschrift des § 234 E-StGB, der die Bestrafung derjenigen vorsah, die in Ausübung der ihnen zustehenden Hoheitsrechten oder Regalien die dabei vorgezeichneten Grenzen vorsätzlich überschritten, stand im Mittelpunkt dieser Diskussion. Vielen Vertretern war diese Vorschrift zu hart.
Einen Eingriff des Staates in übertragene Rechte durch harte Strafen und durch den Entzug eines gewährleisteten Rechts, hielten einige Abgeordnete für nicht sachgerecht[533]. Demgegenüber gab man zu bedenken, daß die Hoheitsrechte, soweit sie sich in privaten Händen befänden, wichtige obrigkeitliche Rechte enthielten wie z.B. die Gerichtsbarkeit, das Patronat oder auch die Polizeigerichtsbarkeit. Bei der Ausübung dieser Rechte müsse man eine strenge Gewissenhaftigkeit verlangen und beim Mißbrauch eine strenge Bestrafung fordern. Dies würde es auch rechtfertigen, diese Rechte dem Besitzer zu entziehen[534]. Darüber hinaus dürfe nicht verkannt werden, daß es in § 234 E-StGB ausdrück-

---

[530] Im übrigen ging man davon aus, daß das Enthalten einer Lüge in einer wiederholten Beschwerde auch offenbleiben könne, weil sich durch den ersten ablehnenden Bescheid sogleich die Nutzlosigkeit der Beschwerde gezeigt habe., P., S. 49.
[531] P., S. 50
[532] Ein Gedanke der sich erstmals deutlich gegen die Regierung richtete und für diesen Landtag bisher relativ untypisch war., P., S. 50.
[533] P., S. 54.
[534] P., a.a.O.

lich hieße, *"wer"* wissentlich oder vorsätzlich ein ihm verliehenes Recht mißbrauche, werde bestraft. Eine wissentliche und vorsätzliche Rechtsüberschreitung rechtfertige dann auch die angedrohten Strafen, wobei man zugeben müsse, daß das Minimum der Strafe jedenfalls bei der ersten Überschreitung herabgesetzt werden könne[535]. Die Vertreter dieser Meinung argumentierten noch weiter. Sie führten aus, daß sich die Gegenansicht im Irrtum befände, wenn sie davon ausginge, daß die von ihr vorgeschlagene Milderung der Strafen im Interesse des Volkes liege. Die Regalien und Hoheitsrechte befänden sich in den Händen weniger Personen und diese wenigen gehörten in den allermeisten Fällen nicht zu denjenigen Personen, die gemeinhin mit *"Volk"* bezeichnet werden. Gerade deshalb sei diese Vorschrift so gerecht und läge im Interesse des Volkes[536].

Die Vertreter der Gegenmeinung ließen sich jedoch davon nicht überzeugen. Sie entgegneten zunächst, daß der VIII. Titel[537] *"Verbrechen gegen die Hoheitsrechte und Regalien"* lautet, was bedeute, daß zwischen diesen eine scharfe Trennung vorzunehmen sei, welche die Vertreter der Gegenansicht nicht ausreichend berücksichtige. Die Hoheitsrechte, welche man auch obrigkeitliche Rechte nennen könne, weil sie im Auftrag des Staates ausgeübt würden, erforderten die größte Gewissenhaftigkeit, und ihre Verletzung aus egoistischer Absicht zu Privatzwecken könne nicht hart genug geahndet werden. Etwas anderes stellten die Regalien, die Privilegien, dar, die sich auf das Eigentum bezögen. Hierfür sei die Vorschrift sicherlich zu hart und die Bestimmung müsse geändert werden.

Auch dagegen richtete sich Widerstand. Es wurde ausgeführt, daß eine scharfe Trennung zwischen diesen Begriffen schon im *Allgemeinen Landrecht* nicht gelungen sei, was sicherlich daran liege, daß es bislang kein vernünftiges Abgrenzungskriterium gebe. Man könne auch hohe und niedrige Regalien annehmen, man möge von Hoheits- und nutzbaren Rechten sprechen, man möge obrigkeitliche und Privatrechte gegenüberstellen, immer werde sich dasselbe Ergebnis ergeben, und man werde sich dabei soweit von der Wissenschaft entfernen, daß man jegliche Basis verliere[538].

Als daraufhin zunächst die Abstimmung zu der Frage, ob zunächst eine Unterscheidung zwischen Hoheitsrechten und Regalien zu treffen sei, mit 45 gegen 22 Stimmen verneint wurde, sprachen sich auch die Mehrheit der Abgeordneten mit 42 zu 25 Stimmen gegen die Herabsetzung des Strafminimums dieser Vorschrift aus[539].

---

[535] P., a.a.O.
[536] P., S. 55.
[537] Vgl. die Proposition S. 41.
[538] Vgl. P., S.55.
[539] Vgl. auch *Schubert*, Preußen, S. 81.

In § 241 E-StGB war bestimmt, daß die Mitglieder einer der christlichen Kirchen oder einer geduldeten Religionsgemeinschaft bei der Feier des Gottestdienstes nicht behindert oder beleidigt werden dürften.
Der Ausschuß hatte in seinem Gutachten vorgeschlagen, neben den Geistlichen alle Religionslehrer in diese Vorschrift mit aufzunehmen. Die Versammlung wollte sich dem Ausschußgutachten zunächst nicht anschließen, das sich dafür ausgesprochen hatte, daß auch ein Christ einem jüdischen Religionslehrer dieselbe Achtung entgegenbringen müsse wie dem eigenen Geistlichen. Der jüdische Religionslehrer stehe immerhin auf einer viel niedrigeren Stufe, indem er häufig sehr *"untergeordnete Funktionen"* ausübe. Andererseits könne man natürlich auch nicht verkennen, daß hier nicht allein die Rede von der Person des jüdischen Lehrers, sondern von einer gottesdienstlichen Handlung die Rede sei und in dieser Beziehung sei man allen geduldeten religiösen Gesellschaften die gleiche Achtung schuldig und man könne deshalb auch keinen konfessionellen Unterschied in Bezug auf die Religionslehrer machen. Aus diesen Gründen trat die Versammlung letztlich doch dem Ausschußgutachten bei, womit auch den Religionslehrern anderer Konfessionen der gleiche Schutz wie den Geistlichen verschafft werden sollte[540].
Eine weitere Diskussion entstand zu dem bis ins 20. Jahrhundert aktuellen Thema des Zweikampfes und damit zu den §§ 287 ff. E-StGB.
Zu § 287 E-StGB wurde zunächst beantragt, die Offiziere von den Bestimmungen über den Zweikampf völlig auszunehmen[541]. Dem wurde jedoch sogleich § 4 E-StGB entgegengehalten und bemerkt, daß das Strafrecht auf Militärpersonen nur insoweit Anwendung finden solle, als die Militärgesetze nichts anderes bestimmen. Da aber auch für Zivilpersonen der Zweikampf ein unentbehrliches und in mancher Beziehung sogar wohltätiges Institut sein könne, es aber auch anerkannt werden müsse, daß es sich hier im krimin*al*rechtlichen Sinne um ein Verbrechen handele, fand man zumindest das sehr abgeschwächte Strafmaß begrüßenswert[542].
Auch der nächsten Titel des Gesetzesentwurfs, Verbrechen wider das Leben und der Gesundheit[543], gab Anlaß zur Diskussion. In § 306 war die Strafbarkeit der Teilnehmer einer Tötung im Handgemenge bestimmt. Hierzu wurde zunächst von einigen Abgeordneten beantragt, das Strafmaß gegen alle Teilnehmer bis auf lebenslange Zuchthausstrafe zu erhöhen, wenn der Urheber der tödlichen Verletzung nicht zu ermitteln sei. Dieser Fall käme zumeist bei Holzdiebstählen und Jagdkontraventionen vor, bei denen die erste Verletzung meist

---

[540] Vgl. auch V., S. 49.
[541] P., S. 61.
[542] Vgl. hierzu auch *Schubert*, Preußen, S. 81 f.
[543] XIII. Titel, vgl. Proposition S. 74 f.

nur geringfügig sei und sich dann aus Furcht vor Verrat zum gemeinschaftlichen Totschlag steigere[544].
Demgegenüber hielt man jedoch eine so erhebliche Verschärfung für bedenklich. Selbst eine Erhöhung der Strafe bis zu 20 Jahren erschien einigen Mitgliedern der Versammlung für nicht angebracht. Immerhin steigere das Zusammentreffen mehrerer unwillkürlich die Leidenschaft und es käme allein noch immer auf den Tatbestand an, der sich schwer feststellen lasse, es sei vielmehr, wie auch die Überschrift dieser Vorschrift andeute von unabsichtlichem Totschlag im Handgemenge die Rede, von einer reinen Prügelei[545]. Die Gefahr, ganz Unschuldige zu bestrafen, sei zudem zu groß.
Auch der Hinweis der Vertreter der Gegenansicht, daß immerhin der Tod eingetreten sei und ursächlich dafür zumindest auch die Teilnahme an der Prügelei gewesen war, konnte nichts mehr bewirken. Die Abstimmung über den Antrag, der eine Erhöhung der Strafe auf mindestens 15 Jahre vorsah, ergab mit 48 zu 20 Stimmen eine Ablehnung des Antrags.
Die Beratungen beschleunigten sich nunmehr, weil zu den einzelnen Vorschriften nichts oder nur sehr wenig zu beanstanden war und zumeist der Gesetzesentwurf angenommen wurde. Dies lag wohl insbesondere auch daran, daß die Bestimmungen gegen die persönliche Freiheit zum Teil schon im *Allgemeinen Landrecht* verankert waren, modifiziert übernommen wurden und somit, weitgehend bekannt, nicht weiter angefochten wurden.
Eine Diskussion entstand jedoch zu § 357 E-StGB und damit auch zu der in der Denkschrift aufgeworfenen Frage 29, ob es auch ein Verbrechen sei, wenn Eltern ihre noch nicht 16-jährigen Kinder an Bettler oder Landstreicher oder ohne obrigkeitliche Erlaubnis an Gaukler überließen. Die Versammlung bejahte zwar diese Frage, weil es nicht zu verkennen sei, daß dadurch eine Gesetzeslücke ausgefüllt werde. Allerdings wurde zugleich von einigen Abgeordneten beantragt, Abs. 2 dieser Vorschrift ganz zu streichen. Darin war geregelt, daß eine Bestrafung entfalle, wenn die Überlassung an Seiltänzer, Kunstreiter, Marionettenspieler oder Gaukler mit obrigkeitlicher Genehmigung erfolgte. Dagegen wurde eingewandt, daß man die Pflicht habe, *"bewußt- und schutzlose Wesen"* zu schützen, die man auf diese Weise

> *"...nicht nur einer empörenden Behandlung, sondern auch einem gewissen Verderben Preis..."*[546]

gebe.

---

[544] P., S. 75.
[545] P., a.a.O.
[546] In Anbetracht der Diskussion um §§ 78, 79 E-StGB und damit die Strafmündigkeit, klingt diese Argumentation nicht sehr glaubwürdig und unterstreicht die konservative und zum Teile starre Einstellung einiger Vertreter des Landtages.

Andererseits argumentierte man, daß zum einen die Schausteller ein anerkanntes Gewerbe darstellten und zum anderen die Kinder, welche von ihren Eltern freiwillig weggegeben würden, es zu Hause zumindest nicht viel besser hätten und oft sogar einem noch größeren Verderben ausgesetzt seien,

> *"... während es unter jenen Truppen doch auch mitunter ganz anständige gäbe."*[547]

Verbiete man derartige Kontakte, werde man den *"unerträglichen Umstand"* fördern, daß Kinder weiterhin gestohlen werden, wohingegen man jetzt den Vorteil habe, daß die Obrigkeit die Verhältnisse genau prüfen und nötigenfalls einschreiten könne. Auch dürfe nicht übersehen werden, daß für die Gesundheit der Kinder in manchen Fabriken, in welchen sie *"ganz gesetzlich"* beschäftigt würden, noch größere Gefahren bestünden.

Die Streichung dieses Abs. 2 fand schließlich nicht die erforderliche Mehrheit.[548].

Eine weitere lange und folgenreiche Diskussion ergab sich zu § 377 E-StGB. Es ging hierbei um den Ehebruch.

Einleitend hierzu hatten eine Gruppe von Abgeordneten der Versammlung zunächst folgendes vorgetragen:

Wer sich eines Ehebruchs schuldig mache, frevele nicht allein gegen den Ehegatten, verletze nicht allein das Gelübde, welches er unter einer Religion feierlich abgelegt habe, er vergehe sich auch gegen die öffentliche Sittlichkeit, gegen den Staat, der in dem Institut der Ehe eine seiner unentbehrlichen Grundlagen finde[549]. Der Frevel gegen den Staat sei es, der dem Ehebruch den Charakter des Verbrechens verleihe. Dennoch könne der Staat erst da eingreifen, wo sich der verletzte Ehegatte nicht mehr zur Bindung hingezogen fühle. Der Staat müsse deshalb auch die gewollte Aufrechterhaltung der Ehe und der Familie respektieren. Die eigentümliche Natur des Ehebruchs habe überall, wo es Rechtswissenschaft und Gesetzgebung gebe, Anerkennung gefunden. Nach dem *"römischen Recht"*[550] sollten der Ehebrecher mit dem Schwert hingerichtet und die Ehebrecherin nach vorheriger Züchtigung in ein Kloster gebracht werden. Der Antrag stand jedoch nur dem Ehemann, dem Vater und Bruder der Ehegattin zu.

Die *Peinliche Hals-Gerichtsordnung* hatte dagegen in Art. 120 eine Bestrafung lediglich auf Antrag des verletzten Ehegatten gestattet und hinsichtlich der Strafe selbst *"auf die Sage der Vorfahren und die kaiserlichen Rechte verwiesen"*.

---

[547] P., S. 81.
[548] P., S. 82.
[549] V., S. 58.
[550] Gemeint waren das römisch-kanonische Recht.

Das *Allgemeine Landrecht* dagegen enthielt in Thl. II. Tit. 20 zwei Bestimmungen:
in § 1061 *ALR*,

> *"... daß jeder Ehebruch, jedoch nur auf Antrag des beleidigten Ehegatten, mit gewissen Vermögensstrafen, namentlich dem Verluste des 4ten Theiles des Vermögens geahndet werden soll."*

und in §§ 1062, 1063 *ALR*,

> *"... daß, wenn durch Ehebruch eine Ehe wirklich getrennt wird, eine mäßige Freiheitsstrafe noch außerdem eintreten muß."*

Das *Allgemeine Landrecht* machte hiernach das richterliche Einschreiten von zwei Bedingungen abhängig, nämlich vom Antrag des beleidigten Ehegatten und von der Trennung der Ehe. Der damalige Rechtszustand war also der, daß wegen des Verbrechens des Ehebruchs nur bestraft werden konnte, wenn beide Bedingungen, der Antrag und die Scheidung, zusammentrafen.
Nach dem nun vorliegenden Gesetzesentwurf sollte dieser Rechtszustand dahin geändert werden, daß zwar ohne Ehescheidung auch eine Bestrafung nicht eintreten sollte, aber wenn eine Scheidung vollzogen wurde, der schuldige Ehegatte auch ohne den Antrag des beleidigten Ehegatten von Amts wegen bestraft werden sollte[551].
Dieser neuen Ansicht wollte sich ein Teil der Abgeordneten nicht anschließen. Zunächst einmal räumten sie ein, daß die Ehe eine der wichtigsten Grundlagen der bürgerlichen Gesellschaft sei. Jedoch dürfe auch die Individualität des Einzelnen nicht unbeachtet bleiben[552]. Der Gesetzesentwurf verwechsele dabei offensichtlich die *"Gesichtspunkte der Moralität und der Gesetzgebung"*. Das Verbrechen des Ehebruchs sei zwar unleugbar ein tadelnswertes, aber es spiele sich noch immer zwischen den Ehegatten ab, und der Staat werde dadurch sicherlich nicht unmittelbar in seiner Existenz bedroht. Auch stelle der Ehebruch kein großes öffentliches Ärgernis dar, weil man sonst alles Widerwärtige und Häßliche verbannen müßte. Ein solches öffentliches Ärgernis könne nur da angenommen werden, wo eine Verführung der Massen zu befürchten sei, was beim Ehebruch wohl nicht der Fall sei, weil er nicht zur Nachahmung aufreize[553]. Man könne die individuelle Freiheit nicht so sehr einschränken, daß am Ende alles verboten werde, was nicht ausdrücklich erlaubt sei. Diese persönli-

---

[551] Dieses Problem betraf auch die Frage 35 der Denkschrift: *"Soll in diesem Falle (No.34.) der Richter in dem Urtheile über die Scheidung oder Trennung zugleich die Strafe des Ehebruchs gegen den schuldigen Gatten von Amtswegen aussprechen?"*, Denkschrift S. 33.
[552] P., S. 90.
[553] P., a.a.O.

che Freiheit müsse hier um so mehr beachtet werden, weil es hier auch um die Familienrechte gehe. Dies habe der Gesetzgeber auch selbst so gesehen, wenn er in §§ 282, 390 E-StGB den Diebstahl unter Ehegatten als nicht strafwürdig ansehe[554].

Andere Abgeordnete hielten dagegen den Vorschlag des Entwurfs für vollkommen gerechtfertigt. Man gab zu, daß man in die engeren Familienbande nicht einzudringen habe, überschreite der Ehebruch aber diese Bande und führe letztlich zu einer Scheidung, sollte der Richter einschreiten. Das Gesetz müsse *"in seiner Würde"* die Strafe dann auch von selbst verhängen, ein Unterschied zwischen den Ständen dürfe nicht gemacht werden, insbesondere die gebildeten Stände dürften keinerlei Milderung erfahren[555], weil gerade ihre höhere Stellung und größere Bildung sie davon abhalten müsse, dieses Verbrechen zu begehen[556].

Dem wurde nunmehr ein gänzlich neuer Gesichtspunkt entgegengehalten, nämlich die Straflosigkeit des Ehebruchs, denn er treffe ohnehin nur den weniger schuldigen Teil:

> *"Denn der, welcher zuletzt die Ehe breche, sei oft moralisch weniger zu tadeln, als der andere Theil, welcher durch Lieblosigkeit das Verbrechen provocirt und, ganz abgesehen von den Fällen, wo physische Ursachen vorlägen, den Gatten durch abstoßende Kälte genöthigt habe, auf unlauterem Weg seine Befriedigung zu suchen. Wo gegenseitige wahre Liebe herrsche, sei die Erscheinung des Ehebruchs so abnorm, daß es nicht erforderlich sei, ihm durch Strafen vorzubeugen."*[557]

Dagegen wurde zunächst zur Verteidigung des Ausschußgutachtens entgegnet, daß der Ehebruch ein Verhältnis verletze, welches unter dem Schutz der Religion und der Sitte stehe, also vorzugsweise heilig gehalten werden müsse. Abfinden könne man sich sicherlich damit, daß der Ehebruch erst dann bestraft werde, wenn er in die Öffentlichkeit trete, und dies sei mit einer Scheidung der Fall. Immerhin würde dem beleidigten Ehegatten damit auch die peinliche Verlegenheit der Anklage erspart. In die ehelichen Verhältnisse werde auch nicht eingedrungen, wenn sie ohnehin schon durch Scheidung offengelegt seien[558].

Aber auch dagegen fand sich Widerspruch. Man berühre hier *"so zarte Seiten"*, daß sich die Grenzen des Rechts schwer ziehen ließen. Auch sei die Ermittlung, wer die Schuld trage, nicht leicht zu führen und eine Abschreckung stelle die

---

[554] P., S. 91.
[555] So hatte es zunächst der Ausschuß vorgeschlagen.
[556] P., S. 91.
[557] P., a.a.O.
[558] P., a.a.O.

Strafe auch nicht dar, dazu sei sie zu gering. Eine weit unangenehmere Folge wäre es in einem solchen Falle, daß die Parteien trotz Ehebruchs gegen ihre Überzeugung und insbesondere, um sich die Strafen und Peinlichkeiten zu ersparen, die Ehe fortsetzten[559].

Bei der Abstimmung der 35. Frage der Denkschrift fand sich nur eine Stimme, welche sie bejahen wollte. Die auch vom Ausschuß vorgeschlagene Verneinung dieser Frage wurde damit genehmigt. Weiter wollte die Versammlung dann aber nicht gehen und lehnte den Antrag auf völlige Straflosigkeit ab[560].

Eine weitere Diskussion entstand in Bezug auf die Verbrechen wider die Sittlichkeit.

In § 389 E-StGB war geregelt, daß ein männlicher Dienstbote oder andere in Lohn und Brot stehende männliche Hausgenossen, die eine über sechzehn, aber noch nicht einundzwanzig Jahre alte, dem Hausherrn unterstehende Frau zum Beischlaf verführte, mit Gefängnisstrafe von nicht unter einem Monat zu belegen war. Eine Diskussion ergab sich dabei zunächst über das Alter. Fraglich war, bis *"wohin"* das Verbrechen an dem Verletzten strafbar sein sollte. Die Mehrheit des Ausschusses hatte sich dafür ausgesprochen keine Altersbegrenzung der *"Verletzten"* einführen, ein anderer Teil des Ausschusses wollte das Alter der *"Verletzten"* auf 16, allenfalls 18 Lebensjahre festsetzen, wobei namentlich auf die Dienstmädchen auf dem platten Lande aufmerksam gemacht wurde,

> *"... welche schon mit dem 16ten Jahre über die hier einschlagenden Verhältnisse nicht im Unklaren zu sein pflegten."*[561]

Man sprach sich durch einen Beschluß dafür aus, daß keine Altersbestimmung stattfinden solle, wobei die Mehrheit nur durch eine Stimme erreicht wurde. Im übrigen sollte es bei der ursprünglichen Fassung der Vorschrift verbleiben. Allerdings beschloß der Landtag hierzu auch noch, den männlichen Hausgenossen in die Vorschrift aufzunehmen. Auch er wäre durchaus der Verführung seitens des anderen Geschlechts ausgesetzt[562].

Zu den Eigentums- und Vermögensdelikten gab es keine nennenswerte Diskussion.

Lediglich im XXIII. Titel, *"Vorschriften über den strafbaren Eigennutz"*, kam es noch einmal zu kontrovers geführten Debatten. Speziell die Vorschrift zum strafbaren Eigennutz in § 485 E-StGB gab Anlaß zur Diskussion. Hierfür war auch die 51. Frage der Denkschrift ausgeworfen:

---

[559] P., S. 92.

[560] Vgl. hierzu auch V., S. 60 ff.

[561] P., S. 97.

[562] P., a.a.O.

"Soll nicht jede Überschreitung der gesetzlichen Zinsen, sondern nur der verkleidete oder gewerbsmäßige Wucher unter Strafe gestellt werden?"[563].

Die Versammlung bejahte diese Frage, weil es nicht zu verkennen sei, daß höhere als die gesetzlichen Zinsen, welche insbesondere in kaufmännischen Geschäften oder bei Wechseldiskonten sowie in Zeiten momentanen Geldmangels, bewilligt würden und nicht als Wucher betrachtet werden könnten[564].
Die gesetzlichen Zinsen lagen nach den §§ 804-808 Th. I, Tit. 11 des *ALR* bei 5 %, für Kaufleute bei 6 %, für Juden bei 8 %, bei höheren Zinsen wurde ein Rechtsgeschäft für nichtig erklärt[565]. Eine einheitliche und vor allem beständige Zinsregelung gab es in *Preußen* jedoch selten. Ab 1847 (mit dem Gesetz über die Verhältnisse der Juden[566]), insbesondere aber durch Verordnung vom 27.11.1857[567] und durch die Verordnung vom 12.05.1866[568] wurden die gesetzlichen Zinssätze immer wieder verändert und zum Teil ganz aufgehoben.
Einige Abgeordnete schlugen über diese Vorschrift hinausgehend sogleich ein Amendement dahingehend vor, daß gegen denjenigen, der einem Minderjährigen ein Darlehen gab, ohne mit ihm in irgendeiner Art verwandt zu sein, die Vermutung des Wuchers bestehe und er somit als Wucherer bestraft werden sollte, wenn er sich für die Zurückzahlung des Darlehens das Ehrenwort schriftlich verpfänden lasse[569]. Andere Abgeordnete verschärften diesen Vorschlag noch, indem sie vorschlugen, daß derjenige, der von einem Minderjährigen höhere als die landesüblichen Zinsen verlangt, wegen Wuchers bestraft werden müßte. Es liege nämlich kein Grund vor, weshalb verwandtschaftliche Beziehungen den Ausschlag geben sollten.
Minderjährig waren nach § 26, Th. I, Tit. I des *ALR* , alle Personen bis zur Vollendung des 24. Lebensjahres. Bis zu diesem Zeitpunkt wurde ihnen nach §§ 32 f. Th. I, Tit. I des *ALR* ein Vormund bestellt. Dies war gewöhnlich der Vater. Daneben gab es das Institut der *"Großjährigkeit"*. Großjährigkeit konnte in der Regel zwischen dem 20.[570] bzw. 21.Lebensjahr und dem vollendeten 24. Lebensjahr erreicht werden. Zum Eintrittsalter in die Großjährigkeit und zum Verfahren gab es in den einzelnen Provinzen verschiedene Verwaltungsvorschriften[571]. Erst durch Gesetz vom 09.12.1869[572] wurde in *Preußen* das Alter der

---

[563] Denkschrift S. 47.
[564] P., S. 108.
[565] *Staudinger/Coing*, § 138 Rn. 32,; *von Rönne*, Bd. I, S. 897.
[566] GS 1847, S. 263; vgl. auch unten zu IV. 9.
[567] GS 1857, S. 894.
[568] GS 1866, S. 225.
[569] P., a.a.O.
[570] So bei Juden, vgl. *Mannkopff*, S. 121.
[571] Vgl. hierzu *von Rönne*, Band I, S. 83; *Mannkopff*, S. 121.
[572] GS 1869, S. 1177.

Großjährigkeit einheitlich auf das vollendete 21. Lebensjahr festgesetzt. Die Großjährigkeit stellte die Personen der Volljährigkeit gleich und berechtigte damit zu allen rechtsgeschäftlichen Abschlüssen. Allerdings sahen die Verwaltungsvorschriften der einzelnen Provinzen vor, daß zur Erlangung der Großjährigkeit der Minderjährige einen Antrag zu stellen hatte, der zuvor von seinem Vormund genehmigt worden war[573]. Diese Genehmigung wurde jedoch nicht immer von den Vormündern erteilt, was dazu führen konnte, daß selbst Personen die das 21. Lebensjahr überschritten hatten bis zum vollendeten 24. Lebensjahre den Minderjährigen gleich standen. Speziell bei Soldaten bzw. Offizieren im Heer verweigerten die Vormünder ihre Zustimmung, was den Gesetzgeber durch eine Kabinettsorder vom 10.02.1825[574] veranlaßte, daß der noch minderjährige Soldat in Bezug auf seine freiwillige Entschließung, im stehenden Heere weiterhin dienen zu wollen, als großjährig zu betrachten war. Dies galt aber nur in Bezug auf den Entschluß dieser Personen, weiteren Dienst im Heer abzuleisten. Ansonsten waren sie nach dem Gesetz weiterhin minderjährig. Die Motivation der Landtagsabgeordneten für diesen Antrag ergab sich dann auch aus den in den letzten 20 Jahren in besorgniserregender Weise angestiegenen wuchererischen Darlehen. Der Vorschlag fand zunächst den ungeteilten Beifall in der Versammlung. Man war von allen Seiten bemüht, diesen Mißstand auszuräumen, und machte insbesondere auf die Folgen aufmerksam, welche sich durch den Wucher ergäben. Speziell die Verpfändung des Ehrenwortes im Offizierstande sei nicht mehr hinzunehmen[575].

Die Verpfändung des Ehrenwortes war eine zur Kreditsicherung übliche Vorgehensweise, die bis in 20.Jahrhundert angewandt wurde. Damit war keine Verpfändung im sachenrechtlichen Sinne gemeint, sondern die Sicherung einer Forderung durch Versprechen an Standesehre, das Geben eines Ehrenwortes[576]. Wie zur Zeit der Beratungen des Landtags 1843 war auch in den Jahren danach die Verpfändung des Ehrenwortes keineswegs zwingend unwirksam. Noch das *Reichsgericht* hatte in zahlreichen Entscheidungen dem Grunde nach und unter bestimmten Voraussetzungen eine *"Bindung unter Verpfändung des Ehrenwortes"* anerkannt[577].

Die Abgeordneten des Landtags waren aber darüber hinaus der Ansicht, daß alle zivilrechtlichen Bestimmungen wegen der Ungültigkeit solcher Darlehen nicht ausreichend seien,

---

573 Vgl. hierzu im einzelnen *von Rönne*, a.a.O.; sowie *Mugdan*, Band 1, S. 383.

574 GS 1825, S. 15.

575 P., S. 109.

576 Vgl. hierzu *Staudinger/Coing*, § 138, Rn. 19.

577 Vgl. hierzu RGZ **68**, 229 (231); **74**, 332 (333); **78**, 258 (260); **82**, 222 (224); **87**, 7 (9).

> *"... denn die persönliche Ehre des Schuldners erheische immer Bezahlung."*[578]

Es käme hier deshalb nur darauf an, daß sich der Darlehnsgeber schon strafbar mache, wenn er sich das Ehrenwort geben lasse. Es könne dabei auch kein Unterschied bestehen zwischen einem schriftlich und einem mündlich abgegebenen Ehrenwort.
Auch wenn sich noch einzelne Stimmen erhoben, die eine Modifizierung des Amendements erreichen wollten, so sprach man sich grundsätzlich dafür aus, daß der Minderjährigenschutz vorgehen müsse. Aus diesem Grunde wurde das Amendement dahin modifiziert,

> *"... daß Darlehne an Minderjährige gegen höhere Zinsen als landesüblich, oder unter Bedingung des Ehrenworts, gleichviel ob dasselbe mündlich oder schriftlich gegeben worden, als Wucher angesehen und bestraft werden sollten."*[579]

Diese Modifizierung wurde mit überwiegender Stimmenmehrheit angenommen. Es wurde aber auch darauf hingewiesen, daß bei der Publikation des Kriminalrechts darauf zu achten sei, daß die im *Landrecht* enthaltenen zivilrechtlichen Folgen des Wuchers in Kraft blieben[580].
Auch zu den gemeingefährlichen Verbrechen im XXV. Titel des Gesetzesentwurfs und speziell zu § 530 E-StGB kam es zu einer weiteren aufschlußreichen Diskussion.
Von einigen Mitgliedern der Versammlung wurde hier zunächst angemerkt, daß es zu hart sei, wenn derjenige, der seine eigene, von Ungeziefer zerstörte Schonung oder sein eigenes zur Umwandlung in Acker oder Wiese bestimmtes Torfmoor vorsätzlich in Brand setze, bestraft werden sollte. Überhaupt sei es unbedingt notwendig, daß in diesem Abschnitt zwischen dem Anzünden fremder und eigener Sachen genau unterschieden werde[581].
Die Mitglieder der Versammlung des Provinziallandtages hatten dazu ausgeführt, daß nach dem richtigen strafrechtlichen Begriff eine Brandstiftung nur vorläge, wenn jemand

1. ein ihm nicht gehörendes bewohntes oder einem solchen nach § 529 E-StGB gleichstehenden Gebäude,
2. eine ihm nicht gehörende Waldung, Kohlengrube etc. oder

---

[578] P., a.a.O.
[579] P., a.a.O.
[580] P., a.a.O.
[581] P., S. 113.

3. ein ihm gehörendes, unbewohntes und völlig *"isoliert stehendes"* Gebäude, oder eine anderweitige ihm nicht gehörende Sache
anzünde.

Wenn jemand aber eine ihm gehörende Sache in Brand setzte, so sei, ohne Unterschied, ob dies zu 1. ein bewohntes Gebäude, zu 2. eine Waldung etc., oder zu 3. ein *"isolierter Gegenstand"* sei, jederzeit eine Polizeistrafe möglich, sofern nicht vorher die polizeiliche Genehmigung eingeholt worden sei. Außerdem müsse eine Fahrlässigkeitstat vorliegen, wenn das Anzünden der eigenen Sache für fremde Sachen nachteilig oder gefährlich gewesen sei und endlich müsse auf die in § 531 E-StGB festgesetzte Strafe erkannt werden, wenn das Anzünden der eigenen Sache zum Zwecke eines Betruges oder zur Erlangung einer Versicherungsprämie erfolgte.
In anderen Fällen könne das Anzünden eigener Sachen an sich nicht bestraft werden[582]. Die Mitglieder der Versammlung billigten damit die Tatsache, daß das vorsätzliche Anzünden eigener Waldungen und Torfmoore für wirtschaftliche Zwecke nicht mit der in § 530 E-StGB bestimmten Strafe belegt werden könne und nahm dies in ihr Gutachten an den König mit auf[583].
Es handelt sich hierbei um ein Problem, das sich bis in unsere Zeit stellte und erst mit der Strafrechtsreform vom 01.04.1998[584] gelöst erscheint. Bis dahin war die Regelung des § 308 Abs. 1, 2. Alt. StGB umstritten. § 308 Abs. 1 StGB in der bis zum 01.04.1998 geltenden Fassung bestimmte:

> *"Mit Freiheitsstrafe von einem Jahr bis zu zehn Jahren wird bestraft, wer Gebäude, Schiffe, Hütten, Bergwerke, Magazine, Warenvorräte, welche auf dazu bestimmten öffentlichen Plätzen lagern, Vorräte von landwirtschaftlichen Erzeugnissen oder von Bau- und Brennmaterialien, Früchte auf dem Feld, Waldungen oder Torfmoore in Brand setzt, wenn diese Gegenstände entweder fremdes Eigentum sind oder zwar Eigentum des Täters sind, jedoch ihrer Beschaffenheit und Lage nach geeignet sind, das Feuer einer der in § 306 Nr. 1 bis 3 bezeichneten Räumlichkeiten oder einem der vorstehend bezeichneten Gegenstände mitzuteilen."*

Fraglich war, ob sich aus der Gesetzesformulierung *"oder zwar im Eigentum des Täters"* eine sachliche Beschränkung des in Brand gesetzten Tatobjekts ergab. Eine am Wortlaut orientierte, strenge Auslegung sah darin ein echtes Tatbestandsmerkmal. Danach konnte nur der Eigentümer der in Brand gesetzten Sache, der eine Brandübertragungsgefahr für andere schaffte, Täter des § 308

---

582 P., S. 114; was an sich mit der heutigen Regelung übereinstimmt.
583 Vgl. V., S. 75.
584 BGBl. 1998 I, S. 164.

Abs. 1, 2. Alt. sein[585]. Nach der Gegenansicht enthielt die Wendung *"zwar Eigentum im des Täters"* kein echtes Tatbestandsmerkmal, sondern nur einen gesetzgeberischen Hinweis darauf, daß es auf die Eigentumslage der in Brand gesetzten Sache für die Strafbarkeit aus der 2. Alt. nicht ankommen sollte. Danach sollte das Wort *"zwar"* als *"sogar"* verstanden werden, was bedeutete, daß das in Brand gesetzte Tatobjekt Eigentum des Täters, fremd oder auch herrenlos sein konnte[586]. Die herrschende Meinung nahm dagegen an, daß von § 308, Abs. 1, 2. Alt. nur Gegenstände erfaßt waren, die entweder im Tätereigentum standen oder herrenlos waren. Fremde Tatobjekte waren nur erfaßt, wenn sie wenigstens mit der Einwilligung des Eigentümers in Brand gesetzt wurden[587].
Durch die Strafrechtsreform wurden neben anderen Delikten auch die Tatbestände über die Brandstiftung reformiert. Nach § 306 StGB wird nunmehr nur bestraft, wer *"fremde"* Gegenstände anzündet. Damit ist § 306 StGB als einfache Brandstiftung an Stelle des früher umstrittenen § 308 StGB getreten. Durch die Begrenzung auf *"fremde"* Tatobjekte wird deutlich, daß es sich hierbei nicht mehr um ein gemeingefährliches Delikt, sondern um einen Spezialfall von Sachbeschädigung handelt. Der Eigentümer einer von ihm selbst in Brand gesetzten Sache kann nunmehr das Delikt schon tatbestandlich nicht verwirklichen, ein Dritter, der die Brandstiftung aufgrund einer Einwilligung des Eigentümers begeht, handelt gerechtfertigt. Damit scheint das Problem des Anzündens von fremden Sachen vorerst gelöst.

Am 01.04.1843 ging der Provinziallandtag zu den Beratungen über das Gesetz zur Einführung des neuen StGB über[588]. Hierbei wurde sogleich von einigen Mitgliedern der Versammlung der Wunsch geäußert, das neue Strafgesetzbuch nicht schon sogleich zu erlassen, sondern sein Erscheinen bis zur Publikation der neuen *Criminalordnung* auszusetzen, so daß, nachdem auch diese in den Ständen beraten worden war, beide Gesetze gleichzeitig in Kraft treten könnten[589]. Auch hierüber entstand eine sehr lange Debatte, weil die Mitglieder der Versammlung diese Frage sowohl vom *"philosophischen"* als auch vom praktischen Gesichtspunkt betrachteten.

Die Abgeordneten, die das neue StGB erst mit der neuen *Criminalordnung* gleichzeitig publiziert sehen wollten, führten an, daß der neue materielle Teil des StGB wesentlich von dem zur Zeit geltenden Kriminalrecht abweiche. Das bisherige *Landrecht* gebe zum einen jedem die Möglichkeit, die Folgen seiner Handlungen klar aus dem Gesetzbuch zu entnehmen. Es biete darüber hinaus eine Vielzahl von Definitionen, Belehrungen und Warnungen und enthalte eine weitreichende Kasuistik. Das neue Gesetz dagegen stelle neue allgemeine

---

585 *Horn* in SK, § 308, Rd. 6.
586 *Cramer* in *Schönke/Schröder*, § 308, Rn. 13; *Wolff* in LK, § 308, Rn. 18.
587 OLG Celle in Niedersächsischer Rechtspfleger 1952, S. 57; *Lackner*, § 308, Rn. 4.
588 P., S. 126.
589 P., S. 127.

Grundsätze des Strafrechts auf, ohne sich umfangreich mit Definitionen zu befassen. Es überlasse nunmehr allein dem Richter die Verhängung der Strafe und die Festsetzung des Strafmaßes. Während nach dem *Landrecht* jedermann wisse, welchen Vergehens oder Verbrechens er sich strafbar gemacht habe und welche Strafe er nun erwarte, sei dies im neuen Gesetz nicht mehr der Fall[590].

> *"Man müsse zwar die Ehrhaftigkeit des Preußischen Richters vollkommen anerkennen und finde auch einen Schutz darin, daß nur Männer im gereiften Alter und nachdem sie schwere Prüfungen bestanden, zum Richteramte zugelassen würden, allein für die große Ausdehnung der richterlichen Gewalt, welche das neue Gesetz darbiete, wären diese Garantieen nicht ausreichend, vielmehr müßten größere Schutzmittel, sowohl im Interesse des Angeschuldigten gegen Anwendung zu strenger Strafe, als auch wohl im Interesse des Staats gegen zu milde Erkenntnisse, gewährt werden."*[591]

Es hätten daher bei der Beratung des neuen Strafrechts etliche Fragen behandelt werden müssen, etwa ob man die Einführung des Instituts eines *"öffentlichen Staatsanwalts"* anregen solle, oder etwa, ob die Mündlichkeit und Öffentlichkeit des Verfahrens zum Schutz des Angeklagten notwendig sei. Diese für das neue Strafrecht notwendigen Fragen seien aber nicht erörtert worden, weil den Ständen das *"formelle Strafgesetz, Die Criminal-Ordnung"* nicht vorgelegen habe. Wegen der Neuartigkeit des Strafgesetzbuches sei auch die alte *"Criminal-Ordnung"* nicht mit dem neuen Strafgesetz in Einklang zu bringen. Nur wenn die neue *"Criminal-Ordnung"* den Ständen zu Beratung vorgelegt worden sei und mit dem neuen Strafrecht in Einklang gebracht werde, könne das neue Strafrecht in Kraft treten. Jeder frühere Zeitpunkt würde wieder mannigfaltige Modifikationen nach sich ziehen. Trotz aller Mängel, die das Landrecht bisher gezeigt habe, sei es doch nicht so verwerflich, wie man es darstelle[592]. Auch würden die Beratungen über eine neue *"Criminal-Ordnung"* gewiß nicht lange dauern, so daß man die Beratungen hierüber schon im nächsten Landtag ansetzen könne. Auch aus diesem Grunde wäre es zweckmäßig, mit der Publikation noch einige Jahre zu warten. Sollte sich aber die dringende Notwendigkeit ergeben, einige Bestimmungen aus dem allgemeinen Teil (die Todesstrafe, die Verjährung sowie die Notwehr) einzuführen, so könne man diese Bestimmungen sogleich in Form von provisorischen Verordnungen erlassen[593].

Dem traten jedoch einige Abgeordnete entschieden entgegen. Es gebe keinen vernünftigen Grund, die Einführung des neuen Strafgesetzbuches zu verschie-

---

[590] P., a.a.O.
[591] P., a.a.O.
[592] P., S. 128.
[593] P., a.a.O.

ben, denn selbst die Gegenmeinung gebe zu, daß die neuen Bestimmungen erheblich besser wären als die des *Landrechts*[594]. Sicherlich sei es zweckmäßig, neben der Einführung des materiellen Strafrechts auch das formelle Strafrecht sogleich neu zu publizieren. Auch würde die alte *"Criminal-Ordnung"* nicht ganz auf das neue Strafrecht passen, aber ganz unausführbar sei das Gesetz dennoch nicht. Es müßten lediglich einige Veränderungen vorgenommen werden, insbesondere dürfe bei Verbrechen, wegen des großen Spielraums, der dem Richter durch das neue Gesetz eingeräumt werde, nicht mehr ein einzelner Richter entscheiden. Hierfür müsse ein formiertes Kollegium geschaffen werden, und bei schweren Verbrechen müsse die Entscheidung den Obergerichten überlassen bleiben[595]. Darüber hinaus sei es nicht das erste Mal, daß der Gesetzgeber Gesetze in dieser Form verabschiede. Dem *Allgemeinen Landrecht*, welches erst im Jahre 1794 publiziert worden sei, sei erst 11 Jahre später, im Jahre 1805 die *Criminal-Ordnung* gefolgt. Auch wies man darauf hin, daß in anderen Ländern, wie in *Württemberg, Hannover, Hessen, Braunschweig* und *Sachsen* habe man das Kriminalrecht früher als die *"Criminal-Ordnung"* in Kraft gesetzt. In all diesen Ländern gebe es bis jetzt weder einen Staatsanwalt noch ein öffentliches oder mündliches Verfahren, und so, wie die damalige "*Criminal-Ordnung*" erst 11 Jahre später als das *Allgemeine Landrecht* in Kraft getreten sei, gebe es dort auch jetzt keinerlei Probleme. Auch werde die Einführung des neuen materiellen Strafrechts hilfreich für die Abfassung des formellen Strafrechts sein, weil man in der ersten Phase schon erkenne, welche Probleme in der neuen *"Criminal-Ordnung"* geregelt werden müßten. Dies werde die Abfassung der neuen *"Criminal-Ordnung"* sicher auch beschleunigen[596]. Aber auch materiell fand man keinen Grund zur Beunruhigung, weil man auch dem neuen Strafrecht entnehmen könne, zu welcher Gattung der Verbrechen eine unerlaubte Handlung gehöre und welche Strafe darauf angesetzt sei. Auch wenn die Strafe oft im Ermessen des Richters stehe und dieser die Strafe nach oben verändern könne, so könne sich der Verbrecher hierüber nicht beklagen. Sollte aber der Richter der ersten Instanz tatsächlich einmal eine unangemessen hohe Strafe angesetzt haben, so könne dieser Umstand noch in der zweiten Instanz korrigiert werden. Letztlich sei man sich doch aber insgesamt darüber einig, daß das alte Recht zu viele Mängel habe und das neue diese Mängel gänzlich ausräume. Schon aus diesem Grunde sollte man dem Gesetzgeber dankbar für dieses neue Gesetz sein und für eine schnelle Publikation votieren[597].

Aber selbst wenn der Gesetzgeber mit der Publikation des neuen Strafgesetzes bis zur Einführung der neuen "*Criminal-Ordnung*" warten würde, könne man auf keinen Fall für die Einführung einzelner Bestimmungen vorab votieren. Die

---

[594] P., a.a.O.
[595] P., a.a.O.
[596] P., S. 129.
[597] P., a.a.O.

Beratungen über das neue Gesetz seien insgesamt vollzogen worden, was bedeute, daß die einzelnen Bestimmungen aufeinander abgestimmt seien. Es sei nicht hinnehmbar, wenn nun einzelne Bestimmungen hier herausgerissen und durch provisorische Verordnungen in Kraft träten. Ein solches Vorgehen würde zu einer untragbaren Härte für den Angeklagten führen, etwa wenn der Dieb nunmehr völlig anders bestraft würde als andere Verbrecher[598].
Von den Vertretern, die die Aussetzung der Publikation des neuen Strafrechts forderten, wurde daraufhin noch angeführt, daß man hier ein ähnliches Verfahren anwenden solle, wie bei der Publikation des *Allgemeinen Landrechts*[599]. Man solle das Gesetz drucken lassen und es erfahrenen Juristen zur Begutachtung vorlegen, weil es so umfangreiche Abweichungen enthalte, daß es erforderlich sei, die Sache auch vom wissenschaftlichen Standpunkte aus zu beleuchten. Die Vertreter des Landtages hatten bereits zuvor mehrfach darauf hingewiesen, daß eine wissenschaftliche Begutachtung wegen der Kürze der Zeit unmöglich sei und man sich deshalb auf rein praktische Gesichtspunkte beschränkte[600].
Dem wurde jedoch sogleich scharf entgegengetreten und ein gesetzgeberischer Grundsatz entgegengehalten. Es sei mit dem Recht der Stände, Gesetzesentwürfe zu begutachten, darüber zu beraten und abzustimmen, nicht vereinbar, wenn man anderweitige Gutachten einhole. Dieses Recht hatten die Stände zur Zeit der Abfassung des Landrechts auch noch nicht gehabt, so daß der Hinweis auf die damalige anderweitige Begutachtung nicht greife[601]. Darüber hinaus sei über das Kriminalrecht bisher soviel geschrieben worden, daß es an wissenschaftlichen Arbeiten bei weitem nicht fehle, und man habe das Beispiel der oben genannten Staaten, in denen das neue Kriminalrecht erschienen und erfolgreich praktiziert werde[602].
Im Ergebnis war diese Diskussion für die spätere Verabschiedung des Gesetzes obsolet, weil das neue Strafgesetz weder allein, noch mit einer neuen "*Criminal-Ordnung*" in Kraft trat. Sie zeigt aber die Einstellung der Brandenburger und damit auch die öffentliche Meinung in den Provinzen *Brandenburgs* und der *Niederlausitz*. Diese grundsätzlich konservativ eingestellte Gesellschaft ließ sich nur selten zu progressivem Verhalten hinreißen. Vielmehr war ihnen offenbar das altständische Denken, die Erhaltung altständischer Strukturen und der bisherigen Errungenschaften, Vergünstigungen usw. wichtiger als eine Verbesserung der politischen, wirtschaftlichen und gesetzlichen Lage *Preußens*. Dieses Denken zog sich, von wenigen Abweichungen abgesehen, durch alle Beratungen.

---

598 P., a.a.O.
599 P., S. 130.
600 Vgl. auch P., S. 21; V., S. 24 f; P., S. 130.
601 P., S. 130.
602 P., a.a.O.

Nach dieser umfangreichen Diskussion stellte der Landtagsmarschall die Frage zur Abstimmung, ob des Königs Majestät gebeten werden solle, das neue Strafgesetz nicht eher erscheinen zu lassen, bis mit diesem zugleich die Kriminal-Ordnung publiziert werden könne. Diese Frage wurde mit 44 zu 21 Stimmen bejaht. Gleichzeitig fand der Vorschlag, daß man einzelne Bestimmungen vorab provisorisch publizieren könne, keinen Anklang. Auch die Einführung der Staatsanwaltschaft sowie der Öffentlichkeit und Mündlichkeit der Verhandlungen sollten hier unbeachtet bleiben, weil die Diskussion hierüber in die neue "*Criminal-Ordnung*" aber nicht in das materielle Strafrecht, gehöre[603].
Darüber hinaus war man sich einig, daß in dem Immediatbericht der Wunsch geäußert würde, daß die Staatsverwaltung möglichst bald das gesamte Gefängniswesen reformieren möge, weil der Entwurf zwischen Zuchthausstrafe, Strafarbeit und daneben Festungsstrafe, Gefängnisstrafe und daneben Festungshaft unterscheide, was allgemein einer Verbesserung bedürftig erschien[604].
Auch sollte in diesem Bericht angedeutet werden, daß es nach Ansicht des Landtags besser sei, in den einzelnen Abschnitten zuerst das leichtere Verbrechen und dann die Qualifikationen mit den schwereren Tatbeständen aufzuführen[605].
Danach ging man zu den Beratungen des Entwurfs eines Gesetzes über die Einführung des Strafgesetzbuches über und verabschiedete auch dieses[606].

d. Ergebnis

Nachdem alle Gutachten der Landtage im Staatsrat eingegangen waren[607], wurde *Savigny* vom König beauftragt, die erneute Revision des Entwurfs durch die Staatsratskommission unter Berücksichtigung der eingegangenen Änderungswünsche vorzubereiten. Die Früchte dieser Arbeit sind niedergelegt in dem dreibändigen Werk *"Revision des Entwurfs des Strafgesetzbuches von 1843, Berlin 1845"*[608]. Ergebnis dieser im Gesetzrevisionsministerium vorgenommenen internen Überarbeitung des Entwurfs von 1843 war der revidierte Entwurf von 1845; die dreibändige "Revision" stellte praktisch dessen Motive dar[609].
Am 29.01.1845 teilte die Regierung dem neunten Provinziallandtage mit, daß über den Entwurf zu dem revidierten Strafgesetzbuch die Schlußberatung im

---

603 Vgl. zu allem P., a.a.O.
604 P., S. 130 f.
605 P., S. 131; V. S. 25 f.
606 Wegen der Geringfügigkeit dieser Beratungen soll an dieser Stelle darauf nicht weiter eingegangen werden.
607 Die Änderungswünsche waren zum Teil sehr umfangreich. Die wichtigsten gedruckten Kriterien sind verzeichnet bei *Berner*, Strafgesetzgebung, S. 232 f.
608 ZStA Merseburg, Rep. 84 II. 4. I., Nr. 14 und 15, Bände 1-3.; Nachdruck bei *Schubert/Regge*, a.a.O., Band V, S. 211 ff.
609 *Schubert/Regge*, a.a.O., Band I, S. XXXIX.

Justizministerium noch nicht beendet sei[610]. Es sollte aber noch einige Zeit vergehen, bis die Staatsratskommission die Revision dieses Entwurfs abgeschlossen hatte, der schließlich in das Strafgesetzbuch von 1851[611] führte[612]. Das neue Strafgesetzbuch trat dann auch erst am 01.07.1851 in Kraft[613]. Es galt im Bereich der gesamten Monarchie, also auch in der *Rheinprovinz*. In *Hohenzollern* wurde es am 01.01.1852 in Kraft gesetzt[614], womit Rechtseinheit in Preußen auf dem Gebiet des materiellen Strafrechts erreicht worden war.
Bevor auf die Einflußnahme der Brandenburger in Bezug auf die einzelnen hier untersuchte Vorschrift[615] des neuen Strafgesetzes[616] eingegangen werden kann, muß zunächst vorangestellt werden, daß sie insoweit kein effektives Beratungsgremium waren[617]. Die schon mehrfach angesprochene knappe Zeit zur Beratung ließ keinerlei vertiefende Untersuchungen zu. Fast alle vorgetragenen Wünsche und Vorschläge der Brandenburger[618] wurden in der Zusammenfassung der Gutachten aller achten Provinziallandtage in *Berlin* kaum herausgestellt, womit auch eine weitergehende Reform des materiellen Strafrechts in *Preußen* schon in der Vormärzzeit verhindert wurde[619].
So fanden die Vorschläge des achten Brandenburgischen Provinziallandtags zu den Bestimmungen §§ 144-147 E-StGB, die sich im neuen Strafrecht in §§ 61-73 StGB wiederfanden, keine Beachtung[620]. Jedoch kann davon ausgegangen werden, daß die Beratungen und Vorschläge zu § 156 E-StGB im schließlich erlassenen § 68 II StGB gefruchtet haben. Anstelle der noch im Gesetzesentwurf angedrohten Todesstrafe, gegen die sich die Versammlung vehement gewehrt hatte, trat nunmehr Zuchthausstrafe von drei bis zehn Jahren und eine Milderungsmöglichkeit mit einer Einschließung von drei bis zu zehn Jahren.
Zu § 188 E-StGB hatte sich die Versammlung dem Gesetzesentwurf angeschlossen, so daß eine aktive Einflußnahme im Wege einer Änderung dieses Vorschrift nicht möglich war. Aber auch die passive Einflußnahme in Bezug auf die Billigung dieser Vorschrift hatte keinen Erfolg. Der gesamte Abschnitt des

---

[610] V. 1845, S. 11.
[611] GS 1851, S. 101-176.
[612] Vgl. zun den umfangreichen Beratungen des Staatsrates die Darstellung bei *Schubert/Regge*, a.a.O., S. XXXiX-XLIV.
[613] GS 1851, S. 101; vgl. zu den weiteren Revisionen zum preußischen Strafrecht bis 1879 *Schubert/Regge*, a.a.O., S. XLIV-XLVII.
[614] GS 1851, S. 188.
[615] Anhand derer sich aber die Einflußnahme ausreichend darstellen läßt.
[616] Das Strafgesetz vom 14.04.1851, GS 1851, S. 101-176, in Kraft getreten am 01.07.1851 und im folgenden StGB genannt.
[617] Ebenso wie natürlich auch zum allgemeinen Teil, vgl. oben Seite 142 ff., so auch *Schubert*, Preußen Seite 37.
[618] Übrigens auch die der anderen Provinzen, vgl. hierzu *Schubert*, Preußen, S. 37, m.w.N.
[619] So auch *Schubert*, Preußen, S. 37.
[620] Vgl. §§ 61-73 StGB.

Gesetzesentwurfs von den Vergehen und Verbrechen gegen den preußischen Staat[621] wurde abgeschwächt in §§ 82-120 StGB normiert.
Ebenso verhielt es sich mit den Bestimmungen §§ 234, 238 E-StGB, die allenfalls gewisse Ähnlichkeiten in §§ 309, StGB hatten und damit in den *"Vergehen und Verbrechen im Amte"* ihren Niederschlag fanden. Daß es im achten brandenburgischen Provinziallandtage aber auch fortschrittliche Vorstöße gab, zeigte die Diskussion über § 241 E-StGB, der in § 135 StGB seinen Eingang fand. Zwar entschied man sich erst nach einer längeren Diskussion dafür, zu beantragen, daß durch diese Vorschrift auch alle Religionslehrer, also auch der Juden, geschützt werden sollten. Berücksichtigt wurde dieser Vorschlag von der Regierung indessen nicht. § 135 StGB bestimmte nunmehr:

> *"Wer öffentlich in Worten, Schriften oder anderen Darstellungen Gott lästert, oder eine der christlichen Kirchen oder eine andere mit Korporationsrechten im Staate bestehende Religionsgemeinschaft oder die Gegenstände ihrer Verehrung, ihre Lehren, Einrichtungen oder Gebräuche verspottet, oder in einer Weise darstellt, welche dieselben dem Hasse oder der Verachtung aussetzt, ingleichen wer in Kirchen oder anderen religiösen Versammlungsorten an Gegenständen, welche dem Gottesdienste gewidmet sind, beschimpfenden Unfug verübt, wir mit Gefängniß bis zu drei Jahren bestraft."*

Den Schutz aller Religionslehrer hatte man nicht für zweckmäßig gehalten. So betonte man in dem revidierten Gesetzesentwurf von 1845, daß

> *"neben den Geistlichen, aber der Religionslehrer zu erwähnen, wie die Brandenburgischen Stände wollen, erscheint deshalb unthunlich, weil der Begriff der Religionslehrer rücksichtlich der Juden und einiger christlicher Sekten schwer festzustellen ist."*[622]

Die Vorschriften über den Zweikampf[623] fanden ihren nahezu unveränderten Eingang in §§ 161 ff. StGB. Hierzu hatte die Versammlung in den Beratungen auch nichts wesentliches zu bemerken gehabt. Auch die Ergebnisse der Beratungen über die folgenden Vorschriften der §§ 306 und 357 II E-StGB wurden von der Regierung nicht berücksichtigt. Von einer Einflußnahme auf die preußische Gesetzgebung kann jedoch in Bezug auf die Vorschriften des Ehebruchs[624] ausgegangen werden[625]. Diese Vorschriften fanden sich in §§ 139

---

[621] Vorgesehen im III.-VI. Titel des E-StGB.
[622] *Schubert/Regge*, a.a.O., Band 5, S. 570.
[623] §§ 288 E-StGB.
[624] §§ 377 ff. E-StGB.

StGB wieder. Die Mitglieder der Versammlung hatten, wie auch andere Provinziallandtage, mit einer großen Majorität die 35. Frage der Denkschrift verneint und dafür votiert, daß die Bestrafung des Ehebrechers nur auf Antrag des beleidigten Ehegatten und keinesfalls durch den Richter während des Scheidungsverfahrens eintreten dürfe[626]. Dies findet sich in § 140 II StGB wieder, wenn auch negativ formuliert. Danach sollte eine Bestrafung des ehebrecherischen Gatten ausgeschlossen sein, wenn der unschuldige Ehegatte die Nichtbestrafung ausdrücklich beantragte. Die Einflußnahme und die Einstellung der Brandenburger kann daher in zweifacher Hinsicht formuliert werden. Zum einen zeigt sich auch hier wieder die grundsätzlich konservative Einstellung der Stände. Jegliche Abkehr von überkommenden Vorschriften wurde äußerst kritisch begutachtet und zumeist ganz verworfen. In diesem Falle allerdings wäre mit der Einführung des § 377 E-StGB ein Rückschritt verbunden gewesen, weil, wie es auch die Mitglieder der Versammlung feststellten, der Staat nicht nur in das Institut der Ehe unverhältnismäßig eingegriffen, sondern auch dem einzelnen die in der Ehe verankerte persönliche und individuelle Freiheit genommen hätte. Der Einfluß des Staates auf das Institut der Ehe wäre zu groß geworden. Zum anderen zeigt sich auch hier die konservative Haltung der Stände gegenüber dem Staat. Eine einmal eingeräumte persönliche Freiheit kann sich der Staat nicht wieder zurückerobern. Es ist bezeichnend, wie vehement sich einige Vertreter gegen eine Einflußnahme des Staates auf diesen Bereich einsetzten[627]. Diese Erkenntnis durchzieht die gesamten Beratungen zum StGB. Es gab unter den Abgeordneten durchaus fortschrittlich eingestellte Vertreter, die sich auch durch vermeintlich konservative Gesetzesvorschläge und Argumentationen aus der Versammlung nicht beeindrucken ließen[628].

Auch die Wünsche der Brandenburger zu § 485 E-StGB, dessen Regelung sich nunmehr in § 263 StGB wiederfand, fanden keine Berücksichtigung. Die Gesetzesrevisionskommission unter Vorsitz *Savignys* war der Ansicht, daß eine Er-

---

[625] Auch wenn der letztendlich vorliegende § 140 II StGB im materiellen Teil wohl endgültig den Beschlüssen des vereinigten ständischen Ausschusses folgte. Die einzige Abweichung bestand nur noch darin, daß entsprechend dem Entwurf von 1847 die Bestrafung von Amts wegen erfolgen sollte, wenn kein gegenteiliger Antrag vorlag, so Th. Goltdammer, Bd. 2, Seite 281 ff., was aber letztlich auch auf die Brandenburger zurückzuführen war.

[626] Vgl. dazu im einzelnen *Schubert*, Preußen, S. 43 f.

[627] Vgl. zu den Ergebnissen und zur Zusammenfassung und Bewertung durch das Gesetzrevisionsverfahren *Schubert*/Regge, Gesetzesrevision Bd. 5, S. 656 f., der neue Entwurf von 1845 hierzu bei *Schubert/Regge* a.a.O. Bd. 6/1, 1996, S. 1 ff., die Revision hierzu bei *Schubert/Regge* a.a.O. Bd. 6/1, 1996, S. 195 ff. sowie alle weiteren Entwürfe und Beratungen zum Ehebruch im StGB bei *Schubert*, Preußen S. 46 ff. m.w.N.

[628] Hier ist insbesondere auf die Diskussion zu den Brandstiftungsdelikten hinzuweisen, bei der die überwiegende Meinung der Abgeordneten, die die Brandstiftung von im Eigentum stehenden Sachen als straflos ansehen will, annähernd mit der jetzigen strafrechtlichen Regelung übereinstimmt.

weiterung der Vorschrift im Sinne der Brandenburgischen Stände[629] unangemessen sei. Begründet wurde dies damit, daß allein wegen der Überschreitung der gesetzlichen Zinsen bei einem Darlehen, das einem Minderjährigen gewährt wurde, kein Grund für eine Bestrafung erkennbar sei[630].
Denn bei einem solchen Vertrag sei nicht nur das Zinsversprechen, sondern in der Regel das gesamte Darlehen ungültig, so daß hier schon das Zivilrecht den Darlehensgeber von wucherähnlichen Geschäften zurückschrecken muß. Auch der Versuch, durch das Ehrenwort die Zahlung verbotener Zinsen zu sichern, gebe dem Wucher nicht denjenigen gefährlichen Charakter, der es rechtfertigen könne, ihn ausnahmsweise dann zu bestrafen, wenn er weder verschleiert noch gewerbsmäßig betrieben wird:

> *"Denn wenngleich die Darlehne an Minderjährige kein Klagerecht erzeugen, so sind sie doch an sich keineswegs unerlaubt, und darum kann auch nicht der Versuch strafbar sein, die moralischen Motive zur Erfüllung der Verbindlichkeit durch Abnahme des Ehrenworts zu verstärken. Strafbar wird der Kreditgebende erst, wenn er droht, die Verletzung des Ehrenworts bekannt zu machen, und diese Drohung zur Erpressung rechtswidriger Vortheile benutzt; für diesen Fall reichen aber die (...) Vorschriften über die Erpressung aus."*[631]

Auch die Beratungen zu den §§ 389 E-StGB[632] und 530 E-StGB[633] ergaben keine nennenswerten Einflußnahmen auf die Gesetzgebung zum neuen Strafrecht.

3. Verhandlungen zu einem Entwurf einer Verordnung wegen des Erfordernisses des fünfjährigen Grundbesitzes (Proposition Nr. 5)[634].

Bei dieser Proposition[635] ging es um die Ergänzung der Vorschriften über die Wählbarkeit zu den Landratsämtern. Das Verfahren, die Rechte des Landrats und die Personen, die dieses Amt bekleiden sollten, waren in *Preußen* seit langem umkämpft[636]. Wegen der engen Voraussetzungen, die zum Landratsamte berechtigten – insbesondere mußten die Kandidaten im Besitz von Rittergütern sein – kam es auch zu Scheinkäufen von Besitztümern. Die Proposition wollte

---

[629] Vgl. oben S. 156 ff.
[630] *Schubert/Regge*, a.a.O., Band 5, S. 735.
[631] *Schubert/Regge*, a.a.O.
[632] ähnliche Regelungen fanden sich nur in §§ 139 ff. StGB.
[633] Regelungen in §§ 285 ff. StGB.
[634] Im folgenden VO-GrundB.
[635] Die Proposition nebst Motiven ist abgedruckt bei *Schubert*, Westfälischer Provinziallandtag, Bd. 3, S. 177 ff.
[636] Vgl. zum Ganzen *von Unruh*, Der Kreis, Erster Teil III-V; *Bornhak*, Preußische Staats- und Rechtsgeschichte S. 395 ff.

insbesondere diesem Mißstand vorbeugen, indem sie vorsah, daß sich der Landratskandidat mindestens schon fünf Jahre im Besitz eines Rittergutes befunden haben mußte.

a. Vorgeschichte

Wachsenden Einfluß erhielt das Landratsamt erstmals durch die älteste ergangene Instruktion für die magdeburgischen Landräte vom 19.07.1716[637] und einer Verordnung vom 12.08.1721[638]. Die Instruktion umreißt zum ersten Mal einen Teil der Aufgaben, die bald überall das Amt des Landrats prägten, insbesondere die Sorge um die Wohlfahrt des Landes. Zum Teil wird den Landräten darin zur Pflicht gemacht, sich auch der Landeskultur in ihrem Kreis anzunehmen[639]. Die Verordnung gibt dem

> *"Magdeburgischen und halberstädtischen Commissariat, auch den Directores und Landräten in der Kurmark" auf, dahin zu sehen, daß, wenn dem Steuerpflichtigen wegen Härtefällen oder aus Billigkeitsgründen nach Naturkatastrophen Remissionen aus der Kreiskasse gewährt würden, auch deren "Immediat-Obrigkeit" gleichfalls einen entsprechenden Erlaß aussprechen sollte, und zwar jeweils etwa die Hälfte der nachgelassenen Staatsabgaben"*[640].

Auch und insbesondere der brandenburgische Landrat war damit die Schlüsselfigur für das erfolgreiche Bestreben *Friedrich Wilhelm I.* und seines Sohnes, neben der Beamtenschaft auch den Adel nicht nur durch das Militär, sondern auch im zivilen Dienste aus einem Gegner der Krone eine feste Stütze zu machen[641]. Eines der wichtigsten Zugeständnisse in diesem Prozeß war daher die Anerkennung der Kurmärkischen Kreisverfassung[642]. In *Brandenburg* war das Landratsamt durch die Zusammenfassung der Ämter des Kreisdirektors und des Kreiskommissars entstanden. Den Landräten wurden später immer mehr Funktionen übertragen, die sie zum Exekutivorgan der Kriegs- und Domänenkammern machten, wobei der Bauernschutz und soziale Aufgaben im Vordergrund standen[643]. Die Stellung der Landräte zum König war durch ihre Unabhängigkeit gekennzeichnet. Sie erhielten einen Ehrensold von 300 Talern aus der Kreiskasse. Selbst *Friedrich Wilhelm I.* gegenüber wiesen die Landräte der

---

[637] Acta Borussica, Behördenorganisation IV, 2, S. 141 ff; *von Unruh*, Der Kreis S. 49.
[638] *Mylius*, Corpus Constitutionum Marchicarum Bd. I Nr. 32.
[639] Vgl. *von Unruh*, Der Kreis in Fn. 149.
[640] *von Unruh* a.a.O. S. 49 f.
[641] *von Unruh* a.a.O.
[642] *von Unruh* a.a.O.
[643] *von Unruh*, a.a.O., S. 50.

Kreise *Havelland, Ruppin, Ober-* und *Niederbarnim, Lebus, Zauche*, der *Ukkermark* und *Beskow-Storkow* in einer Eingabe vom 01.02.1721 auf den Standpunkt der Kreise wegen der Repartierung von Abgaben hin, wobei sie auf einen angemessenen Ausgleich zwischen Kreisen untereinander hinwirkten, damit eine möglichst gleiche Belastung eintrete[644]. Die Position und die Rechtsstellung des Landrats in *Brandenburg* war geboren und endgültig gefestigt.
Die folgenden Jahre brachten eine weitere Ausdehnung der landrätlichen Pflichten und eine Stärkung dieser Stellung mit sich. Der Inhalt einer Instruktion des Preußischen Innenministers an die Landräte von 1816[645] blieb für die Tätigkeit eines jeden Leiters einer Kreisverwaltung lange maßgebend. Diese Instruktion ging offenbar auf *Hardenberg* zurück[646], der letztlich mit seinem Verfassungsentwurf gescheitert war[647]. So setzte auch hier der Staatsrat eine Kommission unter dem Vorsitz von *Friese*[648] ein, die einen Entwurf mit dem Titel,

> *"das Verwaltungssystem des Ostens dem modernen des Westens möglichst anzunähern"*

ausarbeitete, um *Hardenbergs* Erwägungen weiter zu konkretisieren[649].
Dieser Kommissionsentwurf sah eine Trennung zwischen dem ausschließlich von der Krone zu bestellenden monokratischen Verwaltungsträger, dem Landrat, und dem von den Kreiseingesessenen zu wählenden Repräsentativorgan, den Kreisständen vor. Die Landräte sollten lediglich als Staatsbeamte zu betrachten sein. Im Hinblick auf die vorgesehene Staatsverfassung erübrigten sich die althergebrachten Beweggründe zur Bestellung eines Landrats. Vielmehr schien eine gegenseitige Unabhängigkeit des Landrats von den Ständen wie der Stände von dem Landrat der Kommission ebenso dem Interesse der Stände als

---

[644] Vgl. *von Unruh* a.a.O, S. 51 m.w.N.
[645] Vorläufiger Entwurf einer Instruktion für die Landräte und die ihnen untergeordneten Kreisoffizianten vom 31.12.1816 bei *Gräff, Koch, von Rönne*, Ergänzungen und Erläuterungen der preußischen Rechtsbücher durch Gesetzgebung und Wissenschaft, Berlin 1864, Bd. 6, S. 191 ff.
[646] So *von Unruh*, a.a.O., S. 99.
[647] Vgl. oben S. 23.
[648] *Karl Ferdinand Friese* (1770-1837) nahm an den Reformen der Jahre 1807 bis 1808 als Sachbearbeiter den stärksten Anteil und war einer der hervorragensten Mitarbeiter *Schroetters* im Provinzialministerium, wie überhaupt einer der besten und zugleich der liberalsten Köpfe des preußischen Beamtentums. 1817 wurde *Friese* Staatssekretär des preußischen Staatsrats und Leiter einer Kommission, die 1820 eine Gemeinde- und Kreisordnung entwarf, deren Kodifizierung ebenfalls scheiterte. Als Präsident der preußischen Bank hat *Friese* diese Anstalt zu einer geachteten Stellung erhoben (*E.R. Huber*, Deutsche Verfassungsgeschichte, Bd. I, S. 131 f.)
[649] Vgl. *von Unruh* a.a.O. S. 99

auch dem der Regierung zu entsprechen[650]. Allerdings stießen diese zumeist fortschrittlichen Gedanken[651] nicht auf die Zustimmung der Regierung. Die Vorlage der Staatsratskommission vom 08.08.1820 wurde verworfen. Es begannen statt dessen die Vorarbeiten für provinzielle Kreisordnungen, die vom Geist der letzten Regierungsjahre König *Friedrich Wilhelm III.* in *Preußen* beherrscht waren[652].

Nunmehr wurde die neuständische Gesetzgebung fortgesetzt und die Gutsbesitzer, Städte und Bauernstände zum erstenmal durch die provinziellen Kreisordnungen für die Kur- und *Neumark* am 17.08.1825[653] zusammengefaßt. Bei der Besetzung der Landratsämter waren die Stände mit einem Vorschlagsrecht beteiligt. Der Kreisversammlung stand das Recht zu, drei Kandidaten für das Landratsamt zu präsentieren, von denen der König einen für das Amt ernannte[654]. Nur in den Kreisen *Brandenburgs*, *Pommerns* und der *Lausitz*, wo die Wahl allein den Rittergutsbesitzern nach der früheren Verfassung zugestanden hatte, verblieb es dabei, wobei die anderen beiden Stände berechtigt wurden, etwaige erhebliche Bedenken gegen den Kandidaten bei der Regierung zur Anzeige zu bringen[655]. Modifiziert wurde die Wählbarkeit zum Landratsamte noch einmal durch die allerhöchste Kabinettsorder vom 23.03.1838[656], wonach der Besitz eines Rittergutes nicht nur von einer gewissen Besitzzeit abhängig war, sondern auch während der Ausübung des Amtes beibehalten werden mußte. Allerdings mußte das den Rittergutsbesitzern ausschließlich zustehende Präsentationsrecht eines Kandidaten bis zum Jahre 1806 nachgewiesen werden[657]. In diesem Punkt, nämlich die Berechtigung, Kandidaten für das Amt des Landrates vorzuschlagen, sah *v. Stein*[658] das Prinzip der deutschen Selbstverwaltung durchgreifen. Dadurch kam nunmehr das Grundprinzip der brandenburgischen Kreisverfassung im ganzen preußischen Staatsgebiet zum Tragen. Der Landrat

---

[650] *von Unruh* a.a.O.

[651] Vgl. hierzu auch *von Brederlow*, Über Leben und Verfassung in Kreisen und Gemeinden, 1820, S. 67 ff, der zur Zeit der Tätigkeit der Staatsratskommission selbst Landrat war und die Erwägungen von *vom Stein* in *H.G. Pertz*, Das Leben des Ministers Freiherr vom Stein, 1849-1850, Bd. 5, S. 329.

[652] *von Unruh*, a.a.O. S. 104.

[653] GS 1825, S. 203. Durch Verordnung vom 18.11.1826 (GS 1826, S. 110) wurde ihr Geltungsbereich auch auf die zu *Brandenburg* gehörige *Niederlausitz* ausgedehnt, so daß sie nunmehr in der ganzen Provinz galt.

[654] Reglement vom 17.03.1828, bei *Lancizolle*, Rechtsquellen für die gegenwärtige landständische Verfassung, 1847, S. 191.

[655] Reglement wegen des Verfahrens bei den Wahlen der Landratskandidaten in den Provinzen *Brandenburg*, der *Niederlausitz* und in *Pommern* vom 22.08.1826, Ergänzung vom 10.11.1826 sowie vom 30.11.1826 bei *Lancizolle* a.a.O., S. 188-191.

[656] GS 1838, S. 154 f.

[657] *Bornhak*, S. 395; Lancizolle a.a.O., S. 189.

[658] *Lorenz von Stein*, S. 505.

sollte nunmehr der Vertrauensmann der Kreiseingesessenen[659] sein. Noch war es keine Selbstverwaltung mit der verantwortlichen Teilnahme des Staatsbürgertums an der öffentlichen Verwaltung[660], aber doch ein Ansatz für eine solche Entwicklung[661].
Das Motiv des Gesetzes war es daher, der Korruption bei der Ernennung dieses Landratsamtes vorzubeugen und nicht, den Landrat in seinen Rechten zu beschneiden.

b. Beratungen[662]

Die Proposition hatte praktisch lediglich zwei Vorschriften. Danach bestimmte § 1 VO-GrundB im wesentlichen:

> *"Die Wählbarkeit zu Landraths-Aemtern vermöge eigenthümlichen Grundbesitzes im Kreise [...] erfordert in Zukunft eine der Wahl vorangegangene, mindestens fünfjährige ununterbrochene Dauer dieses Besitzes. Inzwischen ist in jedem Vererbungsfalle die Besitzzeit des Erblassers und des Erben zusammenzurechnen, und die Abtretung eines Gutes von dem Vater an den Sohn, bei Lebzeiten des Ersteren, der Vererbung gleich zu achten."*

§ 2 VO-GrundB bestimmte dagegen:

> *"Erklären sich die Wahlberechtigten in einzelnen Fällen außer Stande, die vorschriftsmäßige Zahl der drei Uns zu präsentirenden Kandidaten, unter den vermöge eines mindestens fünfjährigen ununterbrochenen Besitzes Wählbaren (§.1), auszuwählen, so wollen Wir gestatten, daß zur Ergänzung dieser Zahl in demselben Wahltermine eine Nachwahl aus solchen Kreiseingessenen erfolge, welchen bei übrigens vorhandener Wählbarkeit zu dem Landrathsamte nur der fünfjährige Besitz mangelt, indem Wir Uns vorbehalten, dergleichen Ergänzungs-Kandidaten, jedoch nur aus ganz besonders erheblichen Gründen, von diesem Erforderniß ausnahmsweise zu entbinden.*
> *Wo von dieser Befugnis Gebrauch gemacht wird, kann hiernächst die Reihenfolge in der Kandidatur unter den Erwählten beider Kategorien mittelst besonderer nachträglicher Abstimmung in demselben Wahltermine festgestellt werden."*

---

[659] So auch *von Unruh*, a.a.O., S. 115 und entgegen *Heffter*, S. 131., der meinte, der Landrat sei Vertrauensmann der Ritterschaft.
[660] *Lorenz von Stein* a.a.O., S. 364 f.
[661] *von Unruh* a.a.O.
[662] P., S. 169 ff.; V., S. 87 ff.

Mit der Begutachtung war der sechste Ausschuß betraut worden. Am 08.04.1843 begannen dann in *Berlin* die Beratungen zu dieser Proposition, wobei das bereits am 05.04.1843 erstmals verlesene Gutachten des sechsten Ausschusses erneut vorgetragen wurde.
Der Ausschuß gab in seinem Gutachten zu, daß die bisherigen Rechte der Wahlkorporation durch diesen Gesetzesentwurf sehr beschränkt würden und daß sich diese fast außerstande sehen würde, überhaupt noch einen Kandidaten zu den Landratsämtern vorzuschlagen[663]. Dennoch schlug der Ausschuß die Annahme dieses Gesetzesentwurfs vor, weil dieser den hin und wieder vorkommenden Mißständen bei den Landratswahlen am besten entgegenwirken könne. Der Ausschuß votierte aber dafür, daß in § 1 VO-GrundB nach den Worten:

> *"... und die Abtretung eines Gutes von dem Vater an den Sohn,...*

die Worte:

> *"so wie die eines Lehn- oder Fideikommißgutes von dem Besitzer desselben an den unzweifelhaften Nachfolger"*[664]

hinzugesetzt werden sollten. Nachdem der Ausschuß seine Ansicht dargelegt hatte, kam es in der Versammlung zu einer sehr lebhaften und langanhaltenden Debatte über das generelle Erfordernis einer solchen Verordnung. Man stellte sich die Frage, ob es nötig sei, daß ein Kandidat überhaupt weitere Voraussetzungen als bisher, und wenn welche, mitbringen müsse.
Die Mehrheit der Mitglieder der Versammlung argumentierten, daß in erster Linie der Mann, die Person des Kandidaten, dessen Persönlichkeit, dessen Kenntnisse, dessen Geschäftserfahrung und dessen Charakter entscheidend sein müßten. Der Geschäftskreis der Landräte sei in den letzten Jahren sehr erweitert worden. Er umfasse nicht einfach mehr allein das ländliche, sondern in zunehmendem Maße auch das städtische Interesse. Allein deshalb sei das Erfordernis eines 5-jährigen Grundbesitzes nicht genügend, weil die Tatsache, daß es sich um einen tüchtigen Landwirt handele, allein nicht ausreichend sei, um die nötige Qualifikation nachzuweisen[665]. Jüngeren Kandidaten sei die Möglichkeit durch die Einschränkung des 5-jährigen Besitzes völlig genommen. Gerade den jüngeren tüchtigen und qualifizierten potentiellen Kandidaten müsse man aber die Aussicht auf ein solches Amt geben, indem man ihnen auch die Möglichkeit einräume, Besitz zu erwerben. Nur so könne man diese jüngeren Kandidaten

---

[663] P., S. 169.
[664] P., S. 169.
[665] P., S. 171.

dauerhaft an den Kreis binden[666]. Den Scheinkäufen könne auch anders vorgebeugt werden, deshalb müsse man nicht gleich die bestehende Verfassung ändern und die Wahlbefugnis so wesentlich beschränken. Hierfür würde es ausreichen, einen Kandidaten, der erst kürzlich ein Gut erworben habe, nur zur Wahl zuzulassen, wenn er seinen Besitztitel präsentieren könne. Das allein werde schon wegen der beträchtlichen Kosten die Scheinkäufer abschrecken. Außerdem müsse auch die Möglichkeit bestehen bleiben, daß ein Kandidat ein Gut ankaufe, um sich als Kandidat aufstellen zu lassen. Dies sei dann wichtig, wenn kein passender Kandidat gefunden werde und derjenige, der die nötige Qualifikation besitze, noch ohne Grundbesitz sei. Schließlich bleibe es auch dem König überlassen, wen er von der Kandidatenliste als Landrat einsetze. Die Verordnung sei demnach weder ein Bedürfnis, noch werde sie den beabsichtigten Zweck erreichen. Vielmehr schränke sie die bisherige Wahlberechtigung in einer nicht hinnehmbaren Weise ein.
Dagegen wurde von anderen Mitgliedern vorgetragen, daß eine 5-jährige Besitzzeit erforderlich sei, um das lebhafte Interesse des Kandidaten am Kreis, die nötige Kenntnis desselben und das Eingehen in seine Bedürfnisse zu begründen, ohne welche ein guter Landrat nicht denkbar wäre[667]. Ob der Kandidat diese Eigenschaften in hinreichendem Maße besitze, mithin des Vertrauens wahrhaft würdig sei, lasse sich erst nach einer längeren Besitzzeit beurteilen. Im übrigen votierte zwar auch die Mehrheit des Ausschusses gegen eine 5-jährige Besitzzeit, war aber der Ansicht, daß eine 3-jährige Besitzzeit ausreichen würde, wogegen die Minderheit die Besitzzeit unverändert in Form des Gesetzesentwurfs gelten lassen wollte[668]. Auch dem Ausschuß kam es mithin allein auf die Besitzzeit an.
Darüber hinaus sei die Verordnung *"nötig und heilsam"*[669]. Auch wenn in der Provinz bisher kein Fall des Mißbrauchs bekannt sei, diene die Verordnung der Vorbeugung[670]. Man gebe auch zu, daß dieses Gesetz eine Beschränkung der bisherigen Wahlfreiheit enthalte, und solche Gesetze seien niemals willkommen. Indessen sei, als im Jahre 1816 die Befugnis zur Landratswahl den Kreisständen oder der Korporation der Rittergutsbesitzer übertragen worden sei, dies nicht unbeschränkt geschehen. Es sei schon damals die unerläßliche Bedingung aufgestellt worden, daß die Landräte nur aus den eingesessenen Guts- bzw. Rittergutsbesitzern gewählt werden dürften. Diese Regelung habe sich bewährt, und man müsse, um Mißbräuchen vorzubeugen, die zur Verfügung stehenden Mittel ausschöpfen. Daß Vertrauen maßgebend sei, verstehe sich von selbst, dieses Vertrauen müsse allerdings erst entstehen, und dies erfordere eine länge-

[666] P., a.a.O.
[667] P., a.a.O.
[668] P., a.a.O.
[669] P., S. 171.
[670] P., S. 172.

re Zeit. Kenntnisse und Geschäftstüchtigkeit ließen sich erwerben, Vertrauen dagegen könne man nicht voraussetzen, dies könne nur entstehen. Darüber hinaus lasse selbst die Verordnung für den Fall, daß sich unter den 5-jährigen Besitzern niemand finde, in § 2 VO-GrundB eine anderweitige Wahl zu. Demgemäß werde es nur nötig sein, § 2 VO-GrundB eine andere abgeänderte Fassung zu geben. Aus diesem Grunde schlugen die Vertreter dieser Ansicht, bei Beibehaltung des § 1 VO-GrundB und statt § 2 VO-GrundB, folgendes Amendement vor:

> *"Kürzerer Besitzstand als 5 Jahre macht nur wahlfähig, wenn nach Producirung des Besitzdokuments die absolute Majorität der Wähler dies ausspricht, wodurch alsdann die Besitzer unter 5 Jahren den fünfjährigen gleichgestellt und mit ihnen auf eine Wahlliste bebracht werden"*[671].

Den Gesetzesentwurf aber gänzlich zurückzuweisen, halte man dagegen für sehr bedenklich, weil die Proposition dieselbe Quelle habe, wie die Wahlbefugnis selbst.

Daraufhin gaben zunächst alle Mitglieder der Versammlung zu, daß das Institut der Landräte das *"vermittelnde Prinzip"* zwischen der Regierung und dem Volke sei, indem die Regierung aus ihrer abstrakten Idealität heraus dem reellen Leben des Volkes näher trete, weil die Landräte sowohl Beamte der Regierung, als auch Beschützer, Ratgeber und Freunde ihrer Kreise und mit diesen durch gemeinschaftliche Interessen verbunden und im Vertrauen darauf fest verwurzelt seien[672]. Auch sei man sich der Absicht des Gesetzgebers bewußt, der offenbar die ganze Wichtigkeit des Instituts der Landräte erkannt habe und dieses nunmehr durch diesen Gesetzesentwurf schützen wolle[673]. Dennoch konnten noch immer nicht alle Abgeordneten das Bedürfnis ergänzender Bestimmungen erkennen, weil die Resultate aller Landratswahlen nach dem Dafürhalten dieser Landtagsmitglieder bisher immer zufriedenstellend ausgefallen sei. Aus diesem Grunde waren die Gegner der Proposition nach wie vor der Meinung, daß man die Ausführung dieser Verordnung ganz ablehnen müsse.

Einige dieser Abgeordneten wollten sich dem *"Prinzip des Gesetzesentwurfs"* aber nicht ganz entziehen und schlugen deshalb vermittelnd vor, daß denjenigen Landratskandidaten, welche ihr Rittergut schon 5 Jahre und länger besäßen, das vorschriftsmäßige Landratsexamen zu erlassen und dieses nur noch bei Kandidaten durchzuführen sei, welche ihre Besitztümer noch nicht mindestens 5 Jahre besäßen[674]. Damit werde auch bei den älteren Rittergutsbesitzern das Interesse

---

[671] P., S. 173.
[672] P., a.a.O.
[673] P., S. 170.
[674] P., a.a.O.

an diesem Posten geweckt, die Kandidatenzahl erhöht und damit eine bessere Auswahlmöglichkeit geschaffen. Es liege nämlich in der Natur der Sache, daß ältere Rittergutsbesitzer,

> *"... bei denen die Praxis eines längeren thätigen Lebens allmählig die frühere wissenschaftliche Bildung in den Hintergrund gedrängt habe, gerechte Scheu trügen, sich im reiferen Alter noch einer Prüfung zu unterwerfen."*[675]

Diese Abgeordneten waren jedoch der Ansicht, daß über ihren Vorschlag erst entschieden werden könne, wenn über das Schicksal der gesamten Verordnung entschieden sei. Dieser Vorschlag stelle nämlich kein Amendement dar, sondern sei vielmehr als Ersatz für diesen Gesetzesentwurf gedacht[676].
Innerhalb der Versammlung war man sich dann auch darüber einig, daß das Haupterfordernis für einen Landratskandidaten das Vertrauen sei, welches er von Seiten seines Kreises genösse. Erst in zweiter Linie, und hier war man sich uneins, sollte der längere Grundbesitz entscheidend sein.
Die Gegner der Verordnung beeindruckte dies jedoch nicht. Sie forderten weiterhin eine uneingeschränkte Wahlfreiheit[677]. Es könne der Grundbesitz nicht als primäre Bedingung anerkannt werden, er sei nur von sekundärer Wichtigkeit. Die Hauptsache müsse immer die persönliche Tüchtigkeit bleiben. § 1 VO-GrundB halte man für einen Rückschritt, und § 2 VO-GrundB könne die angesprochenen Mißstände nicht beseitigen. Man müsse auch eine Proposition ablehnen dürfen, wenn sie nach reiflicher Überlegung nicht geeignet erscheine. Sei der kreisständische Sinn so weit gesunken, daß 1 oder 2 Stimmen hinreichten, eine verwerfliche Wahl zustande zu bringen, so werde ihn auch die Abänderung des Wahlmodus ihn nicht heben[678].
Nachdem die Diskussion als geschlossen anzusehen war, stellte der Landtagsmarschall fest, daß sich zwei Hauptmeinungen herausgebildet hatten.
Die eine Meinung war grundsätzlich gegen die Verordnung, die andere wünschte eine Modifikation, wobei auch ein Antrag, in Zukunft nur absolute Stimmenmehrheit bei der Wahl zu verlangen (bisher war es eine 2/3 Mehrheit), hinzutreten sollte[679].
Ungeachtet einer ersten Abstimmung, über das Amendement[680], ergab die weitere Abstimmung darüber, ob der vorgeschlagene Gesetzesentwurf angenommen oder abgelehnt werden solle, eine Stimmenmehrheit von 45 gegen 22

---

[675] P., a.a.O.
[676] P., a.a.O.
[677] P., a.a.O.
[678] P., a.a.O.
[679] P., S. 174.
[680] Vgl. hierzu P., a.a.O.

Stimmen gegen die Verordnung[681]. Da die Minorität nicht einmal 1/3 der Stimmen für sich gewinnen konnte, konnten deren Gründe in dem Immediat-Bericht auch nur insoweit aufgenommen werden, als sie zum Verständnis der Gründe der Majorität notwendig waren[682].
Hiernach beauftragte der Landtagsmarschall den Referenten mit der Abfassung eines Immediat-Berichts, welcher nach seiner Abfassung am 28.04.1843 vollzogen wurde.
Allerdings war die Diskussion innerhalb des Landtages noch nicht endgültig abgeschlossen. Die unterlegenen Befürworter des Gesetzes, wollten sich mit dessen Ablehnung nicht einverstanden erklären und legten durch den ritterschaftlichen Abgeordneten der *Uckermark* ein Dissensvotum vor[683]. Dieses enthielt den zuvor, in der ersten Frage, mit 40 zu 27 Stimmen abgelehnten Vorschlag, die Bewerber, die noch keine 5 Jahre im Besitz waren, mit absoluter Stimmenmehrheit der Wähler zur Wahl zuzulassen[684].

c. Ergebnis

Hier muß von einer erheblichen Einflußnahme auch des achten brandenburgischen Provinziallandtags ausgegangen werden, weil der Gesetzesentwurf letztlich nicht verabschiedet wurde. Im Landtagsabschied vom 30.12.1843 teilte die Regierung dem Provinziallandtag mit, daß nach dem Antrag der Mehrzahl der Landtage[685] der König mittels einer Kabinettsorder vom 02.02.1844 befohlen habe, daß von dem Erlaß der vorgeschlagenen Verordnung zur Ergänzung der Vorschriften über die Wählbarkeit zu Landratsämtern Abstand genommen werde[686]. Aus welchen Gründen dies geschah kann letztlich offenbleiben, weil das Gesetz jedenfalls nicht sogleich nach den Beratungen verabschiedet wurde. Es kann davon ausgegangen werden, daß dies auch aufgrund des massiven Widerstandes der Brandenburger, und anderer Landtage[687], der Fall war.
Darüber hinaus zeigte sich bei diesen Beratungen einmal mehr das zweifache Gesicht der Stände. Zum einen sollten althergebrachte Verordnungen und Gesetze nicht so ohne weiteres geändert werden, weil man mit dem bisherigen Rechtszustand und der eigenen Situation zufrieden war. Hier zeigt sich das konservative Element. Zum anderen haben diese Beratungen aber auch ergeben,

---

681 P., S. 175.
682 Vgl. hierzu V., S. 87 f.
683 Vgl. V., S. 90.
684 V., S. 91.
685 Der achte Brandenburger Provinziallandtag war also einer von ihnen.
686 V. 1845, S. 11.
687 *Schlesien* war ebenso dagegen, vgl. *Schubert,* Preußen, S. 376 m.w. Hinweisen auf die Protokolle, allein *Sachsen* votierte für den Gesetzesentwurf, *Schubert,* Preußen, S. 294 m.w.N. auf die Protokolle, siehe auch für *Preußen* und *Westfalen*, *Schubert,* Preußen, S. 451, 496, m.w.N.

daß sich die fortschrittlichen Kräfte unter den Ständen, die es zweifelsohne gab, nicht von Propositionen an sich beeindrucken ließen. Die Einschränkung der Wahlfreiheit wollten sie nicht hinnehmen. Darin kommt sicherlich auch das Festhalten und die Fortführung des von Unruh[688] festgestellten Grundprinzips der Brandenburgischen Kreisverfassung zum Ausdruck.

4. Verhandlungen zu einem Entwurf einer Verordnung wegen Abänderung des städtischen Feuersozietäts-Reglements vom 19.09.1838 (Proposition Nr.5)[689].

a. Vorgeschichte

Die Geschichte der einzelnen Feuersozietäten in *Preußen* ist sehr wechselvoll. Bereits im frühen Mittelalter entstanden verschiedene Gilden, die sich zur Hilfeleistung bei Unglücksfällen wie Viehseuchen, Überschwemmungen und Feuersbrünsten zusammengeschlossen hatten[690]. Später sonderten sich daraus die sog. *"Brandgilden"* ab, die nur den Zweck der Hilfe ihrer Mitglieder in Brandfällen verfolgten und als Unterstützung nach einem Brand Naturalien wie Holz, Getreide, Futter, Vieh usw. gewährten. Diese Sachleistungen waren jedoch kaum ausreichend, so daß die *"Abgebrannten"* auf weitere Hilfe ihrer Mitmenschen angewiesen waren. Sie zogen deshalb auf den sog. *"Brandbettel"*[691]. Die Brandbettelei wurde von der preußischen Regierung unter *Friedrich Wilhelm I.* zunächst sogar unterstützt, indem sog. *"Brandbriefe"* ausgestellt wurden, die zur Bettelei berechtigten. Dieser Brandbettel artete aber derart aus, daß sich *Friedrich Wilhelm I.* gezwungen sah, eine andere Lösung des Problems zu suchen. In *Hamburg, Harburg* und *Kopenhagen* hatte man zum Schutz der Bürger vor der Brandbettelei und zum Wiederaufbau abgebrannter Gebäude schon im 17.Jahrhundert Feuersozietäten gegründet[692]. Die Reglements der Sozietäten von *Hamburg* 1676, der *Hansestadt Harburg* 1683 und *Kopenhagen* 1685 wurden die Vorbilder für die Berliner und Brandenburger Sozietäten, denn *Friedrich Wilhelm I.* verfolgte persönlich und mit großem Eifer die Gründung von Feuersozietäten in *Brandenburg-Preußen*[693].

---

688 *von Unruh*, Der Kreis, S. 115.

689 GS 1838, S. 449 ff.; im folgenden FSR; In der Microfilmedition (vgl. hierzu S. 17) befinden sich die Vorschläge zur Deklaration und Abänderung des Städte-Feuer-Sozietäts-Reglement vom 19.09.1839, nebst Motiven. Die Vorschläge der Regierung und des Landtags sind darin in einer Synopse dargestellt.

690 *Schickert*, S. 1 f.

691 Akten betreffend die Geschichte der Städte-Feuersozietät Brandenburg, Brandenburgisches Landeshauptarchiv, Pr. Br. Rep. 55 I, dort insbesondere Feuersozietät der Provinz Brandenburg, S. 8.

692 *Schickert*, a.a.O.

693 *Rimbach*, S. 10; Denkschrift a.a.O., S. 9 f.

Deshalb erließ er am 01.06.1706 das Generalfeuerkassenreglement[694], wonach jeder Bürger seine Gebäude gegen Brandschäden versichern sollte. Dieses Reglement erfüllte jedoch nicht die daran geknüpften Erwartungen, weil viele Bürger ihre Gebäude nicht versicherten. Demgemäß wurde das Generalfeuerkassenreglement am 17.01.1711 wieder aufgehoben. Zugleich wurde aber bestimmt, Vorschläge zu machen, ob nicht in jedem Kreise oder in jeder Stadt besondere Brandkasse einzurichten seien[695]. Dieser Gedanke fand speziell in den Städten und insbesondere in der Residenzstadt *Berlin* Anklang, so daß *Friedrich Wilhelm I.* nach Hamburgischem Vorbild am 29.12.1718 die *"Berliner Feuersozietät"* als die erste auf preußischen Gebiet ansässige öffentlich-rechtliche Brandversicherung gründete[696]. Sie enthielt das

> *"Reglement, wie es Bey der in Städten und Vor-Städten Der Königlichen Residenz Berlin Mit Seiner Königlichen Majestät Allergnädigsten Bewilligung aufgerichteten Sozietät Mit dem Von den Eigenthümern der Häuser aufzubringenden Beytrag zur Ersetzung Eines Feuerschadens zu halten."*[697]

Diese Reglement sollte in den folgenden Jahren wiederum die Vorlage für weitere in *Preußen* entstehende Feuersozietäten sein. Um auch das Umland der Residenzstadt *Berlin* zu schützen, wurde etwa ein Jahr später, 1719, die Sozietät für die Landstädte der *Kur- und Neumark* gegründet, die auch die Städte der *Altmark* umfaßte[698]. In der Folgezeit entstanden immer weitere kleinere Feuersozietäten in den einzelnen Provinzen *Preußens*, wobei man nach den Städten auch für das *"platte Land"* Feuersozietäten gründete[699]. Am 07.09.1765 wurde das Reglement der *"Chur-Märkischen-Feuer-Societät auf dem platte Lande"* erlassen. Nach dieser Gründung wurde im Jahre 1777 in der *Neumark* im Jahre 1777 die *"Neumärkische-Land-Feuer-Societät"* gegründet[700].
Allein in *Sachsen* wurden in der Zeit von 1719 bis 1816 insgesamt 14 Feuersozietäten gegründet[701]. Um die Jahrhundertwende gab es zunehmend Bestrebungen, die einzelnen Sozietäten zusammenzufassen und ihnen eine einheitliche Satzung zu geben. So erhielt die Städtefeuersozietät der Kur- und Neumärki-

---

694 Vgl. Akten betreffend die Geschichte der Städte-Feuersozietät, a.a.O., S. 7.
695 Akten betreffend die Geschichte der Städte-Feuersozietät, a.a.O.
696 *Rimbach*, S. 9; vgl. auch: Städt-Feuersozietät der Provinz Sachsen, Denkschrift zum 100jährigen Bestehen, S. 15.
697 abgedruckt bei *Rimbach*, a.a.O.
698 Denkschrift, S. 14.
699 *Schmitz*, S. 1
700 Neue Sammlung königlich preußisch und kurfürstlich Brandenburgischer publizierter Verordnungen von 1751 und folgenden Zeiten, S. 1021 ff.; vgl. auch Brandenburgisches Landeshauptarchiv, Pr. Rep. 55 I, Akten betreffend die Geschichte der Feuersozietät Brandenburg.
701 Vgl. Denkschrift, S. 18.

schen Städte am 30.05.1800 ein *"Reglement für die vereinigten Chur-und Neumärkische Städte-Feuer-Sozietät"*[702]. Nachdem die Städte des Markgrafentums *Niederlausitz*, der Ämter *Senftenberg* und *Finsterwalde* und der Distrikte *Jüterbogk* und *Belzig* beantragt hatten, der Kur- und Neumärkischen Sozietät beizutreten, wurde das Feuersozietätsreglement am 19.09.1838[703] erneut geändert und den neuen Bedürfnissen angepaßt. Vormals gehörten diese Städte dem Versicherungsverband des Herzogtums *Sachsen* an. Damit waren alle Städte, mit Ausnahme *Berlins*, auf dem Gebiet der Provinz *Brandenburg* in einer Feuersozietät vertreten. Dieses Städtefeuersozietätsreglement vom 19.09.1838 sollte nunmehr erneut geändert werden, um es den veränderten wirtschaftlichen und praktischen Gegebenheiten anzupassen.

Schon während des siebenten Provinziallandtages von 1841 hatten die assoziierten Städte bereits über eine Abänderung des Feuersozietätsreglements von 1838 beraten und eine Änderung beantragt. Im Landtagsabschied vom 20.12.1841 hatte die Regierung bekanntgegeben[704], daß sich demnächst der Provinziallandtag mit den Problemen der Städte-Feuer-Sozietät der *Kur-* und *Neumark* befassen sollte. Mit dem Propositionsdekret vom 23.02.1843 wurde deshalb dem achten Provinziallandtage die Immediat-Eingabe jener Abgeordneten vom 03.05.1841 mit den darin vorgeschlagenen Abänderungen und Erläuterungen des alten Reglements von 1838 überreicht. Diese Proposition bestand also nicht aus einem neuen Gesetzesentwurf, sondern aus dem Feuersozietätsreglement vom 19.09.1838[705] und den hierzu schon 1841 gemachten Vorschlägen[706]. Mit der Begutachtung war der fünfte Ausschuß betraut, der sich

> *1. ... mit der von der Generalversammlung der Provinziallandtagsabgeordneten der zu einer Feuersozietät assoziierten Städte der Kur- und Neumark und des Markgrafentums Niederlausitz eingereichten Vorschlägen vom 03.05.1841 zur Deklaration und Änderung des Städte-Feuersozietäts-Reglement vom 19.09.1838 und mit*

---

[702] Neue Sammlung königlich preußisch und kurfürstlich Brandenburgischer publizierter Verordnungen von 1800-1803, S. 2955 ff.; vgl. auch Brandenburgisches Landeshauptarchiv, Pr. Rep. 55 I, Akten betreffend die Geschichte der Feuersozietät Brandenburg.
[703] GS 1838, S. 449.
[704] in sub. II. 2.
[705] GS 1838, S. 449 ff.
[706] Auch die Direktion der Städte-Feuer-Sozietät beteiligte sich mittelbar an der Abänderung des Feuersozietätsreglements, indem sie selbst unter dem 28.02.1843 weitere Anträge beim Provinziallandtag einreichte.

2. mit jenen Vorschlägen in genauer Verbindung stehenden anderweiten Anträgen, welche die Direktion jener Sozietät unter dem 28.02.1843 bei Provinziallandtag eingereicht hatte...[707]

befaßte.

b. Beratungen[708]

Am 10.04.1843 begannen dann in *Berlin* die Verhandlungen über das für den Landtag abgedruckte Gutachten des fünften Ausschusses.

Zu § 4 FSR, dessen Anwendungsbereich die Voraussetzungen der Aufnahme der Teilnehmer in die Feuersozietät regelte, wurde im Gutachten angeregt, daß der in dieser Vorschrift gebrauchte Ausdruck, *"innerhalb der Gemeindebezirke"* zu Zweifeln Veranlassung geben könne, weil die alte Städteordnung unter dem Begriff *"Gemeindebezirk"* die Einwohner und Häuser verstehe, die direkt in der Stadt und den Vorstädten liege. Die neue Städteordnung weise dem *"Gemeindebezirk"* aber auch noch diejenigen Einwohner und Häuser zu, die in der städtischen Feldmark liegen[709]. Wegen der unzweifelhaften Ausdehnung, die die neue Städteordnung verlange, müßten hinter das Wort *"Gemeindebezirk"* in Parenthese die Wörter *"Stadt, Vorstädte und städtische Feldmark"* gesetzt werden. Zwar gab es auch Stimmen innerhalb der Versammlung, die befürchteten, daß durch diesen Zusatz nunmehr auch Rittergüter, die in der städtischen Feldmark lägen, zur Feuersozietät herangezogen werden könnten. Um Mißverständnissen vorzubeugen wurde dieser Zusatz aber mit großer Stimmenmehrheit beschlossen[710].

Eine weit größere Diskussion entstand zu § 12 FSR. Dieser regelte die Versicherung von Gebäuden außerhalb der öffentlichen Städte-Sozietät in anderen zugelassenen Gesellschaften oder Privatbanken.

Nach der von der General-Versammlung der Provinziallandtagsabgeordneten vorgeschlagenen Fassung dieser Vorschrift, sollten die Direktionen der Privatbanken, bei denen die Versicherung städtischer Gebäude zulässig sein sollte, sich verpflichten, diejenigen Kosten zu vergüten, welche aufgrund der Löschung des Brandes eines bei ihnen assoziierten Gebäudes durch die Reparatur der hierbei verlorengegangenen und beschädigten Löschgeräte und durch die Nebenbeschädigungen an versicherten und unversicherten Gebäuden und Grundstücken entstanden waren. Dies sei legitim, weil die Versicherer der Gebäudebesitzer, die ihre Gebäude nicht bei der öffentlichen Städte-Sozietät sondern bei einer zugelassenen Privatversicherung versicherten, anteilig die Kosten

---

[707] Vgl. P., S. 183.
[708] P., S. 183 ff.; 192 ff; 200 ff.
[709] P., S. 183.
[710] P., S. 183 f.

einer Löschung zu tragen hätten. Darüber hinaus sollten sich die Privatversicherer bereit erklären, einen Teil zur Unterhaltung der Feuerlöschgerätschaften sowie der polizeilichen Aufsichtskosten, namentlich der Kosten der ordentlichen und außerordentlichen Revisionen beizutragen[711].

Der Ausschuß trat diesem Vorschlag nicht bei. Zum einen gerate die hiesige Direktion mit den Privatbanken wegen solcher Voraussetzungen in viele unlösbare Konflikte. Zum anderen werde die Regierung einem solchen Vorschlag nicht zustimmen[712]. Der Ausschuß hatte demgegenüber vorgeschlagen, diese Kosten nicht den Privatbanken, sondern den Gebäudebesitzern aufzuerlegen, welche sich bei fremden Gesellschaften oder Banken versichert hätten oder dies wollten. Außerdem solle man diese Verpflichtung nicht auf einen Beitrag zur Unterhaltung der Feuerlöschgerätschaften usw. ausdehnen, weil diese ohnehin teils aus den Kommunalkassen der Städte und teils aus den eigenen Mitteln der Gebäudebesitzer getragen würden.[713]

Gegen den einen, wie auch gegen den anderen Antrag erhoben sich jedoch Gegenstimmen aus der Versammlung, die zunächst sehr uneinheitlich waren.

Es wurde als Beispiel die Provinz *Sachsen* angeführt, in der eine Gemeinde für Beschädigungen am Löschgerät sowie an anderen Sachen außerhalb eines Brandherdes (derartige Verluste wurden auch Nebenbeschädigungen genannt) keinerlei Ersatz verlangen könne. Es demgemäß wurde vorgeschlagen, daß der Ersatz von solchen Beschädigungen an sich allein die Kommunal-Kasse zu tragen hätte.

Dennoch war man sich grundsätzlich darüber einig, daß in Bezug auf Beschädigungen anderer Sachen bei einem Brand ein Ersatz eintreten müsse, weil man ansonsten große Schwierigkeiten haben werde, z.B. ein Gebäude oder einen Zaun und der gleichen zum Zwecke der Unterdrückung eines Feuers niederzureißen[714]. Es sei in höchstem Maße unbillig, wenn der betroffene Eigentümer oder ein bei der Bekämpfung eines Feuers beschädigte Arbeiter nicht von der Sozietät entschädigt würde.

Würde man auf die Vorschläge des Ausschusses eingehen, hieße dies eine Abgabe für die Feuerlöschanstalten und eine für die *"Nebenbeschädigungen"* zu erheben. Man könne dann auch zwei Sozietäten bilden. Die eine sei ohne Eintrittszwang nur für die Hauptkosten[715] zuständig, die andere mit Eintrittszwang für die Nebenkosten, die sog. Nebenbeschädigungen. Jedenfalls könne der Anspruch gegen die Privatbanken oder gegen die bei diesen Versicherten nicht weiter gehen als auf das, was die Städte-Sozietät gewähre. Da diese aber für Löschgerätschaften, welche beim Feuer beschädigt würden, keinerlei Ersatz

---

711 P., S. 184.
712 P., a.a.O.
713 P., a.a.O.
714 P., S. 185.
715 Die eigentlichen Brandkosten.

gewähre, lasse sich ein solcher Anspruch auch nicht gegen die Privatbanken oder die bei diesen Versicherten stellen. Ebensowenig könne man einen Beitrag zu den Kosten der Erhaltung und Instandsetzung der Löschgeräte verlangen, weil diese zum einen von der Sozietät veranlaßt und zum anderen in ihrem Interesse vorgenommen würden. Wenn die in Rede stehenden Forderungen gegen die Gebäudebesitzer, welche bei den Privatbanken versichert wären, geltend gemacht werden sollten, trete die Provinzialsozietät zu dem Einzelnen in ein nicht passendes Verhältnis. Ein solcher Anspruch dürfe auch durch dieses Gesetz nicht begründet werden[716].
Demgegenüber wurde zunächst hervorgehoben, daß der eine wie der andere Vorschlag eine Art Überlebensfrage für die Sozietät darstelle. Denn sie sei, wenn sie den Aufwand für Nebenentschädigungen und die Kosten für die Revisionen allein zu tragen habe, gegenüber den Privatbanken erheblich benachteiligt[717]. Die Privatbanken hätten ohne eine Beteiligung an diesen Kosten gegenüber der Sozietät einen unbilligen Vorteil, weshalb es nur gerecht sei, wenn diese einen verhältnismäßigen Anteil trügen. Wenn sich schon ein Zwang rechtlich nicht begründen lasse, so sei dafür zu sorgen, daß die Versicherung bei den Privatbanken nicht zum Nachteil der Provinzialsozietäten führe. Sollten auch die Privatbanken an diesen Kosten verhältnismäßig beteiligt werden, werde man damit auch so manchen vom Austritt aus der Sozietät abhalten können[718].
Hieraus ergab sich sogleich die weitere Frage, in welchem Verhältnis die Kosten für Nebenbeschädigungen aufzuteilen seien. Man kam dabei zunächst grundsätzlich überein, daß nicht jede Nebenbeschädigung bei einem Brand sogleich von den bei den Privatbanken Versicherten verhältnismäßig zu ersetzen sei[719]. Vielmehr solle der Ausgleich in der Form stattfinden, daß sämtliche Nebenbeschädigungen im Bereich der Provinzial-Sozietät während eines ganzen, bzw. eines halben Jahres, zusammengerechnet und nach Maßgabe der Summe, mit der städtische Gebäudebesitzer bei der Provinzial-Sozietät und bei den Privatbanken versichert wären, zwischen den Versicherern verteilt werden sollten. Darüber hinaus wurde noch vorgeschlagen, daß diejenigen städtischen Gebäudebesitzer, die weder bei der Provinzial-Sozietät noch bei einer Privatbank versichert wären, nach Maßgabe der Summe zu den Kosten der Nebenentschädigungen herangezogen werden könnten, zu der sie ihr Gebäude hätten versichern können. Der Landtagsmarschall stellte sodann folgende Frage zur Abstimmung:

> *"Sollen alle nicht bei der Provinzial-Societät versicherten Besitzer städtischer Gebäude, sie mögen bei Privat-Societäten oder Banken versichert sein, oder nicht, zu den Kosten für Nebenbeschädigungen*

---

[716] P., S. 185.
[717] P., a.a.O.
[718] P., a.a.O.
[719] P., S. 186.

> *unversicherter Gegenstände, so wie zu denen der ordentlichen und außerordentlichen Revisionen, nach Verhältniß der Versicherungssumme, beitragen?"* [720]

Dies wurde mit 56 zu 13 Stimmen bejaht.[721]
Der Vorschlag der Generalversammlung, daß die Konzessionierung neuer Privatbanken, sowie der Austritt aus der Provinzial-Sozietät auf drei Jahre ausgesetzt werden solle, wurde vom Ausschuß allerdings als unzweckmäßig erachtet, weil dies einen neuen Zwang nicht nur für die Gebäudebesitzer, sondern auch für die die Konzession erteilenden Behörden darstelle[722].
In § 13 FSR war bislang ein Genehmigungserfordernis des Magistrats geregelt. Diese Genehmigungserfordernis bezog sich auf die Versicherung mehrerer Objekte bei verschiedenen Versicherungen außerhalb der Sozietät. Danach sollte jeder Eigentümer von Gebäuden, die sich im Gebiet der Städte-Feuersozietät befanden, aber bei anderen als der Städte-Feuersozietät versichern werden sollten, vor der Versicherung die Genehmigung des Magistrats einholen[723].
Der Ausschuß stellte die Aufrechterhaltung dieses Genehmigungserfordernisses in § 13 FSR der Versammlung anheim, betonte aber seine Zweckmäßigkeit, obgleich es unverkennbar einen indirekten Zwang zum Eintritt in die Sozietät enthalte.[724] Es sei durchaus gerechtfertigt, daß derjenige, welcher seine schlechten Gebäude in einer Privatsozietät nicht oder nur sehr schwer versichern könne und diese deshalb der öffentlichen Sozietät überlasse, in einem solchen Falle genötigt werden könne, auch seine besseren Gebäude dort zu versichern. Dem schloß sich die Versammlung an, wobei sich ein Mitglied dagegen aussprach und meinte, daß der Unterschied zwischen schlechten und guten Gebäuden nur schwer zu machen sei[725].
Der Ausschuß sprach sich aber gegen die Schlußbestimmung des § 13 FSR aus, wonach jeglicher Gebäudebesitz in dem entsprechenden Feuersozietätsbezirk berücksichtigt werden sollte. Damit würde dem Besitzer der Zwang auferlegt, Gebäude, welche in keinem Zusammenhang miteinander stünden, weil sie in der ganzen Stadt verstreut seien und sich nur zufällig in einer Hand befänden, bei der Sozietät zu versichern[726]. In diesem Sinne wurde weiter ausgeführt,

> *"...daß man so auch gezwungen werden würde, ganz getrennte Gehöfte, sobald sie einem und demselben Besitzer gehörten, bei der So-*

[720] P., a.a.O.
[721] P., a.a.O.
[722] P., a.a.O.
[723] vgl. hierzu auch die umfangreiche Darstellung in den Motiven, siehe Fn. 689.
[724] P., a.a.O.
[725] P., a.a.O.
[726] P., S. 187.

cietät zu versichern, was offenbar sehr hart und eine nicht zu billigende Beschränkung der persönlichen Freiheit sein und zuletzt dahin führen würde, daß man auch gezwungen werde, Besitzungen, selbst in verschiedenen Städten, bei der Societät zu versichern."[727].

Dagegen wurde aber auch wieder das Argument angeführt, daß es für die öffentliche Sozietät gegenüber den Privaten eine unbillige und nicht hinzunehmende Härte darstelle, wenn ein Besitzer nicht auch die guten Gebäude bei den Öffentlichen versichere, wenn er dort auch die schlechten versichert habe. Es sei auch nicht von einem Versicherungszwang die Rede, sondern nur vom Zwang für die Sozietät, die gezwungen sei, alle die Gebäude zu versichern, welche eine Privatgesellschaft nicht annehme, wie z.B. Strohdächer und Fabrikgebäude[728].
Auch wenn hierauf noch entgegnet wurde, daß nunmehr auch Privat-Sozietäten derartige Gebäude aufnehmen, entschied sich die Versammlung mit 38 gegen 31 Stimmen für die ursprüngliche Fassung der Vorschrift[729].

Der neue § 14 FSR sollte folgendermaßen lauten:

"Der Eintritt in die Societät mit den davon abhängigen Wirkungen findet regelmäßig, und wenn nicht ein Anderes in Antrag gebracht wird, nur Einmal jährlich, nämlich mit dem Tagesbeginn des 1sten Januar jeden Jahres Statt. Doch ist der Eintritt, so wie eine Erhöhung der Versicherungssumme auch im Laufe des Jahres gestattet, wenn darum unter der ausdrücklichen Verpflichtung, alle Beiträge für das Semester (§ 38), in welchem die Aufnahme in Gefolge des Antrags erfolgt, und zwar sowohl die ordentlichen als die außerordentlichen entrichten zu wollen, nachgesucht wird.
Die rechtliche Wirkung des Vertrages beginnt in diesem Falle mit der Anfangsstunde desjenigen Tages, von welchem das Genehmigungs-Rescript der Feuersocietäts-Direktion datirt ist.
Der Austritt aus der Societät, so wie jede Heruntersetzung der Versicherung, soweit solche sonst zulässig ist (§§ 11 und 36), findet nur Einmal jährlich, mit dem Ablauf des letzten Dezember-Tages Statt.[730]

Zu dieser Vorschrift ergab sich eine längere Debatte.

---

[727] P., a.a.O.
[728] P., a.a.O.
[729] P., a.a.O.
[730] Vgl. Proposition in Microfilmedition S. 26, hierzu Fn. 689.

Die Versammlung war zunächst mit dem Ausschuß einverstanden, daß nach dem Vorschlag der Immediat-Eingabe im ersten Absatz dieser Vorschrift hinter dem Worte *"Versicherungssumme"* eingeschoben werde:

> *"... falls solche durch bauliche Verbesserungen, oder sonst, gerechtfertigt und nachgewiesen wird"*[731]

Bei der Beurteilung des zweiten Absatzes bezog sich der Ausschuß auch auf einen Antrag des Magistrats zu *Spandau* zum Beginn der Wirkung des Versicherungsvertrages in außerordentlichen Versicherungsfällen. Durch eine Neufassung dieses Absatzes sollte der Tatsache Rechnung getragen werden, daß in der Zeit zwischen Antrag und Genehmigung der Versicherung ein Gebäude abbrannte. Der Ausschuß glaubte, diese Verpflichtung des Versicherten empfehlen zu müssen, und schlug demgemäß vor, den zweiten Absatz des § 14 FSR von 1838 folgendermaßen zu ändern:

> *"Die rechtliche Wirkung des Vertrages beginnt in diesem Falle mit dem Zeitpunkte, wo der Versicherer, nachdem die von ihm und der Abschätzungs-Kommission vollständig unterschriebene und vom Magistrat attestierte Gebäude-Beschreibung (§§ 24 bis 29), andernfalls die von einem Baubeamten aufgenommene förmliche Taxe (§ 31), an den Magistrat übergeben ist, den zu Protokoll zu nehmenden Versicherungs-Antrag unterschrieben hat"*[732].

Dagegen wurde jedoch sogleich mit Nachdruck und unter Hinweis auf die Ungewißheit und die Gefahren für die Sozietät protestiert.
Eine solche Ausweitung mache es der Direktion unmöglich, eine Versicherungssumme angemessen einzuschätzen, und man laufe Gefahr, daß mit dem Versicherungsantrag sogleich die Nachricht vom Brand eintreffe. Die Erfahrung habe gezeigt, daß man den Taxatoren nicht immer trauen könne. So sei in einem Fall ein auf 1.450 Rthl. taxiertes Haus von einem revidierendem Bauinspekteur auf einen Wert von 100 Rthl. herabgesetzt worden. Es sei sogar ein Fall vorgekommen, bei dem zwei Taxatoren und der Bürgermeister ein Gebäude als abgebrannt angegeben hätten, von dem sich, nachdem die Sozietät den Schaden liquidiert hatte, herausstellte, daß es niemals existiert hätte. Die Beteiligten seien natürlich sofort verurteilt worden. Der allmählich sich bessernde Zustand der Sozietät sei aber vor allem auch darauf zurückzuführen, daß durch die Direktion vermehrt Taxrevisoren eingesetzt würden. So sei z.B. in der Stadt *Friesack* nach einer angeordneten Revision die Summe der Versicherungen um 90.000 Rthl. herabgesetzt worden. In einer anderen Stadt dagegen habe die Direktion bei der

[731] P., S. 187.
[732] P., S. 188.

Durchführung einer Taxrevision nur *"Schutthaufen"* anstatt Häuser vorgefunden. Man sei weit entfernt, an alle Magistrate Vorwürfe zu erheben, aber in den 143 Städten sei diesbezüglich noch längst nicht alles so, wie es sein solle[733].
Die Gegenmeinung gab zwar diese Mißstände zu, wies aber auch darauf hin, daß man nur aus Billigkeitsgründen etwaigen Formfehlern vorbeugen wolle, weil sonst der Einzelne, ganz ohne seine Schuld um sein Vermögen gebracht werden könne. Auch solle es der Direktion nach dem Brand freistehen, den auszuzahlenden Betrag selbst zu bestimmen. Auch in *Sachsen* verfahre man so. Darüber hinaus wurde angeführt, daß auch die Hagelversicherung ab dem Zeitpunkt gelte, von dem ab man annehmen könne, daß der gewöhnliche Postverlauf sie in die Hände der Direktion gebracht habe[734]. Den lokalen Behörden von vornherein ein so starkes Mißtrauen entgegen zu bringen, sei indes nicht gerechtfertigt.
Man erkannte anderseits jedoch, daß offenbar das Interesse des Einzelnen dem Interesse des gesamten Gemeinschaft weichen müsse[735]. Schließlich erwerbe man ein Gebäude auch nicht so plötzlich, als daß man nicht genügend Zeit zur Versicherung hätte. Eine Beurteilung der Versicherung nach dem Brande sei hingegen unmöglich.
Die hierauf folgende Abstimmung ergab nur 17 Stimmen für den Vorschlag des Ausschusses, womit der Antrag des Magistrats zu *Spandau* zurückgewiesen und § 14 FSR so angenommen wurde, wie er in dem Entwurf der Generalversammlung mitgeteilt worden war[736].
In der Sitzung am 11.04.1843 wurde von einigen Mitgliedern der Versammlung noch zur Sprache gebracht, daß es in § 14 FSR an einer Bestimmung fehle, binnen welcher Frist die Direktion das Reskript über die Genehmigung einer Versicherung zu erlassen habe. Dies sei für die Sicherheit der Versichernden schließlich von erheblicher Bedeutung. Es wurde deshalb vorgeschlagen, daß dieser Bescheid mit der nächsten oder wenigstens der nächstfolgenden Post zu erteilen sei.
Gegen die Festsetzung einer solchen Frist erhob sich grundsätzlich von keiner Seite Widerspruch, es wurde aber darauf hingewiesen, daß eine solche Frist an sich in den § 19 FSR gehöre und daß die Frist nicht, wie zunächst gefordert, *"nach dem Postlaufe"* bestimmt werden könne, weil vielerorts täglich zweimal oder öfter Post ankomme und wieder abginge. Man schlug deshalb vor, eine Frist von drei Tagen zur Erteilung zu Bescheids festzusetzen. Dies fand schließlich die uneingeschränkte Zustimmung der Abgeordneten, wobei diese bestimmten, daß zu Gunsten des Versicherten die Versicherung als abgeschlos-

---

[733] P., S. 188.
[734] P., a.a.O.
[735] P., S. 189.
[736] P., a.a.O.

sen gelte, wenn die Direktion nicht innerhalb dieser dreitägigen Frist den Bescheid abgefaßt haben sollte[737].

In § 21 FSR sollte geregelt werden, daß die Versicherungssumme das Minimum des abgebrannten Bauwerks niemals übersteigen dürfe[738]. Der Ausschuß hatte dazu noch vorgeschlagen, daß davon Windmühlen ausgenommen seien, daß aber sog. Bockwindmühlen nicht höher als mit 800 Rthl. versichert werden dürften[739]. Bockwindmühlen waren die ältesten Windmühlen im europäischen Raum. Die älteste Erwähnung einer Bockwindmühle stammt aus dem Jahre 1180 aus der Normandie. Sie hatten gegenüber den bis dahin üblichen Tiermühlen ein völlig neues Konstruktionsprinzip. Ihr Name stammt von dem Gestell (Bock), auf dem sie steht. Der Bock ist aber nicht mit dem Boden verankert, sondern steht frei auf einem Fels oder gemauerten Fundament. Er besteht aus vier Ständern, die auf einer Kreuzschwelle aufgesetzt sind. Die Ständer halten den Hausbaum senkrecht, welcher in einem Zapfen endet, auf dem sich der dicker Hammer (Mehlbaum) drehen kann. Daran hängt das Mühlhaus, das aus zwei Etagen besteht. Die gesamte Konstruktion war aus Holz, was sie extrem feueranfällig machte. Das besondere an dieser Mühle war aber auch die Möglichkeit, daß man das Mühlhaus mit Hilfe eines sog. Sterts (schräger Balken an der Rückseite der Mühle) um die eigene Achse drehen konnte. Damit war diese Konstruktion von der Windrichtung unabhängig, weil durch Drehung des Mühlhauses Winde aus jeder Richtung aufnehmen konnte. Erst Anfang des 19. Jahrhunderts baute man immer mehr Holländerwindmühlen, die hauptsächlich aus Stein bestanden[740].

Zu dieser Vorschrift wurde zunächst der Vorschlag des Ausschusses angenommen, daß Besitzer von Bock- und Holländischen Windmühlen die Versicherung auch bei anderen Sozietäten und Banken abschließen könnten[741]. Hiernach entstand jedoch eine Debatte über die Versicherung von Windmühlen im allgemeinen.

Von einigen Vertretern der Versammlung wurde vorgeschlagen, daß sog. Bockwindmühlen nicht mehr mit 800 Rthl., sondern erhöht um 200 Rthl., mit 1.000 Rthl. versichert werden sollten. Diese Versicherung sollte sich nach den Mahlgängen der Windmühlen richten, weil sich in der Gegenwart gezeigt habe, daß nunmehr auch Bockwindmühlen mit mehreren Mahlgängen existierten[742].

Andere Vertreter hielten eine Erhöhung der Versicherungssumme nicht für zweckmäßig. Sie meinten, daß speziell die Windmühlen für die Sozietät am gefährlichsten seien, weil sich in der Vergangenheit gezeigt habe, daß speziell Ei-

[737] P., S. 192.
[738] Vgl. Proposition a.a.O., S. 30.
[739] Vgl. Proposition a.a.O., S. 31.
[740] Vgl. zu allem *Meyers* Lexikon, Bd. 14, S. 215 ff.
[741] P., S. 193.
[742] P., a.a.O.

gentümer von maroden Mühlen diese anzündeten und bei Auszahlung der Versicherungssumme einen erheblichen Gewinn einstrichen. Man schlage daher vor, die Windmühlen allgemein nur mit 600 Rthl. zu veranlagen, weil diese Summe bei weitem ausreiche, um eine neue Mühle zu errichten[743]. Andernfalls sollte man sie in Analogie zu den sächsischen Reglements ganz aus der Sozietät nehmen, weil sich nunmehr auch Privatbanken gebildet hätten, die die Versicherung solcher Windmühlen übernehmen würden. Schließlich schlugen diese Vertreter vor, daß wegen der schnellen Wertminderung der Windmühlen gegenüber anderen Gebäuden nach gewisser Zeit eine Herabsetzung der Versicherungssumme, etwa von fünf zu fünf Jahren und jeweils um 10 % eintreten solle. Nach kurzer Diskussion wurde dieser Vorschlag dann aber doch wieder verworfen und folgende Abstimmungen vorgenommen:

1. mit überwiegender Stimmenmehrheit wurde der Vorschlag angenommen, daß bei Bockwindmühlen, die mehrere Gänge haben, eine höhere Versicherung als mit 800 Rthl. nicht eintreten solle,
2. mit 36 gegen 25 Stimmen, daß bei diesen Windmühlen das Maximum der Versicherungssumme nicht auf 600 Rthl. herabgesetzt, sondern bei 800 Rthl. verbleibe und
3. mit 39 gegen 22 Stimmen, daß sie aus der Provinzialsozietät nicht ausgeschlossen werden dürften.

Nach dem Gesetzesentwurf sollte § 29 FSR folgendermaßen lauten:

> *"Hat die Kommission gegen die vorgelegte Beschreibung, gegen die Versicherungssumme und die Klasse keine Erinnerungen zu machen, oder unterwirft sich der Eigenthümer den von derselben für nöthig erachteten Abänderungen, so wird solches auf der Beschreibung durch die Kommission mit deren Unterschrift registrirt, und hierunter von dem Magistrate des pflichtgemäße Attest beigefügt: daß die Beschreibung und Klassifikation der Gebäude der Wahrheit gemäß angegeben, auch die begehrte Versicherungssumme den muthmaßlichen Werth eines jeden Gebäudes nicht übersteige, und daß der Versicherer die Beschreibung eigenhändig vollzogen habe*[744].

Dazu wurde in der Versammlung der zunächst vom Ausschuß vorgeschlagene Zusatz,

---

[743] P., a.a.O.
[744] Vgl. Proposition, a.a.O., S. 34.

"mit Rücksicht auf die darauf haftenden hypothekarischen Verpflichtungen,"[745]

verworfen, weil die Abgeordneten davon überzeugt waren, daß der Maßstab für die Versicherung niemals die am Hause haftenden Schulden, sondern nur der tatsächliche Wert sein könne[746]. Auch könne der Magistrat keine zuverlässige Kenntnis über den Hypothekenbestand haben, weil sich dies nur aus dem Hypothekenbuch bei Gericht verbindlich ergebe.
Die neue Fassung des § 29 FSR wurde aber auch noch in anderer Weise angefochten. Zunächst hielt man es nicht für zweckmäßig, daß allein der Magistrat das Attest über die Beschreibung und die Klassifikation des Gebäudes auszustellen hatte. Man hielt es vielmehr für zweckmäßiger, daß dieses Attest von Seiten der Sozietät durch einen eigenen Baubeamten ausgestellt würde. Der Kostenaufwand wäre auch nicht erheblich größer als bisher, weil man schließlich auch die königlichen Baubeamten bezahlen müsse[747]. Immerhin wäre das auch ein Vorteil für die Sozietät, weil man in diesem Falle stets einen Baubeamten zur Hand hätte, während die königlichen Baubeamten nicht immer verfügbar wären.
Zum anderen stellte man zwar nicht in Abrede, daß ein eigener Baubeamter für die Sozietät manche Vorteile bringen würde, man glaubte aber nicht daran, daß ein einziger Beamter im Stande sein würde, alle Geschäfte für die Sozietät zu besorgen[748]. Demgemäß müsse man möglicherweise weitere Beamte einstellen, was in der Konsequenz wieder zu einem erheblichen Kostenaufwand führe. Da man dies scheute, verwarf man die Einstellung eines eigenen Beamten wieder[749].
Des weiteren wurde gegen die Neufassung des § 29 FSR, wonach die Bescheinigung über die begehrte Versicherungssumme dem mutmaßlichen Wert des Gebäudes entsprechen sollte, vorbebracht, daß dies mit den Bestimmungen des Reglements in Widerspruch stehe, nach welchen es von der Willkür eines jeden einzelnen abhänge, wie hoch er sein Gebäude versichern wolle.
Man versuchte zwar die neue Fassung des § 29 FSR damit zu rechtfertigen, daß es für die Direktion von großer Wichtigkeit sei, den wahren Wert des Gebäudes zu kennen. Alle Gründe wurden aber letztlich damit widerlegt, daß man, wenn die Aufstellung eines Normalwertes für unerläßlich erachtet würde, diesen auch in der Gebäudebeschreibung angeben könne[750]. Der Schutz der Gläubiger, daß

[745] P., S. 194.
[746] P., a.a.O.
[747] P., a.a.O.
[748] P., S. 195.
[749] P., a.a.O.
[750] P., a.a.O.

die Versicherungssumme nicht zu niedrig angesetzt werde, werde auch durch § 36 FSR erreicht.
Letztlich wurde nach dieser umfangreichen Diskussion beschlossen, daß die ursprüngliche Fassung des § 29 FSR beibehalten werden solle[751].
Eine weitere umfangreiche Diskussion ergab sich zu den §§ 39 bis 42 FSR und damit zur Frage der Klassifikation der Gebäude[752].
Der Ausschuß hatte vorgeschlagen, daß überall dort, wo bei der Klassifikation dasjenige, was unter massiver Bedachung zu verstehen sei, eine genaue Angabe der Bedachungen zu erfolgen habe. Dies deshalb, weil außer der hier aufgeführten "*Dornschen- und Asphaltbedachung*" sehr leicht später noch andere ebenso feuergefährliche Bedachungen erfunden werden könnten.
Bei der Asphaltbedachung handelte es sich um den sog. weichen Teil der Dekkung eines Daches. Die Dachdeckung bestand aus dem Deckmaterial und einer zu dessen Unterstützung und Befestigung dienenden Unterlage. Die harte Dekkung wurde mit Schiefer, oder anderen natürlichen Steinen auch mit Glas oder Metall, insbesondere Zink, Kupfer oder Blei versehen. Die weiche Deckung bestand fast immer aus hoch feuergefährlichem Material wie Asphalt, Holzzement, Holz, Stroh oder Pappe[753], was die gesamte Dachkonstruktion extrem feuergefährlich machte. Noch gefährlicher wurde die Konstruktion, wenn es sich um ein sog. Dornsches Dach handelte. Benannt nach seinem Erfinder handelte es sich hierbei um ein Holzdachkonstruktion ohne harte Deckung und demgemäß ohne Dachziegel. Bei diesem Dach, dessen alleinige weiche Dekkung entweder aus Schindeln von Tannen-, Fichten- oder Eichenholz bestand, die auf die Lattung genagelt wurden, wurde über die ganze Dachfläche (und nicht wie gewöhnlich nur in den Fugen) eine Masse, insbesondere Asphalt, gegossen die das Dach noch undurchlässiger machen sollte[754].
Deshalb solle es besser heißen:

> "*Gebäude mit Stein und Metall, oder einer Bedachung versehen, deren Masse von der Landespolizei-Behörde ausdrücklich als feuersicher anerkannt worden ist*"[755]

und dagegen der Zusatz:

> "*daß ihre Masse von der Landespolizei-Behörde ausdrücklich erst als feuersicher anzuerkennen*"[756].

---

[751] P., a.a.O.
[752] Vgl. zur genauen Einordnung und den einzelnen Klassifikationen, Proposition, a.a.O., S. 38 ff.
[753] Vgl. hierzu *Meyers* Lexikon, Bd. 4, S. 406.
[754] Vgl. *Meyers* Lexikon, a.a.O., S. 407.
[755] P., S. 196.

weggelassen werden solle. Diesem Vorschlag trat die Versammlung bei.
Danach wandte sich die Versammlung zu der von der Direktion in der Eingabe vom 28.02.1843 angeregten Frage:

> *"...ob künftig jede Gebäudeklasse für sich bestehen und den Brandschaden, der in ihrer Klasse entstehe, allein tragen, mithin jede Klasse in dieser Hinsicht eine besondere Societät bilden solle?"*[757]

Der Ausschuß hatte sich einstimmig gegen die beantragte Isolierung der Klassen erklärt. Auch die Abgeordneten der Städte traten dem bei, was die übrigen Mitglieder der Versammlung veranlaßte, keine Diskussion hierüber zu führen, sondern dem Ausschuß zuzustimmen.
Es blieb also bei den gegenwärtigen Bestimmungen des Regelements, wonach die bestehenden 4 Klassen in einem bestimmten Verhältnis die Versicherungsprämien aufzubringen hatten. Dieses Beitragsverhältnis, welches das Regelement in der 1. Klasse auf eine Quote von 2, in der 2. Klasse auf eine Quote von 3, in der 3. Klasse auf eine Quote von 4 und in der 4. Klasse auf 5 Quoten festsetzte, habe sich als angemessen aber nicht bewährt, weil die Erfahrung gezeigt habe, daß nach diesen Maßstäben die ersten Klassen, mithin die Besitzer feuerfester Gebäude zu sehr belastet würden und zur Deckung des Schadens an den feuergefährlichen Gebäuden der letzten beiden Klassen zuviel beitragen müßten[758]. Dieses Mißverhältnis habe zu großen Nachteilen für die Sozietät geführt, weil viele Besitzer feuerfester Gebäude aus der Sozietät ausgeschieden und Privatbanken beigetreten seien. Für das Fortbestehen der Sozietät liege es daher auf der Hand, daß eine Änderung des Beitragsverhältnisses unumgänglich sei. Der Ausschuß habe dann auch das Beitragsverhältnis dahin vorgeschlagen, daß die 1. Klasse eine Quote von 1, die 2. Klasse eine Quote von 3, die 3. Klasse eine Quote von 5 und die 4. Klasse 7 Quoten aufbringen sollten, so daß die 1. Klasse zur letzten sich im Verhältnis 1 zu 7 verhalte, was die Vertreter der Versammlung genehmigten[759].
In der folgenden Sitzung am 12.04.1843 sollte auch § 47 FSR wegen der Beschlüsse über die zukünftigen Beitragssätze geändert werden. Er bestimmte bisher folgendes:

> *"Der ordentliche Beitrag wird hiermit für jede Halbjahres-Rate (§ 38) der ersten Klasse auf vier Silbergroschen, in der zweiten Klasse auf sechs Silbergroschen, in der dritten Klasse auf acht Silbergroschen,*

---

[756] P., a.a.O.
[757] P., S. 197.
[758] P., a.a.O.
[759] P., a.a.O.

in der vierten Klasse auf zehn Silbergroschen von jedem Einhundert Thaler Verischerungs-Werth bestimmt."

Die Frist zur Einziehung der Beiträge war wegen des Verweises auf die §§ 38 ff. FSR vier Wochen. Es erhoben sich aber sogleich Bedenken, weil man es nicht für möglich hielt,

> "... *die Beiträge innerhalb vier Wochen einzuziehen, da von dieser Frist noch acht Tage für die Vorarbeiten des Magistrats abzurechnen wären und in den Städten so viele arme [,] nur von der Hand in den Mund lebende Hausbesitzer wären, welche nur sehr selten baare Geldmittel disponibel hätten...*"[760].

Man solle deshalb diese Frist auf acht Wochen verlängern. Darauf wurde jedoch von Seiten der Direktion sogleich entgegnet, daß die Beiträge eine wiederkehrende Ausgabe zu alljährlich bestimmten Terminen, Anfang Februar und Anfang August, darstellten, auf welche sich der Besitzer vorbereiten könnten, während man der Kasse keine längeren Vorschußfristen zumuten dürfe. Die Kasse übe bei den Einzahlungsterminen schon immer Nachsicht, es habe sich aber auch gezeigt, daß mit Verlängerung der Fristen auch die Zahlungsmoral abnehme. Der Antrag, die vierwöchige Frist auf acht Wochen zu verlängern, wurde sodann auch mit 53 zu 11 Stimmen verworfen.
Schritten die Beratungen jetzt auch voran, entspann sich doch zu § 63 FSR eine längere Debatte. Es ging in dieser Vorschrift darum, daß nach der Einleitung einer Kriminaluntersuchung gegen den Eigentümer wegen des Verdachts der Brandstiftung, vorerst keine Versicherungssumme ausgezahlt werden sollte.
Dem Ausschuß und den Mitgliedern der Versammlung erschien der Zusatz:

> "*wenn gegen denselben eine Untersuchung wegen Brandstiftung verfügt worden*"[761]

zu hart, weil sie es nicht für gerechtfertigt hielten, daß auf bloßen Verdacht hin schon die Freiheit der Disposition über das Eigentum so wesentlich beschränkt werde. Neben einem Verweis auf die sächsische Provinzialfeuersozietät werde es für den der Brandstiftung bloß Verdächtigen sehr hart sein, wenn man ihm auf die vorgeschlagene Weise gerade in der Zeit, wo er das Geld am meisten brauche, die Mittel sich zu verschaffen, abschneide[762]. Man müsse hier zumindest zwischen verfügter und tatsächlich eingeleiteter Untersuchung unterscheiden.

---

[760] P., S. 200.
[761] P., S. 201.
[762] P., S. 202.

Dem wurde jedoch entgegengehalten, daß die Untersuchungen, welche von den Gerichten aus zumeist übergroßer Vorsicht nur sehr selten eingeleitet würden, in der Regel sehr lange dauerten und dadurch die beabsichtigte Sicherstellung der Sozietät illusorisch würde[763]. Es werde auch keine Untersuchung verfügt, wenn nicht polizeiliche Verdachtsgründe vorlägen. Man habe die Pflicht, die Unschuldigen gegen die *“Bösen und Schlechten”*, das heißt die Assoziierten gegen die Brandstifter zu schützen. Diesem trat die überwiegende Mehrheit der Versammlung bei, so daß der vorgeschlagene Zusatz beibehalten wurde[764].
Zu den §§ 71 und 72 FSR, die die Auszahlungen der *"Vergütungsgelder"*, d.h. der Versicherungssumme regelten, schlug der Ausschuß lediglich vor, daß in Zukunft drei Auszahlungen stattfinden sollen, die des ersten Drittels längstens zwei Monate nach dem Brand, die des zweiten wenn ein Dach auf das neue Gebäude gebracht wurde und das dritte, wenn der Bau fertiggestellt war[765]. Dem traten die Abgeordneten bei.
Nach den Beratungen über die restlichen Vorschriften des Feuersozietätsreglements, die wegen ihrer Kürze hier nicht näher untersucht werden sollen[766], wurde auch über die schon im Ausschußgutachten näher beleuchteten zwei Petitionen eines Landtagsabgeordneten bzw. der Direktion beraten, auf die hier wegen des unmittelbaren Zusammenhangs sogleich kurz eingegangen werden kann.
Zunächst wurde die Petition des Abgeordneten *Winzler* verworfen[767], weil sie durch die vorangegangenen Beratungen bereits erledigt war. Diese Petition ging auf eine anderweitige Regulierung der Beitragsverhältnisse in den vier Gebäudeklassen der Städtefeuersozietät.
Auch der Antrag der Direktion, wonach ihr zur Bewilligung eines Beitrages zu den Umwandlungen von feuergefährlichen Dächern ein jährlicher Fond von 2.000 bis 3.000 Rthl. zur Verfügung gestellt werden solle, fand bei den Vertretern der Versammlung keinen Anklang. Zwar hatte der Ausschuß diesen Vorschlag befürwortet, die Mitglieder der Versammlung sahen für einen solchen Fond aber keine Notwendigkeit mehr, weil durch die Neueinteilung der Klassen diesem Erfordernis Genüge getan sei.
Damit waren die Beratungen zu dieser Proposition beendet und der Landtagsmarschall beauftragte den Herrn Referenten mit der Bitte eines Immediat-Berichts, der am 22.04.1843 an den König vollzogen wurde[768].

---

[763] P., a.a.O.
[764] P., a.a.O.
[765] P. a.a.O.
[766] Vgl. dazu P., S. 203 f.
[767] Vgl. P., S. 205.
[768] Vgl. V., S. 163 f. ; 165-181 ; 182 f.

c. Ergebnis

Im Falle des Feuersozietätsreglements ist die Einflußnahme des achten Brandenburgischen Landtags als sehr hoch einzuschätzen. Sämtliche Änderungen, die die Plenarversammlung beraten und beschlossen hatte, fanden sich im Gesetz vom 23.07.1844[769] tatsächlich wieder.
Diese Einflußnahme läßt sich allerdings nicht verallgemeinern. Es ist zu beachten, daß alle Provinzen ihre eigenen Feuersozietäten und demgemäß auch ihre eigenen Regelungen hatte. Das am 23.07.1844[770] vollzogene revidierte Feuersozietätsreglement für die Städte der *Kur- und Neumark*[771], so wie für die Städte der *Niederlausitz* und der Ämter *Senftenberg* und *Finsterwalde* war allein für die Provinz *Brandenburg* bestimmt, was nicht gleichzeitig eine Einflußnahme auf die Gesetzgebung *Preußen*s bedeutete. Dennoch zeigt die Abänderung des Reglements auf das Drängen der Brandenburger, daß ihre Einflußnahme nicht ganz gering war, wenn sie bestehende Gesetze dem Wandel der Zeit anpassen wollten. Speziell der immer wieder aufgeführte Blick in die Vergangenheit und der Hinweis auf das, was die *"Erfahrung gelehrt habe"*[772] zeigt, daß die Brandenburger ihre Gesetze exakt ausführten und darüber hinaus gewillt waren, Verbesserungen und Erleichterungen zu beantragen. Dennoch zeigte sich auch hier wieder die zumeist konservative Haltung der meisten Vertreter der Versammlung. Wirkliche Neuerungen bzw. eine grundsätzliche Revision war nicht gewollt und beabsichtigt. Auch der oftmals angeführte Blick in die Nachbarprovinz *Sachsen* und der Hinweis darauf, daß diese mit ihrem Feuersozietätsreglement gute Erfahrungen gemacht hatte, ließ die meisten Mitglieder der Versammlung unberührt. Man hatte offenbar große Bedenken, althergebrachte und mehr oder weniger bewährte Vorschriften zu ändern, um seinen eigenen Status nicht zu verlieren. Es soll aber auch hier nicht außer acht gelassen werden, daß sich unter den Vertretern durchaus progressive Kräfte[773] befanden, die ihre Stimme erhoben, zumeist jedoch in der Minderheit blieben. Dies galt sowohl für die Beratungen als auch für die Abstimmungen. Im Hinblick auf das Stimmenverhältnis der Stände von 3:2:1[774] wird klar, daß der Adel seine übermächtige Stellung auch in den Landtagen durchsetzte. Im Umkehrschluß bedeutet dies aber auch, daß die in die Zukunft gerichteten Kräfte nicht aus den Adelsständen kommen konnten.

---

769 GS 1844, S. 334.

770 GS a.a.O.

771 Mit Ausnahme der Stadt *Berlin*, die seit 1718 eine eigene Feuersozietät hatten. Vgl. auch *Karl Ernst Rimbach*, 250 Jahre Feuersozietät Berlin.

772 Etwa in P., S. 200 zu § 47.

773 Progressiv bedeutet dabei nicht aus unserer heutigen juristischen, politischen Sicht unter Berücksichtigung unseres heutigen Demokratieverständnisses. Es handelt sich dabei um eine aus der damaligen Sicht angestellte Gesamtschau.

774 Vgl. oben Seite 35.

Dieses revidierte Feuersozietätsreglement blieb für die weitere Entwicklung der Sozietäten in *Brandenburg* maßgebend. Am 01.07.1901 vereinigten sich zunächst die beiden Landfeuersozietäten der Kur- und Neumark zur *"Land-Feuersozietät der Provinz Brandenburg"*[775]. Die Städtefeuersozietät der Provinz *Brandenburg* blieb dabei noch als solche bestehen. Sie ist aber am 01.04.1924 mit der Landfeuersozietät der Provinz *Brandenburg* durch Erlaß des preußischen Staatsministeriums vom 28.02.1924 zur *"Feuersozietät der Provinz Brandenburg"* vereinigt worden, die bis 1947 bestand[776].

5. Verhandlungen über den Entwurf einer allgemeinen Wege-Ordnung (Proposition Nr.12)[777].

a. Vorgeschichte

In *Brandenburg* war für das Wegerecht das *märkische Provinzialrecht* maßgebend, das aber nicht überall[778], sondern zunächst nur in der *Kurmark*[779] galt. Als Wegerecht kam daher in erster Linie das Edikt über die öffentlichen Wege vom 23.05.1764[780], modifiziert vom 18.04.1792[781] in Betracht. Im *Schwiebusser Kreis* hatte dagegen weiterhin schlesisches Wegerecht Bestand[782]. In dem Bezirk der Ortschaften *Schermeisel* und *Grochow* (Kreis *Ost-Senftenberg*, Regierungsbezirk *Frankfurt*) bestimmte weiterhin *Allgemeines Landrecht* die Benutzung und Unterhaltung der Wege und Straßen. Im Kreise *Zauche-Belzig* hatten früher der *Belzigsche Distrikt* und die Ortschaften *Cleistow-Kanin* und *Busendorf*, im Kreise *Jüterbog-Luckenwalde* die Herrschaft *Baruth*, die Ämter *Jüterbog* und *Dahme* und die Ortschaften *Niederseefeld, Niebendorf, Heinsdorf, Petzus, Blankensee* und *Stangenhagen* zu den sächsischen Erblanden gehört. Es galten hier und in der *Niederlausitz* die gleichen Bestimmungen, wie in der später zu *Schlesien* gehörenden *Oberlausitz*. Hier galt zunächst das für die sächsischen Erblande erlassene kursächsische Mandat über den Straßenbau vom 28.04.1781[783]. Obgleich dieses Edikt durch das *Allgemeine Landrecht* als aufgehoben galt, kamen seine Bestimmungen noch bis ins 20. Jahrhundert zur An-

---

[775] Akten betreffend die Geschichte der Städte-Feuersozietät Brandenburg, Brandenburgisches Landeshauptarchiv, Pr. Br. Rep. 55 I, dort insbesondere Feuersozietät der Provinz Brandenburg, S. 11.

[776] Akten betreffend die Geschichte der Städte-Feuersozietät Brandenburg, a.a.O.

[777] Proposition ist in der Microfilmedition enthalten (siehe S. 17); im folgenden WegeO.

[778] *Voß*, S. 107.

[779] *von Rönne*, Wegepolizei, S. 523.

[780] Abgedruckt bei *von Rönne* a.a.O.

[781] Abgedruckt bei *Voß*, S. 109 ff.

[782] *Voß*, a.a.O.

[783] In Oberamtspatent vom 07.08.1781, Codex Augusteus II Abt. 2, S. 671, Abt. 3, S. 658, 962.

wendung[784]. Darüber hinaus waren in *Brandenburg*, wie auch anderswo, zahlreiche weitere Patente und Reskripte meist lokaler Natur ergangen, die mit einer neuen allgemeinen Wegeordnung für ganz *Preußen* aufgehoben werden sollten. Der Gesetzesentwurf zu einer allgemeinen neuen Wegeordnung wurde allen Provinziallandtagen zur Beratung vorgelegt. Ihnen wurde auch sogleich aufgegeben, Bestimmungen vorzuschlagen, die aufgrund der besonderen Verhältnisse in den einzelnen Provinzen von den allgemeinen Bestimmungen abweichen würden, damit sie dann eventuell als zusätzliche provinzielle Bestimmungen sogleich mit der allgemeinen Wegeordnung publiziert werden könnten[785]. Der Gesetzesentwurf sah die Anlegung und Unterhaltung von Wegen unter Berücksichtigung der besonderen provinziellen Verhältnisse vor. Er war in 6 Titel unterteilt, wobei zunächst wieder die allgemeinen vor die besonderen Bestimmungen gezogen wurden. Darüber hinaus enthielt der Gesetzesentwurf noch einen zweiten Teil, der sich allein mit den technischen Bestimmungen befaßte und zum Teil *"Anweisung"* genannt wurde.

b. Beratungen[786]

Der I. Titel, *"Von den Wegen überhaupt"* behandelte zunächst die allgemeinen Bestimmungen, umfaßt selbst aber nur vier Vorschriften.
Mit § 2 WegeO hatte sich zwar der Ausschuß einverstanden erklärt, in der Versammlung ergab sich jedoch eine längere Debatte. Es ging um die privat- oder öffentlichrechtliche Qualität eines Weges und die Befugnis einer Entscheidung hierüber. § 2 WegeO sah die vorläufige Entscheidung über die Öffentlichkeit eines Weges durch die Kreispolizeibehörde vor. Einige Abgeordnete erblickten darin eine Rechtsverletzung, weil es sich um eine Rechtsstreitigkeit handele, bei der eine Entscheidung durch den Richter gefällt werden müsse.
Es sei von größter Wichtigkeit, daß man nicht selbst klagen und den Beweis führen müsse, sondern verklagt werde und nur den Beweis des Gegners zu gegenwärtigen habe[787]. Darin liege der große Vorteil des possesorischen gegen den petitorischen Prozeß. Es wäre daher ungerecht, wenn man den possesorischen Prozeß nicht gestatten wolle, was soviel heiße, den Rechtsweg gänzlich abzuschneiden.
Die Vertreter der Gegenansicht wollten dies jedoch nicht zugeben, weil sie das Recht durchaus gewahrt sahen. Der Rechtweg solle keinesfalls abgeschnitten werden. Man wolle die Sache nur beschleunigen und sie deshalb zuerst der Kreis-Landes-Polizeibehörde zur Regulierung überweisen. Erst wenn dort keine Einigung erzielt würde, könne den Parteien der ordentliche Rechtsweg im peti-

---

[784] *Voß*, S. 108.
[785] Vgl. dazu auch das Ausschußgutachten in V., S. 93.
[786] P., S. 207 ff.; V., S. 92 ff.
[787] P., S. 207.

torischen Prozeß überlassen bleiben[788]. Man wolle durch die Entscheidung der Landes-Polizeibehörde nur eine schnellere Entscheidung herbeiführen, was speziell für diese Fragen von großer Wichtigkeit sei.
Die Gegenansicht wollte jedoch nicht gelten lassen, daß die possesorische Klage durch eine Regulierung einer Polizeibehörde ersetzt werde. Die possesorische Klage gewähre auch eine schnellst mögliche Entscheidung, es komme dabei nur auf den Beweis des jüngsten Besitzstandes an, der sehr leicht zu beschaffen sei. Außerdem ginge es auch um Zuständigkeiten an sich. Es könne nicht sein, daß Partei und Richter in einer Person liegen. Dies wäre aber der Fall, wenn die Polizeibehörden einen solchen Fall entscheiden könnten. Denn es ging letztlich immer nur um die Frage, ob es sich um einen öffentlichen Weg handele[789].
Darauf wurde jedoch entgegnet, daß man auf diese Weise unnötig weitere Instanzen schaffe; es sei nie angebracht, Polizei- und richterliche Behörden gegenüberzustellen, zumal diese immer geneigt wären, die Entscheidung zu verbessern, weil sie von einer Kreis- bzw. Landespolizeibehörde ein sachgemäßeres Urteil erwarteten. Dem Rechtsweg solle auch nichts entzogen werden. Es solle nur eine schnelle und vorläufige Entscheidung durch die Kreisbehörde herbeigeführt werden. Darüber hinaus würde bei viel wichtigeren Dingen, z.B. über die Verbindlichkeiten zu Kirchen-, Pfarr- und Schulbauten intermistica geregelt, worin bisher noch niemand eine Rechtsverletzung erblickt habe. Der hier zur Beratung vorliegende Gegenstand sei gar nicht von solchem Belang, daß man deswegen die Bestimmungen des Entwurfs, welcher ohnehin in allen seinen Anforderungen sehr milde sei, abzuändern nötig habe, weil die Proposition nur eine solche Beratung zulasse, als sie provinziellen Bestimmungen widerspräche. Man stelle sich deshalb ohnehin die Frage, ob man zu einem solchen Abänderungsvorschlag überhaupt befugt sei[790].
Die Gegenansicht blieb indessen bei ihrem Standpunkt, daß der Rechtsweg gewährt werden müsse, weil die Landesbehörde selbst Partei sei, dem augenblicklichen Bedürfnis durch das Intermisticum genügt werde und man schon aus Erfahrung dabei bleiben müsse, sich gegen die Willkür des Fiskus zu wehren, welcher nicht bloß geneigt sei, Privatwege in öffentliche umzuwandeln, sondern auch bisher anerkannten öffentlichen Landstraßen diese Qualität abzusprechen, um die Kosten der Unterhaltung auf andere abwälzen zu können[791]. Es hatten sich, wie der Landtagsmarschall resümierte, damit drei grundsätzliche Meinungen herausgebildet:
Das war zum einen der Vorschlag des Ausschusses, den § 2 WegeO unverändert beizubehalten, wodurch die Verwaltungsbehörden die erste Entscheidung zu

---

[788] P., S. 208.
[789] P., a.a.O.
[790] P., a.a.O.
[791] P., S. 209.

treffen hätten und dagegen nur das Rechtsmittel des petitorischen Prozesses gewährt würde. Zum anderen die entgegengesetzte Ansicht, daß auch schon in der ersten Regulierung der possesorische Prozeß zuzulassen, die Sache also ganz in die Hände der Gerichtsbehörden zu legen sei, und schließlich die Ansicht, daß die Verwaltungsbehörde zwar das erste Intermisticum regulieren, aber auch noch der possesorische Prozeß und in letzter Instanz das Petitorium angestrengt werden dürfe[792].

Zuerst wurde über die zuletzt genannte Ansicht abgestimmt, die eine Mehrheit von 36 zu 25 Stimmen erhielt, womit auch den Vertretern der zweiten Meinung genüge getan war. Die Ansicht, welcher der Ausschuß beigetreten war, wurde mit 39 gegen 22 Stimmen verworfen[793].

Zu Beginn der Beratungen über den Titel *"Von den öffentlichen Fahrwegen"* hielten es die Landtagsabgeordneten für nötig, zunächst die Bestimmungen des technischen Teils des Gesetzes zu beraten[794]. Allerdings merkte man sehr schnell, daß über den technischen Teil eines Gesetzes solange nicht beraten werden kann, solange nicht feststand, wer die technischen Arbeiten an den Wegen zu besorgen hatte, mithin, in welche Zuständigkeit die technischen Abläufe fielen[795]. Deshalb wurde, nachdem man mit den Beratungen über den technischen Teil bereits begonnen hatte, mit 29 gegen 23 Stimmen beschlossen, die Beratung über den technischen Teil abzubrechen und zur Wegordnung selbst zurückzukehren[796].

Zu §§ 13-15 WegeO hatte der Ausschuß mehrere Änderungen vorgeschlagen. In diesen Vorschriften ging es um die Verpflichtung zur Unterhaltung der Landstraßen. Es war zunächst beantragt, daß von dem Verpflichteten nicht mehr gefordert werden solle, als er bisher immer geleistet habe, was aber wahrscheinlich weit weniger sein würde, als nach den jetzigen Anforderungen an eine Landstraße verlangt werden könne. Hiergegen wurde jedoch sogleich angeführt,

> *"... daß hinter solchem Vorbehalt auch die Saumseligkeit sich verstecken könne, die Anforderungen des Gesetzes überhaupt sich in sehr mäßigen Grenzen hielten, ..."*[797]

weshalb man von einem Amendement absah. Deshalb wurde nunmehr darüber abgestimmt, daß entweder im Gesetz oder im Anhang zu diesem folgende Bestimmung aufgenommen werde:

---

[792] P., a.a.O.
[793] P., a.a.O.
[794] Der technische Teil untergliederte sich in 22 Vorschriften, befindet sich in der Microfilmedition (siehe S. 7) und wurde "Anweisung" genannt.
[795] P., S. 210.
[796] P., S. 211.
[797] P., a.a.O.

> *"Rücksichtlich der Unterhaltung der vorhandenen Straßen und Wege bleibt es bei dem bisherigen Rechtszustande, wo ein solcher jedoch nicht erweislich oder verdunkelt ist, kommen die Bestimmungen der §§ 13, 14 und 15 in Anwendung"*[798]

Diesem Vorschlag stimmte die Versammlung mit der Modifikation zu, daß die Worte *"oder verdunkelt"* weggelassen werden sollten.
Bezüglich des zweiten vom Ausschuß vorgeschlagenen Zusatzes, wonach bei der An- oder Verlegung einer Landstraße der Grundeigentümer eine Entschädigung erhalten solle, sprachen sich einige Vertreter der Versammlung für eine Einschränkung dieses Vorschlages aus.
Die bloße Verlegung, mit der eine gerade Richtung erreicht werden sollte, liege derart im Interesse der Landespolizeibehörde, daß dafür keine Entschädigung bewilligt und mit Recht auch nicht in Anspruch genommen werden könne, weil es dem Eigentümer ganz gleich sein müsse, wie und wo seine Grundstücke durchschnitten würden[799].
Die Vertreter der Gegenmeinung votierten jedoch für den vorgeschlagenen Zusatz mit dem Argument, daß es dem Eigentümer letztlich nicht darauf ankomme, ob eine neue Straße angelegt oder eine alte verlegt werde. In jedem Falle werde dadurch auch eine neue Anlage bedingt. Auch enthalte § 60 der früheren WegeO eine solche Bestimmung ausdrücklich, was den Ausschuß schließlich auch bei seinem Vorschlag geleitet habe. Die überwiegende Mehrheit der Abgeordneten ging nicht auf den geltend gemachten Unterschied ein und schloß sich dem Ausschußgutachten an[800].
Danach stellte sich aber sogleich die Frage, wer die Kosten der Unterhaltung einer solchen neuen Anlage zu tragen hatte. Selbst wenn die Verpflichtung zur Unterhaltung vorhandener Straßen feststehe, gelte dies nicht automatisch auch für neue Anlagen, so daß beantragt werden müßte, diese Kosten dem Fiskus aufzuerlegen. Solche Anlagen stünden nicht allein im Interesse des Einzelnen, sondern würden im Interesse der Allgemeinheit errichtet. Das Gesetz bestimme in § 26 WegeO ausdrücklich, daß dem Einzelnen keine übergroßen Verpflichtungen auferlegt werden sollten. Dieser Grundsatz würde aber durchbrochen, wenn die Unterhaltung einer neuen Straßenanlage von Einzelnen gefordert würde[801].
Hiergegen wurde jedoch angeführt, daß

> *"... eine solche s p e z i e l l e Verpflichtung wohl unbezweifelt in der a l l g e m e i n e n Verpflichtung zum Wegebau und der Unterhal-*

---

[798] P., a.a.O.
[799] P., a.a.O.
[800] P., S. 212.
[801] P., a.a.O.

> *tung der Straßen liege, auch wohl nur sehr selten von dem Einzelnen, sondern meistens von den gesamten Adjacenten gefordert werden würde, die aus der Anlage selbst den größten Vortheil zögen"*[802]

Aus diesen Gründen wurde der Vorschlag auf fiskalische Unterhaltung von den Mitgliedern der Versammlung verworfen[803], was bedeutete, daß die Anlieger die Anliegerkosten selbst tragen sollten.
Eine weitere Diskussion entstand zu § 22 WegeO und damit zur Frage, ob die eine Teilung leitende Behörde vor der Anlegung einer *"Plananlage"* die Kreisbehörde auffordern solle, die Regulierung der Wege zu projektieren. Von einigen Mitgliedern der Versammlung wurde dieser Vorschlag sehr begrüßt, weil dadurch dem Umstand abgeholfen würde, daß

> *"... die mit der Theilung beauftragten Oekonomie-Kommissarien die Regulierung der Wege bisher sehr vernachlässigt und das dabei doch hauptsächlich vorwaltende Landespolizei-Interesse viel zu sehr untergeordnet hätten...*[804]*."*

Anderseits wurde angeführt, daß sich eine solche der Kreisbehörde einzuräumende Präponderanz auf die Einheit des gesamten Verfahrens nachteilig auswirken werde, weil das Verfahren die ganze agrarische Gesetzgebung als sehr wichtig voranstelle und deshalb

> *"... den General-Kommissionen für diesen Fall die Befugnisse der Landespolizei-Behörde delegirt habe."*[805]

Es werde demgemäß genügen, wenn statt des in dieser Vorschrift gebrauchten Ausdrucks *"Rücksprache zu nehmen"* der Ausdruck *"zuzuziehen"* gebraucht werde. Man räumte ein, daß eine solche Hinzuziehung der Kreisbehörde unerläßlich sei, sie sei aber auch im Gesetz begründet, und in der Praxis stets zur Anwendung gekommen. Damit aber beide Interessen Hand in Hand gingen, seien die Kreis- und Teilungsbehörde koordiniert[806].
Hiergegen erhob sich jedoch Widerspruch. Die Zuständigkeit des Landrats und des Spezialkommissarius könne schon aus Kompetenzgründen nicht anerkannt werden. Das Landespolizeiinteresse müsse vorherrschend bleiben. Dort wo Landesstraßen reguliert würden, könne es nicht auf einzelne Teilungsabschnitte ankommen. Die Einheit der Behörde liege in der Hand der leitenden Behörde.

---

[802] P., a.a.O.
[803] P., a.a.O.
[804] P., S. 213.
[805] P., a.a.O.
[806] P., a.a.O.

Der Spezialkommissarius spiele hier nur eine untergeordnete Rolle, die er auch beizubehalten habe. Es komme hauptsächlich darauf an, die Regulierung der Wege vor der Planung vorzunehmen. Eine bloße Begutachtung im nachhinein durch den Landrat könne nichts nutzen, seine Entscheidung müsse der Planung vorangehen. Geschehe dies nicht, wäre eine andere Regulierung, wenn überhaupt, nur noch mit erheblichen Schwierigkeiten und Kosten durchführbar[807].
Bevor man nunmehr zur Abstimmung kam, betonte man noch einmal, daß man sich darüber einig sei, daß die Einwirkung der Kreisbehörde unerläßlich und ihr Interventionsrecht vor der Planung erforderlich wäre[808]. Die Abstimmung ergab schließlich mit 48 gegen 6 Stimmen, daß das Gutachten des Landrats immer, jedoch mit Vorbehalt des Rekurses an die vorgesetzte Behörde, in diesen Fällen an die Generalkommission, bei der Regulierung der Wege Entscheidungsgrundlage sein solle[809].
Eine weitere längere Diskussion fand zu §§ 25 und 26 WegeO statt. § 25 WegeO bestimmte:

> *"Zu den Arbeiten Behufs Instandsetzung und Unterhaltung der Landstraßen ist, wenn solche nicht eine besondere Beschleunigung erfordern, diejenige Jahreszeit zu wählen, in welcher die –landwirthschaftlichen Verrichtungen dadurch nicht wesentlich gestört werden."*

§ 26 WegeO sah vor:

> *"Wo die Landstraßen und die dazu gehörigen Vorrichtungen die vorschriftsmäßige Beschaffenheit noch nicht haben, ist die Herstellung derselben nur allmählig zu begehren und das Maaß der Fortschritte so zu bestimmen, daß die wirtschaftlichen Verhältnisse der Verpflichteten dabei bestehen können.*
> *In soweit die provinziellen zusätzlichen Bestimmungen zu dieser Ordnung über das höchste zulässige Maaß der gewöhnlichen Leistungen zum Landstraßenbau nicht Anderes bestimmen, darf überhaupt im Laufe eines Jahres nicht mehr, als ein dreitägiger Hand- oder Spanndienst von jedem Verpflichteten (§ 23), oder der entsprechende, nach örtlichen Preisen für eine solche dreitägige Arbeit festzustellende Geldbetrag gefordert werden.*
> *Die zur Herstellung des, durch Schneefall oder andere Natur-Ereignisse unterbrochenen Verkehrs auf den Landstraßen in Anspruch zu nehmenden ungewöhnlichen Leistungen kommen dabei*

[807] P., a.a.O.
[808] P., S. 214.
[809] P., a.a.O.

> *nicht in Anrechnung und sind, in soweit es das Bedürfnis erfordert, über das vorstehend bezeichnete Maaß hinaus zu gewähren."*

Der Ausschuß fand zunächst den im Gesetzesentwurf verankerten Schutz des Wegebaupflichtigen angemessen und begrüßenswert. Allerdings hielten es die Ausschußmitglieder nicht für zweckmäßig, die Anzahl der Arbeitstage für den Wegebaupflichtigen festzusetzen. Vielmehr sollte eine Begrenzung ganz gestrichen werden[810].
Die hiergegen vorgebrachten Einwendungen führten zu einer Diskussion, die sich sogleich auch auf die §§ 27 und 28 WegeO ausdehnte.
Demgemäß wurde von einigen Mitgliedern der Versammlung angeführt, daß ein zeitliches Maß für den Wegbau unerläßlich sei, um sich gegen eine Überbürdung zu schützen. Die Kräfte eines einzelnen seien nicht unerschöpflich. Man müsse ein genaues Maß für den Wegebau finden und dieses den veränderten Wegebauverhältnissen anpassen, um Einheitlichkeit zu erreichen. Die bisherigen Regelungen seien hierzu nicht ausreichend.

> *"Da nun aber eine Besserung des jetzigen Zustandes unverkennbar Noth thue, um den Ansprüchen der immer mehr wachsenden Industrie und des Verkehrs zu genügen, die Städte miteinander zu verbinden und nicht hinter dem Auslande zurückzubleiben, so sei es unerläßlich, nachbarliche Hülfeleistung eintreten zu lassen."*[811]

Es sei deshalb angemessen, dem Einzelnen, der seiner Verbindlichkeit nachkommen solle, eine bestimmte Zeit, möglicherweise drei Tage, für diese Erfüllung einzuräumen. Die genaue Zeitangabe könne letztlich den Kreistagen vorbehalten bleiben.
Anderseits trat man den Vorschlägen des Ausschusses bei, der ein zeitliches Maß für ungeeignet hielt. Damit würde der Zweck, die Verbesserung der Wege nicht erreicht, weil sie nur die Folge haben werde, daß die zugemessene Arbeitszeit ungenutzt oder in *"schlechter träger Leistung"* verstreichen werde. Es müsse im Interesse des Verpflichteten selbst liegen, die Arbeit gut zu machen:

> *"Die Zeit sei nicht der richtige Maßstab für die Arbeit, der Fleißige leiste in der halben Zeit mehr, wie der Faule in der ganzen, es komme vorzugsweise auf die Beschaffenheit des Weges an, welche maßgebend sein müsse, und dieses würde die Kreisbehörde zu beurtheilen haben. Nachbarliche Hülfe könne man aber nicht für gut erkennen, es wäre noch Niemand durch die Last der Wegebau-Verpflichtung zu Grunde gegangen, es sei aber unrecht, diese Verpflichtung Anderen*

---

[810] P., S. 216.
[811] P., a.a.O.

obtrudiren zu wollen, und müsse man darin eine Beeinträchtigung des Eigenthums erblicken und auch die Befürchtung hegen, daß sich dabei in richtiges Verhältniß zwischen Stadt und Land nicht werde ermitteln lassen, die Städte vielmehr immer prägravirt werden würden[812]

Immerhin werde auch nicht etwas Besonders oder Großes verlangt, weil es nicht nur dem Bau von Chausseen ginge, sondern lediglich die gewöhnliche Herstellung der Landstraßen. Eine Zeitvorgabe hielt man für überflüssig.
Den Verteidigern der nachbarlichen Hilfe schien es aber nahezu unmöglich, daß mit nur dreitägiger Arbeit und ohne allgemeine Unterstützung die gestellten Verpflichtungen angemessen erfüllt würden. Es sei auch keine Rechtsverletzung, die bisherige Verpflichtung zum Besten aller anzupassen. Es würde gerade eine Ungerechtigkeit für den Einzelnen darstellen, wenn man ihm neben seiner ursprünglichen Verpflichtung neue Verpflichtungen, die sich aufgrund des ständig wachsenden Verkehrs ergäben, auferlege[813]. Man möge nur auch auf andere Landesteile, etwa *Schlesien* oder die Rheinprovinz schauen, um sich zu überzeugen wie weit man eigentlich zurück liege. Dort wo man sich weiterentwickelte, habe man es mit vereinten Kräften geschafft.
Dem wurde jedoch entgegengehalten, daß man nicht auf das Argument der vereinten Kräfte zurückzugreifen brauche, weil man in letzter Zeit auch ohne eine Vereinigung einiges erreicht habe, was beweise, daß man auch mit der bisherigen Leistung auskommen könne[814]. Es käme nur darauf an, alle gleich zu stellen und das geschehe dadurch, daß alle ein gleiches Maß ihrer Schuldigkeit täten. Dadurch werde niemandem eine neue Last auferlegt. Das alte Verhältnis solle nur geregelt und der Willkür vorgebeugt werden. Dies werde aber durch die in § 25 WegeO dem einzelnen gewährten Rücksichten vollkommen erreicht, ohne daß man es nötig habe, ein bestimmtes Maß von 3 Tagen einzuführen, welches nur schlechte Tagelöhnerarbeit bewirken werde, wohingegen eine *"Verpflichtung im Allgemeinen"* zur Anstrengung zwingen werde.
Die folgende Abstimmung hierüber ergab mit großer Majorität, daß der Vorschlag des Ausschusses, die Streichung des Zwischensatzes von

"In soweit" bis *"werden"*

vorzunehmen angenommen wurde.
Auch § 27 WegeO wollte der Ausschuß ganz streichen lassen. Er bestimmte folgendes:

---

[812] P., S. 217.
[813] P., a.a.O.
[814] P., a.a.O.

Sollten die, nach den vorstehenden Bestimmungen (§§ 13-15) zu fordernden Leistungen zur Instandsetzung, Unterhaltung, Verlegung oder neuen Anlegung einer Landstraße für die Verpflichteten zu bedrückend seyn, so soll ihnen durch Naturaldienste oder baare Geldbeiträge nachbarliche Hülfe gewährt werden.
Über die Nothwendigkeit, die Dauer, das Maaß einer solchen Hülfeleistung, und darüber, ob sie vom ganzen Kreise oder von einzelnen Gemeinden und außer dem Gemeindeverbande stehenden Grundbesitzern, und von welchen, zu gewähren sye, entscheidet in der Regel die Landespolizei-Behörde nach Vernehmung der Kreisstände.
Handelt es sich aber um die Herstellung des, durch Schneefall oder andere Natur-Ereignisse unterbrochenen Verkehrs (§§ 16, 26), so hat die Kreispolizei-Behörde sofort das Erforderliche anzuordnen.
Außer diesem Falle entscheidet darüber, ob die nachbarliche Hülfe durch Naturaldienste oder baare Geldbeiträge geleistet werden soll, wenn sie von ganzen Kreisen zu gewähren ist, die Kreisversammlung; wenn einzelne, außer dem Gemeindeverbande stehende Grundbesitzer die Verpflichteten sind, deren Wahl, und in einzelnen dazu in Anspruch zu nehmenden Gemeinden, der beschluß desselben (§ 23)."

wiederholte sich die Diskussion über die Zweckmäßigkeit der nachbarlichen Hilfe.
Die Gegenmeinung argumentierte damit, daß das ganze Gesetz sinnentlehrt wäre, wenn § 27 WegeO und mit ihm die nachbarliche Hilfe wegfalle. Damit zeige man, daß man es bei dem alten Zustande belassen wolle, denn dieser Vorschrift entspringe der eigentliche Gesetzeszweck, weil sich klar und deutlich zeige, daß ohne irgendeine Art von Hilfe nichts wesentliches zu leisten sei[815]. Man müsse allerdings einen Unterschied zwischen §§ 27 und 28 WegeO machen, könne aber auch in § 27 WegeO keinen Eingriff in die kreisständischen Rechte erkennen, weil ebensogut im höheren Landesinteresse etwas angeordnet werden könne wie in anderen Fällen, etwa bei der den Kreisen auferlegten Verpflichtung, der Landwehrkavallerie Pferde zur Verfügung zu stellen[816]. Den Kreisständen bleibe damit nur die Berechtigung, den Leistungsmodus, also die Anzahl der Arbeitstage, näher zu bestimmen. Sicherlich sei auch das Verhältnis zwischen Stadt und Land schwierig, aber auch hier ließe sich ein Modus finden, insbesondere im Hinblick darauf, daß es für Städte von erheblicher Wichtigkeit wäre, bessere Wege zu haben. Darüber hinaus sei die Last, wenn man sie überhaupt als solche bezeichnen wolle, eine gegenseitige, weil derjenige, der heute nachbarliche Hilfe leisten solle, sie morgen seinerseits wieder in Anspruch nehmen könne und werde. Wolle man bessere Wege haben, müsse man durch Gesetze

---

[815] P., S. 218.
[816] P., a.a.O.

auch die Möglichkeit geben, die dazu nötigen Mittel und Kräfte herbeizuschaffen, was sich zwar nicht von dem Einzelnen, wohl aber von Allen erzwingen lasse[817]. Diese Vertreter, die dem Entwurf folgen wollten, waren jedoch in der Minderheit.

Die Vertreter der Gegenansicht führten insbesondere an, daß man nachbarliche Hilfe nicht gesetzlich regeln könne. Eine solche Regelung schaffe nur weitere Frondienste. Durch die nachbarliche Zwangshilfe werde auch eine gewisse Unsicherheit des Besitzers herbeigeführt, weil die Behörden in Ausführung des Gesetzes leicht zu weit gehen könnten, während ohne Gesetz und bei wirklichem Hilfenotstand auch die Kreisstände freiwillig abhelfen würden[818]. Man müsse auch wiederholt darauf zurückkommen, daß schon bis jetzt in manchen Gegenden, z.B. in der *Altmark, Priegnitz* und dem *Havellande* sehr viel für gute Straßen geschehen sei, weshalb es vorzuziehen sein würde, auch für die Zukunft sich *"auf den freiwilligen und guten Sinn zu verlassen"*, statt ihn in unangenehme Fesseln einzuzwängen[819].

Die hierauf folgende Abstimmung ergab mit großer Majorität, daß die Mitglieder der Versammlung den § 27 WegeO ganz streichen wollten und damit dem Ausschußgutachten beitraten.

Eine weitere ausführliche Diskussion ergab sich zu §§ 69 und 70 WegeO und damit zu den allgemeinen Bestimmungen des VI. Titels des Gesetzesentwurfs.

In den §§ 69 und 70 WegeO fand der Ausschuß ein allgemeines Prinzip ausgesprochen. Alle bisherigen allgemeinen und speziellen Gesetze über die Unterhaltung von Wegen und alle nicht besonders aufgeführten Observanzen[820] sollten mit dem Erscheinen der nun vorliegenden neuen Wegeordnung außer Kraft treten. Diese neue allgemeine Wegeordnung sollte dann allein das gültige Recht darstellen. Da der Ausschuß es aber für nötig hielt, alle einzelnen Observanzen zu sammeln und in Form eines Anhangs an dieses Gesetz zu publizieren, was ihm jedoch anderseits nicht sehr praktisch vorkam, schlug er vor, § 69 WegeO folgendermaßen zu fassen:

> *"... die gegenwärtige Ordnung tritt an die Stelle aller bisher bestandenen allgemeinen gesetzlichen Bestimmungen über die Beschaffenheit der Wege, welche, vom Tage der Verkündung dieser Verordnung ab, aufgehoben werden; dagegen bleibt es in Bezug auf die Verpflichtung zur Anlegung und Unterhaltung der öffentlichen Wege bei dem bisherigen Rechtszustande, in soweit derselbe rechtlich feststeht; wo dieser aber streitig oder verdunkelt, tritt diese allgemeine Wege-*

---

[817] P., S. 219.
[818] P., a.a.O.
[819] P., a.a.O.
[820] Observanz ist eine Ausformung des Gewohnheitsrechts.

Ordnung lediglich und allein als Norm ein. Wer eine Ausnahme behauptet, muß dieselbe beweisen"[821]

Im Zuge dieser Neufassung sollte § 70 WegeO ganz wegfallen. Er bestimmte, daß

"Die in den einzelnen Landestheilen, in Beziehung auf den öffentlichen Wegebau zur Anwendung gekommenen besonderen Gesetze, Ordnungen und Observanzen verbleiben, von eben diesem Zeitpunkte ab, nur in soweit in Kraft, als sie in die, für die einzelnen Provinzen zugleich mit dieser Ordnung verkündeten zusätzlichen Bestimmungen ausdrücklich aufgehoben sind."

Für den Fall, daß der Landtag auf diesen Vorschlag nicht eingehen sollte, hatte der Ausschuß bereits hilfsweise den Antrag gestellt,

"... daß jede Kreisbehörde verpflichtet würde, eine Wegerolle aufzunehmen, in welcher für jeden Ort die Verpflichtung nach dem jetzigen Rechtszustande festgestellt würde."[822]

Einige Mitglieder der Versammlung erklärten sich für die unbedingte Annahme des Gesetzesentwurfs. Die Verbesserung der Wege werde allgemein als Bedürfnis anerkannt und aus diesem Grunde müsse man auch die §§ 69 und 70 WegeO in der Form des Gesetzesentwurfs beibehalten. Geschehe dies nicht, würden auch die Wege ihren alten schlechten Zustand behalten. Der Zweck des Gesetzes sei es auch, nicht nur gute Wege zu bekommen, sondern auch die gegenwärtige Rechtsunsicherheit in Bezug über die Verpflichtung zum Wegebau zu beseitigen. Dadurch würde man viele Prozesse und Kosten vermeiden. Mit den Ersparnissen könne man etliche weitere neue Wege bauen[823]. Darüber hinaus gebe man von den alten Bestimmungen auch nicht viel auf. Der Gesetzesentwurf stelle ohnehin nur eine Art allgemeines Gesetz dar, weil man nach den Absichten des Gesetzgebers insbesondere auch die provinziellen Umstände berücksichtigen solle. Diese gingen damit den allgemeinen Bestimmungen der Wegeordnung vor, so daß erst dann, wenn es keine provinziellen Bestimmungen gebe, die Wegeordnung Anwendung finde. Selbst wenn man aber auch die Festsetzung der Lokalobservanzen für nötig hielte, könne sich der Landtag hiermit nicht befassen, weil ihm dazu die Mittel fehlten. Der vom Ausschuß gemachte Eventualvorschlag, für jeden Kreis eine Wegerolle aufzunehmen, stelle hierfür

---

821 P., S. 229.
822 P., a.a.O.
823 P., a.a.O.

ein angemessenes Auskunftsmittel dar. So würden neben der allgemeinen Wegeordnung Provinzialrecht und Lokalobservanzen aufrecht erhalten werden[824]. Eine Gruppe von Abgeordneten sprach sich für den ersten Vorschlag des Ausschusses aus und trug vor, daß man sich dieser Ansicht schon früher, nämlich bei der Beratung der allgemeinen Grundsätze, angeschlossen habe, so man jetzt davon nicht abweichen könne, weil man sonst die früheren Beschlüsse wieder aufheben müsse. An den allgemeinen Bestimmungen dürfe somit nicht mehr gerüttelt werden. Ein anderes ergebe sich jedoch für die Verpflichtung zum Wegebau. Diese müsse in der bisherigen Art aufrecht erhalten werden[825]. Mit der Zusammenstellung der provinzialrechtlichen Bestimmungen über die Verbindlichkeit zum Wegebau habe sich der Landtag wegen der Kürze der Zeit und wegen des Mangels an Materialien nicht befassen können, es sei ihm auch nicht möglich gewesen, die Lokalobservanzen zusammenzustellen.
Da eine Einigung dieser weit auseinander liegenden Ansichten nicht zu erreichen war, fand auch hier wieder eine Abstimmung statt. Diese ergab eine Annahme des vom Ausschuß gemachten Vorschlages mit 42 gegen 25 Stimmen[826].
Zu den Vorschriften der §§ 73, 74 und 75 WegeO hatten die Mitglieder der Versammlung nichts auszusetzen. Sie sahen sich aber noch veranlaßt, weil sie in dem nunmehr vorgeschlagenen § 69 WegeO das Prinzip der fortdauernden Gültigkeit des Provinzial- und Lokalrechtes aussprachen, nach Anleitung der gefaßten Beschlüsse allgemeine provinzialrechtliche Grundsätze, nach bestimmten Materien geordnet, aufzustellen und zu beantragen, daß diese als Anhang dem allgemeinen Wegegesetz für diese Provinz beigefügt würde.
Es begannen nunmehr die Beratungen über die technische Anweisung. Die ersten Vorschriften, namentlich §§ 1-3 der technischen Ausführungsvorschriften, wurden, nachdem sie bereits beraten waren[827], genehmigt.
Ein erstes Problem ergab sich jedoch sogleich zu § 4 der Anweisung. Er bestimmte, daß

> *"Wenn der Abfall einer Straße mehr als zehn Zoll auf die Ruthe beträgt, so soll derselbe durch Auf- und Abtrag oder durch Verlängerung in Windungen wenigstens bis zu diesem Maaße vermindert, und die Straße in Entfernungen von je 20 Ruthen mit Ruheplätzen versehen werden."*

Es erhoben sich hier abermals Bedenken, daß diese Vorschrift ohne die in § 27 WegeO festgelegte nachbarliche Hilfe nicht durchführbar sei und daher verwor-

---

[824] P., S. 230.
[825] P., a.a.O.
[826] P., a.a.O.
[827] Vgl., P., S. 210 f.

fen werden müsse[828]. Man kam jedoch in der Versammlung überein, daß auch diejenigen, welche, nach einer eventuellen Verwerfung des § 27 WegeO der Wegeordnung, gegen die ganze Anweisung stimmen wollten, eventuell, daß heißt unter der Voraussetzung für § 4 der Anweisung stimmten, daß § 27 WegeO wieder in das Gesetz aufgenommen würde. Am Schluß der Beratung sei dann nur zu fragen, ob die Anweisung als definitive oder eventuelle Beschlußnahme angesehen werden sollen[829].

Zu § 7 der technischen Anweisung wurde beantragt, daß zum einen dem Verpflichteten die Wahl überlassen bleiben müsse, mit welchen Bäumen er die Straße bepflanzen wolle, und zum andern, daß in Forsten nur da, wo der Weg mit Gräben eingefaßt sei, besondere Hinweise desselben nötig sein solle.

Beide Anträge wurden indessen abgelehnt. Zum ersten Antrag erhoben sich zwar noch Stimmen dahingehend, daß allein der Verpflichtete die Bodenverhältnisse kenne und deshalb auch nur er mit der Pflanzung betraut sei könne. Andererseits wurde aber darauf hingewiesen, daß vor einer Pflanzung natürlich auch der Verpflichtete über die Bodenverhältnisse befragt werde und die Bepflanzung damit in den Händen der Behörde bliebe, was letztlich zur Ablehnung führte. Der zweite Antrag wurde nur von zwei Abgeordneten befürwortet.

Abgesehen von dem Problem der nachbarlichen Hilfe gingen einigen Mitgliedern die Bestimmungen des § 13 der Anweisung, der von den Befestigungen der Straßen handelte, zu weit. Sein Wortlaut besagte:

> *"In niedrigem oder fettem Boden muß, wenn Kies, Sand, Steine, Schlacken oder anderes taugliches Befestigungsmaterial innerhalb Einer Meile von der Baustätte zu haben sind, die Straße nach und nach damit so lange erhöht und ausgebessert werden, bis sie auch in nasser Jahreszeit leicht austrocknet. Knüppeldämme dürfen dagegen nicht angelegt, und die vorhandenen müssen, bis sie durch einen zweckmäßigen Straßenbau ersetzt werden können, zwei Fuß hoch mit gut gemischter Erde bedeckt werden. In sehr sandigem Boden sind die Landstraßen zur Befestigung der Bahn mit Kies, Lehm, Schlacken oder anderen geeigneten Materialien, wenn solche in obiger Entfernung zu haben sind, allmählig zu beschütten und auszubessern."*

So sei beispielsweise die Entfernung von einer Meile zur Herbeischaffung von Materialien zu groß und werde zu *"bedrückenden, ja ruinierenden Belästigungen"* der Verpflichteten führen[830]. Man solle daher den Anfang und das Ende dieser Vorschrift streichen und nur die Bestimmung stehen lassen, wonach in Zukunft keine Knüppeldämme mehr angelegt werden dürften.

---

[828] P., S. 234.
[829] P., S. 235.
[830] P., S. 236.

Dagegen wurde jedoch angeführt, daß die vorgeschriebene Instandsetzung der Wege nur langsam und mit Rücksicht auf die Kräfte der Verpflichteten, welchen die §§ 25 und 26 WegeO genügenden Schutz gewährten, stattfinden solle. Wolle man jedoch den ersten Satz dieser Vorschrift streichen, so werde man nur Knüppeldämme erhalten, weil das dann die einzige Möglichkeit bliebe, in fetten und niedrigen Böden eine Befestigung des Weges zu erlangen. Dies sei jedoch anerkanntermaßen die schlechteste aller Befestigungsarten[831].
Dennoch wurden vier Amendements gestellt, wonach zum einen der Anfang und der Schluß der Vorschrift zu streichen sei, zum anderen statt einer Meile nur eine Entfernung von einer halben Meile festzusetzen, die Beschüttung mit den angegebenen Materialien nur da zu verlangen, wo sie auf eigenem Grund und Boden vorhanden und ohne Opfer von anderer Seite zu erlangen wären, und schließlich die Knüppeldämme nur einen Fuß hoch mit Erde zu beschütten. Die hierüber stattfindende Abstimmung ergab eine Annahme des zweiten und dritten Vorschlags und eine Ablehnung der anderen beiden[832].

Zu § 22 der Anweisung, der bestimmte,

> *"Wo die Straße sich theilt, ist ein Wegweiser zu setzen."*

wurde der Antrag gemacht,

> *"... daß Wegweiser innerhalb der Dörfer nicht gesetzt werden sollten, weil man da immer Gelegenheit habe, sich nach dem Wege zu erkundigen und also Kommunen diese bei der fast jährlich nöthig werdenden Erneuerung der Wegweise-Arme und selbst Säulen gar nicht geringe Last erspart werden könne."*[833]

Dieser Antrag fand jedoch keinerlei Zustimmung,

> *"... da es auch innerhalb der Dörfer sehr gut sei, wenn man nicht erst nach dem Weg fragen müsse, wobei man sehr oft gar nicht, oder absichtlich falsch, berichtet werde."*[834]

Da nunmehr auch die Beratungen über die Anweisung abgeschlossen waren, stellte der Landtagsmarschall die schon zu § 4 zur Abstimmung gestellte Frage, ob die Begutachtung der Anweisung nur als *"eventuell"* angesehen werden

---

[831] P., a.a.O.
[832] P., a.a.O.
[833] P., a.a.O.
[834] P., a.a.O.

solle. Diese Frage wurde mit 50 gegen 15 Stimmen verneint, so daß diese Beratungen auch als endgültig betracht werden konnten.
Der Landtagsmarschall beauftragte daraufhin den Herrn Referenten des Ausschusses mit der Abfassung eines Immediatberichts über die Wegeordnung, welcher am 26.04.1843 an den König vollzogen wurde[835].

c. Ergebnis

Diese vom Gesetzgeber vorgeschlagene allgemeine Wegeordnung kam nicht zustande.
Eine Einflußnahme speziell des achten brandenburgischen Landtages läßt sich deshalb nicht pauschal feststellen.
Der Versuch, eine für den ganzen preußischen Staat gültige Wegeordnung zu erlassen, hat sich als nicht ausführbar erwiesen, weil die provinziellen Verschiedenheiten auf dem Gebiete des Wegerechts zu groß waren[836].
Der Gesetzgeber mußte sich deshalb damit begnügen, Wegeordnungen für die einzelnen Provinzen zu erlassen. Es sind insbesondere in den Jahren 1865[837] und 1875[838] dem Abgeordnetenhaus von der preußischen Staatsregierung Entwürfe zu einer allgemeinen Wegeordnung vorgelegt worden, eine Verabschiedung wurde jedoch auch hier nicht erreicht[839]. Nachdem die Provinz *Sachsen* am 11.07.1891[840] und *Westpreußen* am 27.09.1905[841] solche erhalten hatten, trat u.a. auch in *Ostpreußen* am 01.04.1912[842] die neue Wegeordnung in Kraft. Bis dahin hatte in *Ostpreußen* ein Wegereglement *Friedrichs des Großen* von 1764 bestanden, das durch den Erlaß des Provinzialrechts von 1801 modifiziert wurde. Nach der Errichtung von Oberverwaltungsgerichten in *Ostpreußen* und bis zur Einführung der neuen Wegeordnung galt hier nahezu nur die Rechtsprechung als verbindlich[843]. Allein im Regierungsbezirk *Potsdam* trat am 11.06.1852[844] eine *Wege-Polizei-Ordnung* in Kraft, die insbesondere die Unterhaltung der öffentlichen Wege, Dämme und Brücken regelte, so daß die Provinz *Brandenburg* keine eigene Wegeordnung erhielt.

---

[835] Vgl. V., S. 92 f. sowie 93-112.
[836] *von Hippel*, S. 1.
[837] Vgl. Drucksachen des Herrenhauses 1865, Anlage Nr. 11.
[838] Vgl. Drucksachen des Abgeordnetenhauses 1875, Nr. 24.
[839] *Friedenthal*, S. 1.
[840] GS 1891, S. 316; auch bei *Nobiling*, S. 748 ff.
[841] GS 1905, S. 357.
[842] GS 1911, S. 99; auch abgedruckt bei *von Hippel*, S. 5 ff.
[843] *von Hippel*., a.a.O.
[844] Abgedruckt bei *von Rönne*, Wegepolizei, S. 524 sowie im Preußischen Staatsanzeiger 1852, Nr. 150, S. 900.

Für Gesamtpreußen erlangten nur Ordnungen einzelner wegerechtlicher Materien Gesetzeskraft[845] und zwar das sogenannte *Fluchtliniengesetz* vom 02.07.1875[846] und das Gesetz vom 18.08.1902[847], betreffend die Vorausleistungen zum Wegebau. Daneben haben aber auch andere gemeine preußische Gesetze Bedeutung für das Wegerecht gefunden. Dies war zum einen das sogenannte *Kleinbahngesetz* vom 28.07.1892[848] und das *Telegraphen-Wege-Gesetz* vom 18.12.1899[849].

Somit galt in *Brandenburg* neben diesen Gesetzen zum großen Teil das *märkische Provinzialrecht*[850] weiter[851]. Darüber hinaus sind in *Brandenburg*, wie auch anderswo, zahlreiche weitere Verordnungen und Satzungen meist lokaler Natur[852] ergangen, auf die hier nicht mehr näher eingegangen werden soll.

Auch wenn sich eine Einflußnahme der Brandenburger hier nicht feststellen läßt, zeigte sich aber, daß auch die Beratungen speziell zu § 27 WegeO, für dessen Streichung die Versammlung votiert hatte, den preußischen Gesetzgeber darauf aufmerksam machen sollte, daß man alte Bestimmungen, die sich bewährt hatten, nicht einfach aufgeben wollte. Das hatte der Gesetzgeber in diesem Falle wohl auch selbst erkannt, weil er im Zusammenhang mit dieser Proposition bereits klarstellte, daß die einzelnen Provinzen auch ihre provinziellen Wünsche äußern und einarbeiten sollten. Daß es letztlich nicht zu einer für *Preußen* einheitlichen Wegeordnung kam, überrascht daher nicht. Dennoch zeigten auch diese Verhandlungen wieder das bereits bekannte Bild. Niemals wurde der eigene Vorteil hinter das Wohl des gesamten preußischen Staates gestellt. Auch wenn speziell in diesem Gesetzesentwurf insbesondere die provinziellen Bestimmungen Vorrang haben sollten, war die Berücksichtigung gesamtstaatlicher Belange hier nicht erkennbar.

---

[845] Vgl. auch *Friedenthal*, S. 2.

[846] GS 1875, S. 561.

[847] GS 1902, S. 315.

[848] GS 1892, S. 225.

[849] RGBl. 1899, S. 705.

[850] *Voß*, S. 107.

[851] Vgl. zu den Regelungen in den einzelnen Kreisen, Städten und Dörfern *von Rönne*, Wegepolizei, S. 521 ff.

[852] Vgl. das Gesetz, betreffend die Heranziehung der Fabriken usw. mit Vorausleistungen für den Wegebau in der Provinz *Brandenburg* vom 07.07.1891, was allerdings gerade einmal drei Vorschriften enthielt, abgedruckt bei *Nobiling*, S. 747.

6. Verhandlungen über einen Antrag der Abgeordneten der Städte *Lübbenau* und *Stendal* zur Einführung der Öffentlichkeit und Mündlichkeit im Strafverfahren (Petition Nr.10)[853].

Der sechste Ausschuß, der sich zunächst mit dieser Frage zu befassen hatte, bezweifelte, daß dies der richtige Zeitpunkt für einen solchen Antrag sei[854]. Man solle vielmehr erst die "*Criminal-Ordnung*" abwarten und sehen, in welche Richtung sich der Gesetzgeber hierbei entscheide. Man könne daher nur dafür stimmen, zur Zeit von derartigen Beratungen abzusehen, ohne daß die gute Absicht der Abgeordneten verkannt werden sollte. Die Abgeordneten traten diesem Vorschlag bei und beschlossen, den Gegenstand für jetzt auf sich beruhen zu lassen[855]. Die Antragsteller hingegen wehrten sich dagegen aufs Schärfste. Sie führten als Begründung aus,

> "... *als habe ihren Anträgen das Motiv zum Grunde gelegen, dadurch die Volkssouverainität in die Hände zu arbeiten, an welche zu denken, sie weit entfernt gewesen wären, und sich nur aus voller Ueberzeugung deshalb für ein mehr oder minder öffentliches Verfahren aussprechen zu müssen geglaubt hätten, weil sie dadurch ein den Bedürfnissen der Zeit und dem Stande der Volksbildung angemessenes Strafverfahren zu fördern gemeint gewesen wären.*"[856]

Seitens des Ausschuß wurde hierauf nur entgegnet,

> "... *daß es nicht die Meinung des Ausschusses gewesen sei, den Herren Antragsstellern im entferntesten solche Absichten zu unterlegen, er vielmehr die Volkssouverainität nur als ein Motiv gegen die Geschworenengerichte angeführt habe.*"[857]

Damit war die Beratung über diese Petition beendet, die folglich nicht vom Landtag angenommen wurde.

---

[853] P., S. 295
[854] P., S. 294.
[855] P., a.a.O.
[856] P., a.a.O.
[857] P., S. 295.

7. Verhandlungen über einen Antrag des Abgeordneten *Reiche* zur Anlegung einer Eisenbahnlinie zwischen *Oder* und *Weichsel* (Petition Nr.20)[858].

Der Antrag ging dahin, daß bei der Anlage einer Eisenbahnverbindung zwischen der Hauptstadt mit den östlichen Provinzen des Staates die Linie über *Cüstrin, Landsberg* und *Driesen* längs der *Oder* und der *Warte* gewählt würde[859].
Mit der Begutachtung dieses Antrags war zunächst der dritte Ausschuß befaßt. Der Gesetzgeber hatte für eine Eisenbahnlinie nach Osten vier Hauptlinien zur Begutachtung vorgeschlagen:

1. von *Cüstrin* über *Landsberg, Driesen, Schneidemühl* nach *Bromberg*,
2. von *Stettin* über *Schneidemühl* nach *Bromberg*,
3. von *Stettin* über *Konitz* und *Tempelberg* nach *Mewe* und
4. über *Frankfurt* und *Posen* nach *Bromberg*.

Der Ausschuß hielt die erste der empfohlenen Linien in Bezug auf die politischen, militärischen, kommerziellen und staatswirtschaftlichen Belange für vorzugswürdig und empfahl daher dem Landtag, den Antrag der Stadt Landsberg zu unterstützen[860].
In der Versammlung erkannte man zunächst allgemein die hohe Wichtigkeit der Eisenbahnen an. Man war der Überzeugung,

> *"... daß, nachdem alle Staaten ihre Aufmerksamkeit den Eisenbahnen zugewendet, auch Preußen, das stets alles Gute gefördert, nicht zurückbleiben könne, sondern auf die Eisenbahnen sein ganzes Augenmerk richten müsse."*[861]

Bei der Verbindung mit den östlichen Provinzen sei vor allem darauf zu achten, daß sie durch bevölkerte und solche Gegenden geführt werde, in welchen bereits ein lebhafter Verkehr herrsche und Produkte, die mit der Eisenbahn befördert werden könnten, dort auch hergestellt würden. Nur dadurch werde ein Interesse für diese Eisenbahnlinie erzeugt, Rentabilität begründet und somit die Möglichkeit gewahrt, einen Aktien-Verein zu gründen, der durch die bloße Zinsgarantie von 3 ½ Prozent, welche der Staat übernommen habe, sich unter anderen Umständen nicht erreichen lasse.
So sehr die Abgeordneten aber auch die Wichtigkeit einer Eisenbahnlinie durch die *Neumark* erkannten und würdigten, vermochten sie jedoch zunächst nicht festzustellen, welche von den vorgeschlagenen Strecken die beste sei, weil alle

---

858 P., S. 281, V., S. 204.
859 P., S. 281.
860 P., a.a.O.
861 P., a.a.O.

ihre Vorzüge hätten. Man richtete daher nur einen allgemeinen Antrag darauf, daß die fragliche Eisenbahn *"in möglichster Ausdehnung"* durch die *Neumark* geführt werde, ohne bestimmte Orte zu nennen[862].
Anderseits verkannte man aber auch nicht, daß die *Neumark* im Verhältnis zu den anderen Provinzen, namentlich zu *Pommern* und *Posen* und insbesondere im Hinblick auf den Chausseebau bisher nicht ausreichend berücksichtigt worden sei. Deshalb könne ein allgemeiner Antrag, eine Strecke durch die *Neumark* führen zu lassen, allein nicht ausreichen.

> *"Bei der Anlegung der Eisenbahn von Berlin nach den östlichen Provinzen, komme nicht blos das provinzielle Interesse in Frage, sondern es handele sich um das Interesse des ganzen Staats. Dieses vermöge der Provinzial-Landtag nicht zu überschauen, das provinzielle Interesse müsse dem des ganzen Staates nachstehen, und so wie bei der Berathung der Ausschüsse über die Eisenbahn-Anlage, das provinzielle Interesse ganz beiseite gesetzt, nur das des gesamten Staats ins Auge gefaßt und Sr. Majestät die Bestimmung der Bahnlinien vertrauensvoll überlassen worden, so dürfe auch die Provinz bei der in Rede stehenden Linie ihr Interesse nicht hervorheben, wodurch sie ihre Schranken überschreiten würde."*[863]

Darüber hinaus wisse man nicht, ob in den anderen Provinzen, namentlich in *Pommern* schon Schritte zu eine Eisenbahnlinie getan worden seien. Wollte aber die Provinz *Brandenburg* als erste die Initiative hierbei ergreifen, würden auch die anderen Provinzen nachziehen. Es sei aber nicht angemessen, die Staatsbehörden mit derartigen Anträgen zu beschäftigen, vielmehr müsse man es allein dem Staat selbst überlassen, solche Entscheidungen zu treffen[864]. Hätte der Gesetzgeber die Absicht gehabt, ernsthaft über diese Frage nachzudenken, hätte er dem Landtag eine detaillierte Proposition vorgelegt.
Auch habe der letzte Landtag gezeigt, daß die Regierung selbst entscheide. So habe man bei der Frage nach einer Eisenbahnlinie nach *Hamburg* auch lediglich empfohlen, daß beide Strecken etwas für sich hätten. Der gemachte Vorschlag, die Linie auf dem linken Elbufer zu errichten[865] sei dann allerdings zurückgewiesen worden.
Andere Abgeordnete wollten dieses Beispiel jedoch nicht gelten lassen. Mit der Linie nach *Hamburg* habe der Gesetzgeber damals einen ganz anderen Zweck verfolgt. Es sei damals nur um die nötigen Vorarbeiten und nicht um den endgültigen Streckenverlauf. Ganz anders als 1841 sei nunmehr sehr wohl ein pro-

---

[862] P., S. 282.
[863] P., a.a.O.
[864] P., S. 283.
[865] Vgl. oben S. 113 f.

vinzielles Interesse betroffen[866]. Die Frage, ob sich auch schon andere Provinzen mit einer Streckenführung auseinandergesetzt hätten, stelle sich hier nicht. Es sei bekannt, daß die Eisenbahn von *Stettin* nach *Stargard* ausgedehnt werden solle. Wenn dies geschehe, erreiche aber *Pommern* einen solch großen Vorsprung, daß die Eisenbahn in die östlichen Provinzen wohl nicht mehr durch die *Neumark* geführt würde[867]. Die Führung der Eisenbahn durch die *Neumark* sei aber für diesen Landesteil von so großer Bedeutung, daß der Landtag alle Veranlassung habe, sich dafür einzusetzen. Geschehe dies, bewege er sich aber auch auf seinem eigenen Feld, da es ihm obliege, die provinziellen Interessen zu wahren und zu achten. Gerade jetzt sei der Zeitpunkt hierfür gekommen die richtigen Schritte einzuleiten, die keinen Nachteil, sondern nur Vorteile brächten[868].
Nach dieser Diskussion stellte der Landtagsmarschall drei Fragen zur Abstimmung:

1. Soll von des Königs Majestät die Eisenbahnlinie von *Cüstrin* über *Landsberg, Driesen, Schneidemühl* nach *Bromberg* erbeten werden?
2. Soll der Antrag, daß die Eisenbahn durch die volksreiche Gegend der *Neumark* längs der *Oder*, *Warte* und *Netze* geführt werde, unterstützt werden?
3. Soll im allgemeinen gebeten werden, daß der fraglichen Eisenbahn eine solche Richtung gegeben wird, daß sie in möglichst weiter Ausdehnung die *Neumark* durchschneidet?

Für die erste Frage fand sich keine Mehrheit in der Versammlung. Von 68 Anwesenden stimmten für die zweite Frage 37 und für die dritte Frage 52 Mitglieder, so daß diese 2/3 der Stimmen für sich hatte und daher eine Petition an den Gesetzgeber zu richten war. Der Landtagsmarschall beauftragte den Referenten des Ausschusses mit der Abfassung einer entsprechenden Petition[869].
Die Entscheidung über diese Petition fiel in der Sitzung des Staatsministeriums vom 13.11.1845[870]. Danach sollte eine endgültige Eisenbahnlinie von *Berlin* nach *Königsberg* über *Cüstrin, Landsberg, Schneidemühl, Bromberg* nach *Dirschau* führen. Die Regierung hatte damit die Wünsche der Brandenburger wiederum nicht beachtet. Bei der Petition handelte es sich jedoch sich auch nur um eine völlig allgemein gehaltene Bitte. Schon aus geographischer Sicht konnte eine Eisenbahnlinie von *Berlin* nach *Königsberg* ohnehin nur durch die *Neumark* führen.

---

[866] P., a.a.O.
[867] P., a.a.O.
[868] P., a.a.O.
[869] P., S. 284.
[870] Vgl. *Holtz*, Acta Borussica, Bd. 3, S. 258, Nr. 345 m.w.N. auf die Originalprotokolle.

8. Verhandlungen über einen Antrag des Grafen *von Finkenstein* hinsichtlich des Erwerbs von Rittergütern (Petition Nr.31)[871].

Der Antrag enthielt den Vorschlag, daß jeder Käufer eines in der Matrikel der Ritterschaft aufgeführten Gutes verpflichtet werde, den Kauf binnen 4 Wochen nach erfolgter Übernahme dem Kreis-Landrat anzuzeigen und, bevor er an der kreisständischen Versammlung teilnahm, seine Aufnahme in dieselbe zu beantragen. Darüber hinaus solle in jedem Kreis ein Ausschuß gebildet werden, der, außer dem durch seine amtliche Stellung angehörenden Landräte, aus zwei der Ritterschaft, einem der Städte und einem der Landgemeinden, also aus fünf Mitgliedern des Kreistages bestehen sollte, die von diesem von 3 zu 3 Jahren gewählt werden sollten. Dieser Ausschuß solle auf Veranlassung des Landrats die Zulässigkeit der Aufnahme des Angemeldeten in die Kreisversammlung prüfen, nachdem er sich vorher von dessen Qualifikation überzeugt und dieses Gutachten dem Kreistage vorlegt habe. Danach solle entweder die Aufnahme und Einführung des neuen Mitglieds erfolgen oder, wenn sich Bedenken erhoben hätten, unter Bekanntgabe der Gründe der Angemeldete von seiner Nichtaufnahme informieren werden[872].
In verschiedenen Gesetzen, insbesondere in § 6 der Kreisordnung vom 17.08.1825 war vorgesehen, daß zur Ausübung der mit dem Grundbesitz verbundenen Rechte der Standschaft, der Gerichtsbarkeit und des Patronats der eigene Ruf unbescholten sein sollte. Nach Meinung des Ausschusses war der Fall nicht erfaßt, daß bestimmte Qualifikationen schon vor dem Erwerb des Besitzes fehlten, so daß, wenn dies nicht bekannt sei, die erworbenen Rechte dennoch ausgeübt würden[873]. Da der Ruf eines Einzelnen aber auch ohne Kriminaluntersuchung einen bedeutenden Makel erlitten haben konnte, erachtete der Ausschuß diesen Umstand für regelungsbedürftig. Deshalb solle der kreisständischen Versammlung die Befugnis zustehen, über die Aufnahme eines neuen Mitglieds zu entscheiden. Eine Minderheit im Ausschuß sprach sich dagegen für eine Entscheidungsbefugnis der Kreistage aus[874].
Einige Abgeordnete führten dazu aus, daß das Motiv des Antrags offenbar sei, den über alle Begriffe zugenommenen Handel mit den Rittergütern zu beschränken. Es müsse aber danach gefragt werden, ob dieser häufige Wechsel aus staatsökonomischer, staatspolitischer und moralischer Sicht ein *"Übel"* darstelle.
Aus staatsökonomischer Sicht sei dieser häufige Wechsel nachteilig, weil dadurch die Rittergüter devastiert würden. Der neue Käufer schlage alles Holz nieder, verkaufe das Inventar und ziehe so viel Nutzen, wie er könne, und ver-

---

[871] P., S. 287.
[872] P., S. 287 f.
[873] P., S. 288.
[874] P., a.a.O.

kaufe schließlich den Rest. Der neue Käufer tue es dem alten nach und übrig bliebe letztlich ein *"Schandhaufen"*[875]. Es müsse unbedingt ein Gegengewicht geschaffen werden. Dieses werde beim bäuerlichen Stande durch die Mitarbeit eines kräftigen Bauernstandes erreicht. In den Städten bestehe es in einer wohlbegründeten Industrie und im Bürgertum, wobei in diesem die sog. Musterreiter der *"Krebsschaden"* wären. Bei den Rittergütern werde das Gegengewicht aber durch den längeren Besitzstand gewährt, welchen der rasche Güterwechsel vernichte, weshalb dieser aus politischer Sicht höchst nachteilig sei.
Aber auch aus moralischer Sicht sei der häufige Wechsel nachteilig. Das *"schöne Verhältnis"*, das zwischen der Gutsherrschaft und der Gemeinde bei längerer Besitzzeit bestehe, werde durch den häufigen Gutswechsel zerstört und es sei sehr bedenklich, einem unbekannten Mann, der heute komme und morgen gehe, die Ausübung mannigfacher Hoheitsrechte, namentlich der Polizeiverwaltung, zu überlassen[876].
Ein Mittel, das einen schnellen Verkauf verhindere, sei demnach dringend geboten. Dieses Mittel sei auch in den bestehenden Gesetzen vollkommen begründet:

> *"Denn nach den vom Ausschusse angezogenen Gesetzen sei die Ausübung der Standschaft und der auf den Rittergütern haftenden Ehrenrechte durch den guten Ruf bedingt und es könnten diese Rechte mit dem Verlust des guten Rufes entzogen werden; sei aber die Entziehung der Rechte gesetzlich eine Folge des Verlustes des guten Rufes, so sei es ganz folgerecht, daß sie demjenigen, der bei der Erwerbung eines Rittergutes den guten Ruf nicht mehr habe, gar nicht eingeräumt, sondern sofort genommen würden"*[877]

Die Mehrheit der Mitglieder der Versammlung fanden den von der Mehrheit des Ausschusses gemachten Vorschlag ausreichend und auch gesetzlich vollkommen begründet. Die Ehre der Kreisversammlung *"erheische"* es, daß bescholtene Männer, die ein Gut kauften, zur Ausübung der Standschaft nicht zugelassen würden und insbesondere erfordere es die Sicherheit der Landgemeinden, daß *"schlechten Subjekten"* nicht die Ausübung der mit dem Rittergutsbesitz verbundenen Ehrenrechte gestattet würde[878]. Dabei erinnerten diese Vertreter insbesondere daran, daß durch das Gesetz wegen der kreisständischen Bewilligungen vom 25.03.1841 den Kreisversammlungen auch ein Besteuerungsrecht übertragen worden sei.

---

[875] P., a.a.O.
[876] P., S. 288 f.
[877] P., S. 289.
[878] P., a.a.O.

Die Kreisversammlung bilde eine Korporation. Im Wesen einer Korporation liege es aber, daß sich deren Mitglieder nicht willkürlich vermehrten. Vielmehr bedürften neue Mitglieder zur Aufnahme der Zustimmung der alten. Dieser Grundsatz sei namentlich auch in der Städteordnung anerkannt, nach welcher die Stadtverordneten sich über die Erteilung des Bürgerrechts zu erklären hätten[879]. Was aber der städtischen Korporation zugestanden sei, könne doch der kreisständischen nicht versagt werden. Wenn aber nunmehr die kreisständische Korporation befugt sei, einem Mitgliede wegen Bescholtenheit des Rufes die Standschaft zu entziehen, so müsse ihr auch gestattet werden, vor dem Eintritt in die Korporation zu prüfen, ob das neue Mitglied der Aufnahme würdig, daß heißt von unbescholtenem Ruf sei[880]. Dadurch würde auch nur vermieden, daß eine Person mit einem bescholtenem Ruf zur Ausübung einer Standschaft gelange bzw. dieser Person die Ausübung wieder entzogen werden müsse.
Mit ebenso ausführlichen Argumenten wurde aber auch der Vorschlag gänzlich bestritten. Dieser gehe von der Präsumtion aus, daß der neue Gutsbesitzer keinen guten Ruf habe. Dies lasse sich aber nicht rechtfertigen. Bis zum Beweis des Gegenteils müsse vielmehr zunächst von einem guten Ruf ausgegangen werden[881]. Die Fälle, die zur Abgabe dieser Petition Veranlassung geben, seien sehr selten und für Ausnahmefälle könne man kein eigenes Gesetz schaffen. Die bestehenden Gesetze gäben die Mittel, einer bescholtenen Person die Standschaft wieder zu entziehen. Mehr an Gesetzen bräuchte man derzeit nicht.
Es sei gegen die Standesehre, davon auszugehen, daß *"eine große Anzahl schlechter Personen"* vorhanden sei, die es nicht würdig wären, dem Ritterstande anzugehören und die mit diesem verbundenen Rechte auszuüben. Mit dem Augenblick der Inbesitznahme eines Rittergutes trete man in den Besitz der Standesrechte. Das könne der Staat nicht verhindern und es sei höchst bedenklich, den Kreisständen diese Befugnis zuzugestehen, denn

> *"1. sei die Kreisversammlung Ankläger und Richter in einer Person, es müsse aber hier ein unparteiischer Richter eintreten und dieser könne nur der Staat sein;*
> *2. nur der Staat könne die Rechte der Jurisdiktion und des Patronats entziehen, weil dieselben von ihm delegirt wären, die kreisständische Korporation nicht;*
> *3. bei der ungünstigen Vertretung der Städte und Landgemeinden auf den Landtagen und Kreistagen werde es bei dem vorgeschlagenen Verfahren immer höchst schwierig sein, in den Stand der Rittergutsbesitzer einzutreten;*

---

[879] P., a.a.O.
[880] P., S. 290.
[881] P., a.a.O.

4. das Gesetz habe die Merkmale der Bescholtenheit angegeben und es setze daher die Entziehung der fraglichen Rechte wegen Bescholtenheit eine Art Instruktion voraus, nach welcher erst entschieden werden könne. Sollte diese Instruktion von den Standesgenossen geführt werden, so werde dies für den Betheiligten weit empfindlicher sein, als wenn die Staatsbehörde die Untersuchung vornehme."[882]

Die Vertreter der Gegenansicht bemühten sich zwar, diesen Argumenten weitere Gründe entgegenzusetzen.
Der Landtag entschied sich sodann aber mit großer Mehrheit bei der folgenden Abstimmung, daß wegen der vorgeschlagenen Maßregel eine Petition an des Königs Majestät nicht gerichtet werden solle[883].

IV. Der Brandenburgische Provinziallandtag von 1845

In der Spanndauer Straße 59 zu *Berlin* tagte in der Zeit vom 09. Februar 1845 bis zum 19. April 1845 der neunte Provinziallandtag der Mark *Brandenburg* und des Markgrafentums *Niederlausitz.*
Alle Abgeordneten wurden ordnungsgemäß von dem Landtagskommissar, Oberpräsidenten *von Meding,* mit einem Einberufungsschreiben zur anberaumten Eröffnung des achten Provinziallandtags am 09.02.1845 in das Landschaftshaus in der Spandauer Straße 59 nach *Berlin* geladen.

1. Die Propositionen für den Provinziallandtag von 1845

Die dem Landtagsmarschall vorgelegten Propositionen bestanden aus folgendem[884]:

1. Einer Verordnung, betreffend die bauliche Unterhaltung der Schul- du Küsterhäuser.
2. Eine weitere Kodifikation des Provinzi*al*rechts.
3. Ein Gesetz, betreffend der Beseitigung der Ungewißheiten welche die §§ 4, 5, 6, 44 und 46 des Gesetzes vom 21.04.1825 in der *Altmark* hervorgerufen haben.
4. Ein Gesetz über die Vererbpachtung von Lehnen und Fideikommissen.
5. Eine Verordnung, betreffend die Aufhebung des Intelligenzblattzwanges.

---

882 P., S. 290 f.
883 P., a.a.O.
884 Vgl. hierzu auch die systematische Darstellung bei *Schubert*, Preußen, S. 94.

6. Eine Verordnung über das Sportulieren der unteren Verwaltungsbehörden.
7. Ein Gesetz, betreffend das polizeiliche Verfahren gegen das Gesinde.
8. Eine Verordnung wegen der Einführung von Gesindebüchern.
9. Eine Verordnung, betreffend der Anwendung der in den Städten geltenden feuer- und baupolizeilichen Vorschriften.
10. Ein Gesetz wegen der Aufhebung des Abdeckereizwanges.
11. Ein Gesetz wegen der Aufbringung der Kosten und Erstattung der Aufgreifungs-, Detentions-, und Transportkosten bei Bettlern usw.
12. Feuer- und Löschordnung für das platte Land in dem Bereiche der Land-Feuer-Societäten der *Kurmark* (ausschließlich der *Altmark*) und der *Niederlausitz* und der *Neumark*.
13. Baupolizei-Ordnung für das platte Land in dem Bereiche der Land-Feuer-Societät in der *Kurmark*.
14. Feldpolizeiordnung.
15. Fischereiordnung für die Provinz *Brandenburg*.
16. Gesetz über die anderweitige Aufbringung der Servis-Abgabe in den Städten der östlichen Provinzen.
17. Gesetz über die Unterschriften und Firmen im kaufmännischen und gewerblichen Verkehr.
18. Verordnung, betreffend der Erleichterung gewisser Dispositionen über Kurmärkische Lehne.
19. Eine Verordnung über den Ansatz von Stempel und Gerichtskosten in Vormundschaften usw.
20. Eine Deklaration über die Anwendung des § 395 Tit. 21 Thl. I. des *Allgemeinen Landrechts*.

2. Verhandlungen zu einem Gesetzesentwurf über die Vererbpachtung von Lehnen und Fideikommissen (Proposition Nr.4)[885].

a. Vorgeschichte

Es ging bei diesem Gesetzesentwurf um die Vererbpachtung von Grundstücken, welche unter Lehns- oder Fideikommißverband[886] standen[887].
Das Institut der Erpacht war im *Allgemeinen Landrecht* in Thl. I, Tit. 21, Abschnitt II geregelt. Darunter wurde ein Rechtsverhältnis verstanden, vermöge dessen Jemandem das erbliche und vollständige Nutzungsrecht an einem

---

[885] Proposition nebst Motiven abgedruckt bei *Schubert*, Westfälischer Provinziallandtag Bd. 3, S. 58 ff.; im folgenden GE-VererbP.
[886] Ein Fideikommiß war das gesamte unveräußerliche und unteilbare Vermögen einer Familie.
[887] Proposition nebst Motiven abgedruckt bei *Schubert*, Westfälischer Provinziallandtag Band 3, S. 55 ff.

Grundstück oder an einem nutzbaren Recht gegen einen mit dem Ertrage im Verhältnis stehenden jährlichen Zins verliehen ist. Das übertragene Erbpachtrecht, die sog. Erbpachtgerechtigkeit, galt als das *"volle Eigentum des Berechtigten"*[888], also des Erbpächters, das in der Regel immerwährend ist und auf alle Erben des Besitzers überging[889]. Nach diesem Rechtsverhältnis hatte der Erbverpächter die Verpflichtung zur Wiederherstellung der mit dem Erpachtgute verbundenen Gebäude und die Verpflichtung zur Gewährung der fortdauernden Benutzung oder zur Herabsetzung bzw. zum Erlaß des Zinses (Kanons) nach den Vorschriften §§ 207-211[890]. Der Erbpächter hatte die Rechte und Pflichten eines Nießbrauchers. Über diese Erbpachtgerechtigkeit konnte er frei verfügen, sofern nicht der Vertrag hierüber Einschränkungen enthielt. Bei Veräußerungen galten die Grundsätze von Erbzinsgütern[891].

Das *Landrecht* bestimmte allgemein in § 8, Tit. 18, Thl. I, daß der nutzbare Eigentümer nicht befugt ist, eine Sache dahingehend zu verändern, *"daß sie aufhört [,] dieselbe zu sein"*. Eine Ausnahme machte das Landrecht in § 9[892]. Danach war der nutzbare Eigentümer befugt, einzelne Teile der Sache zu ändern, soweit dies ohne Verminderung des Ganzen und ohne die Hauptbestimmung derselben zu verändern, geschehen konnte.

Speziell in Bezug des Lehns bestimmte das *Landrecht* in § 187[893], daß der Vasall[894] nicht befugt war, sein nutzbares Eigentum am Lehn einem Fremden eigenmächtig zu übertragen[895]. Allerdings bestimmte § 192[896], daß sich der Vasall nicht strafbar machte, wenn er einzelne Teile oder Stücke des Lehns vererbpachtete. Der Lehnsherr oder die Agnaten[897] konnten eine Zustimmung nach § 193[898] dieser Vererbpachtung erteilen, wenn das Lehn an sie zurückfiel und sich durch die Verpachtung verschlechtert oder vermindert hatte.

Für das Fideikommiß galten die Bestimmungen des § 74 Tit. 4, Thl. II des *ALR*, wonach sich die Rechte und Pflichten des Fideikommißbesitzers hauptsächlich nach dem Inhalt des Stiftungsbriefs richteten und ergänzend die Vorschriften über das nutzbare Eigentum gelten sollten. § 76[899] bestimmte darüber hinaus, daß in allen Fällen, in denen bei geteilten Eigentum die Einwilligung des

---

888 § 201 Thl. I, Tit. 21 des *ALR*.
889 § 188 a.a.O.
890 a.a.O.
891 Vgl. hierzu *Lette/von Rönne*, 2. Thl., 1. Abthl., S. 232.
892 a.a.O.
893 a.a.O.
894 Der Lehnsmann oder Ausübender des Lehns.
895 § 191 bestimmte dies auch für Teile eines Lehns.
896 a.a.O.
897 Dies waren die männlichen Blutsverwandten der männlichen Linie.
898 a.a.O.
899 a.a.O.

Obereigentümers erforderlich war, bei den Fideikommissen ein Familienbeschluß getroffen werden mußte.

Nach diesen Vorschriften konnte mehr als ein *"einzelnes Stück"* oder ein einzelner Teil eines Lehns oder eines Fideikommisses nicht vererbpachtet werden, ohne daß die Einwilligung des Obereigentümers für das Lehn bzw. ein Familienbeschluß für das Fideikommiß vorlag. Wenn hiernach aber einzelne Teile oder Stücke vererbpachtet wurden, so hatte der Eigentümer, wollte er den Vertrag des Vasalls anfechten, den Beweis darüber zu führen, ob sich die Sache tatsächlich verschlechtert hatte. Die daraus entspringende Rechtsunsicherheit machte den Abschluß von Erbpachtverträgen auch über einzelne Teile des Lehns oder Fideikommisses ohne Konsens des Lehnsherrn oder ohne Familienbeschluß fast unmöglich[900].

Eine Erleichterung brachte ein Edikt vom 09.10.1807[901], wonach die Vererbpachtung von Vorwerkland und Pertinenzien[902] nur bei der Landespolizeibehörde anzuzeigen war und die Einkünfte daraus zur Tilgung der hypothekarischen Schulden oder in Ermangelung solcher Schulden in die Substanz reinvestiert werden mußten. Dieses Edikt entzog dem Lehnsherrn, den Agnaten und den Hypothekengläubigern ihr Widerspruchsrecht gegen die Vererbpachtung und nahm ihnen die Gelegenheit, ihr eigenes Interesse an der Sache geltend zu machen[903]. Noch weiter ging das Kulturedikt vom 14.09.1811. Dieses Edikt erteilte den Erbpächtern die Befugnis ohne Einschränkung, den Kanon nach einem Zinssatze von 4 % abzulösen[904].

Schließlich wurde neben weiteren Verordnungen und Gesetzen eine Kabinettsorder am 28.07.1842[905] erlassen. Durch diese Order wurde speziell § 5 des Edikts vom 09.10.1807[906], welcher jedem Lehns- und Fideikommißbesitzer die Befugnis erteilte, nicht bloß einzelne Pertinenzien, sondern auch das Vorwerksland des Lehn- und Fideikommißgutes ganz oder in beliebigen Teilen zu vererbpachten, ohne daß dem Lehnsobereigentümer oder den Fideikommißfolgern ein Widerspruch zustand, suspendiert. Begründet wurde dies damit, daß infolge der Vorschriften des § 2 der Landeskulturedikts vom 14.09.1811 und § 29 der Ablösungsordnung vom 07.06.1821 über die Ablösung des Erbpachtkanons, die Bestimmungen des § 5 des Edikts von 1811 dahin führen könnten, daß ein Lehns- oder Fideikommißgut zum Nachteil der Fideikommißberechtigten oder gegen deren Willen in ein Geldlehn oder Geldfideikommiß verwandelt

---

[900] Motive, a.a.O., S. 59.
[901] Abgedruckt bei *von Lette/von Rönne*, 1. Thl., S. 33.
[902] Zubehör.
[903] Motive, a.a.O., S. 60.
[904] Der Kanon war der jährliche Grundzins für ein Lehn und stellte damit die Abgabe des Lehnsmannes an den Lehnsherrn dar.
[905] GS 1842, S. 242.
[906] Abgedruckt bei *von Lette/Rönne*, 1.Thl., S. 33

werden könnten[907]. Das ginge aber über die Absichten des Edikts von 1807 hinaus, welches die Unablösbarkeit des Erpachtkanons voraussetzte.
Damit galten nunmehr allein die oben beschriebenen Vorschriften des Landrechts, das Landes-Kultur-Edikt und die Kabinettsorder vom 28.07.1842.
Mit dem Gesetzesentwurf wollte man nunmehr einerseits Lehne und Fideikommisse[908] vor den ihnen durch die Vererbpachtung erwachsenden Nachteilen schützen. Anderseits sollte die Möglichkeit der Vererbpachtung nicht erheblich einschränkt werden.

b. Beratungen[909]

In § 1 GE-VererbP war vorgesehen, daß die Erbverpachtung einzelner zu Lehns- und Fideikommißgütern gehörender Gutsparzellen usw. von den Besitzern der Lehns- und Fideikommißgüter unter den §§ 2 bis 5 genannten Bestimmungen zulässig sein sollte. Unzulässig sollte dagegen eine Erbverpachtung der mit dem Lehn oder Fideikommiß verbundenen Gerechtigkeiten der Jurisdiktion, des Patronats, des Bergbaus und der Jagd sein.
Die Abgeordneten mißbilligten diese Vorschrift und merkten an, daß ein völliger Ausschluß der Erbverpachtung dann nicht angemessen sei, wenn der Berechtigte zustimme. Ein Konsens, der zur Aufhebung eines Lehns oder Fideikommiß ausreiche, müsse aber auch der Vererbpachtung Gültigkeit verschaffen können[910]. Es sollte deshalb zumindest in die Vorschrift der Zusatz aufgenommen werden,

> *"Ausgeschlossen von der Erbverpachtung unter den obengedachten Modalitäten sind dagegen die dem Lehne oder Fideikommisse zustehenden Gerechtigkeiten, z.B. Jurisdiktion, Patronat, Bergbau, Jagd."*[911]

Denn neben den im Gesetzesentwurf angeführten Gerechtigkeiten gebe es durchaus noch weitere Rechte, worauf zumindest mit *"z.B."* hingewiesen werden müsse.
Auch § 2 GE-VererbP wollten die Abgeordneten nicht akzeptieren. Dennoch hatten sie Veränderungen vorgeschlagen, die jedoch den Gesetzesentwurf fast ganz an die geltenden Bestimmungen anglichen. Der Gesetzesentwurf sah in § 2 Abs. 1 GE-VererbP vor, daß zur Gültigkeit der in § 1 GE-VererbP näher be-

---

907 *Lette/von Rönne*, 2. Thl., 1. Abthl., S. 42.
908 Ein Fideikommiß war das gesamte unveräußerliche und unteilbare Vermögen einer Familie.
909 P., vom 12.03.1845, V., S. 166.
910 V., a.a.O.
911 V., S. 167.

zeichneten Erbverpachtungen die *"Übereinstimmung"* zweier Anwärter in der Weise, wie es §§ 87 ff. des *ALR* Tit. 4, Thl. II bei Verschuldung der Fideikommißeinkünfte vorschreibe, ausreichen sollte.
Was die Fideikommisse anging, waren die Versammlung damit durchaus einverstanden.
In Bezug auf die Lehne jedoch, bei denen mehrere nahe und gleich nahe Agnaten mit völlig gleichen Sukzessionsrechten existieren könnten, schlugen die Abgeordneten vor, daß von den nächsten Agnaten alle, soweit sie in gleichem Grade vorhanden und sofern sie im Hypothekenbuche eingetragen waren, hinzugezogen werden müßten. Denn bei jeder das Lehn betreffenden Angelegenheit sei das Interesse dieser Agnaten sehr groß. All diesen Agnaten solle daher ihr Recht gleichmäßig zustehen[912].
Für den Fall jedoch, daß nur ein eingetragener Agnat des zuerst zur Sukzession berechtigten Grades vorhanden war, aus dem dann zunächst berechtigten Grade jedoch mehrere Agnaten existierten, solle die Zuziehung des ersten und *"eines"* weiteren ausreichend sein, weil es schon erhebliche Schwierigkeiten gebe, sämtliche Agnaten eines entfernten Grades hinzuzuziehen. Darüber hinaus sei das Interesse der letzten Agnaten ohnehin geringer als das der ersten. Die Abgeordneten der Versammlung hielten es für sehr wichtig, daß jeder Schein von Willkür oder Eigenmächtigkeit vermieden werde, und daß dem Richter bestimmte Merkmale vorgezeichnet würden, woran er denjenigen Agnaten erkennen könne, dessen Konsens eingeholt werden müsse. Als solche Merkmale hielt die Versammlung die Anwesenheit in der Provinz und das Lebensalter für zweckmäßig. In dem oben beschriebenen Falle würde also, außer dem nächsten Agnaten, aus dem dann folgenden Grade als Zweiter der Älteste unter den in der Provinz Anwesenden und im Hypothekenbuche als Berechtigter eingetragenen, hinzugezogen werden müssen[913]. Wäre dagegen nur ein Agnat vorhanden, erfolge seine Hinzuziehung von selbst.
Aus diesen Vorschlägen ergab sich auch eine Veränderung des § 2 Abs. 2 GEVererbP. Nach dem Gesetzesentwurf sollte der Besitzer die zwei hinzuziehenden Anwärter namhaft machen und, wenn *"ihm"* Zweifel kämen, welche Anwärter er hinzuzuziehen habe, solle der Hypothekenrichter lediglich nach Einsicht in das Hypothekenbuche entscheiden und den Zuzuziehenden ernennen. Die Abgeordneten sahen hierin einer Willkür sowohl des Besitzers als auch des Hypothekenrichters Tür und Tor geöffnet. Wo es sich aber um die Ausschließung gleichmäßig Berechtigter handele, müsse jegliche Willkür ausgeschlossen sein. Bei Fideikommissen würden die nächsten Anwärter stets bekannt sein und bei ihrer Hinzuziehung könne nach den Vorschriften §§ 87 ff. des *ALR* Tit. 4, Thl. II erfolgen.

---

912 V., a.a.O.
913 V., a.a.O.

Bei Lehnen aber dürfe das vorstehend angegebene Verfahren vorzuziehen sein. Die Voraussetzung der Bedingung der erfolgten Eintragung in das Hypothekenbuch, die bei Fideikommiß-Anwärtern eines rechtlichen Grundes entbehren würde, sei bei den Lehns-Agnaten aber auch anzuwenden, weil bei Lehnen jetzt diese Eintragung an die Stelle der ehemaligen Erneuerung der gesamten Hand trete.
Die Versammlung schlug daher vor, den § 2 GE-VererbP folgendermaßen zu fassen:

> *"Die Erbverpachtung der § 1 gedachten Gutstheile ist nur zulässig,*
> *a) bei Fideikommissen, wenn zwei Anwärter in eben dieser Weise, wie es die §§ 87. und folgende, Titel 4. Theil II. des Allgemeinen Landrecht bei Verschuldung der Fideikommiß-Einkünfte vorschreiben, ihre Einwilligung geben;*
> *b) bei Lehnen, wenn die nächsten Agnaten, soviel deren in gleichem Grade vorhanden und in das Hypothekenbuch eingetragen sind, konsentiren.*
> *Existirt aus dem zuerst zur Succession berechtigten Grade nur ein solcher Agnat, so muß aus dem zunächst berechtigten Grade noch ein zweiter und zwar, falls deren mehrere eingetragene da sind, der älteste unter den in der Provinz anwesenden, seinen Konsens ertheilen. Bei der Zuziehung dieser beiden hat es dann lediglich sein Bewenden."*[914]

c. Ergebnis

Der Gesetzesentwurf normierte zwar im Ganzen acht Vorschriften, von denen waren für die Beratungen aber nur die ersten beiden maßgeblich, weil sie den Kern des Gesetzes bildeten. Diese wurden jedoch vom Landtag mißbilligt. Die vorgeschlagenen Änderungen zeigten deutlich die eigentliche Abkehr vom Entwurf und das Bestreben, die alten Ordnungen beizubehalten.
Am 29.03.1845 wurde das Gutachten an den König vollzogen[915]. Im Landtagsabschied teilte die Regierung dem neunten Brandenburgischen Provinziallandtag mit, daß dieses Gutachten bei der endgültigen Beratung dieses Gesetzentwurfs in Erwägung gezogen und angemessene Berücksichtigung finden werde[916].
Ein Gesetz betreffend der Erbverpachtung von Grundstücken, welche unter Lehns- oder Fideikommißverband stehen, wurde letztlich aber nicht verabschie-

---

[914] V., S. 168.
[915] V., S. 169.
[916] Landtagsabschied 1845, S. 3.

det[917]. Vielmehr blieb das Edikt vom 09.10.1807 in Kraft. Die Kabinettsorder vom 28.07.1842[918], wonach der § 5 des Edikts von 1807 mit der Möglichkeit der Erbverpachtung suspendiert wurde[919], bestand ebenso weiter. Dadurch hatte § 5 des Edikts von 1807 keine praktische Bedeutung mehr, denn durch § 2 Nr. 2 des Landeskulturedikts von 1811 war das Eigentumsrecht des Erbverpächters ohne Entschädigung aufgehoben und nach § 91 des *ALR* Tit. 4, Thl. II die Vererbpachtung von Grundstücken wieder gänzlich verboten[920].
Allerdings trat am 03.03.1850 ein Gesetz, betreffend den erleichterten Abverkauf kleinerer Grundstücke in Kraft[921]. Dieses gestattete nunmehr jedem Grundbesitzer sowie jedem Lehns- und Fideikommißbesitzer einzelne Gutsparzellen, gegen Auferlegung fester, ablösbarer Geldabgaben oder gegen Feststellung eines Kaufgeldes auch ohne Einwilligung der Lehns- oder Fideikommißberechtigten, Hypotheken- und Realgläubiger zu veräußern, sobald von der in § 1 bezeichneten Behörde ein Unschädlichkeitsattest erteilt wurde.
Insofern haben die Brandenburger auch ihr Ziel erreicht. Auch das Gesetz vom 03.03.1850 brachte keine wesentliche Änderung i.S.d. ursprünglichen Gesetzesentwurfs, weil daneben die Bestimmungen des Landrechts weiter galten. Grundsätzlich läßt sich daher auch hier feststellen, daß die Brandenburger an ihren erworbenen Rechten festhalten wollten und eine Neuordnung bewährter Rechte nicht hinzunehmen bereit waren. Allerdings war dieser Gesetzesentwurf auch ein nicht sehr tauglicher Versuch, das Institut der Erbverpachtung von Grundstücken, die unter Lehns- oder Fideikommißverband standen, zu reformieren. Denn die Vorschriften des Landrechts hatten sich bewährt und mußten nicht von diesem Gesetzesentwurf abgelöst werden.

3. Verhandlungen zu einem Entwurf einer Verordnung wegen des polizeilichen Verfahrens gegen das Gesinde (Proposition Nr.7)[922].

a. Vorgeschichte

Im 17. Jahrhundert trat das Gesindewesen in eine neue Entwicklungsstufe, weil es nunmehr zum Gegenstand der Polizei gemacht wurde[923]. Ein Kameralist des 18. Jahrhunderts begründete den Eingriff der Polizei in das Gesindeverhältnis wie folgt:

---

[917] Vgl. hierzu auch *Lette/von Rönne*, a.a.O., 1. Thl., S. 34, 184 und 2. Thl., 2. Abthl., S. 42 f., 223, 228.
[918] GS 1842, S. 242.
[919] Vgl. oben S. 210.
[920] *Lette/von Rönne*, a.a.O. 2. Thl., 1. Abthl., S. 43.
[921] GS 1850, S. 145.
[922] Im folgenden VO-PolzV; Proposition nebst Motiven abgedruckt bei *Schubert*, Westfälischer Provinziallandtag Band 3, S. 67 ff.
[923] *Kähler*, S. 6.

"Da fast kein Stand der Welt ohne Gesinde leben kann, und da das Gesinde einen so großen Teil der Menschen in einem Staate ausmacht, die gute Ordnung aber unter denselben einen großen Einfluß in das gemeinschaftliche Beste hat, so ist leicht zu erachten, daß diese Sache ein wichtiger Gegenstand der Polizei ist und vielerlei Gesetze und Einrichtungen erfordert."[924]

Als Hauptzweck dieses "Eingriffs" durch die Polizei wurde festgestellt,

"... daß kein Mangel an Gesinde im Lande entstehe."[925]

Demgemäß wurde in den einzelnen Provinzen durch zahlreiche Gesindeverordnungen versucht, diesen Zweck durch bis ins Kleinste gehende Vorschriften über Rechte und Pflichten des Gesindes zu erreichen und die Entlohnung desselben durch Taxen zu regeln. Dennoch verstummten nicht die Klagen über

"... faules, liederliches, ungehorsames, trotziges und ungetreues Gesinde."[926]

Wichtigste Neuregelung war in *Preußen* zunächst die durch das sog. Steinsche Edikt[927] vom 09.10.1807[928], betreffend den erleichterten Besitz und den freien Gebrauch des Grundeigentums so wie die persönlichen Verhältnisse der Landbewohner, vorgenommene Aufhebung des Gesindezwangs, der Wegfall des Züchtigungsrechts und die damit verbundene Neureglung der landwirtschaftlichen Gesindeverhältnisse. Damit bot sich gleichzeitig eine grundsätzliche Revision aller bisherigen Gesindeordnungen an, um ein einheitliches Gesinderecht für ländliches und städtisches Gesinde zu schaffen[929]. Demgemäß wurden die gesinderechtlichen Normen des *Allgemeinen Landrechts* von 1794 (Th. II, Tit. 5 ff.) durch die preußische Gesindeordnung vom 08.11.1810[930] ersetzt[931]. Allerdings ergaben sich durch die Schaffung einer einheitlichen Gesindeordnung Probleme, die durch diese Proposition endgültig beseitigt werden sollten.
Es ging im wesentlichen um zwei Schwerpunkte:
Dies waren zum einen die bestehenden Zweifel über das Fortbestehen des Züchtigungsrechts der Gutsherrenschaften gegen *"faules, unordentliches und*

---

[924] *Krünitz,* in der "Ökonomischen Encyklopädie 1779, Bd. 17, S. 566.
[925] *Krünitz,* a.a.O.
[926] *Kähler,* S. 7.
[927] So auch *Stölzel,* Bd. II, S. 389.
[928] GS 1806-10, S. 170; vgl. auch *Vormbaum,* S. 89,; *von Rönne/Simon,* Polizeiwesen, Bd. II, S. 406.
[929] Vgl. dazu insbesondere, *Vormbaum,* S. 85-133.
[930] GS 1810, S. 101.
[931] *Schulz,* S. 7.

widerspenstiges" Gesinde im Sinne des *ALR* Th. II, Tit.7. §§ 227 ff. Die Frage, ob das Züchtigungsrecht nach Inkrafttreten der Gesindeordnung von 1810[932] weiterhin bestand, ist von den Gerichten und Verwaltungsbehörden immer wieder unterschiedlich beurteilt worden.
Zum anderen ging es um einen Antrag der Stände der Provinz *Brandenburg*, die den § 77 der Gesindeordnung von 1810[933], der ein sehr eingeschränktes Züchtigungsrecht der Dienstherren gegen das Gesinde vorsah, auch auf die Vertreter der Dienstherren ausdehnen wollte.
In Bezug auf die Zweifel, ob nach dem Inkrafttreten des Steinschen Edikts von 1807[934] und der Gesindeordnung von 1810[935] ein Züchtigungsrecht fortbestand, wollte der Gesetzgeber nunmehr endgültig durch diese Proposition deutlich machen, daß

> *"... die noch vorhandene Kontroverse dahin entschieden werden [müsse], daß ein eigentliches Züchtigungsrecht der Herrschaften gegen faules, unordentliches und widerspenstiges Gesinde als fortbestehend nicht anerkannt werden kann."*[936]

Mit dem unmißverständlichen Wegfall des Züchtigungsrechts sollte auch ein lange währender Streit zwischen Gerichten und Verwaltungsbehörden beigelegt sowie Klarheit zu anderen bestehenden Verordnungen geschaffen werden.
Das Justiz-Department und einige Obergerichte[937] nahmen bislang an, daß die Dienstherrenschaft trotz der Gesindeordnung von 1810[938] gegen alles Gesinde weiterhin ein Züchtigungsrecht hatte. Diese Ansicht gründete sich darauf, daß die weiterhin in Kraft gebliebenen §§ 227 ff. Th. II, Tit. 7 des *ALR* ein Züchtigungsrecht gegen

> *"...faules, unordentliches und widerspenstiges Gesinde durch mäßige Züchtigungen zu seiner Pflicht anhalten, [und] auch dieses Recht ihren Pächtern und Wirthschaftsbeamten übertragen kann."*[939]

Darüber hinaus stützten sich die Vertreter dieser Ansicht auf eine Kabinettsorder vom 08.04.1809[940] für die Provinz *Schlesien* und die Grafschaft *Glatz*, die sich auf das Steinsche Edikt von 1807[941] bezog und u.a. bestimmte,

---

[932] GS 1810, S. 101.
[933] GS 1810, S. 101.
[934] GS 1806-10, S. 170.
[935] GS 1810, S. 101.
[936] *Schubert*, a.a.O., Motive, S. 73.
[937] So beispielsweise der 2. Senat des OLG *Glogau*, Urteil vom 12.06.1838 in *von Rönne*, Bd. 2, S. 328; *Koselleck*, Reform, S. 646; *Vormbaum*, S. 88 in Fn. 295.
[938] GS 1810, S. 101.
[939] *Schubert*, a.a.O., Motive, S. 69.

"daß es in Rücksicht des den Gutsbesitzern gegen faules, unordentliches und widerspenstiges Gesinde zustehenden Züchtigungsrechts von der Hand bei den gesetzlichen Bestimmungen des Allg. Landrechts Th. II, Tit. 7, §§ 227-230 (...) fernerhin sein Bewenden behalten solle."[942]

Zwar war diese Verordnung aus einer Zeit und für eine Zeit bestimmt, die vor der Gesindeordnung von 1810[943] (mit der das Züchtigungsrecht abgeschafft werden sollte) lag, jedoch sahen sich die Vertreter dieser Ansicht ihre Meinung durch einen Befehl, einer nicht veröffentlichten Instruktion für die Inspekteure und Kommandeure der Landwehr, vom 10.12.1816 bestätigt. Diese enthielt eine Bestimmung, wonach, wenn sich

"... ein beurlaubter Wehrmann sich im Gesinde- oder Hofedienste der Grundherrschaft faul, unordentlich oder widerspenstig bezeigt, [der Herrschaft das Recht zustand] ohne Zuziehung des Gerichts denselben mit 24stündiger bis 3tägiger Gefängnisstrafe zu belegen. Wegen Bestrafung angesessener Wirthe, in sofern sie sich im Dienste vergehen, hat es bei der Bestimmung des § 232 Tit.7, Th. II Allg. Landrechts sein Bewenden."[944]

Anderseits war man der Meinung[945], daß mit dem Wegfall des Zwangsgesindes durch das Steinsche Edikt von 1807[946] auch das Züchtigungsrecht weggefallen sein muß, weil es kein Gesinde mehr gab, auf das die Vorschriften über die Züchtigung von Gesinde im *ALR* paßten, denn diese waren nur für Zwangsgesinde einschlägig[947]. So gründete die Ansicht, mit dem Wegfall des Zwangsgesindes sei auch das Züchtigungsrecht weggefallen nicht auf der Gesindeordnung von 1810[948], sondern zunächst auf das Steinsche Edikt von 1807[949], was in §§ 10-12 bestimmte:

---

940 *Rabes* Sammlung, Band 10, S. 79; vgl. auch *von Rönne/Simon*, Polizeiwesen, Bd. II, S. 443,; auch abgedruckt in v.d.Heyde, S. 86.
941 GS 1806-10, S. 170.
942 *Schubert,* a.a.O., Motive, S. 71.
943 GS 1810, S. 101.
944 *Schubert,* a.a.O., Motive, S. 72.
945 So beispielsweise der 1. Senat des OLG *Glogau,* Urteil vom 13.12.1837 in *von Rönne*, Bd. 2, S. 328.
946 GS 1806-10, S. 170.
947 *Vormbaum*, S. 88.
948 GS 1810, S. 101.
949 GS 1806-10, S. 170.

"Nach dem Datum dieser Verordnung entsteht fernerhin kein Unterthänigkeitsverhältniß weder durch Geburt, noch durch Heirath, noch durch Uebernehmung einer unterthänigen Stelle, noch durch Vertrag. Mit der Publikation der gegenwärtigen Verordnung hört das bisherige Unterthänigkeitsverhältniß derjenigen Unterthanen und ihrer Weiber und Kinder, welche Bauerngüter erblich oder eigenthümlich, oder erbzinsweise oder erbpachtlich besitzen, wechselseitig gänzlich auf. Mit dem Martini-Tage 1810 hört alle Gutsunterthänigkeit in Unseren sämmtlichen Staaten auf. Nach dem Martini-Tage 1810 giebt es nur freie Leute, so wie solches auf den Domainen in allen Unseren Provinzen schon der Fall ist, bei denen aber, wie sich von selbst versteht, alle Verbindlichkeiten, die ihnen als freien Leuten vermöge des Besitzes eines Grundstücks oder vermöge eines besonderen Vertrages obliegen, in Kraft bleiben."

In dieser Hinsicht sprach sich auch noch eine nicht veröffentlichte Kabinettsorder vom 29.10.1808 aus. Es heißt darin:

"Ueberhaupt aber halte Ich es nach Erlassung des Edikts vom 9ten Oktober 1807 und da sogar bei dem Militairstande alle willkürlichen Züchtigungen aufgehoben sind, für ganz unpassend, daß dergleichen noch den Gutsherren gegen ihre Gerichts-Eingesessenen gestattet werden sollen, indem in denjenigen Ländern, wo die Erbunterthänigkeit nicht Statt findet, gleichwohl Naturaldienste noch geltend sind, die unordentlichen oder widerspenstigen Eingesessenen mit Gefängnisstrafe zu ihrer Schuldigkeit mit vollem Erfolge angehalten werden. Ich habe daher die Absicht, die §§ 227 ff. Tit. 7, Th. II des Allg. Landrechts schon jetzt gleich abändern zu lassen..."[950]

Diese Kabinettsorder diente aber offenbar nicht der Klarstellung, weil sich die Gegenansicht vom Wegfall des Züchtigungsrechts noch immer nicht überzeugen ließ, denn eine Abschaffung der §§ 227 ff. Tit. 7, Th. II des *ALR* erfolgte nicht. Darüber hinaus wurden diese Vertreter noch durch die Kabinettsorder vom 10.12.1816 noch bestärkt.
Der Gesetzgeber erkannte die Unauflösbarkeit dieser Situation und wollte den Widerspruch nunmehr unmißverständlich durch die Proposition, jedenfalls für die östlichen Provinzen[951], auflösen. Denn für die westlichen Provinzen lagen klare Verordnungen vor[952]. Dies waren die Allerhöchste Verordnung vom

---

[950] *Schubert,* a.a.O., Motive, S. 71.
[951] Gemeint sind dabei die Provinzen rechts der Elbe, weil links der Elbe hierzu französisches Recht galt.
[952] Vgl. auch *Vormbaum*, S. 88.

18.01.1819[953] und drei Gesetze vom 21.04.1825[954] über die den Grundbesitz betreffenden Rechtsverhältnisse in den Landesteilen, welche vormals eine Zeitlang zum Königreich *Westphalen*, dem Großherzogtum *Berg* und den *Französischen Departements* gehört haben[955]. Durch diese Verordnungen wurde das Gesinderecht in den westlichen Provinzen an die Gesindeordnung von 1810[956] weitgehend, jedenfalls in Bezug auf die Aufhebung des Gesindezwangs und des Wegfalls des Züchtigungsrechts, angeglichen. Es bestand auch kein Grund dafür in diesen Provinzen nunmehr wieder ein Züchtigungsrecht einzuführen. Die Beibehaltung des Züchtigungsrechts rechts der Elbe war aber ebenso untragbar, weil damit auch für die Gutsherrenschaften selbst

> *"endlich die sehr üble Folge eintreten [könne}, daß das Gesinde, welches jetzt ohne Ausnahme nach freiem Entschlußeinen Miethskontrakt eingehen kann oder nicht, es immer vorziehen würde, zu einer solchen Dienstherrschaft zu ziehen, der kein Züchtigungsrecht zusteht."*[957]

Der grundsätzliche Wegfall des Züchtigungsrechts mußte sich aber auch auf den Antrag der Stände der Provinz *Brandenburg* auswirken, womit der Gesetzgeber den zweiten Schwerpunkt seiner Proposition begründete[958]. Diese hatten beantragt, den Anwendungsbereich des § 77 der Gesindeordnung von 1810[959] auf die Vertreter der Dienstherrenschaft auszudehnen, um auch ihnen ein eingeschränktes Züchtigungsrecht einzuräumen. Aufgrund der Begründung über den grundsätzlichen Wegfall des Züchtigungsrechts konnte aber dieser Antrag keinen Erfolg haben, weil der Gesetzgeber nunmehr selbst der Ansicht war, daß der § 77 der Gesindeordnung von 1810 in seiner Fassung *"ungenügend"* ist[960]. Der § 77 bestimmte:

> *"Reizt das Gesinde die Herrschaft durch ungebührliches Betragen zum Zorn, und wird in selbigem von ihr mit Scheltworten oder geringen Thätlichkeiten behandelt, so kann es dafür keine gerichtliche Genugthuung fordern."*[961]

---

[953] GS 1819, S. 21.
[954] GS 1825, S. 76, 97 und 114.
[955] Vgl. zu den preußischen Gesindeordnungen die detaillierte chronologische Darstellung bei *Schröder*, S. 22 ff.
[956] GS 1810, S. 101.
[957] *Schubert*, a.a.O., Motive, S. 73
[958] Vgl. oben S. 215.
[959] GS 1810, S. 101.
[960] *Schubert*, a.a.O., Motive, S. 74.
[961] *Schubert*, a.a.O., Motive, S. 74.

Diese Vorschrift wurde von verschiedenen Gerichten unterschiedlich ausgelegt. Insbesondere ging es um die Frage der Beweislastverteilung. Auch hier wollte der Gesetzgeber eine Berichtigung und eine einheitliche Lösung schaffen. Um aber beide Anträgen einer angemessenen Erledigung zuzuführen, welche vom Gesetzgeber wegen der Unzulänglichkeiten auch als notwendig angesehen wurde, sollte durch den Gesetzesentwurf einheitlich bestimmt werden, daß die neuen Mittel, die von den Dienstherren und ihren Stellvertretern zur Züchtigung verwandt werden dürften, neu geregelt werden müßten. Denn fest stand weiterhin, daß den Dienstherren ein Recht zur Verfügung stehen mußte, das die Ausübung der Zucht und Ordnung gegen das Gesinde enthielt und ihre Anerkennung als Oberhaupt der häuslichen Gesellschaft sicherstellte. Der Gesetzesentwurf sollte aber zugleich Bestimmungen enthalten, welche die Dienstherren vor unbegründeter Inanspruchnahme durch das Gesinde wegen vermeintlicher Überschreitung schützte[962].

Demgemäß muß davon ausgegangen werden, daß diese Verordnung einzig den Zweck haben sollte, die Gesindeordnung von 1810 zu ergänzen und zu erläutern[963].

b. Beratungen[964]

Der Entwurf dieser Verordnung enthielt dann auch nur sechs Vorschriften, was von der Versammlung ausdrücklich begrüßt wurde. Es ging in § 1 VO-PolzV um die Entscheidung über Streitigkeiten zwischen Herrschaft und Gesinde, in § 2 VO-PolzV und § 3 VO-PolzV um die Bestrafung von *faulem* Gesinde durch die Polizei mit Gefängnisstrafe und § 4 VO-PolzV regelte das grundsätzliche Verbot der Züchtigung durch die Herrschaft und die Beweislastverteilung beim Verstoß gegen dieses Verbot.

Lediglich zu § 5 VO-PolzV waren die Abgeordneten des Landtags der Ansicht, daß das Tagelöhnerverhältnis des Entwurfs zu eng sei. In § 5 VO-PolzV war bestimmt, daß die allgemeinen Vorschriften der §§ 1 bis 4 VO-PolzV auch auf das Verhältnis zwischen dem Besitzer eines *"Landgutes"* und solchen Dienstleuten Anwendung finde, die zur Bewirtschaftung des Guts, gegen Gewährung einer Wohnung in den dazu gehörigen Gebäuden und gegen einen im voraus bestimmten Tagelohn angenommen wurden[965].

Nach Meinung der Abgeordneten war dies mißverständlich, weil der Eindruck entstehe, daß der Gesetzesentwurf voraussetze, daß nur auf Rittergütern das Tagelöhnerverhältnis existiere. Deshalb könne der im Text verwandte Ausdruck *"Landgut"* zu dem Mißverständnis führen, daß dadurch nur das Verhältnis in

---

962 *Schubert*, a.a.O., Motive, S. 75.

963 so auch *Schubert*, Motive, S. 67.

964 P., vom 28.03.1845; V., S. 185.

965 Z.B. herrschaftliche Tagelöhner.

den Ortschaften auf dem platten Lande geregelt werden solle. Das Tagelöhnerverhältnis habe sich aber auch bei den städtischen Ackerwirtschaften ebenso gut ausgebildet wie auf den Rittergütern[966]. Die Mitglieder der Landtags schlugen daher vor, statt des Wortes *"Landgut"* die Wendung

> *"... eines Gutes, mit welchem Ackerbau, Viehzucht oder andere ländliche Gewerbe betreiben werden ..."*

zu gebrauchen sowie anstatt

> *"... herrschaftliche Tagelöhner..."*

den Begriff

> *"... herrschaftliche und andere Tagelöhner..."*

zu verwenden. Dieser Vorschlag wurde mehrheitlich angenommen.
Darüber hinaus sei die Wohnung in den Gebäuden der Dienstherrenschaft nicht das Charakteristische dieses Verhältnisses. Sehr häufig werde nämlich statt der Wohnung ein anderer bleibender Vorteil gewährt. Zu diesen gehöre etwa die Benutzung von Kartoffelland und dergleichen. Man solle daher die Vorteile folgendermaßen umschreiben:

> *"... welche zur fortlaufenden Bewirthschaftung des Gutes als regelmäßige Arbeiter gegen Gewährung einer Wohnung oder anderer dauernder Vortheile, und gegen ein im Voraus bestimmtes Tagelohn angenommen sind."*[967]

Abschließend wiesen die Abgeordneten noch auf die besonderen Verhältnisse in der *Altmark* hin. Durch die Verordnung vom 31.03.1833[968] wegen der Einführung des *Allgemeinen Landrechts,* in Beziehung auf die Verwaltungsangelegenheiten der Landgemeinden in den vormals Westfälischen Landesteilen war die Polizeiverwaltung von der Polizeigerichtsbarkeit getrennt. Letztere wurde demgemäß von einem Richter ausgeübt. Würden in der *Altmark* aber dem Richter die nach §§ 1, 2 und 5 des Gesetzesentwurfs zu treffenden Festsetzungen zugewiesen, so könne der Zweck des Gesetzes, eine schnellere Beseitigung derartiger Angelegenheiten, verloren gehen[969].

---

[966] V., S. 186.
[967] V., a.a.O.
[968] GS 1833, S. 61.
[969] V., a.a.O.

Die Anträge der altmärkischen Deputierten wurden aber nicht in einer Immediateingabe an den König vollzogen. Vielmehr hielten sich die Mitglieder der Versammlung nur verpflichtet,

> *"Ew. Königlichen Majestät allerunterthänigst auf die Schwierigkeiten aufmerksam zu machen, welche die Handhabung des vorliegenden Gesetzes in einem Theile der Provinz finden dürfte und ehrfurchtsvoll anheim stellen, in welcher Weise Allerhöchst dieselben Sich in Ihrer Weisheit bewogen finden sollten, in dieser Rücksicht besondere Anordnungen treffen zu lassen."*[970]

Nachdem der Referent ein entsprechendes Immediatgesuch über den gesamten Gesetzesentwurf gefertigt hatte, wurde dieses am 09.04.1845 an den König vollzogen[971].

c. Ergebnis

Diese Verordnung wurde nicht verabschiedet. Dies war aber nicht auf den brandenburgischen Provinziallandtag zurückzuführen. Die Stellungsnahmen der anderen Landtage waren der Regierung wohl zu kontrovers, so daß offenbar auch im Hinblick auf die noch nicht abgeschlossene Reform des formellen und materiellen Strafrechts der Erlaß der geplanten Verordnung zunächst unterblieb, zumal zwei Kernbestimmungen, die §§ 3 und 4, von den anderen Landtagen teilweise auf Ablehnung bzw. erhebliche Kritik gestoßen waren[972]. Somit blieben zunächst die Bestimmungen der preußischen Gesindeordnung vom 08.11.1810[973] in Kraft, wodurch die bis dahin geltenden Bestimmungen des *Allgemeinen Landrecht* Th. II, Tit. 5 im wesentlichen ersetzt worden waren. Die Gesindeordnung wurde allerdings am 29.09.1846[974] durch eine sogleich zu besprechende Verordnung geändert und ergänzt[975], mit der Gesinde-Dienstbücher eingeführt wurden, die eine Polizeikontrolle über das Gesinde ermöglichen sollte[976].

Am 24.04.1854[977] erschien noch das preußische Gesetz, betreffend die Verletzung der Dienstpflichten des Gesindes und der ländlichen Arbeiter als eine weitere Vervollständigung der gesinderechtlichen Normen, das unter Auswei-

---

[970] V., S. 187.
[971] V., a.a.O.
[972] *Schubert*, Preußen, S. 42 f.
[973] GS 1810, S. 101.
[974] GS 1846, S. 467.
[975] Vgl. dazu auch *Holtz*, Acta Borussica, Bd. 3, S. 285 unter Nr. 387 mit weiteren Nachweisen zu den Verhandlungen, Voten und Notizen der Staatsminister.
[976] Vgl. dazu den Überblick über die nächste Proposition, S. 224 ff.
[977] GS 1854, S. 214.

tung des Anwendungsbereichs dem Anliegen des § 2 der VO-PolzV Rechnung trug[978].

Damit waren in diesem Gesetz die Gedanken des eben dargestellten Gesetzesentwurfs enthalten. Insbesondere auch deshalb, weil die Lokal-Polizeibehörde das ausführende Organ war. Das durch den Gesetzesentwurf vorgesehene polizeiliche Verfahren gegen das Gesinde verblieb damit in den Formen der alten Gesindeordnung von 1810[979]. Dabei wurde später, um 1879/80, regierungsseitig geltend gemacht, daß die Schaffung eines einheitlichen Gesinderechts in keiner Weise erforderlich war oder sei[980]. Das zeigt auch die Einführung des *BGB*, denn in Art. 95 *EGBGB* war bestimmt, daß die landesgesetzlichen Vorschriften des Gesinderechts vom *BGB* unberührt bleiben sollten. Allein die Vorschriften der §§ 104 bis 115, 131, 278, 617 bis 619, 624, 831, 840 Abs.2 und § 1358 des *BGB* sollten Anwendung finden, die Vorschrift des § 617 *BGB* jedoch nur insoweit, als die Landesgesetze dem Gesinde nicht weitergehende Ansprüche gewährten. Damit waren die §§ 611-630 *BGB* zunächst nur allgemeine Vorschriften über den Dienstvertrag. Das Gesinderecht in der Fassung der Gesindeordnung von 1810 bestand weiter[981]. Ein polizeiliches Verfahren gegen das Gesinde außerhalb der Gesinde-Ordnung oder modifiziert durch eine neue Verordnung war offenbar auch nicht angebracht. Diese Ansicht wurde jedenfalls bis zum Erlaß des *BGB* vertreten. Zwar habe der Staat ein Interesse an einer Regelung der Gesindeangelegenheiten, es müsse aber auch von dem Grundsatz ausgegangen werden, daß Gesindeverträge an sich privatrechtlicher Natur seien[982]. Deshalb dürfe sich das gerechtfertigte Eingreifen der Polizei nur auf die Maßregeln, die im Interesse der öffentlichen Ordnung zu erlassen sind, beschränken. Das Eingreifen der Polizei dürfe nur in den besonderen Fällen stattfinden, in denen dies die Gesinde-Ordnung ausdrücklich vorschreibe[983]. Die auch von der Polizei vereinzelt vertretene Ansicht, daß sie berechtigt sei, auch in anderen Rechtsstreitigkeiten zwischen Herrschaft und Gesinde einen Sühnetermin abzuhalten, sei irrig[984].

Letztendlich setzte sich diese Ansicht in fast allen deutschen Staaten durch, wobei man mehr und mehr die privatrechtliche und später die arbeitsrechtliche Natur des Gesinderechts erkannte[985]. Nur in *Preußen* galt weiterhin, mit Modifizierungen, die alte Gesinde-Ordnung von 1810. Erst am 12.11.1918[986] wurden alle Gesindeordnungen aufgehoben, womit sich auch die Frage nach der Gesin-

---

978 *Schubert*, Preußen, S. 43; *Vormbaum*, S. 190.

979 Vgl. hierzu auch *Schulz*, Gesinderecht, S. 7.

980 *Gerhard*, Gesindeordnungen, Bd. I, S. 1.

981 *Lindenberg*, Gesinderecht, S. 3.

982 *Lindenberg*, Gesinderecht, S. 35.

983 *Lindenberg*, a.a.O.

984 *Lindenberg*, a.a.O.; *Koehne*, Verwaltungspolizeirecht, S. 110.

985 *Schulz*, Gesinderecht, S. 7 f.

986 RGBl. 1918, No. 153.

depolizei aufgrund des privatrechtlichen Charakters der nunmehrigen Arbeitsgesetze, nicht mehr stellte[987].

Auch hier zeigte wieder die altständische Einstellung der Brandenburger. Immerhin hatten sie beantragt, den § 77 der alten Gesinde-Ordnung und damit das Züchtigungsrecht beizubehalten und dies sogar noch auf die Stellvertreter auszudehnen. Auch wenn der Gesetzesentwurf ein Züchtigungsrecht nicht mehr vorsah, was allein schon als relativ fortschrittlich von der damaligen Regierung anzusehen ist, zeigte doch die Befürwortung dieses Gesetzesentwurfs durch den brandenburgischen Provinziallandtag, daß man jedenfalls strenge Strafen durch die Dienstherren und ihre Stellvertreter beibehalten wollte. Ein Beschneidung des Gesinderechts in Anlehnung an die anderen deutschen Staaten wollte man nur, soweit es unbedingt nötig war, hinnehmen. Insofern haben auch die Brandenburger ihren Anteil am Erhalt der Gesinde-Ordnung von 1810 bis ins 20. Jahrhundert.

4. Verhandlungen zu einem Entwurf einer Verordnung wegen der Einführung von Gesinde-Dienstbüchern (Proposition Nr.8)[988].

Einen weiteren Einblick in das Gesindewesen bildet das Gutachten der Stände zu einem Entwurf der Verordnung wegen der Einführung von Gesinde-Dienstbüchern, der allerdings Anlaß zu einer kontroverseren Diskussion gab.

a. Vorgeschichte

Die Einführung sog. Gesindedienstbücher, die zur fortgesetzten Aufnahme der dem Gesinde zu erteilenden Dienstentlassungszeugnisse bestimmt sein sollten, war bereits vom vierten sächsischen Provinziallandtag sowie den pommerschen, schlesischen und rheinischen Provinziallandtagen zum Gegenstand besonderer Petitionen gemacht worden[989]. Diese Dienstbücher sollten die bis dahin geltenden Dienstentlassungsscheine ersetzen. Man glaubte, darin ein Mittel gegen die immer öfter vorkommende *"doppelte Vermietung des Gesindes"* gefunden zu haben.

Nachdem auch von den Posenschen Provinzialständen, vom Kommunallandtag der Oberlausitz sowie dem Polizeipräsidium zu *Berlin* und mehreren landwirtschaftlichen Vereinen derartige Anträge gestellt worden waren, sah sich der Gesetzgeber veranlaßt, eine entsprechende Proposition vorzulegen.

Die Vorteile dieser Proposition, so meinte der Gesetzgeber, seien vor allem darin zu erblicken, daß die Herrschaften nunmehr einen vollständigen Einblick

---

[987] *Schulz*, a.a.O., S. 9 f.

[988] Im folgenden VO-GDienstB; Proposition nebst Motiven und einem Formular zu einem Gesindebuche, abgedruckt bei *Schubert*, Westfälischer Provinziallandtag Band 3, S. 79 ff.

[989] Denkschrift zum Entwurf, bei *Schubert*, a.a.O. S. 82 ff.; *Schubert*, Preußen, S. 38.

in das frühere Betragen des Bediensteten haben würden[990]. Darüber hinaus habe die Erfahrung in den Provinzen, in denen die Gesindebücher schon einführt waren[991], gezeigt, daß sie von großem Vorteil wären[992].

b. Beratungen[993]

Dennoch war eine Minorität von mehr als einem Drittel der anwesenden Mitglieder des Landtages[994] gegen die Einführung dieses Gesetzes an sich. Diese Vertreter glaubten, daß durch die Einführung von Gesindebüchern das Gesinde völlig den Herrschaften ausgeliefert sei:

> *"Objectivire man sich, so werde man sehen, daß durch den Gesetzes-Vorschlag eine ganze Klasse von Staatsbürgern der Censur und einer Art Richteramt einer anderen und noch dazu ohne Rekurs unterworfen werden solle, um sie gleichsam zur Moral zu zwi ngen."*[995]

Auch wenn man zugebe, daß *"Zwang zur Moral"* an sich kein Zwang sei, so dürfe man nicht verkennen, daß auch auf Seiten der Herrschaften nicht immer die höchste Moral zu finden sei. Das Dienstverhältnis lasse sich überhaupt nur aus einem vertraglichem Gesichtspunkte rechtfertigen. Viel zu leicht könne dieser Vertrag durch eine unbillige Forderung der Herrschaft verletzt und somit aufgelöst werden. Durch ein Attest würde der Herrschaft das Recht zustehen, dem Gesinde ein weiteres berufliches Fortkommen abzuschneiden. Damit würde das Gesinde gezwungen, durch gerichtliche Klagen sein Recht zu suchen, was letztlich einen Kampf der Armen gegen die Reichen bedeute[996].
Die Vertreter dieser Ansicht führten weiter aus, daß schon der bisherige Gesindeschein Anlaß zu Bedenken gegeben habe. Durch die Einführung von Gesindebüchern würden diese Bedenken noch verstärkt, denn diese würden gleichsam der *"Spiegel des ganzen Lebens eines Dienstboten"* sein. Dieser Gedanke ließe sich auch noch steigern, wenn man bedenke, daß es Personen gebe, denen aufgrund ihrer besseren gesellschaftlichen Herkunft an sich ein anderer Lebensverlauf vorgegeben worden sei als anderen, die aber durch unglückliche Umstände Gesindedienste hätten annehmen müssen:

---

[990] Denkschrift, a.a.O., S. 83.
[991] In *Sachsen* betrieb man die Einrichtung der Gesindebücher seit 1835.
[992] Denkschrift a.a.O.
[993] P., vom 28.03.1845; V., S. 187.
[994] Es waren insgesamt 25 Stimmen.
[995] V., S. 187 f.
[996] V., S. 188.

"Und diesen wolle man, anstatt ihnen ihr Loos durch liebevolles Entgegenkommen erträglich machen, Zwang anthun und ihnen durch die Gesindedienst-Bücher, so zu sagen, eine Tafel auf die Brust heften, zum Zeichen einer Rechtlichkeit, die man doch wohl billigerweise bei ihnen voraussetzen müsse."[997]

Bisher sei in der Provinz ein Bedürfnis nach einer solchen Regelung nicht spürbar gewesen. Die Wünsche anderer Provinzen dürfe man hier ebensowenig berücksichtigen, wie den Erfolg, den das *"benachbarte Ausland"* damit gehabt habe. Es sei immer noch besser, einen Schuldigen ungestraft zu lassen, als Unschuldige zu bestrafen. Die bisherigen Atteste sollten nicht abgeschafft werden, obwohl sich auch hier einige Unzulänglichkeiten zeigten, aber durch die Dienstbücher würde der Druck, den andere Klassen auf das Gesinde ausüben könnten, noch größer. Schon die einzelnen Atteste hätten oft zu Fälschungen Veranlassung gegeben, jetzt wolle man diese zu einem Buch anschwellen lassen,

"... und so statt einen Fehler, ein Versehen zu vergeben und zu vergessen, die Buße dafür gleichsam verewigen"[998]

Die Mehrheit der Abgeordneten, 30 Stimmen, befürworteten den Gesetzesentwurf aber schließlich und erblickten in dem neuen Gesetz nicht nur die Abhilfe eines längst gefühlten Bedürfnisses, sie versprachen sich davon auch einen heilsamen Einfluß auf das Gesinde selbst.

Der Handwerker, der Schüler, der Student, der Soldat oder der Beamte müsse zu sämtlichen Verhältnissen Atteste beibringen. Wenn man dem Gesetzesentwurf vorwerfe, daß die Dienstbücher den ganzen Lebenslauf des Gesindes enthalten, so sei dies gerade das Zweckmäßige an ihnen, denn nur dadurch erhalte man Gewißheit über die *"Eigenschaften des Gesindes"*, weil mehrere Atteste, in einem Buch zusammengefügt, eine größere Garantie gewährten, als der bisherige Gesindeschein[999]. Auch wiege das Argument, das Gesinde sei nunmehr einer noch größeren Belastung ausgesetzt, nicht viel. Vielmehr habe das gute Gesinde nach wie vor nichts zu befürchten, während das schlechte nunmehr nicht auf eine Schonung vertrauen dürfe. Damit seien die Gesindebücher für das Gesinde auch ein Ansporn, gute Arbeit zu leisten[1000].

Zu den einzelnen Vorschriften hatten die Abgeordneten der Versammlung noch folgendes anzumerken:

---

[997] V., a.a.O.
[998] V., a.a.O.
[999] V., S. 189.
[1000] V., a.a.O.

In § 1 der VO-GDienstB war bestimmt, daß jeder Dienstbote, der nach der Publikation dieser Verordnung in herrschaftliche Dienste trat oder die Dienstherrenschaft wechselte, verpflichtet seien, sich mit einem Gesindebuch zu versehen.

Hierzu vertraten die Abgeordneten mit 43 gegen 13 Stimmen die Ansicht, daß § 1 VO-GDienstB nicht als Kann-Vorschrift, sondern als Soll-Vorschrift gefaßt werden sollte. Diese Vorschrift sollte mithin dahin gefaßt werden, daß jeder Dienstbote, welcher nach Publikation dieser Verordnung zum ersten Mal in den Gesindedienst trat, die Dienstherrschaft wechselte oder sonst zum zweiten Male einen Gesindedienst einging, zur Beschaffung des Gesindebuches verpflichtet sei[1001]. Darüber hinaus sprach sich die Versammlung mit dergleichen Anzahl von 43 zu 13 Stimmen dafür aus, daß diese Vorschrift nicht auf Tagelöhner ausgedehnt werden sollte[1002]. Diese Ansichten erscheinen anhand des Gesetzesentwurfs allerdings unbedeutend, weil die Proposition in § 1 VO-GDienstB die "Verpflichtung" bereits vorsah.

In § 4 VO-GDienstB des Gesetzesentwurfs war normiert, daß beim Dienstantritt das Gesindebuch der Dienstherrschaft zu übergeben sei. Dazu hatten die Abgeordneten der Versammlung anzumerken, daß es bedenklich sei, die Dienstherrenschaft zu verpflichten, die Dienstbücher aufzubewahren, weil sie dann eine zu große Verantwortung übernehmen müsse[1003]. Vielmehr sollte diese Vorschrift dahin abgeändert werden, daß das Gesinde der Herrschaft zwar das Dienstbuch beim Antritt des Dienstes vorzulegen, es dann aber selbst aufzubewahren habe[1004].

Zu § 5 VO-GDienstB schlugen die Abgeordneten vor, daß eine Beglaubigung der Dienst-Entlassungszeugnisse bisher immer durch die Magistrate, Orts-Polizeibehörden und Schulzen stattgefunden habe. Das Erfordernis einer Beglaubigung fehle aber völlig in dieser Vorschrift. Da die Abgeordneten aber eine Beglaubigung für notwendig hielten, sollte sie auch weiterhin, dort wo es bisher so geschehen ist, durch die Behörde erfolgen[1005].

Einzig zu § 6 VO-GDienstB, den die Versammlung für den Kern des Gesetzes hielt, wurden praktisch keinerlei Einwendungen erhoben[1006]. Hierin war bestimmt, daß die Bestrafung eines Dienstboten, der sich eines Verbrechens schuldig gemacht hatte, in das Gesindebuch einzutragen sei. Mit diesem, dem Gesinde anhaftenden, *"Makel"* hatten sich die Abgeordneten bereits auseinan-

---

1001 V., S. 190.
1002 Vgl. hierzu auch *Schubert*, Preußen, S. 104 und die Protokolle vom 28.03.1845.
1003 V., a.a.O.
1004 V., S. 191.
1005 V., a.a.O.
1006 Vgl. dennoch zur Ablehnung der Befugnis der Herrschaft, *Schubert*, Preußen, S. 105.

dergesetzt, bevor sie mit den Beratungen zu den einzelnen Vorschriften begannen[1007].
Weitere grundsätzliche Abänderungen oder Diskussionen gab es zu diesem Gesetzesentwurf nicht[1008], so daß das Gutachten am 09.04.1845 an den König vollzogen wurde.

c. Ergebnis

Am 04.08.1846 wurde der Gesetzesentwurf im Staatsministerium letztmalig unter der Berücksichtigung der Bemerkungen aller Provinziallandtage revidiert. Entgegen der Ansicht *Savignys* wurde in dieser Beratung die Angabe der Religion in den Gesindebüchern als unnötig betrachtet[1009].
Am 29.09.1846 wurde die Verordnung wegen der Einführung von Gesindedienstbüchern für den gesamten Umfang der Monarchie erlassen[1010].
Auch den Brandenburgern ist eine Einflußnahme auf diese Verordnung zuzuschreiben. Drei Landtage hatten den Entwurf abgelehnt[1011]. Auch in den anderen Landtagen wurden zum Teil erhebliche Milderungen beschlossen[1012]. Unabhängig aber von den Ergebnissen der Beratungen der anderen Provinziallandtage steht fest, daß die Vorschläge der Brandenburger zu § 1 VO-GDienstB (Verpflichtung des Gesindes) und zu § 4 VO-GDienstB (Aufbewahrung der Gesindebücher bei dem Gesinde) Eingang in das Gesetz fanden. Aus dem erlassenen § 4 VO-GDienstB ergibt sich, daß das Gesindebuch der Dienstherrschaft beim Dienstantritt zur Einsicht vorzulegen sei. Daraus folgte jedenfalls keine Verpflichtung der Dienstherren, das Gesindebuch auch aufzubewahren.
Damit hat sich der konservative Geist der meisten Abgeordneten des neunten Brandenburgischen Provinziallandtags durchgesetzt und sogar Einfluß auf die gesamtpreußische Gesetzgebung genommen. Neben der Tatsache, daß auch und insbesondere hierin "Vorboten" der Revolution von 1848 zu erblicken sind, ist es bezeichnend, wie sehr sich eine Mehrheit der Versammlung vehement der fortschreitenden Entwicklung in *Preußen* und in den anderen deutschen Staaten entgegensetzte und versuchte, ihre eigene Position zu erhalten. Allerdings hatten sich bei den Beratungen zu diesem Gesetz auch progressive Argumente gezeigt.
Ohne Übertreibung läßt sich damit feststellen, daß es auch in den Ständen *Brandenburgs* Strömungen gab, die dem Staat an einigen Stellen das Recht über

---

[1007] Vgl. oben Seite 224 ff.
[1008] Vgl. zu den übrigen Vorschriften die Anmerkungen in V., S. 191 f.
[1009] Vgl. dazu *Holtz*, Acta Borussica, Bd. 3, S. 284, Sitzung Nr. 386, m.w.N. auf die Originalprotokolle.
[1010] GS 1846, S. 467.
[1011] Nachweise bei *Schubert*, Preußen, S. 37 ff.
[1012] *Schubert*, a.a.O.

andere beschränken und damit dem Dienstvertragsrecht neue Ansätze geben wollten. Dabei darf nicht der Weitblick einiger Abgeordneter unbeachtet bleiben, die offenbar aufgrund der zunehmenden Industrialisierung und der angeschlagenen Monarchie *Preußens* die Zeichen der Zeit erkannten. Dies beweist ihr Argument vom befürchteten Kampfes der Armen gegen die Reichen[1013], den diese Vertreter mit der Nichteinführung der Gesindebücher verhindern wollten.

5. Verhandlungen zu einem Gesetzesentwurf wegen der Einführung einer Feldpolizeiordnung (Proposition Nr.14)[1014].

a. Vorgeschichte

Schon seit längerer Zeit machte sich das Bedürfnis nach gesetzlichen Maßregeln zum wirksamen Schutz des Landbaus, der Fluren und Feldfrüchte gegen Beschädigungen durch widerrechtliche Handlungen oder durch die Nachlässigkeit Anderer, insbesondere durch den sog. Weidefrevel, geltend. In den einzelnen Provinzen bestanden zwar einzelne, zum Teil auch bewährte Verordnungen aus früherer Zeit[1015]. Diese Verordnungen hatten jedoch nur die Beschädigungen durch unbefugtes Hüten zum Gegenstand.
Inzwischen hatten die Wirkungen der Landeskulturgesetze[1016] die ländlichen Verhältnisse und landwirtschaftlichen Zustände, besonders in den sechs östlichen Provinzen der Monarchie auf die eine oder andere Weise mehr oder weniger umgestaltet. Infolge dieser Veränderungen zeigten sich die älteren Verordnungen über die Feldpolizei teils als unzureichend und teils als unpassend für die neuen Verhältnisse[1017].
Die Mißstände bestanden vor allem darin, daß es an ausreichenden Bestimmungen zum Schutze des Landbaus und der Feldfrüchte fehlte. Aber auch die Gemeinheitsteilungen und deren Ablösung sollte geregelt werden. Zwar wurde in-

---

[1013] Vgl. V., S. 188.
[1014] Im folgenden GE-FeldPO; Proposition nebst Motiven, abgedruckt bei *Schubert*, Rheinischer Provinziallandtag, Band 5, S. 477 ff.
[1015] Zu diesen gehörten die Verordnungen Wider das Austreiben des Viehs ohne Begleitung eines Hirten für die Provinzen *Kur-*, *Neumark* und *Pommern* vom 08.04.1806, für *Ost-*, und *Westpreußen* vom 01.05.1803 und für das Großherzogtum *Posen* (das ehemalige *Südpreußen*) vom 18.05.1804.
[1016] Das waren die Regulierungen der gutsherrlichen und bäuerlichen Verhältnisse mit Verleihung des Eigentums an die früheren Laßbesitzer der bäuerlichen Höfe, die Ablösung von Frondiensten und anderen Belastungen des Grundeigentums und die Aufhebung von kulturschädlichen Grundgerechtigkeiten, von Weide- und ähnlichen Gemeinheiten, in Verbindung mit einer wirtschaftlich-zweckmäßigen Zusammenlegung der zerstreuten Land- und Wiesenstücke; Vgl. zur Landeskulturgesetzgebung auch *Lette/von Rönne*, Die Landeskulturgesetzgebung des Preußischen Staates und *Nobiling*, Die preußischen Landeskulturgesetze.
[1017] Motive, a.a.O., S. 494.

folge des Gesetzes über die Ausführung der Gemeinheitsteilungs- und Ablösungsordnungen vom 07.06.1821[1018] in dieser Beziehung einiges getan, für die östlichen Provinzen blieb aber noch manches offen[1019].
Außerdem und nicht zuletzt wollte man mit diesem Gesetz dem immer mehr aufkommenden sog. Feldfrevel begegnen. Diesem Mißstand glaubte man nur dadurch wirksam Einhalt gebieten zu können, indem man nicht nur die Verwaltung der Feldpolizei, sondern auch die Ausübung der feldpolizeilichen Gerichtsbarkeit nach Maßgabe dieses Gesetzesentwurfs in die Hände solcher Behörden legte, welche überall diesem Frevel nahe waren. Es sollte also wiederum ein neues Polizeigesetz geschaffen werden[1020].

b. Beratungen[1021]

Schon § 1 der GE-FeldPO wollten die Vertreter der Versammlung nicht ohne weiteres hinnehmen. Es ging um die Berechtigung zum Erlaß besonderer Lokalverordnungen gegen frei umherlaufendes und unbeaufsichtigtes Vieh und somit um den sog. Hütungsfrevel. Die Abgeordneten waren zunächst der Ansicht, daß ein praktisches Gesetz, ein Gesetz, welches sich auch zur Maßgabe machte, den Hütungsfrevel zu verhindern, schon ein allgemeines Verbot des Freiumherlaufens regeln müsse. Man gebe zwar zu, daß es an gewissen Stellen auch angebracht sei, Vieh frei herum laufen zu lassen. Eine solche Regelung solle durch das Gesetz aber zur Ausnahme und nicht zur Regel gemacht werden[1022].
Darüber hinaus wurde gegen die Zielrichtung dieser Vorschrift angeführt, daß das freie Umherlaufen von größeren Haustieren auf Straßen und Plätzen schon oft Auslöser von Unglücksfällen gewesen sei. Außerdem käme es dadurch zu unvermeidlichen Belästigungen und, hervorgerufen durch kleinere Haustiere, zu Zwistigkeiten zwischen den Nachbarn. Schließlich würde ein Herumlaufen der Haustiere nicht unbedingt zur Verschönerung der Dorfstraßen und der freien Plätze führen.
Des weiteren hielt man zwar den Vorbehalt besonderer Lokal-Ordnungen für gerechtfertigt, fragte sich aber, wie diese Ordnungen gesetzliche Gültigkeit erlangen könnten und brachte auch insofern Bedenken gegen § 1 GE-FeldPO hervor. Demgemäß fragten sich die Mitglieder der Versammlung zunächst, was der Gesetzgeber unter dem Worte *"Ortsbehörde"* sowie in dem § 2 GE-FeldPO genannten Begriff *"Orts-Polizei-Behörde"* gemeint haben könne[1023].

[1018] GS 1821, 83.
[1019] Motive, a.a.O., S. 495.
[1020] Vgl. zu allem Motive a.a.O., S. 493-500; sowie von *Lette/von Rönne*, a.a.O., S. 716 f.
[1021] P., vom 01.,03.,05.,07. und 08.03.1845; V., S. 225.
[1022] V., S. 227.
[1023] V., a.a.O.

Man kam dahin überein, daß auf dem platten Lande der Schulze und die Schöppen[1024] die Ortsbehörde seien, die Ortspolizeibehörde dagegen durch den Gutsherrn oder dessen Stellvertreter repräsentiert werde[1025]. Man hielt es aber nicht für angebracht, den Schulzen und Schöppen die Befugnis einzuräumen, besondere Lokalverordnungen zu erlassen, und bat statt dessen darum, das Wort *"Ortsbehörde"* in *"Orts-Polizei-Behörde"* umzuwandeln. Man fand es nicht sachgerecht, daß Schulzen und Schöppen nunmehr das Recht haben sollten, über die freie Benutzung von Straßen und Plätzen Verordnungen erlassen zu können, welche im Ergebnis mit den Interessen der Gutsherren in Widerspruch stehen konnten. Es sei daher besser, wie auch sonst, wo Gemeindeinteressen berührt würden, das Verordnungsrecht den Gutsherren als Ortspolizeibehörde zu überlassen[1026]. Schließlich einigten sich die Abgeordneten dahingehend, daß auch die Ortspolizeibehörden solche Verordnungen, aber nur mit Zustimmung der Gemeinde und deren Vertreter und unter Bestätigung der Regierung, sollten erlassen können. Aus diesem Grunde sollte schließlich der zweite Satz des § 1 GE-FeldPO folgendermaßen zu fassen sein:

> *"... daß Niemand sein Vieh bei der im § 5. sub No. 2 bestimmten Strafe unbeaufsichtigt auf Straßen und Plätzen, überhaupt außerhalb geschlossener Höfe und eingefriedeter Weideplätze, umherlaufen lassen dürfe, - daß jedoch an denjenigen Orten, wo die Verhältnisse es erforderlich machen, von den Orts-Polizei-Behörden unter Zustimmung der Gemeinde und deren Vertreter und unter Bestätigung der Regierung, besondere Lokal-Verordungen erlassen werden können."*[1027]

In § 3 GE-FeldPO war normiert, daß Vieh, sollte es auf einem fremden Grundstück angetroffen werden, gepfändet werden könne. Dieser Pfändungsbegriff ist nicht identisch mit dem heutigen. Vielmehr bedeutete dies, daß der Grundstückseigentümer oder der Berechtigte das auf seinem Grundstück angetroffene Vieh mitnehmen und in seinen Stall verbringen konnte. Der Eigentümer oder Berechtigte des Viehs konnte dieses nur gegen Zahlung einer bestimmten Summe auslösen.

In § 5 GE-FeldPO war das danach zu erlegende sog. Pfandgeld geregelt. Allerdings gingen den Mitglieder der Versammlung die Bestimmungen des § 5 GE-FeldPO nicht weit genug, so daß sie der Ansicht waren, daß

[1024] Gerichtsleute.
[1025] V., a.a.O.
[1026] V., a.a.O.
[1027] V., S. 228.

> *"1) [bei 1.] bei den "Dämmen und Deichen" auch noch der "Buhnen und Deckwerke" Erwähnung geschehen müsse, daß*
> *2) [bei 1b.] die das Alter bezeichnenden Worte "erwachsenes und alte" fortzulassen, dagegen bei dem Füllen die Bestimmung "unter einem Jahre" hinzufügen, daß*
> *3) [bei 1c.] blos zu setzen sei, "für ein Schaaf",*
> *4) [bei 1d.] die Bezeichnung des Alters fortzulassen und*
> *5) [bei 1e.] nur "für jedes andere Stück Federvieh" aufzunehmen sei. Daß ferner*
> *6) [bei 2b.] das Füllen wie vor näher zu bezeichnen und*
> *7) [bei 2c.] blos "für eine Gans" zu setzen sei."*[1028]

Wenn man nämlich versuche die Pfändungsbestimmungen aus dem Provinzialrecht herauszunehmen, um sie in andere Gesetze zu transformieren, müsse man beim Antreffen von fremdem Vieh auch die Buhnen und Deckwerke aufnehmen, weil diese bisher auch dem alten Pfändungsrecht unterlagen[1029]. Ein bloßer Hinweis auf den Ersatz des verursachten Schadens reiche nicht aus, denn ein solcher Grundsatz könne letztlich das gesamte Pfändungsrecht unnötig machen. Anderseits machten sich die Abgeordneten der Versammlung weitere Gedanken über die Vorschriften des Pfändungsrechts, insbesondere über deren Abschaffung oder Beibehaltung. Diese Beratungen aber hier an dieser Stelle weiterzuführen, fanden sie dann doch nicht angebracht, denn

> *"es werde dies zu großen Verwickelungen, und möglicherweise zu einer solchen Menge von Anträgen führen, daß man leichtlich darüber den Faden ganz verlieren und nicht zum Ziele kommen dürfte."*[1030]

Es sei daher besser, die Pfändungsregeln an entsprechender Stelle im Provinzial-Pfändungsrecht zu beraten und hier nur diese Vorschriften hervorzuheben, die wirklich in die Feldpolizeiordnung Eingang finden sollten.
Die Abgeordneten glaubten demnach auch das unerlaubte Weiden auf den Buhnen und Deckwerken in diese Vorschrift mit aufzunehmen, weil es insbesondere bei diesen darauf ankomme, daß die *"zu ihrer Befestigung dienenden Pflänzlinge"* in ihrem Wachstum nicht gestört würden. Ein weiterer Grund für die Aufnahme der Buhnen und Deckwerke war der Gedanke, daß alle die Pfändung betreffenden Orte in diese Feld-Polizei-Ordnung gehören, soweit sie nicht ausdrücklich ausgeschlossen seien oder dem Pfändungsrecht des Provinzialrechts unterlägen.

[1028] V., S. 229.
[1029] V., S: 230.
[1030] V., a.a.O.

Noch eine zweite Frage beschäftigte die Abgeordneten. Sie fragten sich, was denn ein erwachsenes Schwein und eine alte Ziege im Gegensatz zu der jüngeren gleichen Gattung, und was eine alte Gans im Vergleich zu einer jüngeren sei. Die älteren Verordnungen würden einen solchen Unterschied auch nicht machen. Man gebe zwar zu, daß ein jüngeres Stück Vieh nicht den gleichen Schaden anrichte wie ein älteres. Es erscheine aber dennoch ratsam, auf den Unterschied des Alters nur dann Rücksicht zu nehmen, wenn das Alter nicht zweifelhaft sei, und für die Gänse schließlich einen doppelt so hohen Satzes gegenüber dem anderen Federvieh zu bestimmen, weil insbesondere sie auf allen Äckern ein *"nicht willkommener Gast"* seien[1031].

Auch zu § 12 GE-FeldPO hatte die Versammlung eine andere Fassung vorgeschlagen. Darin war geregelt, daß von einem durch unabwendbaren Zufall veranlaßten Übertritt des Weideviehs der Hirte der Ortsbehörde binnen 24 Stunden Anzeige zu machen hatte. Geschah dies innerhalb der Frist nicht, sollte er mit einem solchen Einwand nicht mehr gehört werden. Die Vorschrift sollte nach Meinung der Abgeordneten vielmehr wie folgt lauten:

> *"Von einem durch unabwendbaren Zufall veranlaßten Übertritt des Weideviehs (§ 11.) hat der Hirte jedoch der Ortsbehörde – welche dann den Thatbestand unverzüglich festzustellen hat – binnen 24 Stunden Anzeige zu machen, widrigenfalls derselbe mit einem solchen Einwande nicht ferner gehört werden darf. – Die Führung des Beweises, daß der Zufall unabwendbar gewesen, liegt dem Hirten ob."*[1032]

Dabei erkannten die Mitglieder der Versammlung zunächst die *"Wichtigkeit und Richtigkeit"* an, daß dem Hirten die Anzeige binnen von 24 Stunden oblag. Man glaubte aber die Ortsbehörde darüber hinaus verpflichten zu müssen, den Tatbestand feststellen zu lassen. Dies stimme auch mit dem *Provinzialrecht* überein. Darüber hinaus habe man die Beweisführung in den Motiven anders verstanden, als sie letztlich im Gesetzesentwurf ihren Niederschlag gefunden habe. Wenn schon die Viehbesitzer von etwaigen Schadensersatzforderungen bei unabwendbaren Zufällen befreit seien, müßten sie einen solchen Zufall auch beweisen. Die Beweisführungspflicht dafür könne nicht auch noch dem Geschädigten auferlegt werden[1033].

In § 25 GE-FeldPO war folgendes geregelt:

> *"Für diejenigen Orte, in denen ein solches Einzelnhüten (§§ 23 u. 24) nach den örtlichen Verhältnissen während des ganzen Jahres oder gewisser Jahresperioden fortdauernd notwendig ist, sind nach Anhö-*

[1031] V., S. 231.
[1032] V., a.a.O.
[1033] V., S. 232.

rung der Betheiligten, in den Städten vom Magistrate, auf dem Lande vom Landrathe, besondere Lokalpolizei-Ordnungen abzufassen, in welchen den Uebertretern derselben Geldbußen bis zu fünf Thalern oder verhältnißmäßige Gefängnißstrafe angedroht werden können. Behauptet Jemand, durch eine solche Ordnung in seinen Rechten beeinträchtigt zu sein, so gebührt die Entscheidung und die etwaige anderweitige Feststellung der Ordnung der Auseinandersetzungsbehörde."

Hierzu hielten die Abgeordneten eine Veränderung der bestehenden Verhältnisse für angemessen und beantragten daher, den zweiten Teil des Abs. 1 wie folgt zu fassen:

"... sind nach Anhörung der Betheiligten auf dem platten Lande von den Orts-Obrigkeiten und in den Städten von den Magisträten besondere Lokal-Polizei-Ordnungen abzufassen und für jenes durch die Landräthe, für letztere durch die Königlichen Regierungen zu bestätigen."[1034]

Aber auch zum zweiten Absatz dieser Vorschrift entschieden sich die Mitglieder der Versammlung statt für die Auseinandersetzungs-Behörden für die Königlichen Regierungen. In der Debatte war es zunächst um die Frage gegangen, ob die in dieser Vorschrift angeordneten Lokalordnungen nicht von der Königlichen Regierung bestätigt werden müßten, und zweitens, ob die Entscheidung im Absatz 2 dieser Vorschrift durch die Rechte Einzelner nicht den Auseinandersetzungsbehörden zugewiesen sei.
Zur ersten Frage waren die meisten Abgeordneten schnell zu der Ansicht gelangt, daß eine Bestätigung nur durch Lokal-Behörden erfolgen müsse. Die Königliche Regierung solle mit dieser Frage dagegen nichts zu tun haben. Fraglich sei jedoch, welche Lokal-Behörde sie abzufassen habe. Was die Städte anbelange, könne dies ohne weiteres der Magistrat erledigen, wohingegen man sich auf dem platten Land für den Landrat entschied, weil nur dieser im Stande sein werde, nach allgemeinern Prinzipien zu verfahren und dadurch mehr Gleichheit in die verschiedenen Lokal-Ordnungen zu bringen[1035].
Andere Mitglieder der Versammlung entgegneten, daß es nicht sowohl auf ein allgemeines Prinzip, als vielmehr auf ein tieferes Eingehen in die Lokalverhältnisse ankomme, welches aber der Orts-Obrigkeit leichter fallen müsse als dem Landrat, der eine spezielle Kenntnis der einzelnen Lokalverhältnisse nicht habe. Auch seien durch den Beschluß zu § 2 GE-FeldPO den Orts-Obrigkeiten noch viel wichtigere Gegenstände als die Abfassung der Lokal-Statuten zugewiesen

[1034] V., S. 233.
[1035] V., S. 234.

worden, die man ihnen daher getrost überlassen könne, ja um konsequent zu bleiben, überlassen müsse[1036]. Diese Meinung setzte sich schließlich mit 28 gegen 26 Stimmen durch, womit diese Aufgabe den Orts-Obrigkeiten zugewiesen werden sollte[1037].
Aber auch zum zweiten Absatz und damit zur Frage, ob die Auseinandersetzungsbehörde oder der Königlichen Regierung die Rekursinstanz bilden solle, ergab sich eine lebhafte Diskussion.
Für die Zuständigkeit der Auseinandersetzungsbehörden wurde mit Bezug auf den zweiten Abschnitt des Gesetzes über die Gemeinheitsteilung vom 07.06.1821[1038] angeführt, daß dort auch die Auseinandersetzungsbehörden die Rekursinstanz bilde. Dies könne hier nicht anders sein. Auch sei die Regierung keine Polizeibehörde und daher nicht geeignet, Verhältnisse zu regulieren, welche den Rechtspunkt beträfen. Man müsse daher für die unveränderte Fassung dieser Vorschrift stimmen.
Eine andere Ansicht hingegen gab zu bedenken, daß es sich hier keineswegs um ein Intermisticum handele. Es solle vielmehr ein Gesetz gemacht werden, welches auf lange Zeit hinaus gültig bleiben und wahrscheinlich eine längere Dauer haben würde als die Auseinandersetzungsbehörden. Diese würden, sobald die agrarischen Verhältnisse durchgängig geregelt seien, wieder aufgelöst. Dieser Zeitpunkt würde aber schon sehr bald eintreten, weil man diese Verhältnisse bald geregelt haben werde. Es sei deshalb höchst wünschenswert, daß überhaupt die Rekursinstanz in eine Hand zurückgeführt würde. Man könne also hier die Verhältnisse nicht mit denen des Gesetzes vom 07.06.1821 vergleichen.
Demgemäß kam es zum oben dargestellten Resultat, daß § 25 GE-FeldPO mit großer Majorität verworfen, dagegen die Bestätigung der Lokalordnungen durch die Regierung und ihre Fassung mit 28 zu 26 Stimmen beschlossen wurde sowie, daß die Rekursinstanz statt der Auseinandersetzungsbehörden die Regierung bilden sollten[1039].
In § 40 GE-FeldPO waren verschiedene Strafbestimmungen normiert, insbesondere in § 40 Nr. 1 GE-FeldPO, wonach das unbefugte Betreten bestellter Äcker oder Gärten, ungemähter Wiesen oder eingefriedeter Gärten, Wiesen, Äcker oder Weiden, wenn eine Warntafel aufgestellt war, unter Strafe gestellt wurde.
Auch hierzu ergab sich innerhalb der Versammlung folgende Diskussion.
Einige Abgeordnete der Versammlung glaubten diesen Bestimmungen einen Passus beifügen zu müssen, wonach das Betreten fremder Grundtücke überhaupt einer Strafe unterworfen sein müsse und zwar ohne Unterschied, ob es bestellt sei oder nicht. Dies folge aus den allgemeinen Eigentumsrechten, die hier eines ausgedehnten Schutzes bedürften. Auch wenn eine solche Strafvor-

---

[1036] V., a.a.O.
[1037] V., a.a.O.
[1038] GS 1821, S. 83.
[1039] V., S. 235.

schrift in Bezug auf den *"friedlichen Wanderer oder harmlosen Spaziergänger"* nicht notwendig erscheine, so dürfe aber der Böswillige, welcher nur in der Absicht ein fremdes Grundstück betrete, sich fremdes Gut anzueignen, nicht außer Acht gelassen werden[1040]. Anders sei es oft nicht möglich, den Grundbesitzer gehörig zu schützen, weil sein Besitztum oft sehr groß und die Äcker teilweise bestellt oder unbestellt seien. Im übrigen müsse für den Grund und Boden der gleiche Schutz eintreten wie für das Haus.
Die Mehrheit der Abgeordneten erblickten jedoch in einer solchen Ausdehnung

> *"... eine nicht zur rechtfertigende Beschränkung der natürlichen Freiheit zu Gunsten des Grundbesitzers, dem denn doch die Erde nicht allein und ausschließlich gehöre."*[1041]

Er könne nicht mehr verlangen, als daß ihm kein Schaden zugefügt und seinem Willen nicht zuwider gehandelt werde. Hierfür sei aber § 1 GE-FeldPO völlig ausreichend, denn der Grundbesitzer könne darüber hinaus durch Warntafeln oder sonstige Zeichen das Betreten auch seiner unbestellten Äcker verhindern. Wolle man noch weiter gehen, so werde man letztlich dahin kommen, daß

> *"... man ungestraft den Fuß nicht außerhalb der Wege und Landstraßen setzen dürfe, daß es den Kindern an freier Bewegung fehlen, und selbst zwischen den nächsten Nachbarn Streit und Chikanen aller Art Thor und Thür geöffnet werde, und man ein Gesetz erhalten würde, was statt Nutzen zu stiften, nur Vexationen veranlassen müsse."*[1042]

In § 47 GE-FeldPO war geregelt, wem die verwirkten Geldstrafen zufließen sollten: Sei der *"Frevel"* innerhalb der Feldmark einer Gemeinde verübt worden, stehe die Geldbuße der Gemeindekasse des Ortes zu, sei er innerhalb der Feldmark eines Ritter- oder anderen Guts begangen, das nicht zum Gemeindeverband gehörte, sollte die Geldbuße einem besonderen Fond innerhalb der Kreiskasse zufallen, welcher dann nach dem Beschluß der Kreisversammlung zu gemeinnützigen landwirtschaftlichen Zwecken verwendet werden sollte.
Hiermit war die Mehrheit der Mitglieder der Versammlung nicht einverstanden. Statt dessen hatten sie folgenden Vorschlag für eine Neufassung unterbreitet:

> *"Die nach der gegenwärtigen Verordnung verwirkten Geldbußen fallen, es mag der Frevel innerhalb der Feldmark einer Gemeinde oder der eines Ritter- oder anderen Guts verübt sein, einer hierzu besonders gebildeten Ortskasse anheim, und sollen zur Erreichung ge-*

[1040] V., S. 237.
[1041] V., a.a.O.
[1042] V., S. 237 f.

meinnütziger Zwecke nach Anhörung der Gemeinde von der Ortsobrigkeit verwendet werden."[1043]

Dabei bestand Einigkeit innerhalb der Versammlung nur in dem Punkte, daß den Orts-Polizei-Behörden die mit der Last der Jurisdiktion betraut waren, auch die Früchte hieran zustünden müßten.
Von einer Seite der Versammlung hatte man aber vorgeschlagen, diese Gelder ausnahmsweise einer besonderen Ortskasse zu überweisen und zu gemeinnützigen Zwecken zu verwenden, weil dann die ganze Gemeinde an der Aufrechterhaltung der Feld-Polizei ein lebhaftes Interesse besitzen werde. Außerdem sei der Gerichtsherr bei der Festsetzung der Strafe freier, weil diese dann nicht mehr ihm allein zufließe, sondern der gesamten Gemeinde.
Eine extreme Gegenposition nahmen andere Abgeordnete ein. Diese votierten für eine völlige Streichung des § 47 GE-FeldPO. Wenn man der Ansicht sei, daß die Strafen von der Polizeibehörde festgesetzt und eingetrieben werden könnten, könne man nicht anderseits diese Strafgelder der Polizeibehörde wieder wegnehmen[1044]. Vielmehr müsse, wenn dies für zweckmäßig und nötig erachtet werde, dabei nach den in der Einleitung zum *Allgemeinen Landrecht* §§ 70, 71 und 74 enthaltenen Bestimmungen verfahren und dem Landtage darüber ein besonderes Gesetz vorgelegt werden. Die Vertreter dieser Ansicht, die also das bisherige Verfahren beibehalten wollten, stützten sich im wesentlichen auf die Vorschrift des *Allgemeinen Landrecht*s Thl. II, Tit. 17, § 115 und führten aus, der Verfasser des Gesetzesentwurfs vermenge offenbar, wenn er sich zur Rechtfertigung des § 47 GE-FeldPO auf die §§ 445 bis 460 Titel 14 Thl. I des *ALR* berufe, das Pfandgeld mit den in diesem Gesetz angedrohten Strafen. Die in diesem Gesetz angedrohten Strafen könne man nur als Polizeistrafen ansehen und diese gebührten unzweifelhaft dem Gerichtsherrn. Eine Änderung der bestehenden Verhältnisse bedürfe es nicht. Man wolle offenbar nur:

1) den Strafen das Gehässige entziehen; allein darauf komme gar nichts an, denn Strafen sollten gehässig sein, und würde man diesen Grund konsequenter verfolgen, so komme man dahin, daß man alle Strafen – weil sie immer gehässig wären, - abschaffen müsse; man wolle
2) eine größere Bereitwilligkeit des Kontravenienten zur Eriegung der Strafe herbeiführen; aber auch darauf könne eben so wenig ein Gewicht gelegt werden, denn abgesehen davon, daß es sehr zweifelhaft sei, ob durch das vorgeschlagene Mittel dieser Zweck erreicht würde, so stände gegen den Kontravenienten, der nicht willig die

---

[1043] V., S. 240.
[1044] V., a.a.O.

Strafe zahle, die Exekution offen, und event. müsse er die substituirte Gefängnß strafe leiden; - man wolle endlich

3) dem Kontravenienten durch die Verwendung der Strafe zu gemeinnützigen Zwecken den Mitgenuß derselben gewähren, allein dies könne gar nicht in Betracht kommen, und überdies treffe dieser Grund in vielen Fällen nicht zu, da oft Kontraventionen von solchen, die nicht dem Orte, zu dessen Besten die Strafe verwendet werden sollten angehörten, begangen würden, und diese demnach keinen Mitgenuß haben. Überdies sei es illusorisch, wenn man durch die Bildung eigener Kassen für diese Strafen einen gemeinnützigen Zweck zu erreichen gedenke, denn dafür würde wenig genug übrig bleiben, das Meiste dagegen für Einrichtung der Kassen und für Gebühren aller Art verwendet werden."[1045]

Außerdem müsse man bedenken, daß der Gerichtsherr die Gefängnisse, in welchen die Gefängnisstrafe verbüßt werden solle, zu unterhalten habe. Sollte man aber schließlich durch die angebliche *"Gemeinnützigkeit"* beabsichtigen, den Schein der Parteilichkeit des Gerichtsherrn zu beseitigen, so greife auch das nicht durch. Sollte tatsächlich eine parteiliche Entscheidung durch den Gerichtsherrn ergehen, stehe dem Verurteilten noch immer die nächste Instanz zu. Endlich sei noch zu bedenken, daß diese Vorschrift auf die Städte ohnehin nicht passe. Die fraglichen Städte hätten durch eine solche Regelung einen beträchtlichen Ausfall ihrer Einnahmen zu befürchten, wenn das Geld nur noch gemeinnützigen Zwecken zuflösse.
Hierauf wurde entgegnet, daß ein Verzicht auf die Strafgelder an den Gerichtsherrn lediglich mit Rücksicht auf folgende Zweckmäßigkeitserwägungen zu rechtfertigen sei:

"1) Der Zweck des Gesetzes sei der, den Feldfluren einen größeren Schutz, als sie bisher gehabt, zu gewähren, und dieser Zweck würde gewiß leichter erreicht, wenn die in dem Gesetz angedrohten Polizeistrafen zu gemeinnützigen Zwecken verwendet würden, als wenn sie dem Polizei-Gerichtsherrn zuflössen.

2) Es komme vornehmlich darauf an, den, welcher die Strafe festsetze, als völlig unpartheiisch darzustellen und das Vertrauen des Publikums zu der Gerechtigkeit des Richters zu bewahren. Bezeihe aber der, welcher die Strafen festsetze, auch dieselben, so widerstreite dies nicht nur dem natürlichen Gefühl, sondern es errege auch Bedenken gegen die Unpartheilichkeit des Richters, und um diesen Schein zu vermeiden, müsse man den pekuniären Vortheil aufgeben.

[1045] V., S. 240 f.

3) Die angedrohten Strafen wären nicht nur höher als sonstige polizeiliche Strafen, sondern der Spielraum, den das Gesetz in Ansehung des Strafmaaßes gestatte, wäre auch so bedeutend, daß man aus dieser Rücksicht den Schein vermeiden müsse, als könne derjenige, welcher die Strafe festsetze, bei der Abmessung derselben irgend wie ein Interesse haben.
4) Endlich machte man noch bemerklich, daß Fiskus in den Amtsdörfern die Polizeistrafen beziehe, und für diese ein nicht unwesentlicher Vortheil erreicht würde, wenn hier die fraglichen Strafen zu gemeinnützigen Zwecken verwendet würden."[1046]

Nachdem die beiden Ansichten in dieser Form erschöpfend vorgetragen worden waren, ergab eine Abstimmung mit 29 gegen 27 Stimmen den § 47 GE-FeldPO wie in der oben beschriebenen Form zu fassen[1047].
Schließlich hielt der Landtag wegen der Bestimmung des § 65 GE-FeldPO, der an sich beibehalten werden sollte, weitere Bestimmungen in diesem Gesetz für notwendig. Es ging den Abgeordneten dabei insbesondere darum, daß aus dem Pfändungsrecht des zweiten revidierten Provinzialrechtsentwurfs folgende Regelungen zumindest für die Provinz übernommen würden:

"1) daß die Pfändung innerhalb der Feldmark, in welcher das unbefugter Weise betretene Grundstück liegt, erfolgen müsse, und eine weitere Verfolgung nicht Statt finden solle;[1048]
2) daß die Verfolgung sich niemals bis in die Wohnung des zu Pfändenden erstrecken dürfe;[1049]
3) daß der Pfänder, in Ansehung der gepfändeten Sachen, so lange sie in seinem Gewahrsam sich befinden, alle Pflichten eines Pfandinhabers haben solle;[1050]
4) daß durch die Pfändung der Gerichtsstand des Orte, wo die Pfändung erfolgt ist, begründet werde; (zu § 55 der Feld-Polizei-Ordnung.)[1051]
5) daß einer rechtmäßigen Pfändung sich Niemand widersetzen dürfe;[1052]
6) daß Pfändungen, wegen des Gebrauchs verbotener Wege, nur dann vorgenommen werden dürfen, wenn solche, als vom öffentlichen Ge-

---

[1046] V., S. 242.
[1047] V., a.a.O.
[1048] So wie es § 109 des revidierten Gesetzesentwurfs vorsah.
[1049] Nach § 110 a.a.O.
[1050] Nach § 128 a.a.O.
[1051] Nach § 141 a.a.O.
[1052] Nach § 144 a.a.O.

brauche ausgeschlossen, bezeichnet, oder mit allgemein bekannten Warnungszeichen, als Strohwischen, Gräben etc. gehörig versehen sind;[1053]

7) daß derjenige, welcher sein Grundstück zu befrieden verpflichtet ist, diese Befriedung aber entweder nicht beschafft, oder dergestalt verfallen läßt, daß das Eindringen des Viehs dadurch nicht abgehalten werden kann, - mit Ausnahme des Falles, wo Pferde und anders Vieh nicht in die gehörig eingehegten sicheren Räume oder Hürden, aus welchen sie nicht austreten können, eingetrieben werden – das auf das Grundstück übergetretene Vieh zu pfänden nicht befugt sein solle[1054]*, und*

8) daß hiernach Pferde und anderes Vieh, welches auf dem Felde übernachtet, wenn es nicht in gehörig eingehegte sichere Räume oder Hürden, aus welchen sie nicht übertreten können, eingetrieben worden, auch dann gepfändet werden dürfen, wenn sie auf ein Grundstück oder Revier desjenigen übertreten, der solches zu befrieden verpflichtet war, diese Befriedung aber entweder nicht beschafft, oder dergestalt verfallen ließ, daß das Eindringen des Viehs dadurch nicht abgehalten werden konnte[1055]*.*

Der vorliegende Gesetzesentwurf wurde von der Mehrheit der Mitglieder der Versammlung nur mit der Maßgabe gebilligt, daß die vom Landtag gemachten Vorschläge berücksichtigt und in dieser die angegebenen provinzialrechtlichen Bestimmungen mit aufgenommen würden. Auf die Frage, ob im entgegengesetzten Falle die Beibehaltung des Provinzialrechts gewünscht werden solle, wurde jedoch mit 36 gegen 18 Stimmen verneint, so daß das Gesetz mit einer Mehrheit von zwei Dritteln befürwortet wurde[1056].

c. Ergebnis

Am 08.03.1845 wurde das Gutachten zu dem Gesetzesentwurf an den König vollzogen. Am 01.11.1847[1057] wurde die Feldpolizei-Ordnung für alle Landesteile, in denen das *Allgemeine Landrecht* Gesetzeskraft hatte, mit Ausschluß der Kreise *Rees* und *Duisburg* erlassen. Sie trat am 01.01.1848 in Kraft.
Da der Gesetzesentwurf allen östlichen Provinzen im Jahre 1845 zur Beratung vorgelegt worden war, wurden auch alle Gutachten und Anträge dieser Provinzen berücksichtigt und von einer zur Begutachtung bestellten Staatsratskommis-

---

1053 Nach § 149 a.a.O.
1054 Nach § 157 a.a.O.
1055 Nach § 160 a.a.O.; Vgl. V., S. 245 f.
1056 V., S. 250.
1057 GS 1847, S. 376.

sion zu einem einzigen Gesetz für alle Landesteile, in denen das *ALR* galt, zusammengefaßt[1058]. Demnach bildete diese neue Feldpolizeiordnung, indem sie die allgemeinen Rechtsgrundsätze und Anordnungen für das Verfahren gegen den "Feldfrevel" enthielt, ohne der Entwicklung und Berechtigung der auf lokalen Verhältnissen beruhenden eigentümlichen Bedürfnisse in den Weg zu treten, eine allgemeine legislative Grundlage für die Kreis- und Lokalordnungen. Diesen gab sie eine gesetzliche Sanktion, wobei sie den bei den feldpolizeilichen Einrichtungen zunächst Beteiligten einen angemessenen Anteil an der Ordnung und Ausbildung dieser Einrichtungen anwies[1059]. Sie hatte damit das deutsche Pfändungsrecht und die seinerzeit allseits als zweckmäßig erkannten Grundsätze der Verordnungen von 1803, 1804 und 1806 wiederhergestellt[1060].
Unabhängig von den Ergebnissen der Beratungen der anderen Landtage läßt sich feststellen, daß auch dieses Gesetz zum Teil von den Brandenburgern beeinflußt wurde. Die dargestellten Ergebnisse der Beratungen zu den §§ 1, 5 und 40 fanden Eingang in das Gesetz[1061]. Dagegen wurden die Vorschläge zu § 12 nicht berücksichtigt. Die Ergebnisse der Beratungen zu § 25 fanden in §§ 24 und 25 nur teilweise Berücksichtigung, die Ausführungen zu § 65 und damit zu den Bestimmungen des Provinzialrechts fanden dagegen keinen Anklang.
Festzuhalten bleibt aber auch hier der konservative Geist, der die Beratungen durchzog. Auch wenn speziell zu diesem Gesetzesentwurf wegen des Pfändungsrechts vorwiegend juristische Diskussionen im Vordergrund standen, läßt sich die grundsätzliche Einstellung der meisten Vertreter zu ihrem Volke nicht verkennen. Aber auch die oft erwähnte Minderheit muß Berücksichtigung finden. Auch hier, wie schon in den anderen Beratungen zeigten sich die fortschrittlichen Kräfte. Denn sie konnten durch die Einführung des § 40 FeldPO - im Gesetzesentwurf noch § 41 GE-FeldPO - einen Erfolg insofern verzeichnen, weil ihr Gedanke, daß einem Grundbesitzer die Erde nicht ausschließlich gehöre, Berücksichtigung fand. Ferner fand auch der bei § 25 GE-FeldPO geäußerte Gedanke der Minderheit Anklang im Gesetz. Hatte sich noch ein geringer Teil der Versammlung in § 25 GE-FeldPO dafür ausgesprochen, daß auf dem platten Lande der Landrat befugt sein solle, Lokalverordnungen festzusetzen, sprach sich die Mehrheit für die Orts-Obrigkeit aus. Im verabschiedeten Gesetz sollte schließlich aber, ganz nach den Wünschen der Minderheit, der Landrat die Lokalverordnungen festsetzen. Natürlich darf dies nicht überbewertet werden. Sie

---

[1058] Vgl. *Holtz*, Acta Borussica Bd. 3, S. 282 f., Nr. 384, mit weiteren Nachweisen auf die Originalprotokolle der Beratungen des Staatsministeriums; so auch *Lette/von Rönne*, a.a.O., S. 716.
[1059] *Lette/von Rönne*, a.a.O., S. 717.
[1060] Vgl. oben Seite 260 ff. und *Lette/von Rönne* a.a.O. m.w.N.
[1061] Es ist dabei darauf hinzuweisen, daß § 1 nunmehr § 2 war, § 5 fand als § 8 und § 40 als § 41 Eingang in das Gesetz.

zeigt aber, daß sich der Gesetzgeber nicht immer nach der Mehrheitsentscheidung richtete. Maßgebend allein bleibt aber das gesamte Bild des Landtags.

6. Verhandlungen zu einem Entwurf einer allgemeinen Fischereiordnung für die Provinz *Brandenburg* (Proposition Nr.15)[1062].

a. Vorgeschichte

Das *Allgemeine Landrecht* stellte in Thl. II, Tit. 16, § 73 über die Fischerei den Grundsatz auf, daß der Fischfang in den öffentlichen Strömen zu den Regalien gehöre. Über die Verleihung dieses Regals gab es Bestimmungen in §§ 74-78 Thl. II, Tit. 16 *ALR*. Demgegenüber stand nach §§ 176-183 Thl. I, Tit. 9 des *ALR* die Fischerei in Teichen, Hältern, Seen und anderen geschlossenen Gewässern, welche sich nicht über die Grenze des Grundstücks erstreckten, in welchem sie lagen[1063], dem Eigentümer zu. Im übrigen standen die Fischereigerechtigkeit in Bezug auf Ströme, Seen und anderen Gewässern nur demjenigen zu, welcher damit besonders beliehen wurde[1064]. In den Bestimmungen §§ 184-190 Thl. I, Tit. 9 des *ALR* enthielt das *Landrecht* polizeigesetzliche Vorschriften bezüglich der Ausübung der Fischerei. Speziell in Thl. I., Tit. 9, § 189 bestimmte das *Allgemeine Landrecht*,

> *"... daß bei der Ausübung der Ausübung der Fischerei in öffentlichen und in nicht eingeschlossenen Privatgewässern die Vorschriften der Polizeigesetze wegen der Laichzeit, des verbotenen Fischerzeugs, und was sonst darin zur Verhütung des Ruins der Fischerei verordnet sei, genau befolgt werden sollen."*

Darüber hinaus gab es in den einzelnen Landesteilen spezielle Gesetze bezüglich der Fischerei. Für die Mark *Brandenburg* galt die *Fischer-Ordnung* vom 03.03.1690[1065]. Sie enthielt teils polizeiliche Vorschriften über die Art und Weise der Ausübung der Fischerei und teils zivil- und kriminalrechtliche Bestimmungen über die Fischereiberechtigung und den Fischdiebstahl. Der Gesetzgeber selbst betonte in den Motiven zur neuen Fischereiordnung, daß zivil- und kriminalrechtliche Bestimmungen nicht in ein Polizeigesetz gehörten und das die alte *Fischer-Ordnung* ohnehin einer sehr entlegenen Zeit angehöre, anti-

---

[1062] Im folgenden Fisch-O; Proposition nebst Motiven enthalten in der Microfilmedition, siehe S. 17.

[1063] Damit waren nur die Privatgewässer gemeint und sogleich definiert.

[1064] Vgl. hierzu *ALR*, Thl. I, Tit. 9, § 170 und über den Umfang eines solchen Rechts die §§ 171-175 a.a.O.

[1065] Diese Fischer-Ordnung war eine Erneuerung der Fischer-Ordnung des Kurfürsten *Johann Georg* aus dem Jahre 1574. Sie ist abgedruckt im C.C.M. Tom. IV. Abthl. 2, Kap. 4, S. 247, Nr. VII; auch in Rabes Sammlung Bd. I, Abthl. 1, S. 166 ff.

quiert sei und nicht mehr *"dem Gegenstand und Zweck der heutigen Zeit"* entspreche[1066]. Deshalb sei eine zeitgemäße Fischereiordnung im praktischen Interesse des Fischereiwesens und abgesehen von weiteren Interessen der Wassernutzung ein staatswirtschaftliches Erfordernis. Ihr Zweck sei nämlich die Konservation und Nachhaltigkeit der Fischereierträge. Verwüstung der Fischerei und Verödung der Gewässer durch die Art der Ausübung des Fischereigewerbes selbst müßten abgewendet werden. Der Mißbrauch, der die Fortpflanzung der Fische und damit den Fischbestand überhaupt gefährde, müsse verboten werden, um sowohl den Unterhaltserwerb des Fischereigewerbes dauernd zu sichern als auch den Fisch als wichtiges Nahrungsmittel zu erhalten und zu vermehren[1067].

Aus diesen Gründen war auf Veranlassung des Innenministeriums eine Revision der bis dahin bestehenden Fischereiordnungen durch die Regierungen zu *Potsdam* und *Frankfurt* in Angriff genommen und nach Anhörung vieler Sachverständiger der Entwurf einer neuen allgemeinen Fischereiordnung für die Gewässer in der Provinz *Brandenburg* ausgearbeitet worden. Die Beschleunigung des Erlasses einer neuen Fischereiordnung für die Provinz *Brandenburg* wurde durch Kabinettsorder vom 13.08.1842 aufgrund eines Antrags der *Potsdam*er Fischer befohlen.

Die *Fischer-Ordnung* von 1690 enthielt eine Reihe sehr spezieller Bestimmungen über den Fischfang, die nach Meinung des Gesetzgebers zu sehr ins Detail gingen. Es sollten daher nur die allgemeinen Bestimmungen erlassen werden und die speziellen Fragen, etwa über die Art des Fischfangs, die Gezeuge, die Schonzeit etc. den polizeilichen Regulativen vorbehalten bleiben, welche die Regierung dann nach Bedürfnis erlassen könne[1068]. Darüber hinaus seien die polizeilichen Befugnisse der *Fischer-Ordnung* von 1690 nur unzureichend geregelt. Es fehle an gewerbe-, und wasserpolizeilichen Vorschriften, die nunmehr mit aufgenommen werden sollten. Es wurde darüber hinaus darauf hingewiesen, daß die Fischereiordnung ein Polizeigesetz darstellen solle, welches den Zweck habe, die Ergiebigkeit der Gewässer nicht bloß zu erhalten, sondern auch zu erhöhen. Wohlerworbene Rechte sollten beachtet werden, weil Privatrechte nicht von der Landespolizei aufgehoben werden könnten. Das Polizeigesetz könne aber nur die Mittel und Wege zur Regulierung privatrechtlicher Wassernutzungen bezeichnen und nicht die Entscheidung streitiger Rechte herbeiführen[1069].

Schließlich sollten durch das Gesetz alle wegen des Fischereibetriebs in der Provinz *Brandenburg* erlassenen polizeilichen Verordnungen aufgehoben werden. Noch zeitgemäße ältere Bestimmungen wurden in den Entwurf aufgenommen.

[1066] Motive, S. 8.
[1067] Motive, S. 9.
[1068] Motive, a.a.O.
[1069] Motive, S. 10.

b. Beratungen[1070]

Die Mitglieder der Versammlung votierten sogleich für eine Streichung des § 2 Fisch-O. Dieser bestimmte, daß jede Anlage, die zur Zeit des Erlasses der Verordnung den Zug der Fische auf irgend eine Weise störe, auf Antrag des beeinträchtigten Fischerei-Berechtigten wegzuräumen sei, es sei denn, daß der Eigentümer ein erworbenes Recht auf Beibehaltung nachweise oder nachträglich die landespolizeiliche Erlaubnis zum Weiterbetreiben erhalte.
Die Abgeordneten führten aus, daß die bloße Berechtigung zur Fischerei nicht die wichtigsten Eigentumsrechte einer Person an einem Gewässer beschneiden könne. Über die öffentlichen Flüsse bestimme das *Allgemeine Landrecht* im wesentlichen, daß keinerlei Bauten oder Anlagen ohne Genehmigung des Staates gestattet seien. Es erscheine aber nicht sachgerecht, wenn man nunmehr früher errichtete Anlagen, die zum Zwecke der Landeskultur oder zur Ausübung eines Gewerbebetriebs gebaut wurden, wegreißt. Auch wenn man diese Maßnahme bei neuen Anlagen begrüße, so könne man dem Gesetzesentwurf auch keinen rückwirkenden Charakter entnehmen. Durch diese Maßnahme würde die Fischerei außerdem unverhältnismäßig begünstigt. Für die öffentlichen Flüsse habe der Staat das Recht, Anlagen zu genehmigen oder zu verbieten. Für Privatflüsse gelte aber das *Allgemeine Landrecht* und dieses gewähre den Fischereiberechtigten ausreichenden Schutz[1071]. Schließlich stehe der Ertrag aus der Fischerei nicht im Verhältnis zur Errichtung dieser Anlagen. Es würde daher so derart unverhältnismäßig in das Eigentum der Berechtigten eingegriffen, daß man dieser Vorschrift nicht zustimmen könne.
Demgemäß reiche der Schutz des Eigentümers durch § 2 Fisch-O und auch § 5 Fisch-O bei weitem nicht aus. Man könne ihm nicht auch noch die Beweisführungspflicht in Bezug auf sein Eigentumsrecht auferlegen[1072].
Im Zusammenhang mit dem Wegfall dieser Vorschrift sprach sich die Versammlung dann konsequenterweise auch für den Wegfall der §§ 3-9 Fisch-O aus, die insbesondere das Verfahren und die Ausführung der Bestimmung des § 2 Fisch-O regeln sollten.
Aber auch mit der Regelung des § 10 Fisch-O waren die Mitglieder der Versammlung nicht uneingeschränkt einverstanden. Er bestimmte, daß Wiesen und Niederungen etc. nicht in der Art *"verstellt"* werden dürften, daß über die Ufer tretendes Wasser den Fischen eine Rückkehr in den Strom mit dem ablaufenden Wasser unmöglich mache. Sollte jemand aber eine solche Anlage errichten und für sich *"den Behalt solcher Fische"* behaupten, müsse er auch den Beweis nach Maßgabe des § 2 Fisch-O führen.

[1070] P., vom 04.,05. und 07.04.1845; V., S. 251.
[1071] V., S. 252.
[1072] V., S. 253.

Auch hier glaubten die Abgeordneten eine zu große Begünstigung der Fischerei-Berechtigten gegenüber den Eigentümern des Grund und Bodens, auf welchen das Flußwasser austrete, zu erkennen:

> *"Diesem ist nicht nur einerseits daran gelegen, daß er sich des übergetretenen Flußwassers so schnell wie möglich wieder entledigt. Anderseits kann es nämlich auch nützlich für ihn sein. Dies sei der Fall, wenn er eine Wiese besäße und er das Wasser für eine Bewässerung und Befruchtung solange wie möglich erhalten wolle."*[1073]

Man war daher einerseits der Ansicht, daß diese Bestimmung in dieser Form gar nicht in die Fischereiordnung gehöre. Anderseits gab man zu, daß hierin der Schutz des Fischereiberechtigten zum Tragen komme und es auch unbillig wäre, wenn der Eigentümer des überschwemmten Landes die so erlangten Fische nicht herausgebe und sich damit auf Kosten des Fischereibesitzers bereichere. Zwar verbiete dies schon das *ALR* im Thl. I, Tit. 9, § 178, aber dennoch gehöre eine solche Vorschrift auch in diese Fischereiordnung.
Die Versammlung entschied sich aber mit 32 gegen 31 Stimmen für die Beibehaltung des ersten Teils dieser Vorschrift, wünschte aber den Absatz 2, wegen des Wegfalls des § 2 Fisch-O, folgendermaßen zu fassen:

> *"Wer ein besonderes Recht für sich behauptet, das ausgetretene Wasser Behufs des Fischfangs zu verstellen, muß dies im Rechtswege nachweisen."*[1074]

Auch § 11 Fisch-O sollte weggelassen werden, weil es die Mitglieder der Versammlung bedenklich fanden, daß aufgrund dieser Vorschrift die Orts-Polizei-Behörden und die Regierung die Befugnis haben sollten, *"verbotene Verunreinigungen und die Art von Verunreinigungen"* näher zu bestimmten. Man befürchtete, daß diese Behörden nicht die Kompetenz für eine solche Bestimmung hätten, und sah eine erhebliche Beeinträchtigung der gewerblichen oder häuslichen Nutzung des Wassers voraus[1075].
In § 15 Fisch-O war der Verbot des Gebrauchs verschiedener Fischfanggeräte bestimmt. Allerdings glaubten die Abgeordneten, daß diese speziellen Bestimmungen nicht abstrakt auf den Fischfang anwendbar seien. Nach den verschiedenen Lokalitäten sei auch verschiedenes Fischereizeug in Gebrauch und alle hier ausgesprochenen Verbote reichten ohnehin nicht aus, weil sie nur dazu dienten, noch schädlichere Fischerzeuge und Fangwerkzeuge zu erfinden. Allerdings zeigte die Debatte auch, daß das, was ein Teil der Versammlung be-

---

[1073] V., a.a.O.
[1074] V., S. 254.
[1075] V., a.a.O.

fürwortete, der andere verwarf. Man hielt sich deshalb an das Ausschußgutachten, das versicherte, daß alle diese Verbote auf der Meinung von Sachverständigen beruhten. Dies schien die meisten Vertreter zu beruhigen, so daß eine Abstimmung mit 35 gegen 28 Stimmen die uneingeschränkte Beibehaltung des § 15 Fisch-O ergab.
Schließlich ergab sich noch eine längere Diskussion zu § 21 Fisch-O. Zunächst bestimmte § 21 Abs. 1 Fisch-O, daß jemand, der auf rechtsgültige Weise die Befugnis erlangt habe, die Fischerei auf eine der in dieser Verordnung verbotenen Arten zu betreiben, diese Befugnis innerhalb von sechs Monaten nach Erlaß dieser Verordnung bei der Regierung anzuzeigen und nötigenfalls zu beweisen habe. Sollte das Recht anerkannt werden, bleibe es solange bestehen, bis ein anderer dadurch beeinträchtigter Fischereiberechtigter dessen Aufhebung beantragte. In diesem Falle sollte die Regierung über die Notwendigkeit der Aufhebung dieses Rechts und über eine zu zahlende Entschädigung des Antragenden entscheiden. Würde das Recht von der Regierung dagegen nicht anerkannt, sollte dem Berechtigten der weitere Rechtsweg offen stehen.
Während einige Abgeordnete der Versammlung an dieser Vorschrift nichts auszusetzen hatten, votierten andere gegen diese Bestimmung, zumindest aber für eine Modifizierung.
Man hielt es von dieser Seite für einen erheblichen Eingriff in die Eigentumsrechte, wenn man dem Besitzer eines erworbenen Rechts die Verbindlichkeit auferlege, sein Recht anzumelden und zu beweisen. Dies obläge vielmehr dem Widersprechenden. Es sei nicht gleichgültig, ob man in einen Prozeß als Kläger gehe, oder eine etwaige Klage abwarten könne. Auch sei nicht zu leugnen,

> *"... daß wenn auch hier ein Fall contra legem vorliege, doch immer noch von einem Rechte die Rede sei, dessen Verfolgung, möge es auch einem in dem neuen Gesetze enthaltenen Verbote zuwiderlaufen, doch nicht der Richter, geschweige die Polizei-Behörde verhindern könne."*[1076]

Hierauf wurde jedoch entgegnet, daß die Regierung, der die Ausführung der Fischereiordnung obläge, *"alle bis zu einem gewissen Punkte"* vorkommenden Fälle kenne, die möglicherweise contra legem seien. Man solle daher die Entscheidungen der Regierung nicht ungebührlich aufhalten. Darüber hinaus sei es auch nicht zu viel verlangt, wenn der Berechtigte seine Einsprüche gegen das Gesetz innerhalb eines gewissen *"Präclusiv-Termins"* anmelden solle.
Diese Meinung fand jedoch nicht den gewünschten Anklang, so daß sich eine Mehrheit in der Versammlung dafür aussprach, daß der erste Teil dieser Vorschrift lauten möge:

[1076] V., S. 256 f.

"Sollte Jemand auf rechtsgültige Weise die Befugniß erlangt haben, die Fischerei auf eine der hier verbotenen Arten zu betreiben, so bleibt er so lange im Besitz dieses Rechtes, bis ein anderer dadurch beeinträchtigter Fischerei-Berechtigter die Aufhebung derselben fordert und solche erlangt."[1077]

Daraufhin entstand aber sogleich die nächste Frage, ob nämlich eine solche Berechtigung nicht der Ablösung zu unterwerfen war und von wem die Verhandlung hierüber zu leiten sei.
Die Bejahung dieser Frage hielten einige Vertreter der Versammlung für unbedenklich. Sie sahen die Ablösung als zweckmäßig und daher ihre Zulassung für wünschenswert an. Auch sollte der *"gewöhnliche"* Richter damit befaßt werden, zumal die Sache nicht von so großer Wichtigkeit und Schwierigkeit sein werde, als daß sie gleich einer Separations- oder Kultur-Angelegenheit zugewiesen werden müsse. Die Vertreter dieser Ansicht drangen damit jedoch nicht durch.
Man hob hervor, daß der Richter nur über das Recht selbst zu entscheiden habe, die Regulierung eines Intermisticums, und die Festsetzung einer Entschädigung müsse aber Sache der Verwaltungsbehörden bleiben. Diese Meinung setzte sich schließlich mit 33 gegen 21 Stimmen durch.
Die näheren Bestimmungen über die Leitung dieses Entschädigungs- und Abfindungsverfahrens waren in §§ 7 und 8 Fisch-O zu finden, die im Gefolge des § 2 Fisch-O vorher verworfen waren. Deshalb wurde nunmehr vorgeschlagen diese Vorschriften zu übernehmen, jedoch ohne den dort vorgesehenen Zuschlag von 25 %.
Man wünschte ferner, daß im Sinne des modifizierten § 21 Fisch-O zwei weitere Bestimmungen folgenden Inhalts hinzugefügt würden:

"1) daß während des Prozesses auf Antrag der Interessenten von Seiten der Königlichen Regierung ein Intermisticum zu regulieren, auch
2) von derselben Behörde, wenn auf Ablösung des Rechts angetragen werden sollte, diese zu leiten und die Entschädigung festzusetzen..."

Der zweite, dritte und vierte Absatz des § 21 Fisch-O sollten dann wegfallen, womit die weiteren Bestimmungen wie folgt lauten sollten:

a) Die Entschädigung der Fischereiberechtigten wird durch 3 Taxatoren, unter Zuziehung der Betheiligten vermittelt und von der Regierung durch Dekret oder Resolut festgesetzt, welches den Betheiligten bekannt zu machen ist. Der eine der Taxatoren ist vom Provokanten,

---

[1077] V., S. 257.

der andere vom Provokanten[1078]*, der dritte von der Regierung zu ernennen. Die Kosten der Abschätzung trägt der Provokant. Gegen die von der Regierung getroffene Entscheidung steht dem Fischerei-Berechtigten binnen 6 Wochen der Rekurs an das Revisions-Collegium für Landeskultursachen offen. Dasselbe stellt nach Revision der Abschätzung, wobei anderweitige Ermittelungen gestattet sind, die Entschädigung, mit Ausschließung andern Berufung, so wie des Rechtsweges, definitiv fest. Nur Berechtigten ist der Rekurs gestattet.*
b)In der Rekursschrift muß der Mehrbetrag der Entschädigungssumme, welche der Fischereiberechtigte fordert, bestimmt ausgedrückt sein.
Wird dem Rekurrenten keine höhere Entschädigung, als die von der Regierung festgesetzte zuerkannt, so hat derselbe sämtliche Kosten der Rekurs-Instanz zu tragen.
Erstreitet er den geforderten Mehrbetrag, so fallen diese Kosten sämtlich dem Provokanten zur Last.
Wenn der Berechtigte zwar nicht den ganzen geforderten Betrag, aber doch mehr, als ihm von der Regierung zugebilligt worden, erstreitet, so findet zwischen beiden Theilen eine verhältnismäßige Vertheilung der Kosten statt."[1079]

Weitere Diskussionen gab es zu diesem Gesetzesentwurf nicht, so daß das Gutachten am 15.04.1845 an den König vollzogen wurde.

c. Ergebnis

Der vorgelegte Gesetzesentwurf wurde letztlich nicht in dieser Form für die Provinz *Brandenburg* verabschiedet. Vielmehr verblieb es bei der oben erwähnten alten Verordnung vom 03.03.1690. Außer ihr galten auch weiterhin eine Verordnung vom 12.12.1668, wodurch das Nachtfischen auf der *Spree*, der *Havel* und der *Wubelitz* verboten war[1080], die §§ 37 und 38 der Flecken-, Dorf- und Ackerordnung vom 16.12.1702[1081], das Edikt vom 06.08.1764 wider die Fischereidiebereien im Amte *Cottbus*[1082] und die Königliche Kabinettsorder vom 10.09.1837, betreffend den schädlichen Fischwehren in der *Havel* und

[1078] Hierbei kann es sich offenbar nur um einen Schreibfehler handeln, gemeint ist wohl jedenfalls die "Gegenseite".
[1079] V., S. 257 f.
[1080] C.C.M. Tom. IV. Abthl. 2. Kap. 4., S. 197 sowie *Rabe*, Bd. I., Abthl. 1, S. 144.
[1081] C.C.M. Tom. V. Abthl. 3. Kap. 1, S. 227, Nr. XXXII sowie Rabe, Bd. I., Abthl. 1, S. 238 ff.
[1082] N.C.C. Tom. III. p. 461 sowie *Rabe*, Bd. I., Abthl. 3, S. 47.

Spree nebst darauf sich beziehende Bekanntmachung des Innenministeriums vom 10.10.1839[1083].
Eine Fischereiordnung wurde nur für die Provinz *Posen* 1845 erlassen, ferner für die Binnengewässer der Provinz *Preußen* und für das *Frische* und das *Kurische Haff*[1084].
Erst am 30.05.1874[1085] wurde ein Fischereigesetz für den Preußischen Staat erlassen, durch das alle früher erlassenen, diesem Gesetz entgegenstehenden Bestimmungen aufgehoben wurden. Die Beratungen des neunten Provinziallandtags können jedoch dem erst 29 Jahre später erlassenen Gesetz nicht mehr zugeordnet werden. Zwar enthielt das Fischereigesetz für ganz *Preußen* ähnliche Bestimmungen wie der Gesetzesentwurf 1845, insbesondere in Bezug auf die Fischereiberechtigung und die polizeirechtlichen Vorschriften. Eine Einflußnahme auf dieses Gesetz speziell durch die Beratungen des neunten Brandenburger Provinziallandtags scheidet aber aus.
Dennoch zeigten die Beratungen sowie das Gutachten der Stände einmal mehr den Geist konservativen Brandenburger. Zwar fanden auch sie es nicht besonders fortschrittlich, daß man zu jener Zeit noch einer 155 Jahre alten Fischereiordnung von 1690 unterlag. Das schien aber immer noch besser zu sein, als etwa bestehende Eigentumsberechtigungen aufgeben zu müssen. Insgesamt entsteht hier der Eindruck, daß die Brandenburger durch ihre Bitten und Wünsche, die weder als Petitionen noch als Immediatengaben formuliert waren, in der Königlichen Regierung Verwirrung stiften wollten, um so eine Neubearbeitung zu erreichen und damit vor allem Zeit zu gewinnen. Dies deshalb, weil das Gutachten den Gesetzesentwurf praktisch zurückwies, auch wenn dies nicht ausdrücklich gefordert wurde. Alle entscheidenden neuen Bestimmungen waren abgelehnt worden und diejenigen, die erhalten blieben, sollten derart modifiziert werden, daß der Kern des Gesetzes völlig verloren gegangen wäre.

7. Verhandlungen zu einem Entwurf einer Feuer- und Löschordnung für das platte Land in dem Bereiche der Land- Feuer-Societäten der *Kurmark* und der *Neumark*, ausschließlich der *Niederlausitz* (Proposition Nr.12)[1086].

a. Vorgeschichte

Auch im Bereich des Feuerlöschwesens gab es in der nun bestehenden Provinz *Brandenburg* eine Vielzahl von Verordnungen, die der Gesetzgeber zusammenfassen und publizieren wollte.

1083 GS 1839, S. 327.
1084 GS 1845, S. 107, 114, 121, 139.
1085 GS 1874, S. 197.
1086 im folgenden Feuer-VO; Proposition nebst Motiven enthalten in der Microfilmedition, siehe S. 7.

Außer den allgemeinen Vorschriften in den §§ 1538-1570 Thl. II, Tit. 20 des *ALR* galten auf dem platten Lande der Provinz *Brandenburg* und der angehörigen Kreise *Darmburg* und *Schievelbein* in Bezug auf die Feuerpolizei folgende Verordnungen:

Dies waren in den Marken,
- die Feuer-Ordnung auf dem Lande in der Kur- und Mark *Brandenburg* vom 26.01.1701[1087], mit der dazu gehörigen Deklaration vom 12.10.1701[1088].
- die Flecken-, Dorf- und Acker-Ordnung vom 16.12.1702 und dort speziell die §§ 10-13[1089],
- die Verordnung wegen Abschaffung der engen steinernen und derer hölzernen Schornsteine, auch von unterschiedenen zur Abwendung Feuersgefahr zu beobachtenden Punkten vom 01.10.1708[1090],
- das *"renovirte"* Edikt wegen Abwendung der Feuersgefahr vom 14.01.1716[1091],
- das Edikt wegen Verhütung aller Feuersgefahr und Feuersbrünste in Städten und Dörfern vom 28.11.1718[1092],
- das Edikt, daß die zur Verhütung der Feuersgefahren ergangenen Edikte und Verordnungen mit mehrerem Eifer zur Observanz gebracht und in allen Dörfern Nachtwächter bestellt werden sollen, vom 12.06.1723[1093],
- das Edikt, daß bei dem Kohlebrennen vorsichtig verfahren werden soll, vom 14.05.1738[1094],
- ein erneuertes, erweitertes und geschärftes Edikt wegen des unbefugten Schießens in den Städten und Dörfern vom 11.06.1775[1095],
- eine Feuerlösch-Ordnung für das platte Land des *Potsdam*er Regierungs-Bezirks vom 30.10.1832[1096] und der Neu- und Kurmärkischen Kreise des *Frankfurt*er Regierungs-Bezirks vom 03.07.1834[1097].

In der *Neumark* galt insbesondere,
- die Feuer-Ordnung für sämtliche Kreise der *Neumark* vom 29.11.1825[1098],

---

[1087] C.C.M. Thl. 5, Abthl. 5, S. 55.
[1088] C.C.M. Thl. 5, Abthl. 1, S. 171.
[1089] C.C.M. Thl. 5, Abthl. 3, S. 227.
[1090] C.C.M. Thl. 5, Abthl. 1, S. 227.
[1091] C.C.M. Thl. 5, Abthl. 1, S. 237.
[1092] C.C.M. Thl. 5, Abthl. 1, S. 247.
[1093] C.C.M. Thl. 5, Abthl. 1, S. 263.
[1094] C.C.M. Cort I., S. 149.
[1095] N.C.C. Tom V., S. 206.
[1096] Potsdamer Amtsblatt de 1832, S. 297.
[1097] Frankfurter Amtsblatt de 1834, S. 229.
[1098] Außerordentliche Beilage zur No. 51 des Frankfurter Amtsblatts de 1825.

in dem ursprünglichen *Magdeburgischen* Kreisteile *Luckenwalde,*
- das Reglement für das platte Land des Herzogtums *Magdeburg*, wie es sowohl zur Verhütung entstehender Feuersbrünste, als auch bei und nach deren Löschung gehalten werden soll, vom 18.01.1772[1099],

in den vormals Erbländisch-Sächsichen Landesteilen,
- das Mandat, die auf den Dörfern zu beobachtende Feuer-Ordnung betreffend, vom 18.02.1775[1100]

sowie in dem Markgrafentum *Niederlausitz*,
- das Mandat, die auf den Dörfern zu beobachtende Feuer-Ordnung betreffend, vom 24.03.1781.

Der Gesetzesentwurf beruhte auf einem Gutachten der Landräte aller betroffenen Kreise[1101] und der beiden Regierungen der Provinz und folgte sowohl in der äußeren Anordnung als auch teilweise seinem Inhalt nach der für die Städte der Provinz erlassenen feuerpolizeilichen Verordnung vom 16.09.1812[1102].

b. Beratungen[1103]

Da das Gesetz alle bestehenden Feuerordnungen in der *Kur-* und *Neumark* einheitlich regeln wollte, umfaßte dieser Entwurf sämtliche Vorschriften zur Verhütung von Bränden, über die Errichtung von Anstalten und Einrichtungen, die die Unterdrückung und Löschung eines ausgebrochenen Feuers zum Ziel hatten, und über das Vorgehen beim Ausbruch eines Feuers.
Allerdings glaubten die Mitglieder der Versammlung zunächst, den Gesetzgeber belehren zu müssen. In § 6 Feuer-VO war vorgesehen, daß alle sich von selbst entzündenden oder leicht feuerfangenden Waren vorsichtig aufbewahrt werden sollten. Durch das Gutachten schlugen die Abgeordneten vor, daß es besser heißen solle,

> *"... alle solche Waaren, Materialien und andere Vorräthe, welche leicht sich von selbst entzünden, oder Feuer fangen müssen..."*[1104]

Damit stimmte man zwar im Wortlaut mit § 552 E-StGB überein, dessen Publikation man nunmehr erwartete, konnte aber die Bemerkung an den Gesetzgeber

---

1099 N.C.C. Tom. V., S. 23.
1100 Code Aug. 2te Fortsetzung Thl. 2, S. 711.
1101 Vgl. die administrative Einteilung der Kreise der *Kur-* und *Neumark* oben Seite 20.
1102 Potsdamer Amtsblatt, S. 257 und Frankfurter Amtsblatt, S. 304.
1103 P., vom 07.,08.,und 09.04.1845; V., S. 205.
1104 V., S. 206.

nicht unterdrücken, daß durch diese neue Formulierung ein Mißverständnis vermieden würde,

> "... *als wenn der Gesetzgeber damit solche Gegenstände gemeint haben könne, welche sich ihrer Natur nach, wirklich i m m e r und ohne alle äußere Veranlassung ganz von selbst entzünden müßten, deren es doch wohl nicht giebt.*"[1105]

Aber auch die weiteren Absätze der Vorschrift wollten die Abgeordneten der Versammlung modifiziert wissen. Es erschien ihnen fragwürdig, daß ein Bürger 10 Pfund Schießpulver vorrätig haben dürfe. Man wollte dies nur Kaufleuten zugestehen, die nach Meinung der Abgeordneten im Umgang mit Schießpulver mehr Vorsicht walten ließen. Privatleute sollten dagegen nicht mehr als 2 Pfund aufbewahren dürfen[1106].
Darüber hinaus erschien es den Vertretern nicht sachgerecht, daß Getreide- und Strohmieten sowie Heuschober auf den Gehöften gar nicht und im übrigen nur in einer Entfernung von 100 bzw. 200 Fuß vom nächsten Gebäude geduldet werden sollten. Diese Mieten stellten eine Art Gebäude dar und deshalb müßten auch hier nur baupolizeiliche Vorschriften anzuwenden sein, weil sie an sich nicht feuergefährlicher seien als Scheunen, die mit Stroh gedeckt und Heu gefüllt sind. Es solle also letztlich bloß darauf ankommen, daß durch sie die vorhandenen Zwischenräume zwischen den Gebäuden nicht mehr als gesetzlich zulässig verengt werden dürften. Die Aufstellung dieser Mieten ganz zu verbieten wäre sehr hart für die Betroffenen, weil sie ein großes wirtschaftliches Bedürfnis darstellten. Mieten außerhalb eines Hofes seien ohnehin feuerpolizeilich weniger gefährlich, so daß diese hier ganz ausgenommen werden müßten. Es sollte daher über Mieten von Getreide, Stroh und Heu nur allgemein bestimmt werden,

> "... *daß es von der Genehmigung der Orts-Polizei-Obrigkeit abhängt, ob und wo solche auf Gehöften und in der Nähe von Gebäuden errichtet werden dürfen, und daß dabei in der Regel die für Gebäude geltenden baupolizeilichen Vorschriften analog zur Norm zu nehmen seien.*"[1107]

Weil die örtlichen Verhältnisse in dieser Beziehung so unendlich verschieden seien, könne man keine speziellere Bestimmung erlassen, weil eine solche zwangsläufig unverhältnismäßige Beeinträchtigungen Einzelner herbeiführen werde.

[1105] V., a.a.O.
[1106] V., a.a.O.
[1107] V., S. 207.

Auch zu § 32 Feuer-VO machte die Versammlung umfangreichere Anmerkungen. Darin waren die Pflichten und Befugnisse der Distriktkommissare bestimmt, welche die Revision der Feuerlöschanstalten vornahmen. In den Motiven war hierzu die Frage aufgeworfen, ob nicht zu bestimmen sei, bei den Revisionen der Feuerlöschanstalten, sowohl von Seiten der Distrikts-Kommissarien, als auch von Seiten der Orts-Polizei-Behörden, die zuständigen Schornsteinfeger hinzuzuziehen[1108]. Dies erschien den Mitgliedern der Versammlung aber nicht sehr praktisch zu sein, denn

> *"a) die Revisionen der Distrikts-Kommissarien beziehen sich nach § 32 nur auf die Feuer-Lösch-Anstalten, für welche der Schornsteinfeger nicht Sachverständiger ist, und müssen sich auch wesentlich darauf beschränken, wenn dieselben nicht in eine unausführbare Weitläufigkeit und Belästigung der Kommißarien ausarten sollen, wodurch jedoch nicht ausgeschlossen ist, daß sie bei Gelegenheit dieser Revisionen ihr Augenmerk auf die Beobachtung der zur Verhütung von Feuersbrünsten im ersten Abschnitte dieses Gesetzes gegebenen Vorschriften, so weit dies ohne erheblichen Zeitaufwand geschehen kann, zu richten haben.*
> *b) Von allen Forderungen des ersten Abschnitts dieses Gesetzes gehören nur die in den §§ 3 und 4 behandelten, zur Berurtheilung des Schornsteinfegers, deren Erfüllung oder Vernachlässigung aber ihm schon bei Ausübung seiner Berufsthätigkeit unausbleiblich und aufs Genaueste bekannt werden, und seine in dieser Beziehung ihm obliegenden Verpflichtungen sind in einer besonderen, jetzt auch der Umarbeitung unterworfenen Schornsteinfeger-Instruktion auszusprechen."*[1109]

Außerdem sei die Hinzuziehung eines Schornsteinfegers immer mit Kosten für die Einwohner verbunden, weil diese ihm seine Reisen oder auch "*Versäumnisse*" erstatten müßten.
Aus diesem Grunde erschien es den Abgeordneten angebrachter, die Kontrolle über die Befolgung der Vorschriften §§ 3 und 4 Feuer-VO sowie der übrigen Präventiv-Bestimmungen des ersten Abschnitts allein den Ortspolizeibehörden aufzuerlegen.
Auch mit § 41 Feuer-VO waren die Vertreter nicht uneingeschränkt einverstanden. Die Vorschrift schrieb die Anzahl der Löschgerätschaften vor, die in jedem Dorf und jeder Stadt vorhanden sein sollte.

[1108] Erläuterungen zu dem Entwurfe einer Feuer- und Lösch-Ordnung für das platte Land, S. 9 f. der Microfilmedition, siehe S. 7.
[1109] V., S. 210.

Die Mitglieder der Versammlung glaubten, daß diese Vorschrift insbesondere von den kleinen und armen Dörfern zu viel verlange. Man werde es nicht schaffen, jedem Dorf eine fahrbare Spritze zu geben. Vielmehr müßten sich, so wie es auch der Ausschuß des 18. Kurmärkischen Kommunal-Landtags zu einem neuen Feuer-Societäts-Reglement vorgeschlagenen hatte, zwei bis drei Orte zusammen eine fahrbare Spritze halten dürfen. Außerdem lasse § 44 Feuer-VO ausdrücklich sog. Spritzenverbände zu, was zu einem Widerspruch mit § 41 Feuer-VO führen müßte. Man solle daher statt des Wortes *"mindestens"* die Wörter *"in der Regel"* einführen.

Eine längere Diskussion ergab sich schließlich zu § 52 Feuer-VO. Diese Vorschrift bestimmte zunächst die Anzahl der Löschgerätschaften, die in einem privaten Hause vorhanden sein sollten. Jedes Gebäude mit brennbaren Dächern mußte nach Absatz 2 über eine längere Leiter verfügen.

Zunächst war sich die Versammlung darüber einig, daß der zweite Satz dieser Vorschrift ganz weggelassen werden müsse, weil er Bestimmungen enthalte, welche auf dem Lande ebenso unausführbar wie überflüssig seien. Auch erschien es der Versammlung angebracht, für die zu haltende Feuerleiter kein allgemeines Längenmaß zu bestimmen, weil die Wohnhäuser auf dem Lande von unterschiedlicher Größe seien, und somit nur zu bestimmen, daß es sich um eine Feuerleiter mit angemessener Länge handeln solle.

Nunmehr waren aber einige Vertreter auch mit der restlichen Vorschrift insgesamt nicht einverstanden, wonach die in dieser Bestimmung genannten Privatlöschgerätschaften in jedem bewohnten Hause vorhanden sein sollten. Sie argumentierten, daß die privaten Löschgerätschaften nicht für jedes bewohnte Haus verlangt werden könnten[1110].

Diese Vertreter gaben zunächst die Notwendigkeit zu, daß Privat-Löschgerätschaften von den einzelnen Dorfbewohnern gehalten werden müßten. Es gebe aber auf dem Lande unzählige Einliegerhäuser, in denen nur Mieter, zumeist Tagelöhner wohnten, welche oft wechseln würden und keine Löschgerätschaften mitbrächten, weil sie einfach zu arm seien. Solle nun aber der Vermieter diese Löschgerätschaften anschaffen, fehle es an einer Beaufsichtigung und Erhaltung dieser Geräte. An einem kleinen Einliegerhause könne man übrigens noch nicht einmal eine Dachleiter zum Trocknen aufhängen, weil Haustür und Fenster im Wege wären. Die bisherigen Löschordnungen verlangten in dieser Hinsicht auch viel weniger, und zwar nur vor jeder Ackerwirtschaft eine Feuerleiter und einen Feuerhacken und vor jedem Hause einen Feuereimer. Dies erscheine auch viel praktischer und auch völlig ausreichend, wenn man den Ackerwirtschaften noch die außerhalb des Dorfes liegenden Gehöfte hinzufüge. In diesem Umfang fänden sich die gedachten Gerätschaften in der Regel auch schon vor, was für das Praktische dieser Ansicht spreche. Für größere Gehöfte könne man sich etwaige angemessene ausgedehnte Forderungen durch die

---

[1110] V., S. 213.

Orts-Polizei-Behörde vorbehalten. Dasjenige, was unter allen Umständen aber mindestens vorhanden sein sollte, müsse *"möglichst mäßig"* normiert werden, damit es den Besitzern der kleinen Häuser auch möglich sei, diese Bestimmungen einzuhalten[1111].
Durchsetzen konnten sich die Vertreter dieser Ansicht jedoch nicht, weil die Mehrheit der Versammlung sich offenbar schon zuvor mit der modifizierten Bestimmung einverstanden erklärt hatte. So ergab denn die Abstimmung auch eine Mehrheit für die modifizierte Fassung[1112].
Neben einigen weiteren kleineren Modifikationen des Gesetzentwurfes entschied man sich für dessen Annahme. Der Landtag bemerkte aber noch ausdrücklich, daß er sich über das Maß der in diesem Gesetze wegen der Verletzung seiner Vorschriften angedrohten Strafen nur deshalb jeder Äußerung enthalten habe, weil nach dem Propositions-Dekret vom 07.02.1845 die Strafbestimmungen noch mit den Bestimmungen des allgemeinen Strafgesetzbuches, dessen letzte Prüfung noch bevorstehe, in Einklang gebracht werden sollten[1113].

c. Ergebnis

Damit waren auch diese Beratungen abgeschlossen und man vollzog das Gutachten am 17.04.1845 an den König[1114].
Durch den Landtagsabschied vom 27.12.1845 teilte die Regierung dem Landtag mit, daß dieses Gutachten bei der endgültigen Beratung in Erwägung gezogen und angemessene Berücksichtigung finden werde[1115].
In der Sitzung des Staatsministeriums vom 01.12.1846 wurde der Gesetzesentwurf letztmalig beraten. Die Verordnung sollte, weil derartige Polizeiverordnungen nicht selten mehrfacher Abänderungen bedürften, nicht durch die Gesetzessammlung für die preußischen Staaten, sondern durch die Amtsblätter der betreffenden Regierungen publiziert werden[1116]. Demgemäß wurde die Feuer-Lösch-Ordnung auch am 17.12.1847 im Amtsblatt für die königlichen Regierungen zu *Potsdam* und *Berlin* veröffentlicht[1117].
Im wesentlichen folgte die Regierung der Argumentation des brandenburgischen Provinziallandtags. Die gewünschten Änderungen zu § 6 Feuer-VO wurden insgesamt in § 5 Feuer-VO eingearbeitet. Einzig die Bemerkung zu den

---

[1111] V., S. 213 f.
[1112] V., a.a.O.
[1113] V., S. 216.
[1114] V., a.a.O.
[1115] Landtagsabschied 1845, S. 2.
[1116] Vgl. *Holtz*, Acta Borussica, Bd. 3, S. 293 f., Nr. 400, m.w.N. auf die Originalprotokolle der Beratungen des Staatsministeriums.
[1117] Vgl. Amtsblatt der königlichen Regierung zu Potsdam und der Stadt Berlin, Nr. 51 vom 11.12.1847, S. 395; Gesetzestext auch im Anhang.

leicht entzündlichen Waren[1118], wurde – wohl auch nach der Bemerkung des Landtags – in § 6, der von den "Selbstzündern" handelt, berücksichtigt.
Auch die Feststellungen des Landtags zu § 32 Feuer-VO, der dem § 29 der erlassen Feuer-VO entsprach, fanden Berücksichtigung, so daß die Revision der Feuerlöschanstalten allein in den Händen des Distriktskommissars blieb und nicht auch in denen eines Schornsteinfegers.
Die Regierung folgte ferner den Vorschlägen der Abgeordneten zu § 41 des Entwurfs, jedoch nicht uneingeschränkt. In den §§ 39 ff. Feuer-VO war nunmehr bestimmt, daß in jedem Dorf eine fahrbare Feuerspritze nebst den dazu erforderlichen Feuereimern vorhanden sein mußte. Mit Rücksicht darauf, daß sich kleinere Gemeinden keine fahrbare Spritze leisten könnten, konnten diese Gemeinden nunmehr, mit Genehmigung des Landrats, eine Association mit anderen Gemeinden eingehen.
Schließlich wurden auch die Vorschläge des Landtags zu § 52 des Entwurfs, dessen Inhalt nunmehr in § 50 der Feuer-VO geregelt war, berücksichtigt.
Es läßt sich daher feststellen, daß die Regierung alle vom Provinziallandtag gemachten Änderungsvorschläge berücksichtigt hatte. Dies war auch schon bei den Untersuchungen zum Feuer-Sozietäts-Reglement[1119] erkennbar. Bei beiden Gesetzen handelte es sich um lokale Bestimmungen, die mit der gesamtstaatlichen Situation wenig zu tun hatten. Insofern kann auch nicht von einer übermäßigen Einflußnahme der Brandenburger auf die preußische Gesetzgebung ausgegangen werden.

8. Verhandlungen zu einem Gesetzesentwurf zur Aufhebung des Abdeckereizwanges (Proposition Nr.10)[1120].

a. Vorgeschichte[1121]

Der Grund und das Bedürfnis dieses Gesetzentwurfes wurde nicht wie sonst üblich in den Motiven, sondern in der als Anlage I beigefügten Denkschrift näher dargelegt[1122].

[1118] Vgl. oben S. 251 f.
[1119] Vgl. oben, S. 165 ff sowie insbesondere S. 182 f.
[1120] Im folgenden GE-AbdeckZ; Proposition nebst Motiven, abgedruckt bei *Schubert*, Westfälischer Provinziallandtag Band 3, S. 89 ff.
[1121] Vgl. hierzu auch Haefcke, S. 3 ff. sowie S. 8 ff.; Fischer, S. 1 ff und Fischer, Apparate und Transportwagen zur Verwertung und Beseitigung von Tierkadavern in Arbeiten der Deutschen Landwirtschaftsgesellschaft, Heft 139S. 11 ff.
[1122] Vgl. Motive, abgedruckt bei *Schubert*, Westfälischer Provinziallandtag Band 3, S. 95.; die Denkschrift war dort nicht abgedruckt, sie befindet sich jedoch in der Microfilmedition, siehe S. 7.

Beim Abdeckereizwang ging es um die zwangsweise Ablieferung von krankem und als unrein befundenem Vieh an bestimmte Abdecker, die allein berechtigt waren, mit diesem Vieh weiter zu verfahren, insbesondere es "abzuledern".
Die Abdeckereien waren aber auch verbunden mit dem Handwerk der Gerberei, der Leimsiederei und der Knochenmehl-, Maschinenöl- und Fettfabrikation. Es ging also auch um die Herstellung sämtlicher aus einem Tier zu gewinnenden Materialien. Der Abdecker – er besaß meistens auch das Amt des Scharfrichters[1123] - hatte dabei lediglich die Pflicht, dieses in einem bestimmten Bezirk "gefallene" Vieh wegzuschaffen, abzuhäuten und gegebenenfalls einzuscharren[1124], um die Bevölkerung vor Seuchen zu schützen. Bis 1817 war der Abdekkereiberuf "anrüchig"[1125]. Den Abdeckern war der Eintritt in die Zünfte und das Militär versagt sowie der Weg zu Ehrenstellen versperrt. Ihren Angehörigen und Kindern war die Aufnahme in andere Zünfte versperrt. Die Abdecker besaßen aber vielfach in bestimmten Bezirken Privilegien, wonach ihnen gegen kostenfreie Abholung nicht bloß die verendeten, sondern auch die "abständigen"[1126] Tiere unentgeltlich überlassen werden mußten. Dieses Bannrecht bestand aufgrund einer Verordnung vom 29.04.1772 insbesondere in den östlichen Provinzen.
Bekannt war dieses Problem allerdings schon seit dem 16. Jahrhundert. In den Verordnungen bis ins 17. Jahrhundert wurden jedoch keine positiven Bestimmungen wegen des Abdeckereiwesens normiert. Erst Edikte von 1652, 1665, 1667, 1684 und 1689 enthielten auch spezielle Strafbestimmungen für den Fall, daß *"gefallenes"* Vieh nicht an die Abdecker abgeliefert und möglicherweise selbst vergraben wurde[1127].
Bis ins 17. Jahrhundert beschäftigten sich die Abdecker auch mit ärztlichen und wundärztlichen Verrichtungen[1128]. Durch die dabei angelernten gewissen anatomischen Kenntnisse erlangten sie zweifelhafte Berühmtheit. Allerdings kamen sie dabei auch in den Ruf geheimer Heil- und Zauberkräfte[1129]. Nachdem die Ausübung der ärztlichen, und wundärztlichen Praxis von der Ablegung vorgeschriebener Prüfungen abhängig gemacht worden war, beschäftigten sich die Abdecker als Gewerbetreibende nur noch mit dem Abdeckereigewerbe, mit

---

[1123] Auch die Scharfrichter müssen in diesem Zusammenhang genannt werden, weil für sie in vieler Hinsicht das Gleiche galt, vgl. Bächthold-Stäubli, Band I, S. 21.
[1124] Vgl. *Meyer,* S. 20.
[1125] Vgl. auch Bächtold-Stäubli, Band I, S. 19 f. m.w.N.
[1126] Dies war ein Begriff für abgestandenes, altes oder krankes Vieh.
[1127] Vgl. hierzu die Denkschrift S. 1., m.w.N. auf Verordnungen, in denen die Abdecker genannt wurden. Vgl. dazu speziell auch das Edikt von 1721, modifiziert durch VO vom 02.06.1780, 30.01.1793 und 02.04.1803 wonach das Abdeckereiwesen als allgemeingültiges Landesgesetz betrachtet wurde.
[1128] *von Rönne/Simon,* Bd. I, S. 758.
[1129] Bächthold-Stäubli, a.a.O., S. 20.

welchem sie seit Alters her verbunden waren[1130]. Daneben versahen sie den Dienst des Scharfrichters und damit die Vollstreckung von Todesstrafen, was allerdings in das Ressort der Obergerichte gehörte.
Nach § 4 Thl. 1, Tit. 23 des *ALR* erfolgte die Ausübung des Abdeckereiwesens nur aufgrund eines Realprivilegs als Bannrecht[1131]. Abdeckereien waren damit geduldet. Sie waren zwar lästig und belasteten das Verhältnis zur Landwirtschaft. Dennoch erfüllten sie ihren Zweck, indem sie alles gefallene Vieh bzw. Fleisch, was vom menschlichen Verzehr ausgeschlossen war, annahmen und verwerteten[1132].
Allerdings konnte mit der Gesetzgebung der Jahre 1810 und 1811 auch die Gewerbefreiheit nicht ohne Einfluß auf das Abdeckereiwesen bleiben. Durch das Edikt über die Einführung einer allgemeinen Gewerbesteuer vom 02.11.1810[1133] und das Gesetz über die polizeilichen Verhältnisse der Gewerbe von 1811[1134] wurde das Abdeckereiwesen zu einem *"freien"* Gewerbe[1135]. Da aber das in diesen Gesetzen vorgeschriebene Ablösungsverfahren auf die Abdeckereigerechtigkeit nicht angewendet werden konnte und es auch Bedenken gab, ob es künftig jedem erlaubt sein sollte, das ihm gefallene Vieh selbst abzuledern, entschied man sich dafür, das bisherige Recht in Kraft zu lassen. Man war sich nämlich auch nicht darüber einig, welche Stellung der Abdecker, verbunden mit dem Amt des Scharfrichters, in Bezug auf die ihnen obliegenden gerichtlichen und polizeilichen Funktionen einnehmen sollte. Dennoch sollten einige Mißstände beseitigt werden. Aus diesem Grunde entschied man sich, eine Verordnung zur Modifizierung des Abdeckereiwesens zu erlassen.
In dieser Verordnung vom 26.02.1817 wurde demgemäß bestimmt,

> *"1. daß, wo bereits zureichende, unter öffentlicher Autorität etablirte Scharfrichtereien und Abdeckereien vorhanden, keine neuen Ansetzungen auf Gewerbescheine zu verstatten seien;*
> *2. daß, wo keine öffentlich ausschließlich angeordnete Scharfrichterei- oder Abdeckereibezirke vorhanden seien, die Regierungen so viel Ansetzungen auf Gewerbescheine verstatten könnten, als das Bedürfnis erfordere, jedoch ohne irgend ein Exklusivum dadurch zu konstituiren;*
> *3. daß, wo im Einzelnen auf den Grund von unbezweifelt bestehenden Privilegien oder Pachtkontrakten der Abdecker, Beschränkungen der Befugnis der Einwohner, ihr gefallenes Vieh selbst abzuledern, oder*

1130 *von Rönne/Simon*, a.a.O.
1131 *von Rönne/Simon*, a.a.O, S. 759.
1132 Vgl. hierzu *Meyer*, a.a.O. m.w.N. und insbesondere *Wehls*, Bd. 2.
1133 GS 1810, S. 79.
1134 GS 1811, S. 253.
1135 Denkschrift a.a.O., S. 3; *von Rönne/Simon*, a.a.O., S. 760.

durch ihre Leute abledern zu lassen, bestehen, solche Beschränkungen oder andere den Unterthanen lästige Gerechtsame nicht ferner einzuräumen;
4. daß die polizeilichen Vorschriften auch von den Einwohnern zu befolgen seien, die ihr gefallenes Vieh nicht vom Abdecker abdecken lassen."[1136]

Die Regierung gab aber bald zu, daß der mit der Verordnung angestrebte Zweck, die bestehenden Zweifel und Mißstände zu beseitigen, nicht erreicht wurde. Vielmehr gab diese Verordnung zu zahlreichen Klagen Anlaß. Grund dafür war insbesondere, daß die Vieheigentümer aufgrund dieser Verordnung der Ansicht waren, daß ihnen das Selbstabledern des Viehs gestattet sei. Dem widersprachen die Abdecker, die dieses Recht für sich beanspruchten. Deshalb wurde auch diese Verordnung alsbald wieder außer Kraft gesetzt. Aber auch weitere Verordnungen brachten keine Lösung des Problems.
Die Abdecker klagten über Beeinträchtigungen in ihren Rechten, die Viehbesitzer über eine lästige Beschränkung ihres Eigentums. Aus diesem Grunde beantragten die ostpreußischen Stände durch eine Petition im Jahre 1829,

"... *die privilegierten Abdeckereien gegen Entschädigung von Seiten des Staates aufzuheben."*[1137]

Diese Entschädigung hätte nach Ermittlungen des Staatsrates allerdings 346.774 Rthl. betragen, eine Summe, die die Regierung offenbar nicht ausgeben konnte oder wollte. Oberpräsident *von Schön* schlug daher vor,

"... *das Kapital vorzuschießen, und dann dieses aus einer Verpachtung der aufgehobenen Scharfrichtereien zu ziehenden Einnahme zu amortisiren."*[1138]

Auch dieser Vorschlag versprach aber keinen Erfolg. Im Landtagsabschied vom 03.03.1832 wurden die Regierungen vielmehr angewiesen,

"... *die Ansprüche der Scharfrichter und Abdecker nicht durch polizeiliche Einwirkung zu unterstützen, vielmehr Streitigkeiten über den Umfang ihrer Gerechtsame der gerichtlichen Entscheidung zu überlassen."*[1139]

[1136] Denkschrift, a.a.O.
[1137] Denkschrift, a.a.O., S. 4.
[1138] Denkschrift, a.a.O., S. 5.
[1139] Denkschrift, a.a.O.

Speziell in der Provinz Preußen kamen solche Streitigkeiten vermehrt vor. Dort behaupteten viele der Rittergutsbesitzer, vom Abdeckereizwang frei zu sein. Sie erhielten dabei die Unterstützung des Oberlandesgerichts und des Obertribunals zu *Königsberg*. Beide Gerichtshöfe nahmen an, daß sich der Abdeckereizwang nur auf diejenigen Ortschaften erstreckte, die in sog. Verleihungsurkunden ausdrücklich genannt wurden. In der Revisionsinstanz wurde diese Ansicht jedoch als unrichtig verworfen. Das Revisionsgericht nahm nämlich an, daß die Abdeckereiberechtigten ein Zwangsrecht hätten und es demnach niemandem gestattet sei, sein gefallenes Vieh selbst abzuledern. Dieses Urteil stand im Widerspruch mit der von den Verwaltungsbehörden seit 1811 praktizierten Regelung. Eine legislative Regulierung dieser Angelegenheit wurde immer notwendiger.
Insgesamt entsprach der nunmehr noch bestehende Abdeckereizwang in vielen Landesteilen nicht mehr den Verhältnissen der Landwirtschaft und Industrie. Auch der sechste Provinziallandtag von 1838 hatte seinerzeit durch eine Petition um Ablösung der Abdeckerei-Berechtigung gebeten.

b. Beratungen[1140]

Der Gesetzesentwurf behandelte im wesentlichen zwei Grundfragen. Dies war zum einen die Frage nach der Auflösung des bestehenden Abdeckereizwangs und zum anderen die Frage der Entschädigungszahlungen an die Abdecker. Für den Fall der Aufhebung des Abdeckereizwangs sah der Gesetzesentwurf das weitere Verfahren derselben vor.
Schon zu § 1 GE-AbdeckZ entstand deshalb eine grundsätzliche Diskussion. Der Gesetzesentwurf sah folgende Fassung vor:

> *"Das den Abdeckern in einigen Landesteilen noch zustehende Recht, von den Einwohnern ihres Bannbezirks die Überlassung des gefallenen oder abständig gewordenen Viehs zu fordern, wird hiermit aufgehoben, und fortan einem Jeden gestattet, sein gefallenes oder abständig gewordenes Vieh zu behalten und beliebig zu benutzen, soweit nicht Sicherheits- oder sanitätspolizeiliche Gründe hierin eine Beschränkung nothwendig machen."*

Es ging damit um die grundsätzliche Frage, ob, und auf welche Weise der bestehende Abdeckereizwang abgelöst und damit abgeschafft werden sollte und konnte.
Die Mehrheit der Versammlung wünschte zwar die Ablösbarkeit des Abdeckereizwangs. Dies sollte jedoch nur *"auf Provokation des Verpflichteten"*, also auf Antrag, geschehen. Die Gegenmeinung hielt dagegen die antragslose Aufhebung dieses Rechts für angemessen.

[1140] P., vom 15., 17. und 18.03.1845; V., S. 195.

Die Vertreter der Mehrheit beriefen sich auf § 14 GE-AbdeckZ, in dem die Entschädigung der Abdeckereiberechtigten geregelt war, die nur nach dem zu ermittelnden Reinertrage gewährt werden solle[1141].
Man glaubte, daß eine Entschädigung nicht durch Zwangsmittel auferlegt werden sollte, sondern nach dem freien Willen der Beteiligten gewährt werden müsse. Selbst wenn der Staat die Hälfte der Ablösungssumme übernehme, sei mit der Ablösung eine erhebliche Last für den Verpflichteten zu erwarten. Der Abdeckereizwang hätte einen seinen Wert übersteigenden Reingewinn gewährt, weil es keinen Maßstab für den Makel des Gewerbes und für das Widerwärtige des Geschäfts gebe, was letztlich schwer auf den Abdeckereien laste und deren Wert deutlich verminderte[1142]. Der Gewinn der Viehbesitzer aus der Aufhebung des Abdeckereizwangs würde am Anfang aber um so geringer sein, weil Vorurteile und Unkenntnis sie abhalten dürften, ihr gefallenes Vieh selbst zu verwerten. Auch würden sie in ihren neu erworbenen Eigentumsrechten durch sanitätspolizeiliche Vorschriften beschränkt sein und müßten daher ohnehin die alten Abdecker in Anspruch nehmen, so daß diese ihr Gewerbe noch lange in gewohnter Manier fortsetzen könnten.
Man erkannte zwar die Schwierigkeiten und die Möglichkeit von Verzögerungen an. Man zweifelte aber ebensowenig daran, daß es der Regierung gelingen werde, diese Hindernisse zu beseitigen. Deshalb wünschten diese Vertreter die Ablösung auf Antrag selbst dann, wenn das in dem Entwurf aufgestellte Prinzip der Entschädigung nach dem Erwerbungspreis aufgestellt werden solle und dabei die Ermittlung des Reinertrags beschränkt oder ausgeschlossen würde[1143].
Die Mindermeinung beharrte auf dem Inhalt des Entwurfs zu § 1 GE-AbdeckZ. Sie glaubte, daß nur durch die uneingeschränkte Aufhebung des Bannrechts sowohl den Viehbesitzern ein wahrer Gewinn als auch den Berechtigten eine genügende Entschädigung gewährt werden könne. Nur durch die Aufhebung des Zwangsrechts in allen Landesteilen, nicht nur durch die Ablösung desselben in einzelnen Orten, könne eine Konkurrenz von geprüften Abdeckern entstehen, welche dem Viehbesitzer eine angemessene Entschädigung für das Kadaver gewähren würde[1144].
Die Abstimmung ergab schließlich eine Mehrheit von 39 gegen 22 Stimmen für die Regelung, daß eine Ablösung nur auf Antrag erfolgen sollte.
In § 3 GE-AbdeckZ war folgendes bestimmt:

> *"Die Abdeckereibesitzer, welche hiernach ihre ausschließliche Berechtigung verlieren und ihre Zwangs- und Bannrechte nicht mehr*

[1141] Dazu sogleich unten, es gab zwei Berechnungsmöglichkeiten für eine Entschädigungszahlung an die Abdecker.
[1142] Gemeint war hier die Verpflichtung zu Hinrichtungen.
[1143] V., S. 197.
[1144] V., a.a.O.

ausüben können, werden, vorbehaltlich der auch ferner von ihnen an den Staat zu entrichtenden Gewerbe- und Grundsteuern, von allen sonstigen Abgaben und Leistungen, zu denen sie in Bezug auf ihr Gewerbe vermöge ihrer Privilegien, oder der Gesetze oder hergebrachter Gewohnheit, sei es dem Staat, einer Gemeinde oder Gutsherrschaft bisher verpflichtet waren, von jetzt ab entbunden. Andererseits fallen auch die ihnen hin und wieder gewährten Gehälter mit dem Tage der Publikation dieses Gesetzes fort. Die zur Ertheilung von Gewerbs-Konzessionen an Abdecker oder zum Empfange von Abgaben und Leistungen derselben bisher Berechtigten können eine Entschädigung für den Verlust dieser Berechtigungen nur nach den Bestimmungen der Entschädigungs-Ordnung und den weiter unten folgenden Vorschriften fordern."

Die Abgeordneten beantragten hierzu die Modifizierung,

> *"... daß die den Scharfrichtern durch die Privilegien zugestandene Befreiung von Kontributionen, Einquartirung und dergl. mit der Aufhebung des Zwangsrechts aufhören soll."*[1145]

Allerdings fand dieser Antrag nicht die volle Unterstützung der Versammlung. Nur 34 Vertreter votierten für den Wegfall dieser Privilegien, wohingegen sich 26 Vertreter, zu welchem auch der ganze Stand der Städte angehörte, dagegen aussprachen.
Die Mehrheit der Abgeordneten begründete ihre Ansicht wie folgt:

> *"Diese Benefizien wären ein [Annex] der Belehnung mit der Scharfrichterei, ein Theil des Gehaltes, den der Scharfrichter nicht mit Zustimmung der städtischen Behörde erlangt habe, sondern der ihm vom Landesherrn, ohne dieselbe zu befragen, zugestanden worden sei."*[1146]

Wenn nun aber mit der Aufhebung der Gerechtigkeit das Gehalt wegfallen solle, so müßten nach den Vorschriften des *Landrechts* auch jene Benefizien aufgehoben werden.
Die Vertreter der Minorität widersprachen dieser Argumentation, weil das Gesetz nur das Zwangsrecht der Scharfrichter aufhebe. Diese blieben aber weiterhin im Besitz ihrer übrigen Rechte. Jedenfalls würden auch die Städte allein die

---

[1145] V., S. 198.
[1146] V., a.a.O.

Scharfrichter bei der Aufhebung dieser Benefizien entschädigen müssen, weil nur sie dadurch einen Vorteil hätten[1147].
In den §§ 13, 14 GE-AbdeckZ waren zwei Arten der Entschädigung geregelt. Einmal nach § 13 GE-AbdeckZ, wonach die Preise der in einem Zeitraum von 20 Jahren vorkommenden Verkäufe, Vererbungen und Verpachtungen maßgebend sein sollten, und dann nach § 14 GE-AbdeckZ, wenn diese Besitzveränderungen nicht vorgekommen wären, nach dem Reinertrag, welchen die Abdekkereigerechtigkeit gewährt habe[1148]. Es erschien der Mehrheit der Abgeordneten aber nicht angemessen und billig, zwei verschiedene Arten der Entschädigungsermittlung anzuwenden.
Sie wünschten daher den Wegfall des § 13 GE-AbdeckZ nach seinem wesentlichen Inhalte und für § 14 GE-AbdeckZ eine Fassung, nach welcher die Entschädigung für die Abdeckereigerechtigkeit nur nach dem Reinertrag gewährt und derselbe aus der Periode der letzten zwanzig Jahre ermittelt werden sollte. Dieser zweifache Modus der Entschädigung würde notwendig zu Ungerechtigkeiten führen und damit wiederum zu begründeten Beschwerden Anlaß geben. Auch würden Verkäufe nur selten vorkommen, weil die Abdeckerei-Gerechtigkeit in der Regel vererbt würde, so daß der Preis kein Anhalt für eine Entschädigungsberechnung sein könne. Aber auch Kaufpreise seien nicht repräsentativ. Ein solcher hänge zwangsläufig von Zufälligkeiten und Wertveränderungen ab[1149].
Bei der Ermittlung des Reinertrags aber müsse ein 20–jähriger Zeitraum um so mehr beibehalten werden, weil die Abdeckereigerechtigkeit in den letzten Jahren[1150] an ihrem Werte verloren habe. Auch wären bei einem zu kurzen Zeitraum Simulationen zum Nachteil der Verpflichteten denkbar, wenn es nicht unbekannt geblieben sei, daß die Aufhebung dieser Gerechtigkeit beantragt und beabsichtigt worden sei[1151].
Nachdem sich die Versammlung aus den zu § 1 GE-AbdeckZ angeführten Gründen für die Ablösbarkeit der Abdeckereigerechtigkeit nur auf dem Wege der Provokation entschieden hatte und die Ermittlung der Entschädigungssumme in § 14 GE-AbdeckZ nach dem Reinertrag wünschte, nahm sie auch die §§ 16, 17, 18 und 19 des Gesetzentwurfs an, weil das Entschädigungsinteresse der Verpflichteten eine vollkommende Würdigung verdiene und einer Belastung derselben zu Gunsten des Abdeckereibesitzers und dadurch einer Erschwerung der Ablösung selbst vorgebeugt werden müsse[1152].

1147 V., a.a.O.
1148 V., S. 199.
1149 V., a.a.O.
1150 Jedenfalls nach den Motiven zum Gesetzesentwurf.
1151 V., S. 200.
1152 V., a.a.O.

Eine Mehrheit von 36 Abgeordneten ging aber noch weiter. Sie wünschten selbst mit Rücksicht auf die Besorgnis, daß der Reinertrag eine unverhältnismäßig hohe Entschädigung veranlassen könne, daß die Kapitalisierung des Reinertrags nicht mit 4 %, sondern nach § 20 GE-AbdeckZ mit 8 % erfolgen solle[1153]. Durchdringen konnten sie mit ihrer Ansicht aber letztlich nicht.
In § 24 GE-AbdeckZ war folgendes bestimmt:

> *"Dieser Beitrag wird hiermit auf 50 Prozent des zu leistenden Entschädigungs-Quanti festgesetzt und soll auf die bisher dem Abdeckereizwange unterworfen gewesenen Viehbesitzer des aufgehobenen Bannbezirks nach Verhältniß ihres Viehbestandes, wie dieser am ... gewesen, reparirt werden."*

Es ging um den Beitrag aus § 23 GE-AbdeckZ, den die nach dieser Verordnung begünstigten Viehbesitzer zur Entschädigung der Abdecker zahlen sollten.
Die Abgeordneten wünschten aber in Anlehnung an die Beratungsergebnisse zu den §§ 1 und 14 GE-AbdeckZ, daß anstatt der Worte: *"des aufgehobenen Bannbezirks"* gesagt werde: *"des ablösenden Ortes"*, um dadurch auszudrükken, daß jedem einzelnen Ort, der auf Ablösung provoziert, der Beitrag von 50 % aus Staatsfonds gewährt werden solle. Das gleiche sollte übrigens auch für § 25 GE-AbdeckZ gelten, um auch hier klarzustellen, daß jedem einzelnen Ort, der die Ablösung wünschte, der Beitrag von 50 % aus Staatsfonds zu gewähren war.

c. Ergebnis

Am 04.04.1845 wurde das Gutachten an den König vollzogen[1154]. Aber erst am 31.05.1858 erging ein Gesetz zur Regulierung des Abdeckereiwesens[1155], obwohl am 13.10.1846 im Staatsministerium noch über den Gesetzesentwurf beraten worden war[1156]. Hier wurde insbesondere noch einmal über die Erteilung von Gewerbekonzessionen und die Gewährung von Entschädigungen sowie über die Art der Vertretung der zwangspflichtigen Viehbesitzer, unter Berücksichtigung der ständischen Gutachten diskutiert[1157].

[1153] V., a.a.O.
[1154] V., S. 201.
[1155] GS 1858, S. 333.
[1156] *Holtz*, Acta Borussica, Bd. 3, S. 288, Nr. 392, m.w.N. auf die Originalprotokolle der Beratungen.
[1157] *Holtz*, Acta Borussica, a.a.O.

Das Gesetz vom 31.05.1858 wurde jedoch bereits durch das Gesetz vom 17.12.1872, betreffend die Aufhebung und Ablösung der auf den Betrieb des Abdeckereigewerbes bezüglichen Berechtigungen[1158], wieder aufgehoben.
Ein möglicher gesetzgeberischer Einfluß des Landtags kann daher nur für das 1858 ergangene Gesetz in Betracht kommen.
Zunächst ist dabei festzustellen, daß in §§ 1 und 2 des Gesetzes betreffend die Regulierung des Abdeckereiwesens von 1858 die Ablösung wie von den Brandenburgern vorgeschlagen tatsächlich nur auf Antrag des Verpflichteten erfolgen sollte. Auch der zweite Kernpunkt der Diskussionen, die Frage nach der Entschädigung, die die Versammlung mit dem Reinertrage festgesetzt wissen wollte, fand Eingang in das Gesetz. Die Entschädigung sollte nach § 9 des Gesetzes mit der Maßgabe ermittelt und festgestellt werden, daß der Betrag der *reinen* Nutzungen, welche die Berechtigten erweislich in den Jahren 1835 bis 1854 bezogen hatten, zu Grunde gelegt wurde. Insofern kann durchaus von einer Einflußnahme des neunten Provinziallandtags ausgegangen werden.
Erst mit dem Gesetz vom 17.12.1872 wurden endgültig alle die Berechtigungen aufgehoben, die ohne Entschädigungszahlung möglich und zulässig waren. Darüber hinaus wurden mit diesem Gesetz alle anderen Zwangs- und Bannrechte beseitigt, was auch schon der neunte Provinziallandtag verlangt hatte.

9. Verhandlungen zu einem Antrag der Stände aufgrund mehrerer Bittschriften betreffend der Einheit der Gesetzgebung für die bürgerlichen Verhältnisse der Juden (Petition Nr.9)[1159].

a. Vorgeschichte[1160]

Kurfürst Friedrich Wilhelm gestatte 1671 erstmals nach der letzten Judenvertreibung wieder einer begrenzten Anzahl von fünfzig jüdischen Familien die Niederlassung in der Mark *Brandenburg*. Er erlaubte damit deren Niederlassung,

> *"... dafern es reiche, wohlhabende Leute wäre, welche Mittel ins Land bringen und hier anlegen wollten."*[1161]

Man versprach sich von der begrenzten Anzahl kapitalkräftiger Juden eine Belebung der Wirtschaft des Landes. Es wurde ihnen freier "Handel und Wandel"

[1158] Abgedruckt bei *von Rönne*, Ergänzungen, Bd. 3, S. 469.
[1159] P., vom 15.04.1845; V., S. 328.
[1160] Vgl. hierzu insbesondere die detaillierte Darstellung bei *Brammer,* die bezüglich der Geschichte der Juden in *Preußen*, mit Aufnahmeedikt von 1671 beginnt und weiteren Nachweisen.
[1161] Vgl. *Brammer,* S. 11, m.w.N.

im gesamten Herrschaftsgebiet erteilt, mehr nicht. Sämtliche andere Tätigkeiten blieben ihnen verschlossen, insbesondere sollten sie keinesfalls die nach dem dreißigjährigen Krieg dezimierte Bevölkerungszahl erhöhen. Ebensowenig wurde ihnen, im Gegensatz zu den ins Land geholten Hugenotten, eine endgültige und gesicherte Existenz versprochen oder eröffnet.

Ihr Lebens- und Wirkungskreis wurde durch Judenordnungen festgelegt. Die Juden waren Immigranten und als Fremde nur geduldet. Sie befanden sich außerhalb der ständischen Gesellschaft. 1781 veröffentlichte der Staatsbeamte *Christian Wilhelm Dohm* die Schrift *"Über die bürgerliche Verbesserung der Juden"*. Damit löste er eine grundsätzliche Diskussion über die Behandlung der jüdischen Bewohner zunächst in intellektuellen Kreisen aus[1162]. Aus Sicht der Aufklärung und der herrschenden Wirtschaftstheorie des Merkantilismus[1163] entdeckte *Dohm* in den Juden den erziehungswürdigen Menschen, für dessen *"Umwandlung"* zum nützlichen und gleichberechtigten Bürger der Staat die Verantwortung trage[1164].

Während man in Österreich diesen Erziehungsgedanken aufgriff und den Juden einige wenige Rechte einräumte, erfolgte in Frankreich schon 1791 die vollständige Emanzipation der Juden. Dagegen erließ der preußische Staat erst am 11.03.1812 ein Edikt, betreffend die bürgerlichen Verhältnisse der Juden[1165]. Dieses Edikt betraf seinerzeit aber nur einen kleinen Teil der preußischen Juden. Mit der Abtretung der Provinzen mit hohen jüdischen Bevölkerungsteilen nach dem Tilsiter Frieden, hatte sich der Anteil der Juden im preußischen Staat von 2,3 % im Jahre 1803 auf 0,73 % im Jahre 1811 verringert[1166]. Durch das Edikt von 1812 erklärte *Preußen* die Juden zu *"Einländern und Preußischen Staatsbürgern"*[1167]. Darüber hinaus wurden den Juden die bürgerliche Gleichberechtigung zugesprochen, womit allerdings nicht die vollständige bürgerliche und politische Gleichstellung mit allen Untertanen gemeint war. Als *"Preußische Staatsbürger"* waren die Juden weder zur Ausübung ständischer Rechte[1168] noch zum Eintritt in den Staatsdienst[1169] berechtigt. Fraglich blieb auch der Zugang zu Lehr-, Schul- und Gemeindeämtern. Da die hierzu im Edikt geforderte notwendige Qualifikation nicht weiter ausgeführt wurde, konnten jederzeit sachfremde Erwägungen gefunden werden, um die Juden auch von diesen Stellen auszuschließen[1170]. Der Staat machte die Juden durch dieses Edikt zwar zu

---

[1162] *Brammer*, S. 7.

[1163] Eine Wirtschaftspolitik die den Außenhandel und damit die Industrie förderte um den nationalen Reichtum und die Macht des Staates zu vergrößern.

[1164] *Brammer*, a.a.O.

[1165] GS 1812, S. 17.

[1166] *Silbergleit*, S. 5.

[1167] Vgl. § 1 des Edikts von 1812.

[1168] Vgl. § 21 a.a.O.

[1169] Vgl. § 9 a.a.O.

[1170] Vgl. § 8 a.a.O.

preußischen Staatsbürgern. Er achtete aber sehr genau darauf, daß den Juden der Zugang zu den Bereichen, in denen sie ihren Glauben hätten ausüben können, versagt blieb.

b. Beratungen

Zu den Landtagsverhandlungen von 1845 lagen Anträge auf die "völlige" Emanzipation der Juden vor. Diese gingen von den Ältesten und Vorstehern der Berliner Judenschaft sowie von über 600 Einwohnern sowohl jüdischen als auch christlichen Glaubens zu *Berlin* aus[1171]. Auch der Magistrat und die Stadtverordneten von *Berlin* wollten ihrerseits zunächst eine Petition an die Provinzialstände richten. Alle Beteiligten ließen nach Gesprächen mit der dortigen jüdischen Gemeinde jedoch wieder von einem solchen Antrag ab[1172]. Der Grund dafür lag wohl auch im politischen "Duckmäusertum", was folgendes Beispiel zeigt:

Der Berliner Seminardirektor *Diesterweg* hatte zunächst eine der in Umlauf gebrachten Petitionen auf Emanzipation der Juden unterstützt. Nachdem er allerdings Rücksprache mit den Staatsbehörden wegen dieser Petitionen gehalten hatte, zog er seine Unterschrift und damit seine Unterstützung wieder zurück[1173].

Der Ausschuß des brandenburgischen Provinziallandtags, der sich mit den eingebrachten Bitten beschäftigte, war gegen eine völlige Emanzipation der Juden und trat lediglich - aber sehr vehement - für eine Verbesserung der bürgerlichen Verhältnisse der Juden ein. Dies sei "*sowohl im Moralprinzip als auch in der christlichen Moral*[1174] *begründet*". Der Staat sei dabei zum gleichmäßigen Schutz aller Bürger und zur Förderung der Zwecke des Gemeinwohls verpflichtet. Auch der absolute christliche Herrscher müsse das christliche Moralgesetz anerkennen. Dabei seien auch die Lehren des *Talmud* kein Hindernis für diese Art der Emanzipation. Daß die Juden "*trotz des Drucks von mehr als 1500 Jahren*" noch so viele guten Eigenschaften behalten hätten, müsse geradezu beweisen, daß sie eines besseren Loses würdig seien[1175]. Man möge sich also ihnen nähern und,

> "*... da das factum ihrer Existenz unter uns einmal da sei,...*"

[1171] Vgl., P. vom 15.04.1845.

[1172] *Brammer*, S. 313. Auf Initiative von *Moritz Veit* nahm der Vorstand der jüdischen Gemeinde Kontakte mit Berliner Kommunalpolitikern auf, Vgl. hierzu *Geiger* in Jb. für jüdische Geschichte und Literatur, *Berlin* 1910, Bd. 13, S. 140 und AZJ, 1845, Nr. 5 (27.01.1845), S. 58, Nr. 9 (24.02.1845), S. 120, Nr. 11 (10.03.1845), S. 153.

[1173] *Brammer*, S. 313; AZJ 1845, Nr. 13 (24.03.1845), S. 187.

[1174] das Prinzip der Liebe.

[1175] P., a.a.O.

dahin wirken, sie allmählich

> *"mit uns zu verschmelzen."*[1176]

Dagegen wehrten sich in den Beratungen nunmehr die Lausitzer Städte[1177] und votierten gegen den Ausschuß. Sie begründeten dies damit, daß diese Argumentation auf die Vorbereitung der völligen Emanzipation der Juden hinauslaufe. Dadurch würden die Lausitzer Städte aber erheblich geschädigt, nachdem durch die kürzlich erlassene Gewerbeordnung vom 10.02.1845[1178], die den Abgeordneten bereits vorlag, die Gewerbeberechtigungen ohnehin weggefallen seien. Zahlreiche Juden würden sich in der Lausitz niederlassen. Des weiteren wurde vorgetragen, daß die Juden das Christentum geradezu als Lüge bezeichneten. Die Juden könnten aufgrund ihres Glaubens weder den christlichen Staat noch den christlichen Monarchen anerkennen. Vielmehr würden sie überhaupt keinen Staat anerkennen, weshalb sie auch nicht emanzipiert und gleichgestellt werden könnten.
Nur ein einziger Abgeordneter trat hingegen für die sofortige Emanzipation der Juden und insbesondere für die Übertragung von Lehrstühlen an Juden ein.
Der Landtag leitete seine Petition nach der Diskussion in der Plenarversammlung damit ein, daß

> *"... sich der landesväterlichen Gesinnung auch diejenigen Teile der Bevölkerung unterzögen, die sich zwar nicht zur christlichen Religion bekennen würden, aber auch die weise und gerechte Gesetzgebung seiner Königlichen Majestät schätzten."*[1179]

Aufgrund der Bittschriften und eines von der überwiegenden Mehrheit der Versammlung gefaßten Beschlusses *"wagten"* die Vertreter daher vorab, auf den gegenwärtigen Zustand, in welchem sich die bürgerlichen Verhältnisse der Juden befänden, hinzuweisen:

> *"Bereits sind drei Decennien seit der durch den Pariser Friedens-Schluß gebildeten Organisation des Preußischen Staatsgebietes verflossen, und noch immer gelten für die Juden in den damals neu und wieder erworbenen Landestheilen die verschiedenartigen, bei der Occupation derselben vorgefundenen Gesetzgebungen.*
> *Inwieweit die Aufhebung der dadurch begründeten Rechtsunsicherheit für den gesamten Staat zufällig sein mag, vermögen wir zwar von*

[1176] P., a.a.O.
[1177] u.a. *Guben* und *Sorau*.
[1178] GS 1845, S. 41.
[1179] V., S. 238.

> *unserem Standpunkte aus nicht genügend zu übersehen, jedoch glauben wir für den Umfang unseres Provinzial-Verbandes die Überzeugung aussprechen zu müssen, daß zur Zeit die Juden in keinem Theile desselben sich in einem Zustande befinden, der es rechtfertigen könnte, sie noch länger von den Vortheilen der bestehenden, väterlichen Gesetzgebung auszuschließen."*[1180]

Bei einer Verbesserung der bürgerlichen Verhältnisse der Juden handele es sich zunächst nur um eine *"erweiterte Einführung"* des Gesetzes vom 11.03.1812[1181]. Dieses Gesetz habe seinerzeit die Entscheidung wichtiger Fragen auf einen späteren Zeitpunkt verschoben, es habe zwar auch weitere Modifikationen erhalten, diese seien allerdings nur aus den augenblicklichen Bedürfnissen entsprungen und ständen nicht mit denjenigen Garantien in Einklang, die die deutsche Bundes-Akte den Juden gewähre[1182]. Dies seien an sich schon Gründe genug, daß sich die *"Generation der Gegenwart"* nach Ablauf von 33 Jahren wohl für berechtigt halten dürfe, auf die Erörterung und baldige Entscheidung aller dieser Fragen im verfassungsgemäßen Wege der Gesetzgebung zu hoffen. Zwar seien bereits durch die *"Gnade des hochseeligen Königs Majestät"* vor mehr als 20 Jahren Beratungen wegen der Regulierung der Rechtsverhältnisse der Juden eingeleitet worden. *"Bedauerlicherweise"* habe damals aber kein Resultat erzielt werden können und gegenwärtig seien nach Ansicht des Landtags die damals abgegebenen Erklärungen der Provinzialstände nicht mehr unbedingt als den Verhältnissen der Gegenwart entsprechend anzusehen.

Eine *"Reihe segensreicher Friedensjahre"* habe inzwischen in der *"Entwicklung aller Verhältnisse einen mächtigen Umschwung"* herbeigeführt und dieser sei auch auf den Kulturstand der Juden nicht ohne den wesentlichen Einfluß geblieben:

> *"Sie scheinen daher gegenwärtig wohl zu größeren Rechten befähigt zu sein, und das allerunterthänigste Gutachten des Brandenburgischen Provinzial-Landtags vom Jahre 1824 hat es auch bereits ausdrücklich anerkannt, daß dasselbe nur in Berücksichtigung des damaligen Kulturzustandes der Juden und nur für die Dauer desselben gelten könne."*[1183]

[1180] V., S. 238 f.
[1181] GS 1812, S. 17.
[1182] V., a.a.O.
[1183] V., a.a.O.

Der Landtag schloß sich daher der Hoffnung an, daß

> *"... es seiner Königlichen Majestät gefallen werde, bei der Wiederaufnahme des Gegenstandes aufs Neue die Stimme der getreuen Stände zu vernehmen."*[1184]

Indem die Stände diese Wiederaufnahme nochmals als ein dringendes Bedürfnis bezeichneten und nachdem sie diese Bitte ihrer Meinung nach ausführlich und *"untertänigst"* eingeleitet hatten, *"wagten"* sie nunmehr die folgende Petition auszusprechen[1185]:

> *"Ew. Königliche Majestät wolle Allergnädigst geruhen, die Einheit der Gesetzgebung für die bürgerlichen Verhältnisse der Juden in der Provinz auf den Grundlagen des Edikts vom 11.März 1812 herbeiführen, dabei die Bestimmungen dieses Gesetzes mit Rücksicht auf den fortgeschrittenen Kulturzustand der Juden einer durchgreifenden Revision unterwerfen, und den daraus hervorgehenden Gesetz-Entwurf den Ständen bald möglichst zu Begutachtung vorlegen zu lassen."*[1186]

Der Antrag beschränkte sich also lediglich auf eine Revision des Gesetzes von 1812 und damit nur auf eine teilweise Emanzipation der Juden. Konkret ging es dem Landtag auch nur um die Verbesserung der bürgerlichen Verhältnisse der Juden.
In der Abstimmung wurde die völlige Emanzipation der Juden mit 42 gegen 20 Stimmen abgelehnt und die Petition mit 48 gegen 14 Stimmen angenommen[1187].

c. Ergebnis

Am 15.04.1845 wurde diese Bitte an den König vollzogen. Die Regierung teilte dem neunten brandenburgischen Provinziallandtag durch den Landtagsabschied vom 27.12.1845 mit, daß diese Petition bei den nunmehr stattfindenden legislativen Beratungen Berücksichtigung finden werde[1188], eine eher unverbindliche Zusage. Im Landtagsabschied an den schlesischen Provinziallandtag wurde die Regierung schon deutlicher. So war es ihnen dort besonders wichtig klarzustellen,

---

[1184] V., a.a.O.
[1185] Dieser Antrag war vom Ausschuß zuvor beraten und beschlossen worden.
[1186] V., a.a.O.
[1187] P., a.a.O.
[1188] Landtagsabschied 1845, unter Nr. 9.

> *"... daß es nicht unser Wille ist, die Juden zu Ämtern zu befähigen, welche ihnen eine obrigkeitliche Gewalt über unsere christlichen Unterthanen gäben."*[1189]

Unabhängig von der Frage und dem Ergebnis der Beratungen der Brandenburger läßt sich zunächst feststellen, daß insbesondere die preußische Regierung nicht an einer großen Veränderung der Verhältnisse der Juden interessiert war. Der größte Widerstand kam dabei offenbar vom König selbst, wobei die Einführung einer größeren Freizügigkeit für alle jüdischen Bewohner der Monarchie als möglich angesehen wurde[1190]. Die Befürchtung, daß in *Preußen* die Gleichstellung der Juden in allen bürgerlichen und politischen Rechten mit der übrigen Bevölkerung in naher Zukunft nicht erreicht werde, teilte auch die in *Hamburg* erscheinende Zeitschrift *"Der Jude"*. Allerdings gab man sich hier der Hoffnung hin, daß bei der nächsten Zusammenkunft der Landtage eine noch stärkere Petitionsbewegung aus dem Bürgertum im Stande sein werde, die preußische Regierung von der Notwendigkeit der Emanzipation der Juden zu überzeugen[1191].

Daß die Brandenburger bei ihren Beratungen ihre bekannte konservative Haltung beibehielten, zeigt ein Vergleich mit den anderen Landtagen. *Brammer* geht sogar noch weiter und bezeichnet den "politischen Bildungsgrad" der Brandenburger in Anlehnung an *Robert Prutz*[1192] als rechts mit *Pommern* und *Sachsen*, während *Westfalen* die Mitte bildete und *Posen*, *Schlesien*, *Preußen* und die *Rheinprovinz* als links galten[1193].

Im linksrheinischen Teil *Preußen*s galt nämlich immer noch das die Juden in ihren Rechten beschränkende napoleonische Dekret vom 17.03.1808, das durch eine Kabinettsorder vom 03.03.1818 auf unbestimmte Zeit erneuert worden war[1194]. Bereits 1843 forderten Bittschriften aus *Köln, Aachen, Trier, Düsseldorf, Bonn, Saarbrücken, St. Johann* und des Kantons *Wallerfangen* den Provinziallandtag auf, sich für eine vollständige Emanzipation der Juden einzusetzen[1195]. Nach einer ausführlichen Landtagsdebatte am 17.03.1843 verabschiedete das Plenum mit 54 gegen 19 Stimmen in namentlicher Abstimmung eine Petition an den König auf völlige Gleichstellung der Juden in bürgerlicher und

---

[1189] Landtagsabschied an die schlesischen Stände in AZJ, 1846, Nr. 3 (12.01.1846), S. 36.

[1190] *Brammer*, a.a.O.

[1191] *Brammer*, a.a.O.; Der Jude in Deutschlands Gegenwart, Hrgs. v. *Eduard Cohn*, Hamburg 1846, Nr. 2 (13.01.1846), S.12.

[1192] *Prutz*, Bd. 1, S. 403.

[1193] *Brammer*, S. 319. Die Einteilung in Rechts, Rinks und Mitte erfolgte zwar erst Jahre später mit der Einführung verschiedener Sitze von Parteien im Parlament. Dennoch kann die dahinter stehende politische Einteilung der Landtage hier zum besseren Verständnis sprachlich verwendet werden.

[1194] Nachweise bei *Bleich*, S. 196 f; *Kastner*, S. 12 ff.

[1195] Zu den Petitionen usw. die Quellen bei *Kastner* a.a.O., S. 587 ff., 672 ff.

politischer Hinsicht mit den christlichen Untertanen. Der Landtagsabschied verwies auch hier die Stände lediglich auf die legislativen Beratungen[1196].

Dem Rheinischen Provinziallandtag von 1845 lagen erneut Bittschriften der Städte *Köln, Kleve, Bonn, Elberfeld, Aachen, Essen, Mühlheim a.R., Wesel, Düsseldorf, Wallerfangen, Trier* und *Saarbrücken* auf Aufhebung des Dekrets vom 17.03.1808 und auf

> *"Wegräumung aller noch bestehenden Hindernisse zur völligen Gleichstellung der Juden in bürgerlicher und politischer Hinsicht mit den christlichen Unterthanen vorzubereiten und deren Beseitigung herbeizuführen."*[1197]

Die Stände verabschiedeten daraufhin nach einer längeren Debatte[1198], deren Inhalt in ganz *Preußen* bekannt wurde, eine entsprechende Petition mit 56 gegen 16 Stimmen. Im Landtagsabschied äußerte die Regierung dann aber auch erstmals die Absicht,

> *"... die Juden in Beziehung auf die politischen Rechte den christlichen Unterthanen völlig gleich zu stellen."*[1199]

Der König war aber noch davon überzeugt, daß der so weit gehende Antrag bei der Mehrzahl der Untertanen keine Unterstützung finden würde.

In weiteren fünf Landtagen fanden 1845 ausführliche Diskussionen über die Emanzipation der Juden statt[1200]. Die Anträge auf eine endgültige Emanzipation der Juden kamen meistens aus den größeren Städten und jüdischen Gemeinden. Allerdings sprachen sich jeweils wieder nur Minderheiten für die *"völlige"* Emanzipation der Juden aus, in *Posen* 19 gegen 27 Abgeordnete, in *Ostpreußen* 30 gegen 57 Abgeordnete, in *Westfalen* 17 Abgeordnete sowie in *Schlesien* eine nicht näher bekannte Zahl von Deputierten[1201]. Allerdings kamen in den Provinziallandtagen von *Ostpreußen, Posen, Schlesien* und – wie gezeigt - in *Brandenburg* Zweidrittelmehrheiten und damit auch Petitionen an den König zustande, in ganz *Preußen* das Edikt von 1812 einzuführen und voll anzuwenden. Da-

---

1196 Verhandlungsprotokolle bei *Kastner* a.a.O., S. 682 ff.; auch bei *Schubert*, PLT m.w.N.; Landtagsabschied bei *Schubert*, Bd. 2, S. 604.

1197 Zitiert nach der Petition der Stände, bei *Schubert*, a.a.O., Bd. 6, S. 198; Eingaben der Stände bei *Kastner*, a.a.O., S. 851 ff.

1198 Protokoll bei *Schubert*, a.a.O., Bd. 6, S. 165 ff; *Kastner*, a.a.O., S. 911 ff.

1199 *Schubert*, a.a.O., Bd. 5, S. 360.

1200 Vgl. hierzu die ausführliche Darstellung bei *Brammer*, S. 304 ff., die sich zum Teil auf Originalquellen stützt.

1201 Vgl. hierzu *Schubert*, Preußen, S. 50. m.w.N.

bei wollten letztlich nur die *Brandenburger* und der schlesische Landtag nicht über die gewährten Rechte von 1812 hinausgehen[1202].
Am 23.07.1847[1203] wurde das Gesetz über die Verhältnisse der Juden verabschiedet. Es trug den Wünschen der Provinziallandtage aber nur teilweise Rechnung. Um die Beratungen der *Brandenburg*er von 1845 noch mehr zu verdeutlichen und bilanzieren zu können, muß auch hier näher auf das verabschiedete Gesetz eingegangen werden.
Der Entwurf zu diesem Gesetz wurde Ende 1846 Anfang 1847 fertiggestellt und vom Staatsministerium verabschiedet[1204]. Zuvor, im Juni 1847, beriet die Kurie der Stände des Vereinigten Landtags und die Herrenkurie dieses Landtags sehr ausführlich über diesen Entwurf. Der Vereinigte Landtag war durch Verordnung vom 03.02.1847[1205] geschaffen und durch die Abgeordneten aller Provinziallandtage gebildet worden[1206]. Nach § 14 dieser Verordnung fanden separate Verhandlungen des sog. Herrenstandes[1207] statt, die später aber auch den Plenarberatungen teilnahmen[1208].
In der Ständekurie sprachen sich nur 186 gegen 220 Abgeordnete für die von *Winzler* und *v. Beckerath* beantragte völlige Emanzipation der Juden aus[1209]. Die Bildung von Judenkorporationen nach § 2 des Gesetzesentwurfs zu politischen Zwecken wurde abgelehnt. Vielmehr sollte die Korporation als Synagogengemeinde auf das Kultus- und Lehramtswesen beschränkt sein. Mit 220 gegen 215 Stimmen beschloß die Ständekurie weiter,

> *"... daß Juden zu allen Staatsämtern zuzulassen mit Ausnahme derer, mit welchen eine Leitung oder Beaufsichtigung der christlichen oder Kultusangelegenheiten verbunden ist."*[1210]

Für die Zulassung zu Gemeindeämtern entsprechend dem Edikt von 1812 sprachen sich 254 gegen 212 Abgeordnete aus. Nach dem Vorschlag der Ständekurie sollten die Juden auch zu allen akademischen Lehrämtern zugelassen werden, die ihrer Natur nach nicht das christliche Glaubensbekenntnis erforderten.

1202 Vgl. zu den Forderungen der anderen Landtage, *Schubert*, a.a.O., S. 50 f.
1203 GS 1847, S. 263.
1204 *Brammer* a.a.O., S. 328 ff.
1205 GS 1847, S. 34.
1206 Vgl. hierzu auch *Obenaus*, S. 649 ff.
1207 Virilstimmeninhaber (fürstliche Einzelstimme) als ehemalige Standesherren.
1208 Den Debatten in der Kurie waren die Beratungen in den Abteilungen, den Ausschüssen, vorangegangen. Diese sind abgedruckt bei *Bleich*, a.a.O., Bd. 4, S. 1706 ff. Die Kurieberatungen sind abgedruckt bei *Bleich* a.a.O., Bd. 4, S.1984 ff. Eine ausführliche Darstellung der Beratungen findet sich auch bei *Brammer*, S. 345 ff.
1209 *Bleich* a.a.O., S. 1969.
1210 *Brammer*, S. 348; *Schubert*, Preußen, S. 51.

Nach den Beschlüssen der Herrenkurie sollten die Juden dagegen auf die ordentliche Professur in den mathematischen, naturwissenschaftlichen und medizinischen Lehrfächern beschränkt bleiben. Mit 220 Stimmen wurde gefordert, den Juden alle ständischen Rechte gleich den Christen beizulegen. Für die Zulassung der Ehe zwischen Juden und Christen votierten 281 gegen 142 Abgeordnete. Die Heirat inländischer Juden mit ausländischen Jüdinnen sollte sich dagegen nach den §§ 17 und 18 des Edikts vom 11.03.1812 richten und nicht nach dem vorgeschlagenen § 41 des Entwurfs[1211].
Nach Abschluß der Beratungen wurden von der Regierung in den Entwurf im wesentlichen nur die mit Zweidrittelmehrheit beschlossenen Änderungen eingearbeitet. Dies waren die Bestimmungen über die Zulassung der Juden zu öffentlichen Ämtern und über die ständischen Rechte der Juden[1212]. In Erweiterung der Vorlage wurden für Juden in den §§ 8 ff. des Gesetzes öffentliche Standesregister vorgesehen und die Zivilehe eingeführt.
Die Gesetzgebung zur Judenfrage aber allein auf die Brandenburger zurückzuführen, ginge zu weit. Fest steht jedoch, daß *Brandenburg* und *Schlesien* die konservativste Haltung zur Judenfrage einnahmen. Im Ergebnis hatten sich aber, bis auf rheinischen Stände[1213], auch die anderen Provinziallandtage gegen eine Änderung der bisherigen Judengesetzgebung ausgesprochen. Die Einrichtung von Korporationen sollte ausschließlich zur Ordnung der religiösen Verhältnisse dienen. Damit war keineswegs die "Umwandlung" des Judentums zu einer den christlichen Religionen gleichberechtigten Konfession beabsichtigt[1214].
Allerdings trat das Gesetz über die Verhältnisse der Juden vom 23.07.1847, soweit es die Beschränkung der bürgerlichen und politischen Rechte der Juden betraf, mit der Verordnung vom 06.04.1848[1215] über einige Grundlagen der künftigen preußischen Verfassung wieder außer Kraft[1216].

[1211] *Schubert*, Preußen, S. 52.
[1212] *Brammer*, S. 368.
[1213] Nur diese plädierten für eine völlige Emanzipation der Juden.
[1214] *Brammer*, S. 401.
[1215] GS 1848, S. 87.
[1216] *Schubert*, Preußen, S. 52; Zu den Teilen des Gesetzes von 1847, die weiterhin in Kraft blieben vgl. *Brammer*, S. 375, 377 ff.

B. Zusammenfassung

Die brandenburgischen Provinziallandtage der vierziger Jahre waren wohl die konservativsten aller acht Landtage des Königreichs *Preußen*.
Das haben die Untersuchungen der Notabelnkonferenzen, die Beratungen zu den einzelnen Propositionen sowie die Beratungen und Verabschiedung einzelner Petitionen gezeigt. Zum einen hatte bei den Beratungen wegen des Verhältnisses 3:2:1 der erste Stand immer die absolute Mehrheit[1217], wobei die Stadt Berlin, die 1/7 der Gesamtbevölkerung der Provinz umfaßte, nur drei Abgeordnete entsenden durfte[1218]. Zum anderen fand im brandenburgischen Landtag von 1845, entgegen den anderen Landtagen, keine Verfassungsdebatte statt[1219].

Schon der Rückblick in die Geschichte, verbunden mit der Einberufung der Notabeln zeigte, welche Richtung die Provinziallandtage *Preußens* einzuschlagen hatten. Eine tatsächliche Einflußnahme, in welcher Form auch immer, war offensichtlich nicht gewollt.
Die brandenburgischen Notabeln wurden erst einberufen, als die wesentlichen Entscheidungen bereits gefallen und vom König genehmigt waren. Dann war es der altständische Adel, der in diesen Konferenzen überwog. Die herrschende altständische, höchst konservative Einstellung ist damit nur zu verständlich. Das ergibt sich insbesondere aus den Ansichten *Rochows*, *Quasts* bzw. *Schulenburgs*. Sie waren die

> *"Verteidiger der lokalen Kleinstaaten absterbender staatlicher Ordnung, gegen den mächtig vordringenden Zentralismus in der Entwicklung der Gesellschaft."*[1220]

Warum der Adel versuchte, an seinen bestehenden Rechten festzuhalten, wurde schon oben erläutert[1221]:
Für ihn war es die Stufe, von der aus er versuchte, seine verlorenen Rechte allmählich wieder zu erobern. Insbesondere die Argumente von *Quast* zeigten, daß man auch noch an diese Möglichkeit glaubte. Dies ist gewissermaßen auch das Leitmotiv[1222], das sich durch die parlamentarische Geschichte der Provinz *Brandenburg*, jedenfalls bis zur Märzrevolution hindurchzieht. "Zurück zum Altständischen" war das Motto. Zwar änderte die Kommission ihre Entschei-

---

[1217] So aber auch in allen anderen Landtagen.
[1218] *Schubert*, Preußen, S. 20.
[1219] *Obenaus*, S. 571.
[1220] *Stephan W.J.*, Entstehung, S. 29.
[1221] Vgl. oben S. 38 ff.
[1222] Wie *Stephan*, a.a.O., es nennt.

dungen nach der Anhörung der Notabeln, diese Änderungen betrafen jedoch nur Nebenbedingungen[1223].
Der Landtag von 1841 war im Gegensatz zu den beiden Landtagen von 1843 und 1845 und im Vergleich zu den Landtagen der anderen Provinzen derjenige, der am wenigsten Aufsehen erregte. Die Verhandlungen in *Brandenburg* verliefen ruhig und gemäßigt. Die Ergebnisse der Beratungen brachten im Vergleich zu den Gesetzesentwürfen keine wesentlichen Änderungen. Der König und seine Regierung wurden gehuldigt, seine Gesetzesvorschläge gebilligt. Die zu verhandelnden Propositionen waren im Hinblick auf die zunehmende Industrialisierung in den vierziger Jahren und die damit verbundenen gesellschaftlichen Probleme eher unbedeutend. Das zeigt sich auch insbesondere daran, daß die hier dargestellten Propositionen entweder erst Jahre später - in völlig abgewandelter Form - oder überhaupt nicht als Gesetz verabschiedet worden sind. So wurde das Gesetz über das Deichwesen acht Jahre nach den Beratungen im Landtag, am 28.01.1848 mit wesentlichen Änderungen erlassen[1224], und auch das erst, nachdem die Provinzialstände das Staatsministerium mehrfach erinnert hatten[1225]. Der Gesetzesentwurf über die Strom- und Ufer-Polizei der öffentlichen Flüsse erlangte dagegen keinen Gesetzesrang. Er wurde nie verabschiedet. Der Entwurf einer allgemeinen Forst- und Jagd-Polizei-Ordnung wurde nicht verabschiedet, ging aber in der sechs Jahre später folgenden Feld-Polizei-Ordnung vom 01.11.1847 mit erheblichen Änderungen ein[1226]. Die Verordnung über die Jagdvergehen wurde nicht verabschiedet. Ihre wesentlichen Grundzüge finden sich jedoch im Jagdpolizei-Gesetz vom 07.03.1850[1227] wieder. Erst elf Jahre später, am 02.06.1852[1228] wurde, unter einigen Veränderungen, das Holzdiebstahlsgesetz erlassen. Allein die zu dieser Zeit politisch und gesellschaftlich unbedeutende Verordnung zur Wiedereinführung der Legitimationsatteste beim Pferdehandel wurde mit einigen Änderungen zwei Jahre nach Abschluß der Landtagsverhandlungen, am 13.02.1843, erlassen[1229]. Auf den Steuererlaß, der als Proposition am 23.02.1841 dem brandenburgischen Provinziallandtag vorlag, und der am 22.11.1842 tatsächlich genehmigt wurde[1230], können sich die Brandenburger Abgeordneten keinen Einfluß zuschreiben. Ihre Bitte hierzu war so allgemein gehalten, daß die Regierung sie nicht berücksichtigen konnte. Immerhin hatten sich die Mitglieder der Versammlung zwar für einen Steuererlaß

[1223] Vgl. dazu oben, S. 39 ff.
[1224] GS 1848, S. 54.
[1225] Vgl. dazu *Holtz*, Acta Borussica, Bd. 3, S. 236, Nr. 309, m.w.N. auf die Originalprotokolle der Sitzungen des Staatsministeriums.
[1226] GS 1847, S. 376.
[1227] GS 1850, S. 165.
[1228] GS 1852, S. 305.
[1229] GS 1843, S. 75.
[1230] GS 1842, S. 307.

ausgesprochen, wie dieser auszusehen hatte - und das war die eigentliche Frage der Regierung an den Landtag –, ließen die Abgeordneten aber offen.
Politische Unruhe gab es nur auf drei Landtagen, auf dem Posener, wo es zu einer turbulenten Debatte um die Erhaltung der polnischen Nationalität ging[1231], auf dem Rheinischen, wo der Abgeordnete *Dr. Monheim* aus *Aachen* einen Antrag *"wegen Verletzung der persönlichen Freiheit"* zugunsten des Erzbischofs *Droste-Vischering* einbrachte[1232], und auf dem Westfälischen, wo es zu einem schweren Zusammenstoß wegen einer Dankadresse kam, in der die Erwartung ausgesprochen war, daß der König die Kölner Wirren beendigen werde[1233]. Die Auseinandersetzung ging sogar soweit, daß der westfälische Abgeordnete *Klemens Reichsgraf von Westfalen*, nachdem er auf der Verabschiedung dieser Petition bestanden, aber nur eine Minorität von 18 Stimmen erreicht hatte, den Landtag verließ und nach *Berlin* fuhr, um sich vor dem König zu rechtfertigen[1234]. Von solchen "Ausbrüchen" blieb der brandenburgische Provinziallandtag verschont.
Dennoch nahmen alle Provinziallandtage in den vierziger Jahren an politischem Profil zu. Ansätze hierzu waren zwar schon in den dreißiger Jahren erkennbar[1235]. In den vierziger Jahren verdeutlichten sich diese Ansätze jedoch, wobei Einigkeit darüber besteht, daß *Brandenburg* mit *Pommern* und *Sachsen* am weitesten rechts lagen[1236]. Diesen Landtagen wurde im politischen Leben von der Öffentlichkeit am meisten Gleichgültigkeit entgegengebracht, weil von ihnen für die Sache des Fortschritts am wenigsten erwartet wurde[1237]. Die öffentliche Meinung wurde hierin auch voll bestätigt, weil der brandenburgische Landtag 1841 keinen einzigen Schritt in eine neue Richtung anstrebte. Statt dessen wurde vehement an altständischem Standesdünkel festgehalten. Zumeist blieb *Brandenburg* auch hinter den anderen Landtagen zurück. Immerhin diskutierten linke und auch rechte Landtage, z.B. *Schlesien, Preußen, Sachsen* und *Posen* 1841 über die Einführung von Reichsständen und damit über weitere Vorboten einer gesamten Verfassung für den Staat Preußen. Diese Anträge wurden 1841 allerdings noch verworfen. Insgesamt war die Regierung dann auch mit dem Verlauf der Landtage von 1841 sehr zufrieden, weil sie weiterhin die Zügel fest in der Hand hielt. So gab beispielsweise *von Rochow* als damali-

---

[1231] *Obenaus*, S. 446.
[1232] *Croon*, S. 175; *Obenaus*, S. 543 in Fn. 27 m.w.N.
[1233] Vgl. *Obenaus*, S. 543.
[1234] Vgl. dazu *Keinemann*, S. 194 ff mit dem weiteren Verlauf der Dinge; *Westfalen* wanderte danach in das Herzogtum *Nassau* aus.
[1235] Vgl. hierzu *Allmenröder*, S. 99 ff.
[1236] Vgl. *Obenaus*, S. 543, auch *Brammer*, S. 319, *Prutz*, Bd. 1, S. 403, so wohl auch *Schubert*, Preußen, S. 20, so auch schon *Allmenröder*, S. 103 f.
[1237] *Obenaus*, a.a.O., m.w.N.

ger Innenminister der Kommentar ab, daß in den Ständeversammlungen, abgesehen von einigen *"Dummheiten"* ein *"guter Geist"* geherrscht habe[1238].
Die extrem konservative Einstellung und die rechte politische Stellung des brandenburgischen Landtags ist auch mittelbar auf *von Rochow* als Landtagsmarschall zurückzuführen. Er hatte zwar als Marschall mehr Einfluß als der Landtagskommissar auf die Versammlung und konnte sich direkt an den Beratungen beteiligen, was er auch tat. Er konnte aber natürlich nicht das Abstimmungsverhalten unmittelbar beeinflussen. Dennoch wurde allen Abgeordneten *Brandenburgs* durch die ständige Anwesenheit *von Rochows* vor Augen geführt, daß hier der Innenminister und ein sehr enger Vertrauter des Königs, Landtagsmarschall und Mitglied des ersten Standes anwesend war. Allein diese Anwesenheit *von Rochows* vermag daher zumindest dem zweiten und dritten Stand eine Art Respekt abverlangt haben, der letztlich in Genügsamkeit umschlug. Ein anonymer Berichterstatter hatte die Stimmung auf dem siebenten westfälischen Landtag 1841 wie folgt beschrieben:

> *"Auf den sechs vorhergehenden Landtagen war an Aneinandergerathen der Parteien in Masse gar nicht zu denken. Kaum daß der Bürger wagte, seine Stimme zu erheben, geschreckt vom Echo seiner Worte verstummte er in seinen besten Argumenten. Zuweilen wurde ihm gar nicht erst die Ehre der Aufmerksamkeit erwiesen. Die adligen Herren lasen Zeitung, unterhielten sich von den Assemblées oder lachten mit superieurer Bonhommie dem erröthenden Plebejer in's Gesicht. Noch auf dem sechsten Landtage verstand es sich nicht von selbst, daß die Bürger mitsprachen, an ein Verlautbaren der Bauern war nur zu denken, wenn man sie über bäuerliche Gegenstände zu befragen die Gnade hatte."*[1239]

Dieses Zitat gibt einen Einblick in den eigentlichen Ablauf der Verhandlungen, jedenfalls 1841, in *Westfalen*. Es besteht aber kein hinreichender Grund dafür, daß *Westfalen* diesbezüglich eine Ausnahme darstellte. Im Gegenteil. *Westfalen* gehörte an sich zu den fortschrittlicheren Landtagen, so daß davon ausgegangen werden kann, daß solche Gepflogenheiten auch in *Brandenburg* vorherrschten.
Die konservative Einstellung und rechte politische Einordnung des brandenburgischen Provinziallandtags aber an nur einer Person festzumachen, wäre falsch. Es gab immerhin Verhandlungen und dabei wurde auch in alle Richtungen argumentiert. Aber wie sollten die einzelnen Provinziallandtage zur Gesetzgebung *Preußens* und damit auch zur weiteren Entwicklung des Landes beitragen, wenn sie fast ausschließlich über unbedeutende Gesetzesentwürfe zu beraten hatten?

[1238] *Stern*, Geschichte 6, S. 31.
[1239] *Nauwercks*, S. 194.

Das sollte sich ab 1843, jedenfalls in den anderen Landtagen, ändern. Man ist sich heute darüber einig, daß der König den preußischen Ständen und der Öffentlichkeit, trotz vorheriger Ankündigung, 1843 wieder mit leeren Händen gegenübertrat. Der einzig bedeutsame Gesetzesentwurf war der über das Strafgesetzbuch[1240]. Allerdings gaben sich nicht alle Landtage mit den wiederum teilweisen bedeutungslosen Gesetzesvorschlägen zufrieden. Sie versuchten nunmehr, sofern sie es überhaupt konnten, im Petitionswege, Eigeninitiative zu ergreifen und damit endlich an Einfluß zu gewinnen[1241]. Aber auch das vermochten die Brandenburger nicht. Zunächst war ihr Einfluß auf das neue Strafgesetz aus den dargestellten Gründen[1242] kaum von Bedeutung. Es wurde nach mehrfachen Beratungen auch erst acht Jahre später, am 01.07.1851 verabschiedet[1243]. Die Verordnung über das Erfordernis des fünfjährigen Grundbesitzes und die damit verbundene Wahlberechtigung zum Landratsamte wurde, sicherlich auch auf den Druck der Brandenburger hin, nicht verabschiedet[1244]. Auch die allgemeine Wege-Ordnung erlangte erneut keinen Gesetzesrang. Allein eine wiederum für das gesamtstaatliche Leben unbedeutende Verordnung, die Verordnung über die Abänderung des städtischen Feuersozietätsreglements vom 19.09.1838, wurde am 23.07.1843, unter Berücksichtigung aller brandenburgischen Vorschläge, erlassen[1245]. Einen wichtigen Meilenstein konnten die Abgeordneten *Brandenburgs* damit aber nicht setzen. Dies taten aber andere Landtage.

Da der König wiederum keinen Gesetzesentwurf zur Verfassungsfrage vorgelegt hatte, beantragten 1843 gleich drei Landtage die Ausweitung der Rechte der vereinigten Ausschüsse[1246]. Dies waren die liberal eingestellten Landtage der Provinzen *Posen*, *Preußen* und des *Rheinlandes*. Auch im pommerschen Landtag gab es einen Antrag zur Erweiterung der ständischen Verfassung. Er wurde jedoch mit 32 gegen 15 Stimmen abgelehnt[1247]. Während andere Landtage damit konkrete Vorschläge zur politischen Weiterentwicklung Preußens durch mehr Einfluß auf die Gesetzgebung einbrachten, zeigte sich in *Brandenburg* das alte Bild. So brach die Front der Verteidiger einer neofeudalen und restaurativen Ordnung von Staat, Gesellschaft und Recht im ostpreußischen Landtag völlig zusammen[1248]. Aber auch in *Westfalen* und *Schlesien* schloß man sich dem allgemeinen Übergang zu den liberalen Positionen an. Die oben geschilderte Einschätzung eines anonymen Berichterstatters zur Situation in den Plenarversammlungen galt 1843 in *Westfalen* und *Schlesien* nicht mehr. Diese

---

[1240] so auch *Obenaus*, S. 567, m.w.N.

[1241] Dazu sogleich.

[1242] Vgl. oben, S. 151 ff.

[1243] GS 1851, S. 101.

[1244] Vgl. oben, S. 164 f.

[1245] GS 1843, S. 334.

[1246] Vgl. hierzu *Obenaus*, S. 567, m.w.N.

[1247] *Nauwerck*, S. 5.

[1248] so formuliert es *Obenaus*, S. 568.

beiden Landtage sprachen sich nunmehr für die Nennung der Redner in den veröffentlichten Sitzungsprotokollen aus, ferner überhaupt für die Öffentlichkeit der Landtagssitzungen und der schlesische auch für die der Stadtverordnetenversammlungen[1249].
Ein Antrag auf Pressefreiheit kam 1845 außer in dem Block der drei Landtage mit etablierten liberalen Mehrheiten nunmehr auch in *Westfalen* und *Schlesien* zustande[1250]. Diesen liberalen Landtagen stand weiterhin eine kleinere Gruppe konservativer Landtage der zentralen Provinzen *Brandenburg, Sachsen* und *Pommern* gegenüber. Sie stimmten gegen Pressefreiheit, gegen eine reichsständische Verfassung oder die Ausweitung der Befugnisse der Vereinigten Ausschüsse. Darüber hinaus waren sie gegen die vollständige Veröffentlichung der Landtagsverhandlungen und die Nennung der Landtagsredner in den veröffentlichten Sitzungsprotokollen[1251]. Das markanteste Kriterium für die Konservativität *Brandenburgs* blieb aber die ablehnende Haltung in der Verfassungsfrage. *Brandenburg* blieb die einzige Provinz, die sich nicht mit einer reichsständischen Verfassung beschäftigte. Man kann es entweder ignorant oder bedingungslosen Gehorsam nennen, es verblieb in *Brandenburg* bei der loyalen Einstellung zu König und Regierung. Zu vergleichsweise unbedeutenden Gesetzen schrieb man sich in den Diskussionen Einfluß zu. Der Staat, die Regierung und der König mit seiner Politik und seinen Ansichten, etwa zur Verfassungsfrage, blieben aber unantastbar.
So zeigten dann auch die Beratungen des neunten brandenburgischen Provinziallandtags von 1845, wie schon zuvor, den alten ständischen Geist. Der Entwurf eines Gesetzes über die Vererbpachtung von Lehnen und Fideikommissen wurde nicht verabschiedet. Ebenso kam es nicht zu einem Gesetz über das polizeiliche Verfahren gegen das Gesinde, obwohl sich die brandenburgischen Abgeordneten für beide Gesetzesentwürfe einsetzten. Die Regierung gab aber offenbar dem Druck der anderen Landtage, die das Gesetz mißbilligt hatten nach. Allerdings wurde die Verordnung wegen der Einführung von Gesinde-Dienstbüchern am 29.09.1846 erlassen[1252]. Speziell hier zeigte sich wieder der konservative Geist und die rechte politische Einstellung der Brandenburger. Denn dieses Gesetz führte zu einer weiteren, massiven Einschränkung der Rechte des Gesindes und kann daher kaum als zeitgemäß angesehen werden. Die Beratungen zur Feldpolizeiordnung, die am 01.11.1847 erlassen wurde[1253], waren im gesamtstaatlichen Zusammenhang eher unbedeutend. Auch die Beratungen zur Fischereiordnung, die nicht erlassen wurde, oder zum Gesetz zur Aufhebung des Abdeckereizwangs, das erst dreizehn Jahre später, am

[1249] *Wuttke*, S. 196; *Obenaus*, S. 569.
[1250] *Nauwerck*, S. 4.
[1251] Vgl. *Obenaus*, S. 570 f.
[1252] GS 1846, S. 467.
[1253] GS 1847, S. 376.

31.05.1858[1254], in abgewandelter Form erschien, lassen kaum Einflußnahmen auf die preußische Gesetzgebung erkennen.
Selbst wenn Anträge, etwa auf Erhöhung der Abgeordneten des dritten Standes, 1845 von *Berlin* ausgehend, kamen, erreichten sie nie die notwendige Zweidrittelmehrheit. Dies scheiterte, ohne daß man das Abstimmverhalten genau kennt, immer am Übergewicht des ersten und zweiten Standes, der ohnehin jede Petition verhindern konnte, wenn er nur geschlossen abstimmte.
Dennoch versuchte der brandenburgische Provinziallandtag nicht, sich völlig dem anhaltenden Fortschritt entgegenzustellen. Mitschwimmen, keine radikalen Thesen vertreten und nach Möglichkeit althergebrachte Rechte festigen oder wiedererobern, war die Devise der Brandenburger. So wurde in allen Landtagen der vierziger Jahre mit aller Deutlichkeit über wirtschaftliche Krisenerscheinungen gesprochen, die dann über Zeitungsberichte und die veröffentlichten Protokolle Publizität erlangten[1255]. Versuche der Regierung, wie in den zwanziger Jahren, gerade solche Berichte zu unterdrücken, waren nunmehr unmöglich geworden. So gab es Petitionen für eine Verbesserung des Handels, etwa durch Aufhebung oder Beschränkung des Sundzolls, der in *Pommern* 1841 und 1845, in *Preußen* 1841 und im *Rheinland* 1843 gefordert wurde. *Schlesien* verlangte 1841 Maßnahmen hinsichtlich der russischen Grenzsperre. Der rheinische Landtag von 1845 petitionierte für eine Vertretung der Stände bei Feststellung des Zolltarifs und die Zuziehung von Gewerbe- und Handeltreibenden aus allen Staaten des Zollvereins bei den Beratungen über das Zoll- und Handelssystem und bei den Zollkongressen, solange nicht Abgeordnete der Stände der Zollvereinstaaten auf diesen mitwirkten. Demgemäß beteiligte sich auch *Brandenburg* mit einer Petition auf Errichtung von Handelsgerichten[1256], so wie auch *Sachsen*, *Pommern* und *Schlesien.* Auch aufgrund dessen wurde am 03.04.1847 das Gesetz zur Errichtung von Handelsgerichten verabschiedet[1257], wenn letztlich auch nicht durchgeführt.
Der Zusammenhang zwischen der Notlage der armen Bevölkerung *Ostpreußens* und dem Fehlen einer Kommunalordnung sowie der allgemeinen Liquiditätsanspannung und dem Fehlen von Reichsständen, läßt auf ein Erklärungsmuster der zunehmenden Krise schließen. Man ging davon aus, daß die ökonomischen Schwierigkeiten durch institutionelle Veränderungen ganz oder doch teilweise behoben werden könnten[1258]. Darüber hinaus gab es massive Kritik an den wirt-

---

[1254] GS 1858, S. 333.
[1255] *Obenaus*, S. 579.
[1256] siehe oben, S. 117.
[1257] GS, 1847, S. 182.
[1258] *Obenaus*, S. 584, der als Beispiel einen Artikel der "Kölnischen Zeitung" von 1845 anführt. Dort wurde der Vorwurf aus Kreisen der Regierung, der Kapitalmangel gehe auf die Eisenbahnspekulation der rheinischen Geschäftsleute zurück entschieden zurückgewiesen. Vielmehr sei die Geldnot in Wirklichkeit eine Kreditnot, und nicht die Einschränkung des

schaftspolitischen Maßnahmen der Regierung, Kritik auch an den Formen wirtschaftlicher Tätigkeit des Staates wie etwa dem Seehandel. Der Regierung wurde zunehmend die Kompetenz zur Meisterung der wirtschaftlichen Krise abgesprochen, eine subjektive Einschätzung, die mit wirtschaftlichen Analysen übereinstimmt, in denen der preußische Staat als negativer Faktor in der Industrialisierung nachgewiesen wird[1259]. Die Folge war nunmehr der oben angesprochene Petitionssturm, der seit den Landtagen von 1843, also von dem Zeitpunkt an zu beobachten ist, von dem an eine Stagnation der staatlichen Reformpolitik oder erste Rückschritte erkennbar wurden[1260].

1841 betrug die Zahl der im schlesischen Landtag eingereichten Petitionen 100. 1843 wurden 130 und 1845 sogar 225 Petitionen vorgelegt[1261]. Auf dem preußischen Landtag sollen 1845 insgesamt 400 Petitionen eingereicht worden sein[1262]. In dieser Form versuchten auch die anderen Landtage und die Bürger der einzelnen Provinzen auf die Regierung einzuwirken, um ihr etwa das mehrmals gegebene Verfassungsversprechen abzuringen[1263].

Es kann daher kein Zweifel bestehen, daß sich die Strukturen der politischen Öffentlichkeit in den vierziger Jahren grundlegend wandelten[1264]. Die Politisierung der Gesellschaft führte zur Politisierung der Abgeordneten. Gesellschaft und Landtage traten in eine immer engere Beziehung zueinander. Ausdruck dieser Bewegung ist der ab 1843 einsetzende Petitionssturm, um Einfluß auf die Regierung und ihre Politik nehmen zu können. Aber auch hier waren die gesamtstaatlichen Tendenzen in *Brandenburg* etwas gegenläufig. Zwar beteiligten sich die Brandenburger auch durch Petitionen an dieser Flut. Waren es aber in *Brandenburg* 1841 noch insgesamt 77 eingereichte Petitionen, wovon 20 vom Landtag angenommen wurden, verringerte sich diese Anzahl 1843 auf insgesamt 40 Petitionen, wovon nur 9 vom Landtag angenommen wurden[1265]. Im Landtag von 1845 erhöhte sich die Zahl der Petitionen insgesamt zwar auf 42, wovon immerhin 17 vom Landtag angenommen wurden[1266], dennoch waren es

---

Eisenbahnbaus sei angebracht, sondern die Herstellung einer den Zuständen der heutigen industriösen Ökonomie entsprechenden Organisation des Geld- und Kreditwesens.

1259 *Tilly, Richard*: Finanzielle Aspekte der preußischen Industrialisierung 1815-1870, in *Fischer*, S. 477 ff.

1260 *Obenaus*, a.a.O.

1261 *Wuttke*, S. 193, *Klawitter*, S. 16 gibt für den Landtag von 1845 sogar nahezu 300 Petitionen an.

1262 *Obenaus*, S. 349.

1263 So jedenfalls in verschiedenen Städten des Rheinlandes, insbesondere in *Köln*, vgl. hierzu die Darstellungen bei *Obenaus*, S. 584 ff. m.w.N.

1264 Vgl. zu einer genauen Gegenüberstellung der Petitionen der einzelnen Landtage die Übersicht bei *Nauwerck*, S. 8 f.

1265 Vgl. dazu *Schubert*, Preußen, S. 69 ff. und 87 ff., mit detaillierten Hinweisen auf die Protokolle.

1266 Vgl. *Schubert*, Preußen, S. 120 ff.

weit weniger im Vergleich zu 1841 und damit eine Tendenz, die so nur in *Brandenburg* zu beobachten war. Auch wenn man an der Anzahl der Petitionen nicht die Fortschrittlichkeit eines Landtags ablesen kann, so verdeutlicht sie doch die Einstellung der Landtage zur Regierung. Petitionen waren bis dahin das einzige Mittel, die jeweiligen gegenläufigen Interessen zur Regierung durchzusetzen. Dies gilt jedoch nur für solche Landtage, die auch in einigen wichtigen Gebieten, z.B. zur Verfassungsfrage, eine gegenteilige Meinung hatten und diese der Regierung gegenüber mitteilen wollten. Der brandenburgische Provinziallandtag gehörte offensichtlich nicht zu ihnen. Die von ihm eingereichten Petitionen können in Bezug auf die politische und gesellschaftliche Situation der vierziger Jahre in *Preußen* als wenig bedeutend angesehen werden.

Der Petitionssturm der Landtage veranlaßte die Regierung zum Handeln. Sie versuchte deshalb den wachsenden politischen Einfluß der Landtage wieder einzuschränken. Diese Bemühungen liefen aber lediglich auf eine Politik der Nadelstiche hinaus, ohne das durchgreifende Erfolge erkennbar waren[1267]. Es blieb daher bei Detailaktionen[1268], weil tiefgreifendere Maßnahmen, vor allem solche mit Gesetzescharakter, die den Landtagen zur Beratung hätten vorgelegt werden müssen, nicht mehr als durchführbar galten. Dies ist auch ein weiteres Indiz dafür, daß die angestrebte konsultative Kompetenz der Landtage eine weit darüber hinausreichende Wirkung angenommen hatte. Diese Wirkung ist zum einen auf die Kräfteverhältnisse innerhalb der Landtage, insbesondere auf die liberalen Abgeordneten, und zum anderen auf die Wirkung der Einflüsse aus der Gesellschaft zurückzuführen[1269]. Da in Brandenburg beides nur vermindert, wenn überhaupt erkennbar war, ist im Ergebnis eine fortschrittliche Einflußnahme des konservativen brandenburgischen Provinziallandtags der vierziger Jahre auf die preußische Politik und damit ihrer Gesetzgebung im Vormärz als sehr gering einzustufen. *Brandenburg* hat aber jedenfalls durch seine loyale Haltung gegenüber der Regierung zur Stagnation der Reformen beigetragen. Dies war sicherlich nicht der Auslöser der Märzrevolution 1848, zumindest aber ein "Mosaikstein" der zum Ausbruch der Revolution führte.

Dennoch stellte der brandenburgische Provinziallandtag in sämtlichen Ansätzen ein funktionierendes Gremium dar und war damit eine erste - in Ansätzen vorhandene - Plenarversammlung in *Brandenburg*. Es wurde kontrovers, leidenschaftlich und teilweise erschöpfend diskutiert, auch wenn das Stimmenverhältnis stets für die Konservativen sprach. Alle Diskussionen, Argumente, Petitionen, Bittschriften u.ä. waren dabei kleine Schritte zur weiteren Parlamentarisie-

---

[1267] So *Obenaus*, S. 593.

[1268] So wurde etwa in allen Landtagen ein Verbot eingeführt, das das wiederholte Stellen einer Petition vorsah. In *Brandenburg* existierte dieses Verbot allerdings schon in § 5o BStG; vgl. des weiteren *Obenaus*, S. 593, m.w.N.

[1269] So im Ergebnis auch *Obenaus*, S. 593.

rung *Preußens* im Vormärz[1270], die mit der Revolution 1848/49 einen weiteren Meilenstein erreichte und schließlich in der Gründung des Norddeutschen Bundes im Jahre 1867 ihren vorläufigen und mit der Reichsgründung 1871 ihren Höhepunkt fand.
Auch wenn die Ergebnisse und die Einflüsse des siebenten, achten und neunten brandenburgischen Provinziallandtages der vierziger Jahre auf die Gesetzgebung und die Politik Preußens als gering einzustufen sind, gehörten die Beratungen dieser Landtage doch auch – um mit *Obenaus* zu enden – zu den Anfängen des Parlamentarismus in *Preußen*.

[1270] so nennt es auch *Obenaus*, S. 594.

C. Anhang

I. Die anwesenden Abgeordneten des siebenten Provinziallandtags von 1841.

1. Verzeichnis der Anwesenden des ersten Standes

a. Virilstimmeninhaber

Für der ersten Stand waren dies die Virilstimmeninhaber Landtagsmarschall Hofmarschall *Gustav Adolf von Rochow auf Stülpe*, dessen Stellvertreter *Graf von der Schulenburg*, für das *Domkapitel zu Brandenburg* der Domdechant *von Erxleben auf Selbelang* und der *Graf zu Solms- Baruth zu Baruth* für sich selbst.

b. Für die Ritterschaft waren aus der *Kurmark* anwesend:

Der Landes-Direktor *von Kröcher auf Winzelberg* und später[1] sein Stellvertreter Regierungsrat *von Werdeck auf Jarchau* sowie der Landrat *von Knoblauch auf Osterholz* und der Landrat *von der Schulenburg auf Probstei Salzwedel* für die *Altmark*. Für die *Priegnitz* erschienen der Erbjägermeister *von Jagow auf Rühstädt* und der *Baron von Romberg auf Satzke*. Für den *Westhavelländischen Kreis* erschien der *Baron von Bredow auf Wagenitz* und für den *Osthavelländischen Kreis* der Kammerherr *Freiherr von der Reck auf Seegefeld*. Des weiteren kamen für den *Ruppiner Kreis* der *Major von Schenkendorff auf Wulkow*, für den *Oberbarnimschen Kreis* als Stellvertreter der Ritterschaftsrat *von Bredow* und für den *Niederbarnimschen Kreis* als Stellvertreter der Kreisdeputierte *von Treskow auf Friedrichsfelde*. Für den *Lebuser Kreis* war der Bürgermeister *Rehfeld auf Golzow*, für den *Teltowschen Kreis*, als Stellvertreter, der Ritterschaftsrat *Graf von Häseler auf Blankenfelde*, für den *Zaucheschen Kreis* der Regierungsrat *von Brucken*[2], für den *Beeskow-Storkowschen Kreis* der Landrat *von Löschebrandt auf Selchow*, für den *Jüterbogschen Kreis* der Leutnant *von Buchholz auf Rietz* und für den *Belziger Kreis* der Landrat *von Tschirschky auf Glien* als Abgeordnete anwesend. Die *Uckermark* schließlich entsandte den *Major von Arnim auf Criewen* und den Kreisdeputierten und Kammergerichtsrat a.D. *von Winterfeld auf Menkin* als Stellvertreter.

c. Für die Ritterschaft aus der *Neumark* waren anwesend:

Der Kreisjustizrat *Bredow auf Golzengut und Klostergut*, für den *Darmburger* und *Schievelbeiner Kreis*, der Landesdirektor *von Waldow auf Fürstenau* für

---

[1] *Von Kröcher* hatte den Landtag vor Beendigung verlassen.
[2] Er wurde auch genannt *von Fock* auf Stücken.

den *Arnswalder* und *Friedeberger Kreis*, der Ritterschaftsrat *von Witte auf Falkenwalde*, als Stellvertreter, für den *Königsberger* und *Soldiner Kreis*, der *Major* und Landrat a.D. *von Schönig auf Jahnsfelde* für den *Landsberger* und *Sternberger Kreis*, der Großherzogliche *Mecklenburgi*sche *Rittmeister a.D. von Zimmermann*, später sein Stellvertreter Leutnant und Kreisdeputierter *Mandel auf Wallmersdorff* und schließlich der General - Land - Feuer - Societäts - Direktor und Ritterschaftsrat *von Zychlinski auf Treppeln* für den *Crossener* und *Cottbusser Kreis*.

d. Aus der *Niederlausitz* waren für die Ritterschaft erschienen:

Der Fürst *Otto zu Lynar auf Drehna* für die Standesherren, der Geheime Oberfinanzrat Freiherr *von Patow auf Groß-Mehso*, der Landsyndikus *Freiherr von Houwald auf Schloß Neuhaus*, der Landrat *Freiherr von Manteuffel auf Drahnsdorff* zweiten Anteils, der Land- und Regierungsrat *von Carlsburg auf Schöneich* und schließlich der Landrat *Freiherr von Patow auf Erpitz* und *Schadewitz*.

2. Verzeichnis der Anwesenden des zweiten Standes

a. Für die Städte der *Kurmark*

Für den *zweiten Stand* (Städte) erschienen aus der *Kurmark* für die Stadt *Berlin* der Stadtälteste *Knoblauch*, der Stadtrat *de Cuvry* und der Stadtverordnete *Gützfeld*. Für die Stadt *Brandenburg* war der Landarmen- und Städte-Feuer-Societäts-Direktor *Thiede zu Berlin* anwesend. Des weiteren kamen der Bürgermeister *Stöpel* für *Potsdam* und der Bürgermeister *von Bennigsten- Förder* für *Salzwedel*, der Stadtverordnete Vorsteher *Schulze* für *Perleberg*, der Stadtverordnete Vorsteher *Saath* für *Frankfurt a.d.O.*, der Oberlandesgerichtsrat a.D. und *Syndikus Müller für Prenzlau*, der Stadtverordnete *Beuster* für *Ruppin* sowie der Ratmann *Klein zu Stendal* für *Stendal* und *Gardelegen*. Für die Städte zu 1)[3] war der Bürgermeister *Westphal*, für die Städte zu 2)[4] der Städte-Feuer-Societäts- und Landarmen-Direktor *Fröhner zu Berlin*, für die Städte zu 3)[5] der Bürgermeister *Otto zu Wriezen a.D.* bzw. sein Stellvertreter Bürgermeister *Junker zu Bernau*[6] und für die Städte zu 4)[7] der Commerzialrat *Carl zu Berlin* anwesend.

---

[3] Vgl. oben S. 47.
[4] Vgl. oben S. 47.
[5] Vgl. oben S. 47.
[6] *Otto zu Wriezen* mußte den Landtag wegen einer Krankheit verlassen, so sein Stellvertreter *Junker* zu Bernau eingesetzt wurde.
[7] Vgl. oben S. 48.

b. Für die Städte der *Neumark*

Aus der *Neumark* erschienen für den zweiten Stand der Ratmann *Muth zu Arnswalde* für *Arnswalde* und *Königsberg* sowie der Bürgermeister *Heydel zu Soldin* für *Landsberg* und *Soldin*. Für die Städte zu 5)[8] waren dies der Bürgermeister *Zimmermann zu Friedeberg* und für die Städte zu 6)[9] der Bürgermeister *Girndt zu Bobersberg* als Stellvertreter.

c. Für die Städte der *Niederlausitz*

Aus der *Niederlausitz* wurden der Stadtverordnete Vorsteher *Schlief zu Guben* und der Ratsherr *Mohrstädt zu Luckau* für *Luckau, Lübben, Calau* und *Guben*, der Senator *Kästner zu Sorau* für die Städte *Sorau, Forste, Triebel, Pförten, Christianstadt, Gassen, Fürstenberg, Lieberose* und *Friedland* sowie der Stadtverordnete Vorsteher *Winzler zu Lübbenau* für die Städte *Spremberg, Doberlugk, Finsterwalde, Goltzen, Kirchhain, Sonnenwalde, Lübbenau, Vetschau, Debkau* und *Senftenberg* entsandt.

3. Verzeichnis der Anwesenden des dritten Standes

a. Für die *Kurmark*

Für den dritten Stand (Landgemeinden) erschienen aus der *Kurmark* der Schulze *Sültmann zu Mellin* für den *Gardelegenschen* und *Salzwedelschen Kreis*, der Schulze *Dresse zu Behrendorf* für den *Stendal- und Osterburgschen Kreis*, der Kreisschulze *Heuer zu Gadenbeck* für die *Priegnitz*, der Kreisschulze *Dansmann zu Dyrotz* für den *Ost- und Westhavelländischen* und den *Ruppiner Kreis*, der Lehnschulze *Ewest zu Französisch Buchholz* für den *Ober- und Niederbarnimschen* und *Lebusschen Kreis*, der Lehnschulze *Schulze zu Götz* für den *Zauche- Belzigschen* und *Jüterbog-Luckenwaldschen Kreis*, der Erbkrug- und Bauerngutsbesitzer *Pasewaldt zu Zehlendorf* für den *Teltower und Beeskow-Storkowschen Kreis* und der Freigutsbesitzer *Röseler zu Niederfinow* für die *Uckermark*.

b. Für die *Neumark*

Aus der *Neumark* kamen der Lehnschulze *Ehlert zu Niederwutzow* für die Kreise *Schievelbein, Darmburg, Arnswalde, Friedeberg, Soldin* und *Königsberg* sowie der Entreprisen-Besitzer *Lansky zu Savanna* für die Kreise *Landsberg, Sternberg, Züllichau, Schwiebus, Crossen* und *Cottbus*.

---

[8] Vgl. oben S. 48.
[9] Vgl. oben S. 48.

c. Für die *Niederlausitz*

Aus der *Niederlausitz* endlich wurden der Amtmann *Wachs zu Neu-Zauche* für die Kreise *Lübben, Luckau* und *Calau* und der Gerichtsschulze *Mudrack zu Welthow* für die Kreise *Guben, Sorau* und *Spremberg* entsandt.

Einzig sieben geladene Abgeordnete erschienen nicht zur Eröffnung des Landtags. Dies waren der Herr *Graf zu Solms-Sonnenwalde*, der *Herr Graf Hardenberg auf Neu-Hardenberg*, der Herr Landrat *von der Schulenburg* aus *Salzwedel*, der Herr Ritterschaftsrat *von Bredow auf Wölsickendorf*, der Herr Stadtverordneten-Vorsteher und Städte-Älteste Apotheker *Schulz zu Perleberg*, der Herr Landrat und *Major a.D. von Waldow auf Fürstenau* und der Herr Bürgermeister *Heydel* aus *Soldin*[10].

4. Bildung der Ausschüsse und Verteilung der Propositionen

Der Landtagsmarschall teilte die folgenden sechs Ausschüsse mit. Gleichzeitig wurden die Propositionen des siebenten Provinziallandtages von 1841 wie folgt an die Ausschüsse verteilt:

Erster Ausschuß: Graf *von der Schulenburg - Wolfsburg* als Direktor, Graf *von Hardenberg*, Ritterschaftsrat *von Witte*, Regierungsrat *von Fock*, Erbjägermeister *von Jagow*, Landrat *von Knoblauch*, Direktor *Thiede*, Stadtverordneten Vorsteher *Winzler*, Ratmann *Klein*, Bürgermeister *Zimmermann*, Schulze *Dreß*, Schulze *Ehlert*.	**Zu verhandelnde Propositionen:** 1. Entwurf einer Verordnung zur Einrichtung eines Ausschusses der Stände der *Kur-* und *Neumark Brandenburg* und des Markgrafentums *Niederlausitz*. 2. Entwurf eines Reglements zur Abhaltung von Wahlen der Landtagsabgeordneten und ihrer Stellvertreter einschließlich der Motive dazu. 3. Eine Übersicht der Lage über die früheren, noch nicht definitiv erledigten, Landtagsabschiede für die *Kur-* und *Neumark* sowie das Markgrafentum *Niederlausitz*. 4. Erlaß zur offiziellen Veröffentlichung der Landtagsverhandlungen.
Zweiter Ausschuß: Domdechant *von Erxleben* als Direktor, Kammerherr *von der Reck*,	**Zu verhandelnde Propositionen:** 1. Denkschrift über die Errichtung von Ober- Appellations- Gerichten für die Provinzen *Brandenburg, Pommern,*

[10] Der Graf zu Solms-Sonnenwalde und der Graf *Hardenberg* erschienen zu diesem Landtage überhaupt nicht mehr.

Landrat *von Löschbrandt,* Landesdirektor *von Kröcher,* Landrat *von Carlsburg,* Justizrat *Bredow,* Stadtverordneter *Güßfeldt,* Bürgermeister *Stöpel,* Stadtverordneten Vorsteher *Schulze,* Stadtverordneter *Schlief,* Amtmann *Wachs,* Lehnschulze *Heuer.*	*Schlesien, Sachsen* und *Westfalen.* 2. Verordnung über die Aufhebung der dem Gesetz vom 31.03.1838 wegen Einführung kürzerer Verjährungsfristen, sowie den §§ 54, 55, Tit. 6, Teil I des *ALR* und deren Declaration vom 31.03.1838 entgegenstehenden, provinziellen und statutarischen Bestimmungen. 3. Entwurf einer Verordnung der Wiedereinführung der Legitimationsatteste beim Pferdehandel einschließlich Motiven. 4. Entwurf zur Verordnung über die Laudemialpflichtigkeit.
Dritter Ausschuß: Landsyndikus Freiherr *von Houwald* als Direktor, Landrat Freiherr *von Patow,* Bürgermeister *Rehfeld,* Oberlandesgerichtsrat *Müller,* Bürgermeister *Otto,* Bauerngutsbesitzer *Rösler.*	**Zu verhandelnde Propositionen:** 1. Entwurf eines Gesetzes über die Strom- und Ufer- Polizei der öffentlichen Flüsse einschließlich der Motive. 2. Entwurf eines Gesetzes über das Deichwesen einschließlich der Motive.
Vierter Ausschuß: Graf *zu Solms- Baruth,* als Direktor, Landrat *von der Schulenburg,* Ritterschaftsrat Graf *von Häseler,* Herr *von Buchholz,* Kreisdeputierter *von Treskow,* General- Land- Feuer- Sozietäts- Direktor *von Zychlinski,* Direktor *Fröhner,* Commerzienrat *Carl,* Bürgermeister *Westphal,* Stadtverordneten Vorsteher *Saath,* Lehnschulze *Schulze,* Kreisschulze *Sültmann.*	**Zu verhandelnde Propositionen:** 1. Entwurf eines Gesetzes betreffend den Diebstahl an Holz und anderen Waldprodukten einschließlich der Motive. 2. Verordnung über Jagdvergehen einschließlich der Motive. 3. Entwurf zu einer allgemeinen Forst- und Jagd- Polizei- Ordnung einschließlich der Motive. 4. Entwurf zu einer Verordnung über die Ausübung der Waldstreuberechtigung.
Fünfter Ausschuß: Der Fürst *zu Lynar,* als Direktor, Geheimer Oberfinanzrat Freiherr *von Patow,* Kammergerichtsrat *von Winterfeld,* Baron *von Bredow,*	**Zu verhandelnde Propositionen:** 1. Pensions- Regelement für die Beamten der höheren Lehranstalten einschließlich Motive. 2. Dekret über die Bewilligung eines Steuererlasses.

Graf *zu Solms- Sonnenwalde*, Rittmeister *von Zimmermann*, Stadtrat *de Cuvry*, Stadtverordneter *Beuster*, Ratmann *Muth*, Senator *Kästner*, Gerichtsschulze *Mudrack*, Lehnschulze *Ewest*.	
Sechster Ausschuß: Major *von Arnim*, als Direktor, Landrat Freiherr *von Manteufell*, Major *von Schenkendorff*, Baron *von Romberg*, Ritterschaftsrat *von Bredow*, Major *von Schöning*, Stadtältester *Knoblauch*, Bürgermeister *von Bennigsten*, Bürgermeister *Girndt*, Ratsherr *Mohrstädt*, Kreisschulze *Dansmann*, Kruggutsbesitzer *Pasewaldt*.	**Zu verhandelnde Propositionen:** 1. Gesetz zur Beschränkung der Ablösbarkeit der Erbpacht-, Erbzins und Zinsgerechtsame einschließlich der Motive. 2. Verordnung zur teilweisen Veräußerung von Grundstücken und Anlegung neuer Etablissements. 3. Entwurf zum Gesetz über die bei Erbteilungen anzuwendenden gemäßigten Taxen ländlicher Nahrungen und die erweiterte Befugnis, nach dem Gesetz vom 14.9.1811 regulierte Bauerngüter hypothekarisch zu verschulden einschließlich der Motive.

II. Die anwesenden Abgeordneten des achten Provinziallandtags von 1843.

1. Verzeichnis der Anwesenden des ersten Standes

a. Virilstimmeninhaber

Für den *ersten Stand* waren dies die Virilstimmeninhaber Landtagsmarschall Hofmarschall *Gustav Adolf von Rochow auf Stülpe* für den *Luckenwaldeschen Kreis*, dessen Stellvertreter *Graf zu Solms-Baruth* für sich selbst, für das *Domkapitel zu Brandenburg* der Kammerherr und Domkapitular *von Brandt auf Dertzkow*, der Landrat Freiherr *von Manteuffel zu Luckau* als Bevollmächtigter des Grafen zu Solms und der *Graf von Hardenberg auf Neu-Hardenberg* für die Besitzer adliger Majorate und Familien-Fideikommisse.

b. Für die Ritterschaft waren aus der *Kurmark* anwesend:

Der Landrat *von der Schulenburg zu Salzwedel*, der Landrat *von Knoblauch auf Osterholz*, der Regierungsrat *von Werdeck in Stettin* und der Deichhauptmann *von Bismark auf Welle und Briest* für die *Altmark*.

Für die *Priegnitz* erschienen der Major a.D. und Erbjägermeister *von Jagow auf Rühstädt* und der Baron *von Romberg auf Satzke*.
Für den *Westhavelländischen Kreis* erschien der *Baron von Bredow auf Wagenitz* und für den *Osthavelländischen Kreis* der Regierungsrat und Haupt-Ritterschaftsdirektor *Freiherr von Monteton* in *Berlin*.
Des weiteren kamen für den *Ruppiner Kreis* der *Generalmajor a.D. von Zieten auf Barsikow*, für den *Oberbarnimschen Kreis* als Stellvertreter der Ritterschaftsrat *von Bredow auf Wölsickendorf* und für den *Niederbarnimschen Kreis* als Stellvertreter der Kreisdeputierte *von Treskow auf Friedrichsfelde*.
Für den *Lebuser Kreis* war der Bürgermeister *Rehfeld* in *Berlin*, für den *Teltowschen Kreis*, als Stellvertreter, der Ritterschaftsrat *Graf von Häseler auf Blankenfelde*, für den *Zaucheschen Kreis* der Oberst *von Thümen auf Caputh*, für den *Beeskow - Storkowschen Kreis* der Landrat *von Löschebrandt*, für den *Jüterbogschen Kreis* der Leutnant a.D. *von Buchholz auf Rietz* und für den *Belziger Kreis* der Landrat *von Tschirschky auf Klein-Glien* als Abgeordnete anwesend. Die *Uckermark* schließlich entsandte den Major *von Arnim auf Criewen* und den Ritterschaftsdirektor *von Winterfeld auf Kutzerow* als ihre Stellvertreter.

c. Für die Ritterschaft aus der *Neumark* waren anwesend:

Der Kreisjustizrat *Bredow in Darmburg* für den *Darmburger* und *Schievelbeiner Kreis*, der Kammerherr *von Brandt auf Lauchstädt* für den *Arnswalder* und *Friedeberger Kreis*, der Ritterschaftsrat *von Witte auf Falkenwalde*, als Stellvertreter, für den *Königsberger* und *Soldiner Kreis*, der *Graf von Finkenstein auf Ziebingen* für den *Landsberger* und *Sternberger Kreis*, der Kreisdeputierte und *Rittmeister a.D. von Zimmermann auf Langmeil* für den *Züllichauer* und *Schwiebuser Kreis* und schließlich der General - Land - Feuer - Societäts - Direktor und *Ritterschaftsrat von Zychlinski auf Treppeln* für den *Crossener* und *Cottbusser Kreis*.

d. Aus der *Niederlausitz* waren für die Ritterschaft erschienen:

Der Fürst *Otto zu Lynar auf Drehna* für die Standesherren, der Geheime Oberfinanzrat Freiherr *von Patow* in *Berlin*, der Landsyndikus Freiherr *von Houwald auf Schloß Neuhaus*, der Landrat Freiherr *von Manteuffel* in *Königsberg*, der Land- und Regierungsrat *von Carlsburg auf Schöneich* und schließlich der Landrat Freiherr *von Patow auf Erpitz* und *Schadewitz*.

2. Verzeichnis der Anwesenden des zweiten Standes

a. Für die Städte der *Kurmark*

Für den *zweiten Stand* (Städte) erschienen aus der *Kurmark* für die Stadt *Berlin* der Stadtälteste *Knoblauch*, der Stadtrat *de Cuvry* und der Stadtverordnete *Gützefeld.*
Für die Stadt *Brandenburg* war der Stadtrat *Hammer* anwesend. Des weiteren kamen der Bürgermeister *Stöpel* für *Potsdam* und der Bürgermeister *von Bennigsten- Förder* für *Salzwedel*, der Stadtälteste *Schulze* für *Perleberg*, der Stadtrat *Saath* für *Frankfurt a.d.O.*, der Kriminalrat und Bürgermeister *Grabow* für *Prenzlau*, der Stadtverordnete *Beuster* für *Ruppin* sowie der Ratmann *Klein zu Stendal* für *Stendal* und *Gardelegen.*
Für die Städte[11] war der Bürgermeister *Westphal,* für die Städte[12] der Städte - Feuer - Societäts - und Landarmen - Direktor *Fröhner zu Berlin*, für die Städte[13] der Bürgermeister *Junker zu Bernau* und für die Städte[14] der Bürgermeister *Fahrthöfer zu Fürstenwalde* anwesend.

b. Für die Städte der *Neumark*

Aus der *Neumark* erschienen für den zweiten Stand der Braueigen *Schulze in Königsberg* für *Königsberg* und *Arenswalde* und der Ratsherr *Reiche in Landsberg* für *Landsberg* und *Soldin.*
Für die Städte[15] waren dies der Bürgermeister *Zimmermann in Friedeberg* und für die Städte[16] der Ratsherr *Hübler* in *Cottbus.*

---

[11] *Tangermünde, Arneburg, Arendsee, Bismark, Calbe, Osterburg, Seehaufen, Werben, Küritz, Pritzwalk, Wittstock, Meyenburg, Havelberg, Lenzen, Puttlitz, Wilsnack* und *Wittenberge.*
[12] *Beelitz, Belzig, Brück, Niemegk, Saarmund, Treuenbrietzen, Werder, Cremmen, Fehrbelin, Ketzin, Nauen, Spandow, Friesack, Pritzerbe, Rathenow, Rhino, Gransee, Lindow, Neustadt an der Dosse, Wusterhausen an der Dosse, Alt-Ruppin* und *Reihnsberg.*
[13] *Biesental, Freienwalde, Neustadt-Eberswalde, Straußberg, Wriezen, Brüssow, Strasburg,* **Lychen**, *Templin, Zehdenick, Angermünde, Greiffenberg, Oderberg, Joachimstal, Schwedt, Vierraden, Bernau, Liebenwalde* und *Oranienburg.*
[14] *Wendich-Buchholt, Cöpnick, Charlottenburg, Mittenwalde, Teltow, Teupitz, Trebbin, Strokow, Zossen, Baruth, Dahme, Jüterborgk, Luckenwalde, Zinna, Beeskow, Fürstenwalde, Münchberg* und *Seelow.*
[15] *Friedberg, Driesen, Neuwedel, Woldenberg, Reetz, Nörenberg, Dramburg, Callies, Falkenberg, Schievelbein, Cüstrin, Fürstenfelde, Neudamm, Bärwalde, Mohrin, Schönflies, Zehden, Berlinchen, Berustein* und *Lippehne.*
[16] *Königswalde, Sonnenburg, Lagow, Drossen, Schermeißel, Reppen, Strenberg, Zielenzig, Crossen, Sommerfeld, Bodersberg, Rothenburg, Cottbus, Peitz, Züllichau, Schwiebus* und *Trebschen.*

c. Für die Städte der *Niederlausitz*

Aus der *Niederlausitz* wurden der Stadtverordnete Vorsteher *Schlief zu Guben* und der Bürgermeister *Neumann zu Lübben* für *Luckau*, *Lübben, Calau* und *Guben*, der Fabrikbesitzer *Offermann zu Sorau* für die Städte *Sorau, Forste, Triebel, Pförten, Christianstadt, Gassen, Fürstenberg, Lieberose* und *Friedland* sowie der Stadtverordnete Vorsteher *Winzler zu Lübbenau* für die Städte *Spremberg, Doberlugk, Finsterwalde, Goltzen, Kirchhain, Sonnenwalde, Lübbenau, Vetschau, Debkau* und *Serftenberg* entsandt.

3. Verzeichnis der Anwesenden des dritten Standes

a. Für die *Kurmark*

Für den *dritten Stand* (Landgemeinden) erschienen aus der *Kurmark* der Schulze *Sültmann in Mellin* für den *Gardelegenschen* und *Salzwedelschen Kreis*, der Schulze *Rethe in Dahlen* für den *Stendal - und Osterburgschen Kreis*, der Kreisschulze *Heuer zu Gadenbeck* für die *Priegnitz*, der Kreisschulze *Dansmann zu Dyrotz* für den *Ost-* und *Westhavelländischen* und den *Ruppiner Kreis*, der Lehnschulze *Ewest zu Französisch Buchholz* für den *Ober-* und *Niederbarnimschen* und *Lebusschen Kreis*, der Lehnschulze *Schulze zu Görz* für den *Zauche- Belzigschen* und *Jüterbog - Luckenwaldschen Kreis*, der Gutsbesitzer *Krohne in Werben* für den *Teltower* und *Beeskow - Storkowschen Kreis* und der Freigutsbesitzer *Röseler zu Niederfinow* für die *Uckermark.*

b. Für die *Neumark*

Aus der *Neumark* kamen der Lehnschulze *Ehlert zu Niederwutzow* für die *Kreise Schievelbein, Darmburg, Arnswalde, Friedeberg, Soldin* und *Königsberg* sowie der Entreprisen - Besitzer *Lansky zu Savanna* für die Kreise *Landsberg, Sternberg, Züllichau, Schwiebus, Crossen* und *Cottbus*.

c. Für die *Niederlausitz*

Aus der *Niederlausitz* endlich wurden der Kruggutsbesitzer *Dolz in Klein-Beuche* für die Kreise *Lübben, Luckau* und *Calau* und der Gerichtsschulze *Mudrack zu Welthow* für die Kreise *Guben, Sorau* und *Spremberg* entsandt.

4. Bildung der Ausschüsse und Verteilung der Propositionen

Der Landtagsmarschall teilte die folgenden sechs Ausschüsse mit. Gleichzeitig wurden die Propositionen wie folgt an die Ausschüsse verteilt:

Erster Ausschuß: Geheimer Oberfinanzrat *von Patow* als Direktor, Landrat *von Knoblauch*, Erb-Jägermeister *von Jagow*, Baron *von Bredow*, Bürgermeister *Rehfeld*, Kreis-Justizrat *Bredow*, Stadtrat *Gützefeld*, Bürgermeister *Stöpel*, Bürgermeister *von Bennigsten*, Stadtverordneter *Winzler*, Kreisschulze *Dansmann*, Entreprisenbesitzer *Lanski*.	**Zu verhandelnde Propositionen:** 1. Entwurf eines Gesetzes über die Einführung des Strafgesetzbuches. 2. Eine Verordnung wegen des Verkaufs der Früchte auf dem Halme und des künftigen Zuwachses. 3. Eine Verordnung, betreffend die zum Zweck einer Auseinandersetzung eingeleiteten Subhastationen. 4. Eine Verordnung, wegen der bürgerlichen Rechte bescholtener Personen.
Zweiter Ausschuß: *Graf zu Solms-Baruth* als Direktor, Landrat *von Manteuffel*, Regierungsrat *von Werdeck*, General-Land-Feuer-Sozietäts-Direktor *von Zychlinski*, General *von Zieten*, *Landrat von Carlsburg*, Stadtrat *de Cuvry*, Bürgermeister *Junker*, Stadtrat *Hammer*, Stadtrat *Klein*, Gutsbesitzer *Krohne*, Gerichtsschulze *Mudrack*.	**Zu verhandelnde Propositionen:** Der zweite Ausschuß erhielt einzig die Entwürfe zum Provinzialrecht zu Begutachtung[17].
Dritter Ausschuß: *Fürst zu Lynar* als Direktor, *Graf von Hardenberg*, Ober-Regierungsrat *von Fock*, Ritterschaftsrat *von Witte*, Domkapitular *von Brandt*, Kreisdeputierter *von Treskow*, Bürgermeister *Neumann*, Bürgermeister *Fahrthöfer*, Stadtverordneter *Beuster*, *Ratsherr Hübler*,	**Zu verhandelnde Propositionen:** Der dritte Ausschuß erhielt einzig die Entwürfe des Niederlausitzschen Provinzialrechts zur Begutachtung.

[17] dafür war der zweite Ausschuß mit umfangreichen Petitionen beschäftigt. Hierzu gehörten der Verwaltungsbericht der ständischen Haus-Kommission.

Kreisschulze *Heuer*, Lehnschulze *Ehlert*.	
Vierter Ausschuß: Major *von Arnim* als Direktor, *Landrat von der Schulenburg*, Landrat *von Löschbrandt*, Deichhauptmann *von Bismark*, *Baron von Romberg*, Kammerherr *von Brandt*, Direktor *Fröhner*, Bürgermeister *Zimmermann*, Stadtverordneten-Vorsteher *Schlief*, Stadtältester *Schulze*, Lehnschulze *Schulze*, Schulze *Rethe*.	**Zu verhandelnde Propositionen:** Dem vierten Ausschuß wurde einzig der Entwurf einer allgemeinen Wegeordnung zur Begutachtung vorgelegt.
Fünfter Ausschuß: Landesyndikus *Freiherr von Houwald* als Direktor, Regierungsrat *von Monteton*, Ritterschaftsrat *Graf von Häseler*, Bürgermeister *Westphal*, Ratsherr *Reiche*, Lehnschulze *Ewest*.	**Zu verhandelnde Propositionen:** 1. Entwurf zur Verordnung, wegen Freilassung des Bettwerks für den Schuldner und seine nächsten Angehörigen, bei allen Arten der Exekutionsvollstreckung. 2. Abänderung des städtischen Feuersozietätsreglements. 3. Denkschrift über die von den Ständen der Mark *Brandenburg* und des Markgrafentums *Niederlausitz* beantragte Einführung eines gleichen Garnhaspelmasses für alle Provinzen der Monarchie.
Sechster Ausschuß: Oberregierungsrat *von Manteuffel* als Direktor, Ritterschaftsdirektor *von Winterfeld*, Landrat *von Patow*, *Graf Finkenstein*, Kreisdeputierter *von Zimmermann*, Ritterschaftsrat *von Bredow*, Stadtältester *Knoblauch*, Kriminalrat und Bürgermeister *Grabow*, Stadtrat *Saath*, Fabrikbesitzer *Offermann*,	**Zu verhandelnde Propositionen:** 1. Verordnung, wegen Zusammenrechnung des Besitzzeit der Erblasser, bei Beurteilung der zur Ausübung ständischer Rechte erforderlichen Dauer des Grundbesitzes. 2. Verordnung zur Ergänzung der Vorschriften über die Wählbarkeit zu Landratsämtern. 3. Eine Deklaration, betreffend die Notwendigkeit des Konsens der Agnaten zur Verpfändung der Substanz eines Lehngutes.

Schulze *Sültmann*, Freigutsbesitzer *Röseler*.	

III. Die anwesenden Abgeordneten des neunten Provinziallandtags von 1845.

1. Verzeichnis der Anwesenden des ersten Standes

a. Virilstimmeninhaber:

Für den *ersten Stand* waren dies die Virilstimmeninhaber Landtagsmarschall Hofmarschall *Gustav Adolf von Rochow auf Stülpe* für den *Luckenwaldeschen Kreis*, für das *Domkapitel zu Brandenburg* der Kammerherr und Domkapitular *von Brandt auf Dertzkow,* der *Graf zu Solms-Baruth* für sich selbst und als Vertreter des Landtagsmarschalls und der *Graf zu Solms-Sonnenwalde,* für sich selbst.

b. Für die Ritterschaft waren aus der *Kurmark* anwesend:

Der Landrat *von der Schulenburg zu Salzwedel,* der Landrat *von Knoblauch auf Osterholz*, der Regierungsrat *von Werdeck zu Berlin* und der Deichhauptmann *von Bismark auf Welle und Briest* für die *Altmark*.
Für die *Priegnitz* erschienen der Major a.D. und Erbjägermeister *von Jagow auf Rühstädt* und der Baron *von Romberg auf Zaatzke*.
Für den *Westhavelländischen Kreis* erschien der *Baron von Bredow auf Wagenitz* und für den *Osthavelländischen Kreis* der Regierungsrat und Haupt-Ritterschaftsdirektor *Freiherr von Monteton zu Berlin*.
Des weiteren kamen für den *Ruppiner Kreis* der *Major a.D. von Schneckendorf auf Wulkow*, für den *Oberbarnimschen Kreis* der *Baron von Eckardstein auf Prötzel* und der wirkliche Geheime Rat und Oberschloßhauptmann *Graf von Arnim zu Berlin* für den *Niederbarnimschen Kreis*.
Für den *Lebuser Kreis* war der Rittergutsbesitzer *Rehfeld auf Tucheband*, für den *Teltowschen Kreis*, als Stellvertreter, der Ritterschaftsrat *Graf von Häseler auf Blankenfelde*, für den *Zaucheschen Kreis* der Oberregierungsrat *Baron von Brucken,* genannt *von Fock zu Potsdam,* für den *Beeskow - Storkowschen Kreis* der Landrat *von Löschebrandt*, für den *Jüterbogschen Kreis* der Leutnant a.D. *von Thümen auf Blankensee* und für den *Belziger Kreis* der Landrat *von Tschirschky auf Klein-Glien* als Abgeordnete anwesend. Die *Uckermark* schließlich entsandte den Major *von Arnim auf Criewen* und den Ritterschaftsdirektor *von Winterfeld auf Kutzerow* als ihre Stellvertreter. Für den *Luckenwalder Kreis*, für den an sich der Landtagsmarschall *von Rochow* stellvertretend

war, fungierte während einer krankheitsbedingten Abwesenheit *von Rochows* der *Baron von Arnim zu Berlin* als Stellvertreter.

c. Für die Ritterschaft aus der *Neumark* waren anwesend:

Der Kreisjustizrat *Bredow in Darmburg* für den *Darmburger* und *Schievelbeiner Kreis*, der Kammerherr *von Brandt auf Lauchstädt* für den *Arnswalder* und *Friedeberger Kreis*, der Ritterschaftsrat *von Witte auf Falkenwalde*, als Stellvertreter, für den *Königsberger* und *Soldiner Kreis*, der *Graf von Finkenstein auf Ziebingen* für den *Landsberger* und *Sternberger Kreis*, der Kreisdeputierte Leutnant *Mandel auf Wallmersdorf* für den *Züllichauer* und *Schwiebuser Kreis* und schließlich der General - Land - Feuer - Societäts - Direktor und *Ritterschaftsrat von Zychlinski auf Treppeln* für den *Crossener* und *Cottbusser Kreis*.

d. Aus der *Niederlausitz* waren für die Ritterschaft erschienen:

Der Fürst *Otto zu Lynar auf Drehna* für die Standesherren, der Landrat *von Stutterheim zu* Calau für den Lübbener Kreis, der Landrat *Freiherr von Manteuffel zu* Luckau für den Gubener und Sorauer Kreis, der wirkliche *Geheime Ober-Regierungsrat Freiherr von Manteuffel zu Berlin* für den Luckauer Kreis, der Geheime Regierungsrat und Landesyndikus Freiherr *von Patow auf Erpitz und Schadewitz* für den Spremberger Kreis nebst der Ämter Finsterwalde und Senftenberg und schließlich der Landrat Regierungsrat *von Carlsburg auf Schönaich* für den Calauer Kreis.

2. Verzeichnis der Anwesenden des zweiten Standes

a. Für die Städte der *Kurmark*:

Für den *zweiten Stand* (Städte) erschienen aus der *Kurmark* für die Stadt *Berlin* der Stadtälteste *Knoblauch*, der Stadtrat *de Cuvry* und der Stadtverordnete *Gützefeld*.
Für die Stadt *Brandenburg* war der Stadtrat *Hammer* anwesend. Des weiteren kamen der Bürgermeister *Stöpel* für *Potsdam* und der Bürgermeister *von Bennigsten- Förder* für *Salzwedel*, der Stadtälteste *Schulze* für *Perleberg*, der Stadtrat *Saath* für *Frankfurt a.d.O.*, der Kriminalrat und Bürgermeister *Grabow* für *Prenzlau*, der Stadtverordnete *Beuster* für *Ruppin* sowie der Stadtverordneten-Vorsteher *Große zu Stendal* und nach seiner Abreise sein Stellvertreter *Lohse zu Gardelegen* für *Stendal* und *Gardelegen*.

Für die Städte[18] war der Bürgermeister *Westphal,* für die Städte[19] der Städte - Feuer - Societäts - und Landarmen - Direktor *Fröhner zu Berlin*, für die Städte[20] der Bürgermeister a.D. *Junker zu Bernau* und für die Städte[21] der Bürgermeister *Fahrthöfer zu Fürstenwalde* anwesend.

b. Für die Städte der *Neumark*:

Aus der *Neumark* erschienen für den zweiten Stand der Apotheker und Ratmann *Muth zu Arnswalde* für *Königsberg* und *Arenswalde* und der Bürgermeister *Heydel zu Soldin* für *Landsberg an der Weichsel* und *Soldin.*
Für die Städte[22] waren dies der Bürgermeister *Zimmermann in Friedeberg* und für die Städte[23] der Ratsherr *Hübler* in *Cottbus.*

c. Für die Städte der *Niederlausitz*:

Aus der *Niederlausitz* wurden der Stadtverordnete Vorsteher *Schlief zu Guben* und der Bürgermeister *Neumann zu Lübben* für *Luckau*, *Lübben, Calau* und *Guben*, der Fabrikbesitzer *Offermann zu Sorau* für die Städte *Sorau, Forste, Triebel, Pförten, Christianstadt, Gassen, Fürstenberg, Lieberose* und *Friedland* sowie der Stadtverordnete Vorsteher *Winzler zu Lübbenau* für die Städte *Spremberg, Doberlugk, Finsterwalde, Goltzen, Kirchhain, Sonnenwalde, Lübbenau, Vetschau, Debkau* und *Serftenberg* entsandt.

3. Verzeichnis der Anwesenden des dritten Standes

a. Für die *Kurmark*:

Für den *dritten Stand* (Landgemeinden) erschienen aus der *Kurmark* der Schulze *Sültmann in Mellin* für den *Gardelegenschen* und *Salzwedelschen Kreis*, der

---

[18] *Tangermünde, Arneburg, Arendsee, Bismark, Calbe, Osterburg, Seehaufen, Werben, Küritz, Pritzwalk, Wittstock, Meyenburg, Havelberg, Lenzen, Puttlitz, Wilsnack* und *Wittenberge.*
[19] *Beelitz, Belzig, Brück, Niemegk, Saarmund, Treuenbrietzen, Werder, Cremmen, Fehrbelin, Ketzin, Nauen, Spandow, Friesack, Pritzerbe, Rathenow, Rhino, Gransee, Lindow, Neustadt an der Dosse, Wusterhausen an der Dosse, Alt-Ruppin* und *Reihnsberg.*
[20] *Biesental, Freienwalde, Neustadt-Eberswalde, Straußberg, Wriezen, Brüssow, Strasburg, Lychen, Templin, Zehdenick, Angermünde, Greiffenberg, Oderberg, Joachimstal, Schwedt, Vierraden, Bernau, Liebenwalde und Oranienburg.*
[21] *Wendisch-Buchholz, Cöpenick, Charlottenburg, Mittenwalde, Teltow, Teupitz, Trebbin, Strokow, Zossen, Baruth, Dahme, Jüterborgk, Luckenwalde, Zinna, Beeskow, Fürstenwalde, Müncheberg, Seelow, Lebus, Müllrose* und *Buckow.*
[22] *Friedberg, Driesen, Neuwedel, Woldenberg, Reetz, Nörenberg, Dramburg, Callies, Falkenberg, Schievelbein, Cüstrin, Fürstenfelde, Neudamm, Bärwalde, Mohrin, Schönflies, Zehden, Berlinchen, Berustein* und *Lippehne.*
[23] *Königswalde, Sonnenburg, Lagow, Drossen, Schermeißel, Reppen, Strenberg, Zielenzig, Crossen, Sommerfeld, Bodersberg, Rothenburg, Cottbus, Peitz, Züllichau, Schwiebus* und *Trebschen.*

Schulze *Nethe zu Dahlen* für den *Stendal - und Osterburgschen Kreis*, der Kreisschulze *Heuer zu Gadenbeck* für die *Priegnitz*, der Kreisschulze *Dansmann zu Dyrotz* für den *Ost*- und *Westhavelländischen* und den *Ruppiner Kreis*, der Lehnschulze *Raasch zu Groß-Schönebeck* für den *Ober*- und *Niederbarnimschen* und *Lebusschen Kreis*, der Lehnschulze *Schulze zu Görz* für den *Zauche-Belzigschen* und *Jüterbog-Luckenwaldschen Kreis*, der Gutsbesitzer *Krohn zu Werben* für den *Teltower* und *Beeskow-Storkowschen Kreis* und der Freigutsbesitzer *Röseler zu Niederfinow* für die *Uckermark*.

b. Für die *Neumark*:

Aus der *Neumark* kamen der Lehnschulze *Böning zu Schwachenwalde* für die *Kreise Schievelbein, Darmburg, Arnswalde, Friedeberg, Soldin* und *Königsberg* sowie der Entreprisen - Besitzer *Lansky zu Savanna* für die Kreise *Landsberg, Sternberg, Züllichau, Schwiebus, Crossen* und *Cottbus*.

c. Für die *Niederlausitz*:

Aus der *Niederlausitz* endlich wurden der Kruggutsbesitzer *Dolz in Klein-Beuche* für die Kreise *Lübben, Luckau* und *Calau* und der Gerichtsschulze *Mudrack zu Welthow* für die Kreise *Guben, Sorau* und *Spremberg* entsandt[24].

---

[24] Von einer Darstellung der Bildung der Ausschüsse mußte abgesehen werden, weil für den neunten Provinziallandtag keine Unterlagen über die Bildung der Ausschüsse auffindbar waren.

Literaturverzeichnis

Abegg von, Julius Friedrich Heinrich, Versuch einer Geschichte der Strafgesetzgebung und des Strafrechts der Brandenburg-Preußischen Lande, Berlin 1835, (zit.: *von Abegg*)

Adamy, Kurt, Hübener, Kristina, (Hrsg.), Geschichte der Brandenburgischen Landtage, Von den Anfängen 1823 bis zur Gegenwart, Potsdam 1998, (zit.: Bearbeiter in *Adamy/Hübener*)

Allmenröder, Ernst, Das politische Leben in den brandenburgischen Provinziallandtagen unter Friedrich Wilhelm III., Diss. (masch.), Frankfurt 1922, (zit. *Allmenröder*)

Bächthold-Stäubli, Hanns Hoffmann-Krayer, Ernst (Hrsg.), Handwörterbuch des deutschen Aberglaubens, in 10 Bänden, Berlin 1927, (zit.: *Bächthold-Sträubli*, Bd.)

Bassewitz von, Magnus Friedrich, Die Kurmark Brandenburg im Zusammenhang mit den Schicksalen des Gesamtstaates Preußen während der Jahre 1809 und 1810, Leipzig 1851- 1860; Neu: Hildesheim, Olms: 1997, Hrsg. *Karl von Reinhard* (zit.: *Bassewitz*)

Bleich, Eduard, Der Erste Vereinigte Landtag in Berlin 1847 in 4 Bänden, Vaduz/Liechtenstein 1977, (zit.: *Bleich* Bd.)

Bley, Peter, 150 Jahre Eisenbahn Berlin-Hamburg, Düsseldorf 1996, (zit.: Bley)

Bornhak, Conrad, Preußische Staats- und Rechtsgeschichte, Berlin 1903, (zit.: *Bornhak*)

Brammer, Annegret Helene, Judenpolitik und Judengesetzgebung in Preußen 1812-1847, Diss. Tübingen 1987, (zit.: *Brammer*)

Brederlow von, Goswin Freiherr, Über Leben und Verfassung in Kreisen und Gemeinden mit besonderem Bezug auf Preußen, Berlin 1820 (zit.: *von Brederlow)*

Büchmann, Georg, Geflügelte Worte, der Zitatenschatz des deutschen Volkes, 22. Auflage, Frankfurt 1905, (zit.: *Büchmann*)

Croon, Gustav, Der Rheinische Provinziallandtag bis zum Jahre 1874, Düsseldorf 1918, Nachdruck 1974, (zit.: *Croon*, Provinziallandtag)

Fischer, R., Die Beseitigung, Vernichtung und Verarbeitung der Schlachtabfälle und Tierleichen, Stuttgart 1905, (zit.: *Fischer*)

Fischer, Wolfram (Hrsg.), Wirtschafts- und sozialgeschichtliche Probleme der frühen Industrialisierung, Berlin, 1968, (zit.: Bearbeiter in *Fischer*)

Friedenthal, Ernst, Preußisches Wegerecht unter besonderer Berücksichtigung des Schlesischen Provinzialrechts, Breslau 1906, (zit.: *Friedenthal*)

Gerhard, Stephan, Die geltenden Preußischen Gesindeordnungen, herausgegeben in 2 Bänden,Berlin 1902,(zit.: *Gerhard*, Gesindeordnungen Bd.)

Goltdammer, Th., Die Materialien zum Strafgesetzbuche, Berlin 1852, Hrsg. *Werner Schubert, J. Regge, W. Schmid, R. Schröder*, Reprint 1991, Bd. 2 (zit.: *Th. Goltdammer*, Bd.II)

Gräff, Heinrich, Koch, Christian Friedrich, Rönne von, Ludwig, Simon, Heinrich, Wentzel, August, (Hrsg.), Ergänzungen und Erläuterungen der preußischen Rechtsbücher durch Gesetzgebung und Wissenschaft, Band I-X, Berlin 1864, (zit.: Bearbeiter in *Gräff, Koch, von Rönne*)

Haefcke, H., Handbuch des Abdeckereiwesens, Berlin 1906, (zit.: *Haefcke*)

Hahn, Karl, Wilhelm, Das Holzdiebstahlsgesetz vom 02. Juni 1852 mit Motiven, Kammerverhandlungen, Kommentar und Beilagen, Breslau 1852, (zit.: Hahn)

Heffter, Heinrich, Die deutsche Selbstverwaltung im 19. Jahrhundert, Stuttgart 1950, (zit.: *Heffter*)

Heyde van der, W.G., Preußisches Gesinde-Recht mit Inbegriff dessen, seit dem Jahre 1808 bis zum Jahre 1831 erschienen Erläuterungen und Zusätzen, Calbe an der Saale 1832, (zit.: *v.d.Heyde*)

Hippel von, Ernst, Wegeordnung für die Provinz Ostpreußen nach den amtlichen Motiven und den Landtagsverhandlungen, Berlin 1912, (zit.: *von Hippel*)

Holtz, Bärbel, Acta Borussica, Die Protokolle des preußischen Staatsministeriums 1817-1934/38 in 12 Bänden, Hildesheim 2000, (zit.: *Holtz*, Acta Borussica, Bd.)

Horn, Eckard, Rudolphi, Hans-Joachim, Samson, Erich (Hrsg.), Systematischer Kommentar zum Strafgesetzbuch, Band II, Besonderer Teil, 4. Auflage, Frankfurt/Main, Loseblattsammlung, Stand Juni 1991, (zit.: Bearbeiter in SK)

Hubatsch, Walther (Hrsg.), Grundriß zur deutschen Verwaltungsgeschichte 1815-1945, Reihe A: Preußen, Marburg 1975, (zit.: Bearbeiter *in Hubatsch*)

Huber, Ernst Rudolf, Deutsche Verfassungsgeschichte seit 1789, Band I-VIII, Stuttgart 1957, (zit.: *Huber*, Bd.)

Jescheck, Hans-Heinrich, Ruß, Wolfgang, Wilms, Günther (Hrsg.), Strafgesetzbuch, Leipziger Kommentar, Band 4-7, 10. Auflage, Berlin, 1988, (zit.: Bearbeiter in LK)

Kähler, Wilhelm, Gesindewesen und Gesinderecht in Deutschland, Jena 1896, (zit.: *Kähler*)

Kastner, Dieter, Der Rheinische Provinziallandtag und die Emanzipation der Juden im Rheinland 1825-1845, Köln/Bonn 1989, (zit.: *Kastner*)

Keinemann, Friedrich, Die Affaire Westfalen. Der Protest des Grafen von Westphalen zu Fürstenberg und Laer gegen die preußische Kirchenpolitik auf dem Westfälischen Provinziallandtag 1841 und seine Folgen. In: WestfZ 123, 1973, S. 189-213, (zit.: *Keinemann*)

Klawitter, Willy, Die politische Entwicklung der schlesischen Provinziallandtage. In: ZVGSchles 59, 1925, S. 1-28. (zit.: *Klawitter*)

Koehne, Max, Grundzüge des Verwaltungs-Polizeirechts, Allgemeiner Teil, Berlin 1906, (zit.: *Koehne*, Verwaltungspolizeirecht)

Koselleck, Reinhart, Preußen zwischen Reform und Revolution, 2. Auflage, Stuttgart 1975, (zit.: *Koselleck*, Reform)

Lackner, Karl, Strafgesetzbuch mit Erläuterungen, 20. Auflage, München 1993, (zit.: *Lackner*)

Lancizolle von, Carl Wilhelm, Rechtsquellen für die gegenwärtige landständische Verfassung in Preußen, Berlin 1847, (zit.: *Lancizolle*, Rechtsquellen)

Lancizolle von, Carl Wilhelm, Über Königthum und Landstände in Preußen, Berlin 1846, (zit.: *Lancizolle*, Königtum)

Lette, Adolph, Rönne von, Ludwig, Die Landes-Kultur-Gesetzgebung des Preußischen Staates, Kommentar in zwei Teilen, Berlin 1853-1854, (zit.: *Lette/von Rönne*)

Lindenberg, Carl, Das Preußische Gesinderecht im Geltungsbereiche der Gesindeordnung vom 8. November 1810, 8. Auflage, Berlin 1912, (zit.: *Lindenberg*, Gesinderecht)

Materna, Ingo, Ribbe, Wolfgang (Hrsg.), Brandenburgische Geschichte, Berlin 1995(zit.: *Materna/Ribbe*, Brandenburgische Geschichte)

Meyer, Joseph (Hrsg.), Großes Konversations-Lexikon in 22 Bänden, Leipzig 1903-1910 (zit.: *Meyers*, Bd.)

Mugdan, Benno, Die gesamten Materialien zum bürgerlichen Gesetzbuch für das Deutsche Reich, Band 1, Berlin 1899, (zit.: *Mugdan*, Bd.)

Müller, Christian Friedrich, Das Holzdiebstahls-Gesetz vom 02. Juni 1852, Aus den Materialien erläutert, Berlin 1852, (zit.: *Müller*)

Nauwerck, Karl, Übersicht der wichtigsten Abstimmungen der Preußischen Provinziallandtage 1841, 1843 und 1845, Berlin 1845, (zit.: *Nauwerck*)

Nobiling, Richard, Die Preußischen Landeskulturgesetze, Münster 1901, (zit.: *Nobiling*)

Obenaus, Herbert, Anfänge des Parlamentarismus in Preußen bis 1848, Düsseldorf 1984, (zit.: *Obenaus*)

Pertz, Heinrich Georg, Das Leben des Ministers Freiherr vom Stein, 1849-1850, Band I-VI, Berlin 1855, (zit.: *Pertz*)

Prutz, Robert, Zehn Jahre Geschichte der neusten Zeit: 1840-1850 in 2 Bänden, Leipzig 1856, Band 1: Leipzig 1850, (zit.: *Prutz*)

Rabe, Karl Ludwig Heinrich (Hrsg.), Sammlung preußischer Gesetze und Verordnungen in 12 Bänden, Halle (Saale) 1811-1823, (zit.: *Rabes* Sammlung)

Rauer, Karl Friedrich (Hrsg.), Central- Blatt für Preußische Juristen, Jahrgang 1838, Band II, Berlin 1838, (zit.: *Rauer*)

Rehbein, Hugo, Reinicke, Otto, Allgemeines Landrecht für die preußischen Staaten nebst den ergänzenden und abändernden Bestimmungen der Reichs- und Landesgesetzgebung, in vier Bänden, 5. Auflage, Berlin 1894, (zit.: *Rehbein/Reinicke*)

Ribbe, Wolfgang, Rosenbauer, Hansjürgen (Hrsg.), Preußen, Chronik eines deutschen Staates, Berlin 2000, (zit.: Bearbeiter in *Ribbe/Rosenbauer*)

Rimbach, Karl Ernst, 250 Jahre Feuersozietät Berlin, Berlin 1968, (zit.: *Rimbach*)

Rochow von, Adolf Friedrich August, Nachrichten zur Geschichte derer von Rochow und ihrer Besitzungen, Berlin 1861, (zit.: *A.F.A. von Rochow*)

Rochow von, Caroline, Motte-Fouqué de la, Marie, Vom Leben am preußischen Hofe, Aufzeichnungen von Caroline von Rochow geb. v.d. Marwitz und Marie de la Motte-Fouqué, bearbeitet von Luise v.d. Marwitz, Berlin 1908, (zit.: *Caroline von Rochow*)

Rönnau, Claudia, Die Beratungen des Wasserrechtsausschusses der Akademie für Deutsches Recht zu einem Reichswassergesetz (1934-1941), Frankfurt am Main 2001, (zit.: *Rönnau*)

Rönne von, Ludwig, Simon, Heinrich, Das Medicinal-Wesen des Preußischen Staates, in 2 Bänden, Breslau 1844, (zit.: von *Rönne/Simon*, Bd.)

Rönne von, Ludwig, Ergänzungen und Erläuterungen der Preußischen Rechtsbücher durch Gesetzgebung und Wissenschaft, Band I-IV, Berlin 1868, (zit.: *von Rönne* Bd.)

Rönne von, Ludwig, Wege-Polizei und das Wege-Recht des Preußischen Staates, Breslau 1852, (zit.: *von Rönne*, Wegepolizei)

Rönne von, Ludwig, Simon, Heinrich, Das Polizeiwesen des Preußischen Staates in 2 Bänden, Breslau 1841, (zit.: von *Rönne/Simon*, Polizeiwesen, Bd.)

Schickert, Georg, Ostpreußens Feuersozietäten im Wandel zweier Jahrhunderte, Königsberg 1924, (zit.: *Schickert*)

Schmitz, Herrmann, Die Feuersozietät der Provinz Brandenburg, Berlin 1937, (zit.: *Schmitz*)

Schönke, Adolf, Schröder, Horst (Hrsg.), Strafgesetzbuch, Kommentar, 24. Auflage, München 1991, (zit.: Bearbeiter in *Schönke/Schröder*)

Schröder, Rainer, Das Gesinde war immer frech und unverschämt, Gesinde und Gesinderecht im 18. Jahrhundert, Frankfurt am Main 1992, (zit.: *Schröder*)

Schubert, Werner, Preußen im Vormärz, Die Verhandlungen der Provinziallandtage von Brandenburg, Pommern, Posen, Sachsen und Schlesien sowie – im Anhang – von Ostpreußen, Westfalen und der Rheinprovinz (1841-1845), Frankfurt 1999, (zit.: *Schubert*, Preußen)

Schubert, Werner, Regge, Jürgen, Preußische Gesetzesrevision, 1825-1848, in Abteilungen I-II und 11 Bänden, Vaduz, Liechtenstein 1981, (zit.: *Schubert/Regge*, Gesetzesrevision, Abt., Bd.)

Schubert, Werner, Die deutsche Gerichtsverfassung (1869-1877), Frankfurt 1981, (zit.: *Schubert*, Gerichtsverfassung)

Schubert, Werner (Hrsg.), Der Westfälische Provinziallandtag von 1841, 1843 und 1845, Verhandlungen des Siebenten und Achten Westfälischen Provinziallandtags von 1843 und 1845 (Denkschriften, Petitionen, Landtagsabschiede und Propositionen), Herausgegeben unter Mitwirkung des Landschaftsverbandes Westfalen-Lippe – Westfälisches Archivamt – in 3 Bänden, (zit.: *Schubert*, Westfälischer Provinziallandtag, Bd.)

Schubert, Werner (Hrsg.), Der Provinziallandtag der Rheinprovinz von 1841, 1843 und 1845, Zu den Verhandlungen des Achten Rheinischen Provinziallandtags nebst Beilage-Heft in 6 Bänden, (zit.: *Schubert*, Rheinischer Provinziallandtag, Bd.)

Schulz, Wilhelm, Die Fragen des Gesinderechts nach Aufhebung der Ausnahmegesetze, Berlin 1920, (zit.: *Schulz*, Gesinderecht)

Schütz, Rüdiger, Preußen und die Rheinlande, Wiesbaden 1979, (zit.: *Schütz*, Preußen)

Schwabe, Klaus, Die preußischen Oberpräsidenten 1815-1945, in Buedinger Forschungen zur Sozialgeschichte 1981, Boppard am Rhein 1985, (zit.: *Schwabe*)

Silbergleit, Heinrich, Die Bevölkerungs- und Berufsverhältnisse der Juden im deutschen Reich, Berlin 1930, (zit.: *Silbergleit*)

Staudinger von, Julius, Kommentar zu bürgerlichen Gesetzbuch, I. Band, Allgemeiner Teil, 11. Auflage, Berlin 1957, (zit.: *Staudinger*/Bearbeiter)

Stein von, Lorenz, Handbuch der Verwaltungslehre, Erster Teil, Stuttgart 1887, (zit.: *Lorenz von Stein*)

Stephan, Joachim, Der Rheinische Provinziallandtag 1826- 1840, Köln 1991, (zit.: *Joachim Stephan*)

Stephan, Werner, J., Entstehung der Provinzialstände in Preußen 1823, mit besonderer Beziehung auf die Provinz Brandenburg, Dissertation, Berlin 1914, (zit.: *Stephan W.J.*, Entstehung)

Stern, Alfred, Geschichte Europas von den Verträgen von 1815 bis zum Frankfurter Frieden von 1871, in 10 Bänden, Band 2: Geschichte Europas von 1815-1830, 2. Auflage, Stuttgart 1905, (zit.: *Stern*, Geschichte 2)

Stölzel, Adolf, Brandenburg-Preußens Rechtsverwaltung und Rechtsverfassung in 2 Bänden, neu herausgegeben von *Jürgen Regge*, Berlin 1888, Neudruck Vaduz 1989, (zit.: *Stölzel*)

Treitschke, Heinrich von, Deutsche Geschichte im Neunzehnten Jahrhundert in 4 Bänden, Leipzig 1927, (zit.: *Treitschke*, Deutsche Geschichte Bd.)

Treitschke, Heinrich von, Der erste Verfassungskampf in Preußen 1815-1823 in Preußische Jahrbücher 29, 1872, (zit. *Treitschke*, Verfassungskampf)

Unruh von, Georg-Christoph, Der Kreis, Ursprung und Ordnung einer kommunalen Körperschaft, Düsseldorf 1965, (zit.: *von Unruh*, Der Kreis)

Vetter, Klaus, Kurmärkischer Adel und Preußische Reformen, Weimar 1979, (zit.: *Vetter*, Adel)

Vormbaum, Thomas, Politik und Gesinderecht im 19. Jahrhundert (vornehmlich in Preußen, Berlin 1980, (zit.: *Vormbaum*)

Voß, Werner, Das preußische Wegerecht, München 1930, (zit.: *Voß*)

Weyls, Theodor, Handbuch der Hygiene in 10 Bänden, Jena 1894, (zit.: *Weyls*, Bd.)

Wuttke, Heinrich, Die schlesischen Stände, ihr Wesen, ihr Wirken und ihr Wert in alter und neuer Zeit, Leipzig 1847, (zit.: *Wuttke*)

RECHTSHISTORISCHE REIHE

Band 1 Studien zu den germanischen Volksrechten. Gedächtnisschrift für Wilhelm Ebel. Vorträge gehalten auf dem Fest-Symposion anläßlich des 70. Geburtstages von Wilhelm Ebel am 16. Juni 1978 in Göttingen. Götz Landwehr (Hrsg.) 1982.

Band 2 Hans Poeschel: Die Statuten der Banken, Sparkassen und Kreditgenossenschaften in Hamburg und Altona von 1710 bis 1889. 1978.

Band 3 Thomas Kolbeck: Juristenschwemmen, Untersuchungen über den juristischen Arbeitsmarkt im 19. und 20. Jahrhundert. 1978.

Band 4 Norbert Hempel: Richterleitbilder in der Weimarer Republik. 1978.

Band 5 Rolf Stratmann: Die Scheinbußen im mittelalterlichen Recht. 1978.

Band 6 Martin C. Lockert: Die niedersächsischen Stadtrechte zwischen Aller und Weser. Vorkommen und Verflechtungen. Eine Bestandsaufnahme. 1979.

Band 7 Joachim Rückert/Wolfgang Friedrich: Betriebliche Arbeiterausschüsse in Deutschland, Großbritannien und Frankreich im späten 19. und frühen 20. Jahrhundert. Eine vergleichende Studie zur Entwicklung des kollektiven Arbeitsrechts. 1979.

Band 8 Peter Bender: Die Rezeption des römischen Rechts im Urteil der deutschen Rechtswissenschaft. 1979.

Band 9 Friedrich Karl Alsdorf: Untersuchungen zur Rechtsgestalt und Teilung deutscher Ganerbenburgen. 1980.

Band 10 Dietmar Willoweit/Winfried Schich (Hrsg.): Studien zur Geschichte des sächsisch-magdeburgischen Rechts in Deutschland und Polen (Sammelband). 1980.

Band 11 Brigitte Hempel: Der Entwurf einer Polizeiordnung für das Herzogtum Sachsen-Lauenburg aus dem Jahre 1591. 1980.

Band 12 Klaus-Detlev Godau-Schüttke: Rechtsverwalter des Reiches. Staatssekretär Dr. Curt Joël. 1981.

Band 13 Rainer Polley: Anton Friedrich Justus Thibaut (AD 1772-1840) in seinen Selbstzeugnissen und Briefen. Teil 1: Abhandlung. Teil 2: Briefwechsel. Teil 3: Register zum Briefwechsel. 1982.

Band 14 Michael Wettengel: Der Streit um die Vogtei Kelkheim 1275-1276. Ein kanonischer Prozeß.1981.

Band 15 Otto Wilhelm Krause: Naturrechtler des sechzehnten Jahrhunderts. Ihre Bedeutung für die Entwicklung eines natürlichen Privatrechts. 1982.

Band 16 Helga Spindler: Von der Genossenschaft zur Betriebsgemeinschaft. Kritische Darstellung der Sozialrechtslehre Otto von Gierkes. 1982.

Band 17 Holger Otte: Gustav Radbruchs Kieler Jahre 1919 - 1926. 1982.

Band 18 Rüdiger Teuner: Die fuldische Ritterschaft 1510 - 1656. 1982.

Band 19 Gerhard Dilcher/Rudolf Hoke/Gian Savino Pene Vidari/Hans Winterberg (Hrsg.): Grundrechte im 19. Jahrhundert. 1982.

Band 20 Karl-Hans Schloßstein: Die westfälischen Fabrikengerichtsdeputationen - Vorbilder, Werdegang und Scheitern. 1982.

Band 21 Birger Schulz: Der Republikanische Richterbund (1921-1933). 1982.

Band 22 Engelbert Krause: Die gegenseitigen Unterhaltsansprüche zwischen Eltern und Kindern in der deutschen Privatrechtsgeschichte. 1982.

Band 23 Meent W. Francksen: Staatsrat und Gesetzgebung im Großherzogtum Berg (1806-1813). 1982.

Band 24 Gerd von Sonnleithner: Bearbeitung des Handelsrechts durch Ignaz von Sonnleithner in seinem "Leitfaden über das österreichische Handels- und Wechselrecht". 1982.

Band 25 Rudolf Palme: Rechts-, Wirtschafts- und Sozialgeschichte der inneralpinen Salzwerke bis zu deren Monopolisierung. 1983.

Band 26 Helen Bosshard: Pestalozzis Staats- und Rechtsverständnis und seine Stellung in der Aufklärung. 1983.

Band 27 Jens Jessen: Die Selbstzeugnisse der deutschen Juristen. Erinnerungen, Tagebücher und Briefe. Eine Bibliographie. 1983.

Band 28 Günter Martin Jensen: Das Domanium Waldeck. Die rechtliche Zuordnung eines Fürstenvermögens. 1984.

Band 29 Johann Heinrich Kumpf: Petitionsrecht und öffentliche Meinung im Entstehungsprozeß der Paulskirchenverfassung 1848/49. 1983.

Band 30 Sabine Frey: Rechtsschutz der Juden gegen Ausweisungen im 16. Jahrhundert. 1983.

Band 31 Dietrich Joswig: Die germanische Grundstücksübertragung. 1984.

Band 32 Andreas Baryli: Konzessionssystem contra Gewerbefreiheit. Zur Diskussion der österreichischen Gewerberechtsreform 1835 bis 1860. 1984.

Band 33 Gerhard Oberkofler: Studien zur Geschichte der österreichischen Rechtswissenschaft. 1984.

Band 34 Rudolf Lauda: Kaufmännische Gewohnheit und Burgrecht bei Notker dem Deutschen. Zum Verhältnis von literarischer Tradition und zeitgenössischer Realität in der frühmittelalterlichen Rhetorik. 1984.

Band 35 Jens Jensen: Die Ehescheidung des Bischofs Hans von Lübeck von Prinzessin Julia Felicitas von Württemberg-Weiltingen AD 1648-1653. Ein Beitrag zum protestantischen Ehescheidungsrecht im Zeitalter des beginnenden Absolutismus. 1984.

Band 36 Horst Schröder: Friedrich Karl von Savigny. Geschichte und Rechtsdenken beim Übergang vom Feudalismus zum Kapitalismus in Deutschland. 1984.

Band 37 Andreas Hatzung: Dogmengeschichtliche Grundlagen und Entstehung des zivilrechtlichen Notstands. 1984.

Band 38 Matthias Klasen: Das Billwerder Landrecht. Landrecht und Landgericht in den Hamburger Elbmarschen. 1985.

Band 39 Rainer Jamin: Aufbau, Tätigkeit und Verfahren der Auseinandersetzungsbehörden bei der Durchführung der preußischen Agrarreformen. 1985.

Band 40 Henry Winter: Teilschuld, Gesamtschuld und unechte Gesamtschuld. Zur Konzeption der §§ 420 ff. BGB - Ein Beitrag zur Entstehungsgeschichte des BGB. 1985.

Band 41 Hermann Eichler: Verfassungsbewegung in Amerika und Europa. 1985.

Band 42 Dagmar Bandemer: Heinrich Albert Zachariae. Rechtsdenken zwischen Restauration und Reformation. 1985.

Band 43 Eva-Christine Frentz: Das Hamburgische Admiralitätsgericht (1623-1811). Prozeß und Rechtsprechung. 1985.

Band 44 Karl Lillig: Rechtsetzung im Herzogtum Pfalz-Zweibrücken während des 18. Jahrhunderts. Ein Beitrag zur Geschichte der territorialen Rechtsbildung. 1985.

Band 45 Walter Weber: Die Entwicklung der Sparkassen zu selbständigen Anstalten des öffentlichen Rechts. Ein Beitrag zur Entwicklung des Anstaltsbegriffs im 19. Jahrhundert. 1985.

Band 46 Bärbel Baum: Der Stabreim im Recht. Vorkommen und Bedeutung des Stabreims in Antike und Mittelalter. 1986.

Band 47 Hans Popp: Die nationalsozialistische Sicht einiger Institute des Zivilprozeß- und Gerichtsverfassungsrechts. 1986.

Band 48 John Karl-Heinz Montag: Die Lehrdarstellung des Handelsrechts von Georg Friedrich von Martens bis Meno Pöhls. Die Wissenschaft des Handelsrechts im ersten Drittel des 19. Jahrhunderts. 1986.

Band 49 Volker D. Anhäusser: Das internationale Obligationenrecht in der höchstrichterlichen Rechtsprechung des 19. Jahrhunderts. 1986.

Band 50 Udo Beer: Die Juden, das Recht und die Republik. Verbandswesen und Rechtsschutz 1919-1933. 1986.

Band 51 Herbert Grziwotz: Der moderne Verfassungsbegriff und die "Römische Verfassung" in der deutschen Forschung des 19. und 20. Jahrhunderts. 1986.

Band 52 Ralf Conradi: Karl Friedrich Eichhorn als Staatsrechtslehrer. Seine Göttinger Vorlesung über "Das Staatsrecht der deutschen Bundesstaaten" nach einer Kollegmitschrift aus dem Wintersemester 1821/22. 1987.

Band 53 Dieter Dannreuther: Der Zivilprozeß als Gegenstand der Rechtspolitik im Deutschen Reich 1871 - 1945. Ein Beitrag zur Geschichte des Zivilprozeßrechts in Deutschland. 1987.

Band 54 Stephan Felix Pauly: Organisation, Geschichte und Praxis der Gesetzesauslegung des (Königlich) Preußischen Oberverwaltungsgerichtes 1875 - 1933. 1987.

Band 55 Rüdiger Schulz: Die Entstehung des Seerechts des Allgemeinen Deutschen Handelsgesetzbuches unter besonderer Berücksichtigung der Bestimmungen über die Reederei, den Schiffer und die Schiffsmannschaft. 1987.

Band 56 Reinhold Reis: Deutsches Privatrecht in den Weistümern der Zenten Schriesheim und Kirchheim. 1987.

Band 57 Jürgen Christoph: Die politischen Reichsamnestien 1918 - 1933. 1987.

Band 58 Gerhard Oberkofler/Eduard Rabofsky: Hans Kelsen im Kriegseinsatz der k.u.k.-Wehrmacht. Eine kritische Würdigung seiner militärtheoretischen Angebote. 1988.

Band 59 Arne Wulff: Staatssekretär Prof. Dr. Dr. h.c. Franz Schlegelberger. 1876-1970. 1991.

Band 60 Gerhard Köbler (Hrsg.): Wege europäischer Rechtsgeschichte. Karl Kroeschell zum 60. Geburtstag. 1987.

Band 61 Rüdiger Hütte: Der Gemeinschaftsgedanke in den Erbrechtsreformen des Dritten Reichs. 1988.

Band 62 Markus Göldner: Politische Symbole der europäischen Integration. Fahne, Hymne, Hauptstadt, Paß, Briefmarke, Auszeichnungen. 1988.

Band 63 Wolfgang Kröner: Freiheitsstrafe und Strafvollzug in den Herzogtümern Schleswig, Holstein und Lauenburg von 1700 bis 1864. 1988.

Band 64 Werner Gaile: Die Norder Theelacht. 1988.

Band 65 Karl v. Kempis: Andreas Gaill (1526 - 1587). Zum Leben und Werk eines Juristen der frühen Neuzeit. 1988.

Band 66 Wolf-Rüdiger Osburg: Die Verwaltung Hamburgs in der Franzosenzeit. 1811-1814. 1988.

Band 67 Christian Schudnagies: Hans Frank. Aufstieg und Fall des NS-Juristen und Generalgouverneurs. 1988.

Band 68 Otmar Jung: Senatspräsident Freymuth. Richter, Sozialdemokrat und Pazifist in der Weimarer Republik. Eine politische Biographie. 1989.

Band 69 Joachim Lohner: Das landeshauptmannschaftliche Gericht in Oberösterreich zu Beginn der Neuzeit. Eine Darstellung des oberösterreichischen Prozeßrechts am obersten Territorialgericht des Landes anhand der oberösterreichischen Landtafel.1989.

Band 70 Bernd Klemann: Rudolf von Jhering und die Historische Rechtsschule. 1989.

Band 71 Adalbert Langer: Männer um die österreichische Zivilprozeßordnung 1895. Zusammenspiel / Soziales Ziel. 1990.

Band 72 Robert-Dieter Klee: Die Landessuperintendentur Lauenburg. Ursprung und Entwicklung sowie Ende der Sonderstellung des Kirchenkreises Herzogtum Lauenburg durch die nordelbische Kirchenvereinigung. 1989.

Band 73 Heinrich Herrmann: Die Gehöferschaften im Bezirk Trier. 1989.

Band 74 Wilhelm Brauneder, Franz Baltzarek (Hrsg.): Modell einer neuen Wirtschaftsordnung. Wirtschaftsverwaltung in Österreich 1914 - 1918. 1991.

Band 75 Thomas Dreyer: Die "Assecuranz- und Haverey-Ordnung" der Freien und Hansestadt Hamburg von 1731. 1990.

Band 76 Bernhard Sendler: Die Rechtssprache in den süddeutschen Stadtrechtsreformationen. 1990.

Band 77 Brigitte Lehmann: Ehevereinbarungen im 19. und 20. Jahrhundert. 1990.

Band 78 Michael Sunnus: Der NS-Rechtswahrerbund (1928-1945). Zur Geschichte der nationalsozialistischen Juristenorganisation. 1990.

Band 79 Stefan Schulz: Die historische Entwicklung des Rechts an Bienen. (§§ 961 - 964 BGB). 1990.

Band 80 Gerhard Lingelbach, Heiner Lück (Hrsg.): Deutsches Recht zwischen Sachsenspiegel und Aufklärung. Rolf Lieberwirth zum 70. Geburtstag dargebracht von Schülern, Freunden und Kollegen, herausgegeben von Gerhard Lingelbach und Heiner Lück. 1991.

Band 81 Manfred Krohn: Die deutsche Justiz im Urteil der Nationalsozialisten 1920 - 1933. 1991.

Band 82 Angelika Kühn: Privilegierung nationaler Minderheiten im Wahlrecht der Bundesrepublik Deutschland und Schleswig-Holsteins. 1991.

Band 83 Georg Brun: Leben und Werk des Rechtshistorikers Heinrich Mitteis unter besonderer Berücksichtigung seines Verhältnisses zum Nationalsozialismus. 1991.

Band 84 Wolfgang Simon: Claudius Freiherr von Schwerin. Rechtshistoriker während dreier Epochen deutscher Geschichte. 1991.

Band 85 Friedrich-Carl Wachs: Das Verordnungswerk des Reichsdemobilmachungsamtes. Stabilisierender Faktor zu Beginn der Weimarer Republik. 1991.

Band 86 Jens-Uwe Petersen: Die Vorgeschichte und die Entstehung des Mieterschutzgesetzes von 1923 nebst der Anordnung für das Verfahren vor dem Mieteinigungsamt und der Beschwerdestelle. 1991.

Band 87 Ulrike Halbach: Familienrecht in der Rechtssprache. Die historische Entwicklung zentraler Ausdrücke des geltenden Familienrechts. 1991.

Band 88 Joern Christian Nissen: Die Beratungen des Seeversicherungsausschusses der Akademie für Deutsches Recht zu einem neuen Seeversicherungsgesetz (1934-1939). Ein Beitrag zur Entwicklung der allgemeinen Lehren des Seeversicherungsrechts unter besonderer Berücksichtigung des Handelsgesetzbuchs und der Allgemeinen Deutschen Seeversicherungs-Bedingungen 1919. 1991.

Band 89 Diethard Bühler: Die Entstehung der allgemeinen Vertragsschluß-Vorschriften im Allgemeinen Deutschen Handelsgesetzbuch (ADHGB) von 1861. Ein Beitrag zur Kodifikationsgeschichte des Privatrechts im 19. Jahrhundert. 1991.

Band 90 Gerhard Oberkofler: Die Vertreter des Römischen Rechts mit deutscher Unterrichtssprache an der Karls-Universität in Prag. Vom Vormärz bis 1945. 1991.

Band 91 Ulrich Andermann: Ritterliche Gewalt und bürgerliche Selbstbehauptung. Untersuchungen zur Kriminalisierung und Bekämpfung des spätmittelalterlichen Raubrittertums am Beispiel norddeutscher Hansestädte. 1991.

Band 92 Heinz Marcus Hanke: Luftkrieg und Zivilbevölkerung. Der kriegsvölkerrechtliche Schutz der Zivilbevölkerung gegen Luftbombardements von den Anfängen bis zum Ausbruch des Zweiten Weltkrieges. 1991.

Band 93 Kirsten Kraglund: Familien- und Erbrecht. Materielles Recht und Methoden der Rechtsanwendung in der Rechtsprechung des Oberappellationsgerichts der vier Freien Städte Deutschlands zu Lübeck. 1991.

Band 94 Reinhard Lorenz: Die politische und rechtliche Stellung des Proletariats in Preußen in der Zeit zwischen den Reformen und der Revolution 1848/49. 1991.

Band 95 Eric Hilgendorf: Die Entwicklungsgeschichte der parlamentarischen Redefreiheit in Deutschland. 1991.

Band 96 Hans J. Reiter: Die Handelsgesellschaft Villeroy & Boch von der Gründung 1836 bis zum Jahr 1878. 1992.

Band 97 Martin Johannes Heller: Reform der deutschen Rechtssprache im 18. Jahrhundert. 1992.

Band 98 Michael Kotulla: Die Tragweite der Grundrechte der revidierten preußischen Verfassung vom 31.01.1850. 1992.

Band 99 Michael Siefener: Hexerei im Spiegel der Rechtstheorie. Das crimen magiae in der Literatur von 1574 bis 1608. 1992.

Band 100 Andreas Ebert-Weidenfeller: Hamburgisches Kaufmannsrecht im 17. und 18. Jahrhundert. Die Rechtsprechung des Rates und des Reichskammergerichtes. 1992.

Band 101 Enno Bommel: Die Entstehung der Verwirkungslehre in der Krise des Positivismus. 1992.

Band 102 Ralph Steppacher: Die Berücksichtigung der bäuerlichen Postulate bei der Entstehung des ZGB und der Revision des OR. Ein Beitrag zur schweizerischen Kodifikationsgeschichte (1893 - 1912). 1992.

Band 103 Martin Fleckenstein: Die Todesstrafe im Werk Carl Joseph Anton Mittermaiers (1787 - 1867). Zur Entwicklungsgeschichte eines Werkbereichs und seiner Bedeutung für Theorie- und Methodenbildung. 1992.

Band 104 Jörn Eckert: Der Kampf um die Familienfideikommisse in Deutschland. Studien zum Absterben eines Rechtsinstitutes. 1992.

Band 105 Jörg Grotkopp: Beamtentum und Staatsformwechsel. Die Auswirkungen der Staatsformwechsel von 1918, 1933 und 1945 auf das Beamtenrecht und die personelle Zusammensetzung der deutschen Beamtenschaft. 1992.

Band 106 Andreas Rohde: Die Garantiehaftung des Vermieters und ihr Verhältnis zum Unmöglichkeitsrecht in dogmengeschichtlicher und modernrechtlicher Sicht. 1992.

Band 107 Tjark Siefke Kunstreich: Gesamtvertretung. Eine historisch-systematische Darstellung. 1992.

Band 108 Jürgen Krüger: Blindheit und Königtum. Die Blindheit des Königs Georg V. von Hannover als verfassungsrechtliches Problem. 1992.

Band 109 Wolfgang Putschek: Ständische Verfassung und autoritäre Verfassungspraxis in Österreich 1933-1938 mit Dokumentenanhang. Verfassung und Verfassungswirklichkeit. Mit einem Anhang: Denkschriften von Rechtsanwalt Dr. Erich Führer 1936/37. 1993.

Band 110 Klaus Hofmann: Die Verdrängung der Juden aus öffentlichem Dienst und selbständigen Berufen in Regensburg 1933-1939. 1993.

Band 111 Franz Kilger: Die Entwicklung des Telegraphenrechts im 19. Jahrhundert mit besonderer Berücksichtigung der technischen Entwicklung. Telegraphenrecht im 19. Jahrhundert. 1993.

Band 112 Wilhelm Brauneder (Hrsg.): Heiliges Römisches Reich und moderne Staatlichkeit. 1993.

Band 113 Thomas Heinrich: Das preußische Nichtehelichenrecht: Von der Aufklärung zur Reaktion. 1993.

Band 114 Gerald Kohl: Jagd und Revolution. Das Jagdrecht in den Jahren 1848 und 1849. 1993.

Band 115 Christian Schudnagies: Der Kriegs- oder Belagerungszustand im Deutschen Reich während des Ersten Weltkrieges. Eine Studie zur Entwicklung und Handhabung des deutschen Ausnahmezustandsrechts bis 1918. 1994.

Band 116 Elisabeth Bellmann: Die Internationale Kriminalistische Vereinigung (1889-1933). 1994.

Band 117 Julia Pfannkuch: Volksrichterausbildung in Sachsen 1945-1950. 1993.

Band 118 Jörg Offen: Von der Verwaltungsgemeinschaft des BGB von 1896 zur Zugewinngemeinschaft des Gleichberechtigungsgesetzes von 1957. 1994.

Band 119 Dorothee Kohlhas-Müller: Untersuchungen zur Rechtsstellung Theoderichs des Großen. 1995.

Band 120 Monika Rose: Das Gerichtswesen des Herzogtums Pfalz-Zweibrücken im 18. Jahrhundert. Ein Beitrag zur territorialen Gerichtsbarkeit im Alten Reich. 1994.

Band 121 Jörn Eckert / Hans Hattenhauer (Hrsg.): Bibel und Recht. Rechtshistorisches Kolloquium 9. - 13. Juni 1992 an der Christian-Albrechts-Universität zu Kiel. 1994.

Band 122 Robert Martin Mizia: Der Rechtsbegriff der Autonomie und die Begründung des Privatfürstenrechts in der deutschen Rechtswissenschaft des 19. Jahrhunderts. 1995.

Band 123 Walther Graf von Plettenberg: Das Fortleben des Liber Iudiciorum in Asturien/León (8. - 13. Jh.). 1994.

Band 124 Wolfgang Schulz: Das deutsche Börsengesetz. Die Entstehungsgeschichte und wirtschaftlichen Auswirkungen des Börsengesetzes von 1896. 1994.

Band 125 Frank Hagemann: Der Untersuchungsausschuß Freiheitlicher Juristen. 1949 – 1969. 1994.

Band 126 Andreas Rethmeier: "Nürnberger Rassegesetze" und Entrechtung der Juden im Zivilrecht. 1995.

Band 127 Edith Grether: Die Poesie der Throne. Die Juristen in der Fruchtbringenden Gesellschaft. 1995.

Band 128 Anna Bartels-Ishikawa: Der Lippische Thronfolgestreit. Eine Studie zu verfassungsrechtlichen Problemen des Deutschen Kaiserreiches im Spiegel der zeitgenössischen Staats. 1995.

Band 129 Jörg Schmidt: Otto Koellreutter 1883-1972. Sein Leben, sein Werk, seine Zeit. 1995.

Band 130 Christian Hattenhauer: Wahl und Krönung Franz II. AD 1792. Das Heilige Reich krönt seinen letzten Kaiser - Das Tagebuch des Reichsquartiermeisters Hieronymus Gottfried von Müller und Anlagen. 1995.

Band 131 Jutta v. der Decken: Das Seearbeitsrecht im Hamburger Stadtrecht von 1301 bis 1603. 1995.

Band 132 Detlev Schmidt: Die Reform des Rechts der Handelsvertreter von 1953. 1995.

Band 133 Gabi Roßdeutscher: Privatautonomie im Scheidungsrecht. Scheidungsbezogene Vereinbarungen in den letzten 200 Jahren. 1995.

Band 134 Harald Kahlenberg: Leben und Werk des Rechtshistorikers Walther Merk. Ein Beispiel für das Verhältnis von Rechtsgeschichte und Nationalsozialismus. 1995.

Band 135 Michael Steitz: Adelbert Düringer am Reichsgericht (1902-1915). Seine aktienrechtlichen Entscheidungen und sein Einfluß auf das Aktienrecht in Deutschland. 1995.

Band 136 Christian Becker: Beata Justorum Translatio. Juristen in schleswig-holsteinischen Leichenpredigten. 1996.

Band 137 Christoph Seiler: Vom Allgemeinen Landrecht zum Bürgerlichen Gesetzbuch. Dargestellt am Beispiel der höchstrichterlichen Judikatur zum kaufrechtlichen Sachmängelgewährleistungsrecht. 1996.

Band 138 Bernd Mayer: Die Vertrauensmännerausschüsse auf den preußischen Steinkohlegruben an der Saar. Entstehung und Wirken. Eine rechtshistorische Untersuchung. 1996.

Band 139 Rochus Scholl: Juden und Judenrecht im Herzogtum Pfalz-Zweibrücken. Ein Beitrag zur Rechtsgeschichte eines deutschen Kleinstaates am Ende des alten Reiches. 1996.

Band 140 Meike Bursch: Judentaufe und frühneuzeitliches Strafrecht. Die Verfahren gegen Christian Treu aus Weener/Ostfriesland 1720-1728. 1996.

Band 141 Markus Hillenbrand: Fürstliche Eheverträge. Gottorfer Hausrecht 1544 - 1773. 1996.

Band 142 Ulf Häder: Das gemeinschaftliche Oberappellationsgericht thüringischer Staaten in Jena. Ein Beitrag zur Geschichte des Gerichtswesens im 19. Jahrhundert. 1996.

Band 143 Andreas Bauer: Das Gnadenbitten in der Strafrechtspflege des 15. und 16. Jahrhunderts. Dargestellt unter besonderer Berücksichtigung von Quellen der Vorarlberger Gerichtsbezirke Feldkirch und des Hinteren Bregenzerwaldes. 1996.

Band 144 Christian Wirth: Der Jurist Johann Andreas Georg Friedrich Rebmann zwischen Revolution und Restauration. 1996.

Band 145 Stefanie Müller: Die Rechtsprechung des Hanseatischen Oberlandesgerichts zum persönlichen Eherecht in Hamburgischen Gerichtsfällen von 1879 -1900. 1996.

Band 146 Jean-Nicolas Morisset: Der Frachtvertrag in der *Ordonnance de la marine* von 1681. 1996.

Band 147 Dirk Lentfer: Die Glogauer Landesprivilegien des Andreas Gryphius von 1653. 1996.

Band 148 Wencke Mull: Die Haftung für Einsturzschäden nach den §§ 836-838 BGB in der Rechtsprechung des Reichsgerichts. 1996.

Band 149 Renate Zeiger: Teufelsverträge. Märchen, Sage, Schwank, Legende im Spiegel der Rechtsgeschichte. 1996.

Band 150 Guido Kraß: Das Arrestverfahren in Frankfurt am Main im Spätmittelalter. 1996.

Band 151 F. Benedict Heyn: Die Entwicklung des Eisenbahnfrachtrechts von den Anfängen bis zur Einführung des Allgemeinen Deutschen Handelsgesetzbuches (ADHGB). 1996.

Band 152 Thomas Lang: Die Staats- und Verfassungslehre Carl Salomo Zachariaes. 1996.

Band 153 Michael Hebeis: Karl Anton von Martini (1726-1800). Leben und Werk. 1996.

Band 154 Gerald Hubert: Die Diskussion um die rechtliche Natur der Bizone in den Jahren 1947-1949. 1996.

Band 155 Christof Horn: Die Rechtsprechung des Reichsgerichts in Ehescheidungssachen der Jahre 1900 bis 1905. 1996.

Band 156 Hermann Nehlsen / Georg Brun (Hrsg.): Münchener rechtshistorische Studien zum Nationalsozialismus. 1996.

Band 157 Jan Otto Clemens Kehrberg: Die Entwicklung des Elektrizitätsrechts in Deutschland. Der Weg zum Energiewirtschaftsgesetz von 1935. 1997.

Band 158 Johannes Tradt: Der Religionsprozeß gegen den Zopfschulzen (1791-1799). Ein Beitrag zur protestantischen Lehrpflicht und Lehrzucht in Brandenburg-Preußen gegen Ende des 18. Jahrhunderts. 1997.

Band 159 Dietmar Olsen: Das kaufrechtliche Sachmängelgewährleistungsrecht des Code civil in der Rechtsprechung deutscher Gerichte im 19. Jahrhundert. Ein Beitrag zur Ablösung der Partikularrechte durch das BGB. 1997.

Band 160 Ulrich Bernhardt: Die Deutsche Akademie für Staats- und Rechtswissenschaft „Walter Ulbricht" 1948-1971. 1997.

Band 161 Claudia Susan Hoppe: Die Bürgschaft im Rechtsleben Hamburgs von 1600 bis 1900. 1997.

Band 162 Franz-Rudolf Ecker: Die Entwicklung des Bergrechts im Saarbrücker Steinkohlenrevier bis zum Ende des 18. Jahrhunderts. Ein Vergleich mit dem älteren deutschen Bergrecht. 1997.

Band 163 Anne Katrin Rückert: Politik und Privatrecht in der „konservativen Revolution". 1997.

Band 164 Gisbert Laube: Der Reichskunstwart. Geschichte einer Kulturbehörde 1919-1933. 1997.

Band 165 Nicolas Lührig: Die Diskussion über die Reform der Juristenausbildung von 1945 bis 1995. 1997.

Band 166 Regula Gerber Jenni: Die Emanzipation der mehrjährigen Frauenzimmer. Frauen im bernischen Privatrecht des 19. Jahrhunderts. 1997.

Band 167 Mischa A. Färber: Das gemeinschaftliche Testament in der höchstrichterlichen Rechtsprechung zum Allgemeinen Preußischen Landrecht und zum BGB. Ein Beitrag zur Ablösung der Partikularrechte durch das BGB. 1997.

Band 168 Catherine Antoinette Gasser: Philipp Lotmar 1850-1922. Professor der Universität Bern. Sein Engagement für das Schweizerische Arbeitsrecht. 1997.

Band 169 Lars Immisch: Der sozialistische Richter in der DDR und seine Unabhängigkeit. Der Versuch eines Rechtsvergleiches zum Unabhängigkeitsbegriff in der bundesdeutschen Rechtsordnung. 1997.

Band 170 Jessica Jacobi: Besitzschutz vor dem Reichskammergericht. Die friedenssichernde Funktion der Besitzschutzklagen am Reichskammergericht im 16. Jahrhundert, dargestellt anhand von Kameralisten. 1998.

Band 171 Ewald Hügemann: Die Geschichte des öffentlichen und privaten Mietpreisrechts vom Ersten Weltkrieg bis zum Gesetz zur Regelung der Miethöhe von 1974. 1998.

Band 172 Lutz Rentzow: Die Entstehungs- und Wirkungsgeschichte der Verneuerten Landesordnung für das Königreich Böhmen von 1627. 1998.

Band 173 Sabine Stürmer: Mühlenrecht im Herzogtum Pfalz-Zweibrücken während des 18. Jahrhunderts. Ein Beitrag zum Wirtschaftsrecht eines deutschen Kleinstaates im Alten Reich. 1998.

Band 174 Mario Bogisch: *Nemo testis in re sua*. Das Problem der Zeugnisfähigkeit bei der Anwendung der deutschen Zivilprozeßordnung von 1877. 1998.

Band 175 Rainer Oßwald: Pactane sunt servanda? Freiwilligkeit, Zwang und Unverbindlichkeitserklärungen im islamischen Vertragsrecht malikitischer Schule. 1998.

Band 176 Bettina Kern: Der preußische BGB-Entwurf von 1842. 1998.

Band 177 Inken Fuhrmann: Die Diskussion über die Einführung der fakultativen Zivilehe in Deutschland und Österreich seit Mitte des 19. Jahrhunderts. 1998.

Band 178 Annette Rieck: Der Heilige Ivo von Hélory (1247-1303). Advocatus pauperum und Patron der Juristen. 1998.

Band 179 Frank Bottenberg: Die Hamburgische Strafprozeßordnung von 1869. 1998.

Band 180 Matthias Krauß: Das kursächsische Postrecht von seinen Anfängen bis zum Ende des Alten Reichs. 1998.

Band 181 Torsten Schmidt: Die Entmündigung von den Anfängen des BGB bis zu ihrer Ablösung durch das Institut der Betreuung. 1998.

Band 182 Christian Nunn: Rudolf Müller-Erzbach. 1874-1959. Von der realen Methode über die Interessenjurisprudenz zum kausalen Rechtsdenken (Leben und Werk). 1998.

Band 183 Christian Ortloff: Das staatskirchenrechtliche System Wilhelm Traugott Krugs. Glaubens- und Gewissensfreiheit – eine Forderung der Vernunft. 1998.

Band 184 Christian Hattenhauer: Schuldenregulierung nach dem Westfälischen Frieden. Der sog. § *de indaganda* und seine Umsetzung im Jüngsten Reichsabschied (AD 1648 und 1654). 1998.

Band 185 Werner Schubert: Preußen im Vormärz. Die Verhandlungen der Provinziallandtage von Brandenburg, Pommern, Posen, Sachsen und Schlesien sowie – im Anhang – von Ostpreußen, Westfalen und der Rheinprovinz (1841-1845). 1998.

Band 186 Silvia Schumacher: Das Rechtsverhältnis zwischen Eltern und Kindern in der Privatrechtsgeschichte. 1999.

Band 187 Kai Sommer: Die Strafbarkeit der Homosexualität von der Kaiserzeit bis zum Nationalsozialismus. Eine Analyse der Straftatbestände im Strafgesetzbuch und in den Reformentwürfen (1871-1945). 1998.

Band 188 Jan Erik Backhaus: Volksrichterkarrieren in der DDR. 1999.

Band 189 Ralf Ruhnau: Die Fürstlich Thurn und Taxissche Privatgerichtsbarkeit in Regensburg. Ein Kuriosum der deutschen Rechtsgeschichte. 1999.

Band 190 Antonio Grilli: Die französische Justizorganisation am linken Rheinufer 1797-1803. 1999.

Band 191 Stephanie Kammerloher-Lis: Die Entstehung des Gesetzes über die religiöse Kindererziehung vom 15. Juli 1921. 1999.

Band 192 Jan Telp: Ausmerzung und Verrat. Zur Diskussion um Strafzwecke und Verbrechensbegriffe im Dritten Reich. 1999.

Band 193 Kurt von Pannwitz: Die Entstehung der Allgemeinen Deutschen Wechselordnung. Ein Beitrag zur Geschichte der Vereinheitlichung des deutschen Zivilrechts im 19. Jahrhundert. 1999.

Band 194 Sylvia Busch: Die Entstehung der Allgemeinen Gerichtsordnung für die Preussischen Staaten von 1793/95. Ein Beitrag zur Geschichte der Kodifikationsbewegung und der Reform des Zivilprozesses in Preußen im 18. Jahrhundert. 1999.

Band 195 Dirk Bieresborn: Klage und Klageerwiderung im deutschen und englischen Zivilprozeß. Eine rechtshistorische und rechtsvergleichende Untersuchung unter besonderer Berücksichtigung der Beeinflussung durch das römisch-kanonische Verfahren. 1999.

Band 196 Andreas Thier / Guido Pfeifer / Philipp Grzimek (Hrsg.): Kontinuitäten und Zäsuren in der Europäischen Rechtsgeschichte. Europäisches Forum Junger Rechtshistorikerinnen und Rechtshistoriker München 22.-24. Juli 1998. 1999.

Band 197 Franz Smola: Die Fürstlich Liechtenstein'sche Kunstsammlung. Rechtsfragen zur Verbringung der Sammlung von Wien nach Vaduz in den Jahren 1944/45. 1999.

Band 198 Frank Martin Krauss: Das geteilte Eigentum im 19. und 20. Jahrhundert. Eine Untersuchung zum Fortbestand des Teilungsgedankens. 1999.

Band 199 Matthias Frey: Die spanische Aktiengesellschaft im 18. Jahrhundert und unter dem Código de Comercio von 1829. 1999.

Band 200 Alexandra Gilde: Die Stellung der Frau im Reichsstrafgesetzbuch von 1870/71 und in den Reformentwürfen bis 1919 im Urteil der bürgerlichen Frauenbewegung. Eine Analyse ausgewählter Straftatbestände. 1999.

Band 201 Malte Dießelhorst / Arne Duncker: Hans Kohlhase. Die Geschichte einer Fehde in Sachsen und Brandenburg zur Zeit der Reformation. 1999.

Band 202 Jörg Hillmann: Territorialrechtliche Auseinandersetzungen der Herzöge von Sachsen-Lauenburg vor dem Reichskammergericht im 16. Jahrhundert. 1999.

Band 203 Carsten Engler: Die Kommanditgesellschaft (KG) und die stille Gesellschaft im Allgemeinen Deutschen Handelsgesetzbuch (ADHGB) von 1861. 1999.

Band 204 Vesta Hoffmann-Steudner: Die Rechtsprechung des Reichsgerichts zu dem Scheidungsgrund des § 49 EheG (EheG 1938) in den Jahren 1938-1945. 1999.

Band 205 Michaela Thiele: Die Auflösung von Arbeitsverhältnissen aufgrund Anfechtung und außerordentlicher Kündigung nach der Rechtsprechung des Reichsarbeitsgerichts (1927-1945). 2000.

Band 206 Peter Landau / Hermann Nehlsen / Mathias Schmoeckel (Hrsg.): Karl von Amira zum Gedächtnis. 1999.

Band 207 Marcus Flinder: Die Entstehungsgeschichte des Zivilgesetzbuches der DDR. 1999.

Band 208 Boris Franz Leo Bromm: Die Entstehungsgeschichte des Berufs des Handelsvertreters. Unter besonderer Berücksichtigung der Sozialgesetzgebung in den Jahren von 1871-1933. 2000.

Band 209 Winfried C. J. Eberstein: Das Tierschutzrecht in Deutschland bis zum Erlaß des Reichs-Tierschutzgesetzes vom 24. November 1933. Unter Berücksichtigung der Entwicklung in England. 1999.

Band 210 Patrick Deller: Der „nach dem Vertrage" vorausgesetzte Gebrauch (§ 459 Absatz 1 Satz 1 BGB). Eine kaufrechtliche Untersuchung unter Berücksichtigung rechtshistorischer wie rechtsvergleichender Grundlagen. 2000.

Band 211 Eckard Freiherr von Bodenhausen: Haftung des Geschäftsherrn für Verrichtungsgehilfen im Straßen- und Schienenverkehr. Eine Analyse der Entscheidungen des Reichsgerichts zu § 831 BGB (1900-1945). 2000.

Band 212 Birte Gast: Der Allgemeine Teil und das Schuldrecht des Bürgerlichen Gesetzbuchs im Urteil von Raymond Saleilles (1855-1912). 2000.

Band 213 Hansjörg Michael Huber: Koloniale Selbstverwaltung in Deutsch-Südwestafrika. Entstehung, Kodifizierung und Umsetzung. 2000.

Band 214 Ulf Björner: Die Verfassungsgerichtsbarkeit im Norddeutschen Bund und Deutschen Reich (1867-1918). Eine rechtshistorische Untersuchung über Gerichtsbarkeit im Spannungsfeld von Politik und Recht innerhalb der von Bismarck geschaffenen deutschen Bundesstaaten. 2000.

Band 215 Mathias Freiherr von Rosenberg: Friedrich Carl von Savigny (1779-1861) im Urteil seiner Zeit. 2000.

Band 216 Reinhard Binder-Kriegistein: Österreichisches Adelsrecht 1868-1918/19. Von der Ausgestaltung des Adelsrechts der cisleithanischen Reichshälfte bis zum Adelsaufhebungsgesetz der Republik unter besonderer Berücksichtigung des adeligen Namensrechts. 2000.

Band 217 Claudia-Regine Nerius: Johannes Lehmann-Hohenberg (1851-1925). Eine Studie zur völkischen Rechts- und Justizkritik im Deutschen Kaiserreich. 2000.

Band 218 Ludger Meuten: Die Erbfolgeordnung des Sachsenspiegels und des Magdeburger Rechts. Ein Beitrag zur Geschichte des sächsisch-magdeburgischen Rechts. 2000.

Band 219 Christoph Alexander von Wilcken: Die Reformbestrebungen zum Genossenschaftsgesetz in der Frühzeit der Bundesrepublik. Die Beratungen der Sachverständigenkommission zur Überprüfung des Genossenschaftsrechts 1954 bis 1958 und der Referentenentwurf von 1962. 2000.

Band 220 Verein Junger RechtshistorikerInnen Zürich (Hrsg.): ¿Rechtsgeschichte(n)? ¿Histoire(s) du droit? ¿Storia/storie del diritto? ¿Legal Histori(es)? Europäisches Forum Junger Rechtshistorikerinnen und Rechtshistoriker Zürich 28.-30. Mai 1999. 2000.

Band 221 Hans Christian Schüler: Die Entstehungsgeschichte der Bundesnotarordnung vom 24. Februar 1961. 2000.

Band 222 Nils-Eberhard Schramm: Die Vereinigung demokratischer Juristen (1949-1999). 2000.

Band 223 Silke Anke Torp: Das Rechtsverhältnis zwischen den Eltern und ihren Kindern. Dienstleistungspflicht, Aussteuer und Ausstattung. Eine Analyse der Rechtsprechung des Reichsgerichts und des Reichsarbeitsgerichts zu den Vorschriften der §§ 1616 bis 1625 des Bürgerlichen Gesetzbuches in der Zeit von 1900 bis 1945. 2000.

Band 224 Martin Jürgen Maaß: Die Geschichte des Eigentumsvorbehalts, insbesondere im 18. und 19. Jahrhundert. 2000.

Band 225 Stefanie Langer: Rechtswissenschaftliche Itinerarien. Lebenswege namhafter europäischer Juristen vom 11. bis zum 18. Jahrhundert. 2000.

Band 226 Ulrich Schmitz: Der Unterhaltsanspruch des nichtehelichen Kindes gegen seinen Erzeuger. Die rechtsgeschichtliche und dogmatische Entwicklung im deutschen Recht. 2000.

Band 227 Sebastian Günther: Friedrich Carl von Savigny als Grundherr. 2000.

Band 228 Henning Ibs: Hermann J. Held (1890-1963). Ein Kieler Gelehrtenleben in den Fängen der Zeitläufe. 2000.

Band 229 Matthias Rücker: Wirtschaftswerbung unter dem Nationalsozialismus. Rechtliche Ausgestaltung der Werbung und Tätigkeit des Werberats der deutschen Wirtschaft. 2000.

Band 230 Hendrik Sandmann: Die Entwicklung von Begriff und Inhalt des Wirtschaftsrechts durch die Rechtswissenschaft in der Weimarer Republik. 2000.

Band 231 Sibylle Müller: Gibt es Menschenrechte bei Samuel Pufendorf? 2000.

Band 232 Karin Olechowski-Hrdlicka: Die gemeinsamen Angelegenheiten der Österreichisch-Ungarischen Monarchie. Vorgeschichte – Ausgleich 1867 – Staatsrechtliche Kontroversen. 2001.

Band 233 Johannes Mierau: Die juristischen Abschluß- und Diplomprüfungen in der SBZ/DDR. Ein Einblick in die Juristenausbildung im Sozialismus. 2001.

Band 234 Jörg Wolff (Hrsg.): Stillstand, Erneuerung und Kontinuität. Einsprüche zur Preußenforschung. 2001.

Band 235 Friedo Schröder: Die anwaltliche Tätigkeit während der nationalsozialistischen Herrschaft. Eine Analyse der anwaltlichen Argumentation in Zivilprozessen anhand der vorhandenen Prozeßakten der Landgerichte Frankenthal, Wiesbaden, Limburg und Frankfurt und der Handakten der *jüdischen Konsulenten* des OLG-Bezirks Frankfurt. 2001.

Band 236 Der Code pénal des Königreichs Westphalen von 1813 mit dem Code pénal von 1810 im Original und in deutscher Übersetzung. Herausgegeben und mit einer Einleitung versehen von Werner Schubert. 2001.

Band 237 Klaus Richter: Deutsches Kolonialrecht in Ostafrika 1885-1891. 2001.

Band 238 Kai von Lewinski: Deutschrechtliche Systembildung im 19. Jahrhundert. 2001.

Band 239 Alexander Herzog: Sittenwidrige Rechtsgeschäfte in der höchstrichterlichen Rechtsprechung aus den Jahren 1948-1965. 2001.

Band 240 Claudia Rönnau: Die Beratungen des Wasserrechtsausschusses der Akademie für Deutsches Recht zu einem Reichswassergesetz (1934-1941). Ein Beitrag zur Dogmatik der Begriffe *Gemeingebrauch* und *Sondergebrauch* in der Zeit des Nationalsozialismus. 2001.

Band 241 Momme Rohlack: Kriegsgesellschaften (1914-1918). Arten, Rechtsformen und Funktionen in der Kriegswirtschaft des Ersten Weltkrieges. 2001.

Band 242 Rolf Geyer: Der Gedanke des Verbraucherschutzes im Reichsrecht des Kaiserreichs und der Weimarer Republik (1871-1933). Eine Studie zur Geschichte des Verbraucherrechts in Deutschland. 2001.

Band 243 Felix Lorenz Benjamin Lehmann: Der Rote Adlerorden. Entstehung und rechtliche Grundlagen (1705-1918). 2002.

Band 244 Marc Ludwig: Der Pfändungsschutz für Lohneinkommen. Die Entstehungs- und Entwicklungsgeschichte der Vorschriften zum Schutz vor Lohnpfändung in Deutschland. 2001.

Band 245 Alexander Wachter: Dorfschule zwischen Pastor und Schulmeister. Zur Säkularisierung des niederhessischen Schulwesens im 19. Jahrhundert. 2001.

Band 246 Richard Scholz: Analyse der Entstehungsbedingungen der reichsgerichtlichen Aufwertungsrechtsprechung. Untersuchung unter besonderer Berücksichtigung der konservativen Geldpolitik der Reichsbank und der Inflationspolitik der Reichsregierung. 2001.

Band 247 Judith Laeverenz: Märchen und Recht. Eine Darstellung verschiedener Ansätze zur Erfassung des rechtlichen Gehalts der Märchen. 2001.

Band 248 Christina Schenk: Bestrebungen zur einheitlichen Regelung des Strafvollzugs in Deutschland von 1870 bis 1923. 2001.

Band 249 Nils Werner: Die Prozesse gegen die Landvolkbewegung in Schleswig-Holstein 1929/32. Ein Beitrag zur Justizkritik in der späten Weimarer Republik. 2001.

Band 250 Wolfgang Walter: Das Duell in Bayern. Ein Beitrag zur bayerischen Strafrechtsgeschichte. 2002.

Band 251 Jörn Eckert / Kjell Å. Modéer (Hrsg.): Geschichte und Perspektiven des Rechts im Ostseeraum. Erster Rechtshistorikertag im Ostseeraum 8.–12. März 2000. 2001.

Band 252 Jan Könighaus: Die Inauguration der Christian-Albrechts-Universität zu Kiel 1665. Symbolgehalt und rechtliche Bedeutung des Universitätszeremoniells. 2002.

Band 253 Andreas Görgen: Rechtssprache in der Frühen Neuzeit. Eine vergleichende Untersuchung der Fremdwortverwendung in Gesetzen des 16. und 17. Jahrhunderts. 2002.

Band 254 Ralf Schäfer: Die Rechtsstellung der Haigerlocher Juden im Fürstentum Hohenzollern-Sigmaringen von 1634-1850. Eine rechtsgeschichtliche Untersuchung. 2002.

Band 255 Regine Schmalhorst: Die Tierhalterhaftung im BGB von 1896. Die Entstehung und Änderung des § 833 BGB sowie eine Analyse der Rechtsprechung des Reichsgerichts bis 1908. 2002.

Band 256 Thomas Hense: Konrad Beyerle. Sein Wirken für Wissenschaft und Politik in Kaiserreich und Weimarer Republik. 2002.

Band 257 Christian Mahlmann: Die Strafrechtswissenschaft der DDR. Klassenkampftheorie und Verbrechenslehre. 2002.

Band 258 Henning Kahmann: Die Bankiers von Jacquier & Securius 1933–1945. Eine rechtshistorische Fallstudie zur "Arisierung" eines Berliner Bankhauses. Mit einem Geleitwort von John Kornblum. 2002.

Band 259 Volker Friedrich Drecktrah: Die Gerichtsbarkeit in den Herzogtümern Bremen und Verden und in der preußischen Landdrostei Stade von 1715 bis 1879. 2002.

Band 260 Andreas Klass: Standes- oder Leistungselite? Eine Untersuchung der Karrieren der Wetzlarer Anwälte des Reichskammergerichts (1693-1806). 2002.

Band 261 Wolfgang Eder: Das italienische Tribunale Speciale per la Difesa dello Stato und der deutsche Volksgerichtshof. Ein Vergleich zwischen zwei politischen Gerichtshöfen. 2002.

Band 263 Thomas Hildebrandt: Die Brandenburgischen Provinziallandtage von 1841, 1843, und 1845 anhand ausgewählter Verhandlungsgegenstände. 2002.

Peter Lang · Europäischer Verlag der Wissenschaften

Andreas Klass

Standes- oder Leistungselite?

Eine Untersuchung der Karrieren der Wetzlarer Anwälte des Reichskammergerichts (1693–1806)

Frankfurt/M., Berlin, Bern, Bruxelles, New York, Oxford, Wien, 2002. 362 S.
Rechtshistorische Reihe. Verantwortlicher Herausgeber:
Jürgen Weitzel. Bd. 260
ISBN 3-631-38721-0 · br. € 50.10

Die Anwälte am Reichskammergericht in Wetzlar waren eine exponierte Gruppe in der juristischen Welt des 18. Jahrhunderts – einer Zeit des beginnenden Übergangs vom ständischen in das bürgerliche Zeitalter. Vor diesem Hintergrund untersucht der Autor ihre beruflichen Karrieren sowohl unter rechts- als auch sozialgeschichtlichen Aspekten. Ausgehend von den in den Quellen ermittelten und in den zweiten Teil der Arbeit aufgenommenen Einzelbiographien der Anwälte verfasst er eine Gruppenbiographie. Dabei berücksichtigt der Autor neben der sozialen und familiären Herkunft auch Studium, Dissertation und Promotion, Praktikum und Zulassung am Reichskammergericht. Er kommt zu dem Schluß, dass Herkunft und Protektion genauso wichtig für die Karrieren waren wie die juristische Qualität und eine spezialisierte Ausbildung.

Aus dem Inhalt: Stellung der Anwälte im Reichskammergerichtsprozess · Studium der Anwälte · Dissertation und Promotion · Praktikum am Reichskammergericht in Wetzlar · Bewerbung, Aufnahme und Karriere am Reichskammergericht · Biographien der Anwälte am Reichskammergericht in seiner Wetzlarer Zeit (1693–1806)

Kolibri 360 GmbH
Ferdinand-Jühlke-Straße 7
99095 Erfurt, Deutschland
produktsicherheit@kolibri360.de

Druck:
CPI Druckdienstleistungen GmbH
im Auftrag der
Kolibri 360 GmbH
Ferdinand-Jühlke-Str. 7
99095 Erfurt